憲法研究叢書

「内心の自由」の憲法論

佐々木弘通

弘文堂

私の母と父へ
感謝と敬愛の思いとともに

謝　辞

本書は私にとって初の単著である。そこで、本書の研究に着手したのは私が一人前の研究者になった後の二〇〇〇年からであるが、まずは私を一人前の研究者にまで育ててくださった先生方に御礼を申し上げたい。私が東京大学大学院法学政治学研究科の修士課程に入学したのは一九八八年四月のことだった。そのとき以来、一九九七年九月に同研究科の博士課程を修了するまで、指導教官として私を導いてくださった、高橋和之先生に、満腔の御礼を申し上げる。また、私が大学院進学当時、東京大学法学部で高橋先生とともに憲法・国法学を担当しておられ、大学院のゼミや研究会で温かくご指導してくださった、樋口陽一先生と日比野勤先生に、心より御礼を申し上げる。

本書のもとになった諸論文の最初のもの（二〇〇一年公表）を書くきっかけとなったのは、奥平康弘先生の呼びかけで一九九九年一二月に始まった「現状を憂える憲法研究者の小さな集まり」の二〇〇〇年六月の会合における報告だった。半人前の研究者時代の私が一九九二年二月から継続的に参加した、先生を囲む勉強会である「読もう会」は、当時の私が関わった数少ない学問的な集まりだった。奥平先生にあらためて感謝の思いを捧げる。

直接にそれに関する教えを受けたわけではないが、本書に現れるような判例の読解方法を私が次第に身に着けたのは、二〇〇三年春から二〇一〇年秋までの間、戸松秀典先生が第一法規の判例体系「憲法二期版」を編集される、そのお手伝いをさせていただいた過程においてであった。浴びるように多くの判例を集中して読む機会を与えてくださった戸松先生に深く御礼申し上げる。

角松生史さんは二〇〇七年一〇月に自ら主宰される研究プロジェクトに私をお誘いくださり、それ以来今日まで、八〇年代から九〇年代の駒場・本郷における我々の学生・院生時代の空気に満ちた朗らかな研究会合を続けてくださっている。本書のもとになった複数の論文がこのプロジェクトの過程で生まれた。ひとつ年上の角松さんに親しく御礼申し上げる。

本書を刊行まで圧倒的な推進力で漕ぎ着けてくださったのは弘文堂の高岡俊英さんである。予定通りに仕事が進まない私を辛抱強くお世話くださった高岡さんに厚く御礼申し上げる。

佐々木弘通

仙台の寓居にて

※本研究はＪＳＰＳ科研費ＪＰ二三Ｋ〇一〇九二の助成を受けたものである。

目次

第Ⅱ部　一九条の判例理論

第二章　憲法一九条の判例法秩序の現状　65

第Ⅲ部　人権論全体の中での一九条論

第Ⅳ部　同時代的考察の軌跡──学校現場での国歌斉唱強制に抗して

序　文

本書の目的は、「思想及び良心の自由は、これを侵してはならない。」と規定する日本国憲法一九条について、内的に整合性を持つ体系的な一つの解釈理論を提示することにある。そのことを通じて、外面的な精神活動の自由と区別された内面的な精神活動の自由（以下「内心の自由」ともいう）について、なぜ・どのように同自由を保障するかに関する一つの普遍的な憲法理論を提示することをも、目論んでいる。

日本国憲法のように、信教の自由や表現の自由の保障規定とは別箇の条文で内心の自由を保障する規定を持つ憲法典は、「立憲的意味の憲法」を持つ諸国においてほとんど例を見ない。この憲法が一九条をあえて設けたのは、旧憲法（大日本帝国憲法）下で「思想犯」の取締りにまで及んだ現実の、深い反省に立ってのことである。

特定の日本国家を超えて妥当する普遍的な憲法理論（人権論ないし基本権論）の次元で、内面的な精神活動の自由と外面的な精神活動の自由は区別される。だが、前者を独立した条文で保障する憲法典は比較法的に希少であるため、多くの国の憲法理論では、前者の保障に関する理論は後者の憲法解釈理論のなかに包含・埋没しているのが実情である。それに対して日本では、実定憲法が前者を独立した条文で保障するため、後者と明確に区別して前者の保障内容を理論的に明らかにする必要が実践的に生じる。その研究成果は、日本における憲法解釈実践に資するだけでなく、他国において理論的に後者の保障内容をより明晰に理解することにも寄与すると考えられる。

本書はこれまでに私が発表してきた内心の自由に関する（あるいは関連する）論文をまとめたものである。本書の構成は次のようである。まず第Ⅰ部（第一章）は、憲法一九条の条文註釈（いわゆるコンメンタール）という形で、私なりの体系的な解釈理論を提示する。この理論が、戦後日本の憲法学による様々な解釈理論の提示と憲法判例研究との蓄積を土台とするものであることは言うまでもない。次に第Ⅱ部（第二章）は、憲法一九条の判例理論（もっぱら最高裁のそれ）の現状を「ありのまま」に描出する。第Ⅲ部（第三章～第五章）は、憲法一九条の「内心の自由」保障に関して、一方では外部的行為の自由の保障との比較において、他方では近接領域にある他の憲法条文の解釈論との関係において、理論的に検討する。最後に第Ⅳ部（第六章～第一〇章＋補章）は、一九九九年の国旗国歌法が制定されてから二〇一一年の起立斉唱命令事件に関する最高裁判決が出された後まで、いわゆる君が代訴訟とその時々に向き合う形で私が発表してきた論文を、時系列に沿って並べる（また、補章として一篇の書評を載せる）。

本書をまとめるに際しては、第Ⅰ部～第Ⅲ部の各章（第一章～第五章）については、現在の時点からのできる限りでの加除修正を行うことを基本方針とした（それゆえ、書き手が本文で登場する形式は「本章は」とするのを原則とした）。もっとも時間的制約から、加除修正を行った分量は、第一章がいちばん多く（初出時に字数の制約から削らざるをえなかったのをこのたび復活させた部分を含む）、第四章・第五章はきわめて少ない。第Ⅳ部の各章（第六章～第一〇章＋補章）については、情報のアップ・ツー・デート化を括弧書き（〔　〕の中）で補うほかは、明白な誤りを除いて原形のまま収録することを基本方針とした（それゆえ、書き手が本文で登場する形式は初出の「本稿は」・「私は」などのままとした）。もっとも第一〇章は、旧稿をもとにしながらもそれをかなり加除修正して現時点での分析を示した。

本当なら、第Ⅰ部で提示した三つの型の解釈論それぞれについて未解明の論点をさらに時間をかけて考究した上で、第Ⅲ部にそれらの成果を収録する形で本書をまとめたかったのだが、諸般の事情からこの時期に、ここまでの成果を一書とすることにした。しかし今後も機会が許す限り、私はこの主題に関する考察を継続していきたいと念じている。そのためにも、本書に対して読者諸氏のご批判・ご教示をいただければたいへんありがたく思う。

第Ⅰ部　一九条の解釈理論

第一章　条文註釈：日本国憲法第一九条

一　本条の趣旨

1　本条が存在することの比較憲法的観点からする独自性　日本国憲法は、精神活動の自由を保障するための条文として、本条と二〇条（信教の自由）と二一条（表現の自由）と二三条（学問の自由）の四カ条を持っている。これらの条文の論理的な相互関係について、基本的には次のような理解が成り立つ。「精神的自由権は、個人の内面における精神活動の自由と、他者とのかかわりのなかで行使される外面的精神活動の自由に区分される。前者の一般的保障規定が……思想・良心の自由（一九条）であり、後者の一般的保障規定が表現の自由（二一条）である」。「信教の自由（二〇条）、学問の自由（二三条）……はそれぞれ信教、学問という個別領域における特別規定と位置づけることができ……内面に関わる部分――個人の信仰、学問活動――と、外面に関わる部分――宗教的活動、学問結果発表――の双方が含まれる[1]」。

だが諸外国の「立憲的意味の憲法」の憲法典においては、「信仰の自由ないし信教（宗教）の自由や言論・表現の自由の保障規定と別箇の条文で、思想・良心の自由を保障する例は、二、三の憲法を除いては、ほとんど見当たらない[2]」。その理由として二点を指摘できる。第一に、思想・良心の自由（特に良心の自由）がもっぱら宗教的自由を保障する条文中に規定されてきたのは、「西欧諸国においては、『良心』の解放は教会権力からの解放と同義であった」ためであり、そこでは「『信仰の自由』の確立がすなわち広く『良心の自由』の確保を意味した」からである[3]。

第二に、思想・良心の自由が言論・表現の自由を保障する条文中に規定されてきたのは、思想・良心が「内心に留まり外的に識別しえない限り、法的問題にはなりえないのであり、あえて保障するまでもない。内心の外的表れ（表現）を保障すれば、同時に内心も保障されるはず」だからである。(4)

かくて比較憲法的観点からは、日本国憲法が内面的な精神活動の自由を一般的に保障する規定（＝本条）を独立して持っていることは、この憲法典の大きな特徴の一つである。

2　憲法制定史を踏まえた考察

ではなぜこの憲法典はそのような特徴を有するものとして制定されたのだろうか。

この問いに関わる憲法制定史上の事実を辿れば以下のようである。一九四六年二月三日に連合国最高司令官マッカーサーは、総司令部において憲法草案を作成して日本政府に提示するという決定を行い、これを受けて民政局において急ぎ作成された総司令部案は二月一三日に日本政府に提示されたが、この総司令部案一八条に既に、現行憲法一九条に相当する条文が存在する。(5) そしてその後、政府による帝国憲法改正案を審議した第九〇回帝国議会（六月二〇日開会、一〇月一一日閉会）の衆議院・貴族院においては、独立した条文で思想・良心の自由を保障する意義について、特に議論が行われていない。(6) 以上から、日本国憲法が独立の条文で思想・良心の自由を保障しているのは、総司令部がそのように憲法案を起草した事実に大きく拠っていることが判る。

それではなぜ総司令部案は思想・良心の自由を保障するために一個の独立した条文を設けたのか。この点を直截に示す史料は存在しないが、以下の史実が重要だと思われる。まず、日本の降伏条件を定めたポツダム宣言は、帝国日本の対外的な「無責任ナル軍国主義」（六項）の根絶と、そのための対内的な「民主主義的傾向ノ復活強化」（一〇項）とを基本的な要求としていたが、その一〇項において「言論、宗教及思想ノ自由並ニ基本的人権ノ尊重ハ、確立セラルベシ」（傍点引用者）としていた。そして、このポツダム宣言の要求が憲法改正を伴うというアメリカ政府の考えを最高司令官に伝えるために、一九四六年一月七日に国務・陸軍・海軍三省調整委員会が承認した文書であるSWNCC―二二八は、「日本の現行統治体制」が「平和的な慣行および政策の発達に適さない」理由を分析して、四つの「欠陥」を指摘していたが、その一つが「人権保護の規定が不十分であること」であった。その項目中では、「日本の国民は、特に過去一五年間……人権の多くのものを奪われていた」、「このような状態を改善するため」、一九四五年一〇月四日に最高司令官が日本政府に対して、「言論、思想および信教の自由を制限する一切の措置を廃止」するよう命じた事実に、特に言及を行っている。(7) このいわゆる「人権指令」は、「思想、宗教、集会及び言論の自由に対する制限」を行う法令を廃止するよう命じるにあたって、その例示として一五の法令名を列挙していたが、その筆頭に治安維持法を名指していた。(8)

総司令部案における人権に関する章が、戦前日本の現実に対する批判的検討を踏まえて起草されたものであったことは言うまでもない。いま、治安維持法に焦点を当てて述べれば、(9)「人権指令」における廃止すべき法令名の列挙中、同法に次いで名指されていた思想犯保護観察法――これは、治安維持法の全面改正として一九三四年・三五年に成立させることができなかった法案の一部を、別個の法律として三六年に成立させた法律である――は、「治安維持法ノ罪ヲ犯シタル者」（同法一条）をその法律名で臆面もなく「思想犯」と呼んでいた。なるほど理論の上では、治安維持法に基づく「思想犯」に対する諸々の形態による抑圧も、戦後の憲法における二〇条や二一条による外面的な精神活動の自由（及び三一条以下の刑事手続上の諸権利）の保障が十分に実現されれば、全て違憲無効なものとして排斥できるから、殊更に内面的な精神活動の自由の保障規定を設けることは必要とされない。しかし、抑圧対象たる犯罪の本質を、個々の外部的行為に関する（限りでの）客観的側面及び主観的側面の悪性にではなく、その行為の大元にある行為者の「思想」の悪性に見たという戦前日本の現実に鑑みると、理論の上における前記論理が現実化するかは甚だ心許ない。むしろ、戦後日本において外面的な精神活動の自由の保障規定が期待通りに現実化されるためにこそ、憲法典上にそもそもの原理原則から説き起こし、内面的な精神活動の自由の保障規定を独立して置くことが必要だと考えられたのではないか[10]。

3　今日における本条解釈論の課題

そうだとすると、日本国憲法を今日の日本社会において生かす実践に携わるわれわれにとっての本条解釈論の課題は、次のようになろう。まず何より、本条が「これら（二〇条、二三条、二一条がそれぞれ保障対象とする、宗教的信仰、科学的真理の探究、思想・良心の外部への伝達――引用者注）を含めて、人の精神の自由を包括的に保障するものであり、精神的自由の原理的規定としての位置を占める[11]」ことの確認から出発すべきである。この確認は一方で、実際上ほとんど本条の出番がなくなるように、二〇条・二一条・二三条を、現実の生活のうえで十分に生かす憲法実践へとつながるべきである（本条に関する代表的判例を分析する際に本稿がしばしば二一条論に立ち入るのはその趣旨である）。だが、そのような実践が本条を、実際上の意義に乏しい規定へと眠り込ませることにつながってはならない。それとは正反対に、前記の確認は他方で、本条自身を、二〇条・二一条・二三条の発想と射程からは零れ落ちる問題場面をその固有の発想と射程において掬い上げるものとして、やはり現実の生活のうえで十分に生かす憲法実践へとつながるべきである。前者の憲法実践は、「立憲的意味の憲法」を本格的に採用し徹底することで旧体制の過ちを克服せんとする制憲時（一九四六年）の初志を貫徹する営みである。それに対して後者の憲法実践は、原理を明文化した個性的な憲法条文から現実の諸問題にアプローチすることで、新しく「立憲的意味の憲法」を豊かにする営みである。

二　本条の保障の絶対性

1　本条の二つの意義、二つ目の意義における問題の所在

このように本条には、精神的自由の原理的な保障規定としての意義と、それ自体独自の「思想及び良心の自由」という個別人権の保障規定としての意義、この二つがある。

前者の、本条が精神的自由の原理的な保障規定であるとは、本条が、「人の内心におけるものの考え方は絶対的

に自由であるという、民主制にとっての基底的な原理を宣言し確認したもの[12]」という意味であり、前記したように、精神的自由を保障する個別人権規定である二〇条・二三条、及び二一条との関係で原理的な位置に立つ規定であるという意味である。これと同趣旨を、次のように説く学説もある。「それは近代国家においては当然の原理であるところの「国家の中立性」原理（国家は個人の内心、すなわち個人の価値判断には無干渉・中立でなければならぬとの原理）を……宣言[13]」したものである、と。ここからもう一歩踏み出して、本条には（前記の後者の意義――すなわち主観的権利の保障規定という意義――だけでなく）、「国家の思想・良心的中立性のごとき客観法的原則[14]」としての意義も認められる、と説くことは、けっして不自然なことではないし、現にそのように説く学説も有力に存在する。[15]ただ現時点では未だ、学説上も判例上も、これを認めることに堅固なコンセンサスが成立しているとは言えない。しかし、「国家の中立性」原理が「近代国家においては当然の原理」であるならば、それに反する現実に対してはこの原理は憲法上の客観的法原則として現実に規範的効力を持つべきではないのか、そうだとするとそれはどのような内容の規範として構成するのが理論的に説得的でありかつ現実に対する法的な裁断力をも備えることができるのかは、理論的にも実践的にも考究する価値のある、今後に開かれた検討課題だと思われる。[16]

以下では主に後者の、本条が「思想及び良心の自由」という個別人権ないし主観的権利の保障規定であることの意義について検討する。

早い時期から、本条による「この自由の保障は絶対的であって、……『公共の福祉』の名を藉りてこの自由を制限することも許されない[17]」、などと説かれてきた。このように、思想・良心の自由が「絶対」的に保障されるという言い方は、基本的には今日にまで引き継がれている。[18]そこで、そこにいう「絶対」的保障をどういう趣旨だと考えるべきなのか（文字通り絶対的で例外を許さないという意味なのか）、またそのことと関連して、そのような「絶対」的保障を思想・良心の自由に対して承認すべき根拠は何か、が問題となる。

一つの説明は、「人の精神活動が内心にとどまる限り他の利益と抵触することはない[19]」ので、公権力が人の内心における精神活動の自由を制約すべき理由をおよそ見出すことはできず、ゆえに内面の精神活動の自由については例外のない文字通りの「絶対」的な保障が要請される、というものである。この説明は、次のように捉え直すことができる。すなわち、この説明はまず、人の内心における精神活動について、それを積極的に価値づけるのではなくむしろ、それがそれ自体としては外部社会に害悪を及ぼしえない（一〇〇％無害な）ものであると消極的に価値づける。そしてそこから、この価値づけに反するような理由──人の内心における精神活動のありように対する否定的評価（それが有害であるとの評価）──に基づいて、公権力がその人の不利益処遇を行うことは、例外なく「絶対」的に禁止される、との憲法解釈論上の規範命題を導き出す。ここでは、公権力が前記のような理由で人の不利益処遇を行うことが、その人の思想・良心の自由の侵害である。何故なら人が自由に形作ったその内心のありように対して不利益処遇が行われるのだからである。そして現実的に考えても、公権力が前記のような理由で人の不利益処遇を行うことは、例外なく絶対に許されないだろう。つまり、この説明における本条の保障の「絶対」性は、建前に止まらず現実的に貫徹されるべきものである。これを、〈無害性ゆえの「絶対」的保障〉の論理と呼ぼう。

2　〈無害性ゆえの「絶対」的保障〉の論理

ただ、以上の説明を漫然と読んで、「人の精神活動が内心にとどまる」ことによりその人の内心の中味が外からは全く隠れて見えない、と誤解してはならない。隠れたままでは、現実生活のうえで本条の問題が浮上することはないからである。そして人の内心の中味は、その人の何らかの言動＝外部的行為を通じてでないと外部社会に表面化することはない。かくて、現実生活のうえで本条の問題が提起される多くの事案においては、当事者の内心の中味は、以下のいずれかの仕方で表面化している。すなわち、①当該事案に先立つその人の何らかの外部的行為によって予め既に表面化しているか、あるいは、②正に当該事案におけるその人の何らかの外部的行為──典型的には

「自己の思想・良心……を保衛（保護、防衛）するため」に当該事案における「外部からの一定の作用、はたらきかけ（命令、要求、勧誘、推奨等）……に対して防衛的、受動的にとる拒否の外的行為」[20]――を通じて表面化するか、のいずれかである。

この点を織り込んで考えると、〈無害性ゆえの「絶対」的保障〉の論理は、現実の事案においてどのように効果を発揮するだろうか。前記の①の場合にせよ②の場合にせよ、ある事案において、当事者の思想・良心の自由が侵害されたかどうかが争いになる場合には、対立の構図は基本的には次のようになろう。すなわち、当事者の側は、公権力がその人の内心の中味（の害悪性）を理由としてその人の不利益処遇を行ったのだと主張する。それに対して公権力の側は、そうではなくその内心の中味を表面化させたところのその人の外部的行為（の害悪性）こそが、その人の不利益処遇を行った理由であると主張する。要するに事実問題として、公権力の行動理由が当事者の内心とその外部的行為とのいずれに対する否定的評価にあったかが争われることになる。そして、裁判所が当事者の主張こそが真実を言い当てていると認めた場合には、公権力の行為は本条の「絶対」的保障に反して違憲だと評価される（後述する「不利益取扱い」型の解釈論）。ここにおいて前記論理は現実に効果を発揮することになる。

反面、裁判所が公権力の言い分こそが真実に即していると認めた場合はどうか。前記論理において、人の内心における精神活動が外部社会に対して無害なのは、それが「内心にとどまる」からであった。だがその精神活動が内心から外部的行為へと現われ出た場合には、外部的行為は外部社会に対して何らかの害悪を及ぼしうる。ゆえに、人の外部的行為（の害悪性）が、公権力がその人の不利益処遇を行った理由である場合は、少なくとも前記論理はこれをその射程の外に置く、と言わざるをえない。そこで一つの考え方によると、この場合には、仮にそこに憲法問題があるとしてもそれは当該行為に関わる何らかの外部的行為の自由の問題であって、内面的な精神活動の自由の憲法問題は存在しえない、とされる。もう一つの考え方によると、そこにはなお、内面的な精神活動の自由の題が存在しうるが、そうであってももはや「絶対」的な保障を言うことはできず、外部的行為の自由の憲法問題と同水準の保障がありうるにすぎない、とされる。だが、以下に述べるような、さらにもう一つの考え方を採るべきだと思われる。

3 〈根底的価値ゆえの「絶対」的保障〉の論理　ここで、本条の「絶対」的保障に関する別様の説明に耳を傾けよう。この伊藤正己氏の学説によると、「精神的自由権の保障」について、「裁判規範的構造からみるとこれを外面的自由権と内面的自由権に二分するのが適当である」。そして「内面性の精神的自由権」を、「外面性の精神的自由権」の保障を上回る「裁判規範としても最も強い効力をもつもの」という意味で「絶対的保障を与えられるもの」であるとする。そのような最強度の保障を与えるべき根拠としてこの説明は、「内心の活動である限り他の利益との衝突はなく」という点も挙げるが、それと共に「この類型に属する自由権は、人間の人格形成のための内心の精神活動の自由そのものを保障するものであり、この自由は人間存在の本質にかかわるものであり、この自由を縮減することは人間の否定につながる」、という点を挙げている。[21] この後者の点は、人の内心における精神活動の自由を積極的に価値づけるものである。この点に力点を置いてこの伊藤学説を読むのがこの学説を生かす所以であり、これを〈無害性ゆえの「絶対」的保障〉の論理に回収して読まないほうがよい。すると次のような趣旨を汲み取ることができる。

すなわち、本条による内面的な精神活動の自由の保障は、表現の自由をその典型とする外面的な精神活動の自由の保障よりもいっそう根底的な価値を守ろうとするものである。それゆえ、正しく本条の問題であると把握された事案については、二一条の問題であると把握された事案についての憲法論よりもいっそう強く自由擁護的な、そのような憲法解釈論を構築した上でそれに即して合憲性判断を行うべきである。そして――ここからが特に重要なのだが――、当該事案において焦点となるのが外部的行為である場合にも、そこに正しく本条の問題が存在すると把握される場合がありうる。それは抽象的に言えば、そこでの課題が外部的行為そのものの保護ではなくむしろ内面的な精神活動の保護にある場合であり、結果として外部的行為が保護されるとしてもその眼目はあくまで内面的な精神活動の保護にあると言える場合である。そのような場合には、安易に外部的行為の自由に対する憲法的保障の水準で憲法論を論ずるのではなく、できる限り、（外部的行為の自由のなかでも優越的地位にあると位置づけられる）表現行為の自由に対する憲法的保障の水準をさらに上回る憲法論を、目指すべきである。もちろん、外部的行為が社会的関連性を当然に持つ以上、思想・良心の自由について文字通り「絶対」的な保障を語るのは乱暴であるから、ここでの「絶対」的な保障という言い方は、文字通りの例外を許さない意味ではなく、最強度のという意味合いで理解されるべきである。但し同時に、あくまで内面的な精神活動の保護が眼目となるような事案で焦点となる外部的行為は、外部社会に対してそれほど大きな害悪を及ぼすものでないことが通常である点も看過すべきでない。いずれにせよ、これを、〈根底的価値ゆえの「絶対」的保障〉の論理と呼ぼう。

〈無害性ゆえの「絶対」的保障〉の論理は、規制する側の規制理由に着目し、公権力が本当は外部的行為（の害悪）ではなく内心の中味に対する否定的評価を理由に規制を行っている場合に、それを文字通り絶対に許さない（「意図」型の侵害）。それに対して〈根底的価値ゆえの「絶対」的保障〉の論理は、それに加えて[22]、規制される側の被侵害利益に着目し、公権力の意図にかかわらず（つまり、人の内心の中味に対する否定的評価を理由に規制を行っているのではなくても）、外部的行為の規制により人の内心が甚だしい傷害を受けている場合に、それをよほどの不都合が外部社会に生じない限り救済するのである（非「意図」型の侵害）。

外部的行為が焦点となるにもかかわらず正に本条の問題であると把握されるべきなのはどのような事案であり、またそれぞれの事案類型について〈根底的価値ゆえの「絶対」的保障〉の論理によるどのような憲法解釈論がありうるか。それはこれから遭遇する一つひとつの事案に即して実践的に考察・構築されていくべき、今後に開かれた課題である。本章では「自発的行為の強制」型と「外面的行為の規制」型との二つの解釈論を示すに止まる。ただ、そうした解釈論は共通して、〈狭い間口をくぐり抜けたものにだけ強力な保護を与える〉という議論の構造を持つべきだと考えられる。そもそも優越的地位にあるとされる表現の自由に関する解釈論が既に、ありとあらゆる外部的行為ではなくただ「表現行為」に該当する外部的行為のみを二一条の問題として検討の俎上に載せるという議論の構造を持っている。その表現の自由にも勝る強い保障を与えるためには、本条の問題として資格づけられるための間口が十分に絞られているのでないと、説得力を欠くことになろう。

4　内面における精神活動の自由を根拠づける根底的価値

内面的な精神活動の自由は、どのような根底的価値によって根拠づけられるか。この点、先に見た伊藤学説はごく簡単に「人間存在の本質にかかわる」とのみ指摘していたところだが、以下、もう少し立ち入って考えておこう。

第一に、精神的自由という視角から見ると、内面的な精神活動の自由は、外面的な精神活動の自由の、さらに手前に位置する。内面における精神活動を外面化する自由の典型が、表現の自由である。その表現の自由は一般に、「個人的な価値（自己実現の価値）」と「民主政に資する社会的な価値（自己統治の価値）」の二つに基礎づけられる[23]。この二つの価値は、内面的精神活動の自由について、いっそう根底的な次元で当てはまると考えられる。個人の自己実現の価値にとって、他者とコミュニケートする表現行為の保護が重要であるが、それよりもいっそう基本的に、個人が自己の内心において自由に感じ考えることが重要である。また社会の民主政ないし自己統治の価値にとって、政治的意思決定へと関与していく表現行為の保護が重要であるが、それよりもいっそう基本的に、諸個人が自己の内心において自由に理性的な政治的判断を行うことが重要である。

第二に、プライバシー領域という視角から見ることもできる。すなわち、三五条が住居の不可侵を保障するのは、住居という物理的空間が「いわば『拡大された自我』（J．メスナー）としての私生活の本拠[24]」であることを根拠とするが、それにもまして人の内面空間は、「自我」そのものの最高度にプライベートな空間として不可侵の価値を持つのである。

なお、先に〈無害性ゆえの「絶対」的保障〉の論理を提示したが、実はこの論理も、内面的な精神活動の自由の根底的価値の承認があってはじめて成り立つものである。何故なら、〈人の内心における精神活動は外部社会にとって無害である〉というのは事実命題であり、そこから〈だからそれを公権力は有害とみなしてはならない〉という規範命題は出てこないからである。戦前の、「言動として生じ得る害悪を未然に防止するために、思想の段階で取り締まるのをよしとする発想[25]」を否定するためには、前記の事実命題の認識を踏まえながら構成される、〈人の内心における精神活動は外部社会にとって無害であるとみなすべきである〉という規範命題が、必要となる。ではこの規範命題はどこから出てきたのか。それは、内面的な精神活動の自由の根底的価値をおいて他にない。

三　「思想及び良心」

1　序　論

多くの教科書は本条の解釈論を論じるに当たって、まず「思想及び良心」とは何かを検討し、その次にその自由を「侵してはならない」とはどういうことかを検討している[26]。本章ではひとまずこうした標準的な説明順序に沿って論じ始めるが、その問題点を指摘する辺りでその指摘に見合った進路変更を行うことにする。

2　「思想」及び「良心」か、「思想及び良心」か

一九条は、「思想」の自由と「良心」の自由という二つの別個の自由を保障するのか、それとも「思想及び良心」の自由という一体的な自由を保障するのかが、まず問題となる。

もちろん語義上、「思想」と「良心」は同じでない。ひとつの説明は、人が「何を論理的に正しいと考えるか」が思想であり、人が「何を倫理的に正しいと考えるか」が良心であるとする[27]。ただ、他の説明も色々ありうるし、現にある[28]。しかし通説は、「思想の自由」と「良心の自由」とを別箇のものとせずに、むしろ「思想及び良心の自

由」という「一体的なもの」[29]として捉え、それを「内心の（ものの考え方ないし見方の）自由」[30]であると理解してきた。[31]その理由として、別箇の自由として捉えたところで、「本条が『思想及び良心』を併記して同列にその自由を保障しているのであるから、解釈上の違いが生ずるわけではな（い）」[32]、と説かれることが少なくない。だが、二二条一項は「居住、移転及び職業選択の自由」をやはり「併記して同列に」保障するが、ここで「居住、移転」の自由と「職業選択」の自由とを「一体的なもの」として論じる学説はない。それはこの二つの自由がその中味において大いに異なるからである。ゆえに決定的なのは、規定の体裁よりもむしろ、規定されたそれぞれの自由の中味であろう。多数説が長年、「思想の自由」と「良心の自由」を一体的に把握してきた主たる根拠は、多数説が、「思想」と「良心」それぞれの自由の中味の別異性よりも「人の内心における精神活動の自由」[33]としての共通性のほうを重視してきた点に、求められる。

この論点は、第一に、本条の歴史的な制定趣旨をどのように把握するのかという点と関わる（本章の把握内容は一2で述べた）。また第二に、次のいずれの問いを立てて本条の解釈論的解明に取り組むほうがよいと考えられるか、という点とも関わる。すなわち、一方が、憲法テクストに密着して「思想」と「良心」それぞれの語義から出発しつつ、「人の内心における内面的精神活動」のうち「思想」と「良心」それぞれの自由を憲法的に保障するとはどのようなことか、と問うものであり、他方が、憲法テクストの趣旨を汲み取った上で、広く「人の内心における内面的精神活動」の自由を憲法的に保障するとはどのようなことか、と問うものである。この点、後者の問いに対する取組みにおいては、本条の実践的な解釈論的解明が同時に、外面的な精神活動の自由の保障内容とは明確に区別された、内面的な精神活動の自由に固有の保障内容が何であるのかという、日本国憲法に限らぬ「立憲的意味の憲法」一般における人権保障の普遍的構造に関する問いに対する、理論的な解明にもつながる。こうした考えから本稿もまた、「思想及び良心」という一体的な自由を保障するものと本条を解釈してきた多数説の姿勢を採用している。

3　信条説・対・内心説

次に、かく一体的に捉えられた「思想及び良心」の中味がさらに論点とされてきた。この論点について学説は、人の内心を大きく三つのレベルに分けるという枠組みを共有しながら、そのどこまでが憲法上保護される「思想及び良心」にカバーされるかを論じてきた。こうした議論のあり方は、一九五〇年代の二つの最高裁判決の影響の下に形成されたと見られる。二つの判決を順に見ていこう。

まず何より重要なのは、謝罪広告事件に関する最大判昭和三一（一九五六）年七月四日民集一〇巻七号七八五頁である。この事件では、他人の名誉を毀損した加害者に対して被害者の名誉回復のために民法七二三条に基づいて謝罪広告を新聞紙等に掲載すべきことを命ずる裁判所の判決が、本条に違反しないかどうかが争われたが、最高裁は一三対二（または一二対三）で合憲であると判断した（入江俊郎裁判官の意見は、謝罪広告命令は合憲だがそれを強制するのは違憲だと論じた。一三対二か一二対三かの合憲論者・違憲論者のカウントの揺れは、この意見の存在に由来する）。本判決の「多数意見は、憲法一九条にいわゆる良心は何を意味するかについて立ち入るところがない」。その点を田中耕太郎裁判官の補足意見は正当に指摘したうえで、自らはその論点に立ち入る。そして、「宗教上の信仰に限らずひろく世界観や主義や思想や主張をもつこと」（以下「内心A」という）と、「謝罪の意思表示の基礎としての道徳的の反省とか誠実さ」（以下「内心B」という）とを区別して、憲法上の「良心」がカバーするのは内心Aだけであり内心Bを含まないので、本件の謝罪広告命令は合憲であると論じた。学説は、本判決における合憲論と違憲論との対立を、この田中補足意見の枠組みで理解した。そして学説は、藤田八郎裁判官の反対意見が憲法上の「良心」に含まれるとした、「事物に関する是非弁別……の判断」を、内心Bであると位置づけて理解した（本判決そのものは事案の性質から専ら憲法上の「良心」について論じているが、ここではそれを憲法上の「思想及び良心」についての議論であると理解してよい）。

もう一つの重要判例は、石井記者事件に関する最大判昭和二七（一九五二）年八月六日刑集六巻八号九七四頁であるが、こちらは判決そのものではなくその事案が――学説により憲法的に分析されることを通して――、前記した共通枠組みの形成に影響した。この事件では、国家公務員法上の秘密漏洩罪の被疑事件についての捜査において、刑事訴訟法二二六条に基づく検察官の請求により証人として召喚された新聞記者が、取材源が誰であるかについての証言だけでなく、証人としての宣誓及び証言全部を拒絶したため、証言拒絶罪（刑事訴訟法一六一条）で起訴された。原審による有罪判決（罰金三〇〇〇円）に対して、記者は取材源を秘匿する権利が憲法二一条によって保護されると主張して上告したが、本判決は全員一致でその主張を斥けたものである。しかしある学説[34]は本判決の事案をこう捉え直した。「この事件では、とくに憲法第二一条の問題として争われたが、むしろそれは沈黙の自由の問題と見るべきであろう」。このように本事案をむしろ本条の問題だと捉えた上で、「憲法が、裁判における事実の発見において、証人の証言に対して大きな役割を認めていることからいって、沈黙の自由は、事実に関する知識を黙秘する自由を含まないと見るべきである」と論じたのである。ここで析出された「事実に関する知識ないし技術的知識」（著者傍点は省略）が、三つめのレベルの内心（以下「内心C」という）である。

かくて、人の内心についてそのいちばん深いレベルにあるのが内心A、中間レベルにあるのが内心B、そしてもっとも浅いレベルにあるのが内心Cであるという理解が共有枠組みとして形成された。そして一般にはこの枠組みの下、学説上は「思想及び良心」の内容について、内心Aのみがそれだとする信条説（狭義説）と、内心Aのみならず内心Bもそれに当たるとする内心説（広義説）が対抗している、と説明されてきたのである[35]。

4　検　討

ここまで、従来の学説の標準的な説明順序に従って概説してきたが、さらに論じ進めるにあたって、その問題点を少なくとも二点、指摘しないわけにはいかない。

第一に、一般に学説は、「思想及び良心」について信条説か内心説かを選択・決定したうえで、「侵してはならない」の解釈論の検討に入ってきた。その論じ方はあたかも、一律な内容のものとして確定された「思想及び良心」

が、「侵してはならない」を論じるところで出てくる、思想・良心の自由に対する複数の制約類型の全てについて、いつも同じように問題となるがごとくである。だが「内心の自由への侵害の具体的な態様や脈絡を離れて、本条の保障対象をカテゴリカルに画定することはできないはずである」[36]。むしろ複数の制約類型のそれぞれについて個別に、そこで保護されるべき「思想及び良心」の内容を考える必要がある[37]。本稿の結論を先に述べると、**五**で後述する「外面的行為の規制」型の解釈論については基本的には内心Aのみが保護されるが、**四**で後述する「不利益取扱い」型の解釈論については内心A・Bのみならず内心Cまでが保護されると考えられる。そもそも、いわゆる信条説と内心説の対抗図式も、特定の事案類型を暗に念頭に置きながら形成されてきた節がある。すなわち、裁判所が証人に証言義務を課すことを違憲だと考える人は少ないので、内心Cまでが「思想及び良心」に含まれると主張する学説はほとんどなかったが、謝罪広告命令の合憲性については見解が分かれ、ここで信条説と内心説との分岐が生じた、というふうに。だとすると、これまでの説についても、それぞれの説の妥当性の射程は、そこで念頭に置かれたのとは別の事案類型には及ばない可能性がある。

第二に、本条の保障対象となるべき「思想及び良心」は、静態的に人の内心を捉えて深いものから浅いものまで拾い上げた内心A～Cに尽きるものではない。人の内面における自主性・自発性という動態的な精神作用もまた、本条の保障対象たる「思想及び良心」の内容だと考えるべきである。例えば信仰の自由には「信仰する・しないの自由」が含まれるが、これは特定内容の内心Aを選択して抱くときの自主性・自発性という精神作用である。また表現の自由には「表現する・しないの自由」が含まれるが、これはある時・ある場所・ある態様での特定の表現行為（＝外部的行為）を選択して行うときの自主性・自発性という精神作用である。いわば実体的な内心であるところの内心A～Cとは別に、いわば過程的な内心であるところの自主性・自発性という精神作用があることを、従来の学説は十分に自覚化してこなかったが、この精神作用に焦点を当ててその憲法的保護を図るのが**六**で後述する「自発的行為の強制」型の解釈論である。

以上は個別人権としての思想・良心の自由の保障規定という次元での話だが、それでは精神的自由の原理的な保障規定という次元ではどう考えればよいか。この点は、「原理的保障としての意味」に着目すれば「その保障対象は、むしろ広範・包括的に捉えるべきであって、決して広範にすぎるということはありえないはずである[38]」との指摘が適切である。これに対しては次のような異論がありうる。本条の保障の最大の眼目は「人格形成に役立つ内心の活動」にあるから、「人格形成活動に関連のない内心の活動」まで本条の保障対象に含めるべきでない。「この両者の区別は難しい場合もあるが、後者を含めるときは思想・良心の自由の高位の価値を希薄にし、その自由の保障を軽くするものであるから、この区別は憲法上重要である[39]」、と。この異論は「両者の区別」の困難さを判った上でのものである。区別は困難であってもあらゆる場合に不可能だとはいえないし、区別困難な場合には保障対象に含める方向で考えるものとしてこの異論を理解することができる。ゆえに両者の区別の困難さはこの異論に対する決定的な反論とならない。ではこの異論にどう反論できるだろうか。ここで表現の自由の憲法論に目を転じると、そこでは、個人的価値からも社会的価値からも間違いなく根拠づけられる政治的表現の保護を最大の眼目としながらも、しかし政治的表現に狭く限定せずに広く表現行為一般を（しかし表現行為に限って）、二一条の保障対象としている。同様に本条による原理的な保障についても、人格形成と関連する内心の活動の保障を最大の眼目としつつ、けれどもその保障対象は広く内心一般である（しかし内心に限る）、と考えればよいのではないか。人の内面における精神作用のうち人格形成と関連するものを保護しようという問題意識は重要だが、人の「内面」空間そのものを保護することが人格形成のために強く要請されることを見失ってはならない。

四　「侵してはならない」――「不利益取扱い」型の解釈論

1　総　説

思想・良心の自由を「侵してはならない」とはどのような国家行為を禁止するのかについて、標準的な説明は以下の三つの侵害類型を挙げる。[40] 第一に、内心に基づく不利益取扱い。第二に、内心の告白を強制すること（沈黙の自由の侵害）。そして第三に、特定思想の強制（・勧奨）である。[41] 標準的な説明によれば、これら三つの侵害類型のいずれかに該当する国家行為を、本条は絶対的に禁止する。いずれの侵害類型も、先に二3で述べた用語を使えば、基本的には「意図」型の侵害の系譜に属する。[42]

以下、この三つを順に見ていくことにするが、予めこの先の本稿の論述の見通しを述べておく。まず、標準的な説明の第一の侵害類型に対処する憲法解釈論――内心に基づく不利益取扱いの禁止――を、本章は本条に関する「不利益取扱い」型の解釈論と呼ぶ（四2）。次に、標準的な説明の第二の侵害類型に対処する憲法解釈論――内心の告白を強制することの禁止――は、「不利益取扱い」型の解釈論から派生して出てくる解釈論であり、それと別個の解釈論ではないと捉える（四3）。最後に、標準的な説明の第三の侵害類型に対処する憲法解釈論――特定思想の強制の禁止――については、明確な内容を持つ解釈論として確立しているとはいえないと評価する（五1）。その後、先に二3で述べた、内心の自由に対する「意図」型の侵害と並ぶもう一つの侵害のありようである非「意図」型の侵害――公権力が人の保有する特定内容の実体的内心に対するマイナス評価を基盤にして行うのでない通常の統治活動が、結果として何らかの形で個人の内心の自由を侵害する場合――に関わる解釈論として、「外面的行為の規制」型の解釈論（五2・3）と、「自発的行為の強制」型の解釈論（六）の、提示・検討を行う。

こうして本章は、本条の解釈論として、「意図」型の侵害に関する「不利益取扱い」型の解釈論と、非「意図」型の侵害に関する「外面的行為の規制」型の解釈論と「自発的行為の強制」型の解釈論の、計三つの解釈論を提示することになる。ここで「意図」型と非「意図」型の侵害類型の区別は、規制する側が特定内容の実体的内心に対する一定の評価に基づいて規制を行っているかどうかに着目するものであるが[43]、規制される側から見れば、そこで同じ内心の自由が規制されていることに何ら違いがない。三つの解釈論は、それぞれ侵害類型とそこで保護されるべき内心類型を異にするものの、内心の自由を保障する本条の解釈論として、いずれも「絶対」的な保障を志向すべきものである。別言すれば、本章が内心の自由に対する制約（ないし侵害類型）を「意図」型か否か（あるいは実体的内心の特定内容を標的とするか否か）によって区別するのは、非「意図」型の制約に対しては「意図」型の制約に対する場合よりも緩やかな司法審査で足りる、というふうに論じるためでは全くない。二3で述べたことの再言になるが、「内心の自由」の憲法解釈論を構成する上で肝心なのは、〈狭い間口をくぐり抜けたものにだけ強力な保護を与える〉という構造の議論を構築することにあるから、緩い審査の場合を殊更に探り当てることにはあまり意義がないと思われる。

2　「不利益取扱い」型の解釈論

標準的な説明の挙げる第一の、内心に基づく不利益取扱いの禁止という規範内容は、本条からだけでなく「信条」による差別を禁止する一四条一項後段の規定からも導きうる。それゆえこの規範内容を本条についての解説では論じない教科書もある[44]。この規範内容は、そこで不利益取扱いの根拠とされる内心を、「その人みずからの意思で左右できないことがら」だと捉えるときには一四条の平等論として論じるほうに傾き、「その人みずからの意思で選びとった人格の核心に関わることがら」だと捉えるときには本条の自由論として論じるほうに傾くだろう[45]。本稿では既に二2で述べた理路により、この規範内容を本条の自由論として論じる。

あらためてこの規範内容を定式化すると、こうである。〈公権力が、特定内容の内心を侵害する意図をもって、その特定内容の内心を保持する個人を、正にそれを内心に保持するという理由に基づいて、不利益に取扱うことは、憲法上絶対的に禁止される〉。これを本稿では「不利益取扱い」型の解釈論と呼ぶ。

ここで特定内容の内心というのは、内心A・Bのみならず内心Cも含む。「ものの見方・考え方とはいえないような知識・事実の知不知であっても、たとえば、特定の事実を知っていることじたいを理由に何らかの不利益を加えるというようなことが、かりにあれば、それは、やはり本条に違反するものとみなければならない[46]」。この点、世界観（内心A）は、それでも時を経て変化する可能性がある。だが経験的事実の知識（内心C）は、その意味づけの変化はありえてもその知識自体は変化しようがない。その分、これを理由とした不利益処遇は、内心Aを理由としたそれよりもいっそう理不尽でありうる。

3　「不利益取扱い」型の解釈論の系──沈黙の自由の保障

標準的な説明が第二として挙げる、沈黙の自由の保障という規範内容については、議論の整理から始めよう。一口に沈黙の自由と言っても二つの違った中味のものがあるからである。一方の沈黙の自由Pは、人の内心に有るものの開示・表明を強いられることからの自由である。他方の沈黙の自由Qは、人の内心に有るものに反する表明を強いられることからの自由である。それぞれの沈黙の自由において、強いられる表明の中味は、人の内心に現に有るものとの関係で正反対の方を向いている。そのため内心の自由の観点からは、この二つの沈黙の自由はそれぞれ別個の侵害状況に対応することになる。沈黙の自由Pが本条により保護されるべきなのは、強いられて内心に有るものを開示・表明した結果、特定内容の内心の持ち主であることが判ると、正にそのことを理由として不利益処遇を受ける場合である。つまり、本条による沈黙の自由Pの保障は、「不利益取扱い」型の解釈論の系として出てくるものである。それに対して沈黙の自由Qが本条により保護されるべきなのは、基本的には、強いられて内心に有るものに反する表明行為＝外部的行為を行った結果、現に内心に有るものが深刻な打撃を受ける場合である。本条による沈黙の自由Qの保障は、広く、内心に有るものに反する外部的行為の強制・禁止が人の内心に深刻な打撃を与える場合に救済を図る「外面的行為の規制」型の解釈論の、一適用事例に当たる（なお、例外的に「自発的行為の強制」型の解釈論によるべき場合については、六2で後述する）。

このように沈黙の自由PとQは、本条の観点からは別個の型の解釈論が適用される二つの別個の類型として把握されるのだが、二一条（表現の自由）の観点からは、沈黙の自由Rという単一の類型の二つの変種であると把握される。ここで沈黙の自由Rとは、自らの望まない内容の表明行為を強いられない自由である。これは「表現する自由」の裏側としての「表現しない自由」であり、消極的表現の自由である。沈黙の自由Rは、特定内容の表明行為の強制という〈消極的表現の内容規制〉が違憲だと判断されるときに、二一条により保護される。つまり、非常に強い公共目的を実現するために、その人が特定内容の表明行為を行うことが必要不可欠であると認められない限り、沈黙の自由Rは二一条により保護されることになる。表現の自由の観点からは、内心の自由の観点とは異なり、特定内容の表現行為が強制される点こそが肝心であり、その特定内容が現に有る内心そのものか、それとも現に有る内心と正反対のものかは、同じ表現内容規制のうちの主題規制か見解・観点規制かという違いとなる。すなわち、内心に有るものの表明を強制されるという沈黙の自由Pの問題場面では、〈内心に有るもの〉という主題に関する表現が強制されるが、強制によってその主題についてどんな具体的見解・観点が表現されるかは当人次第である。それに対して内心に有るものに反する表明を強制されるという沈黙の自由Qの問題場面では、その当人の内心に有るもの（＝見解・観点）に反する内容の特定見解・観点の表現が強制されている。ゆえに消極的表現の自由に対する侵害度は沈黙の自由Qのほうが大きい。

四では主として本条による沈黙の自由Pの保障について論ずる。さて、「不利益取扱い」型の解釈論により、公権力が特定内容の内心の持ち主を、その内心ゆえに不利益に処遇することは絶対的に禁止される。今、公権力が人にその内心の開示を求める（これを「内心調査」と呼ぶ）ことが、正にその絶対的に禁止されたことを目的とするとしよう（「意図」型）。その場合に、その内心調査そのものは合憲だが、そのあと特定内容の内心を保持するゆえに不利益処遇を加えられる段になって初めて、その不利益処遇を違憲とする、というのではなくて、最初の内心調査そのものを違憲とするのが、沈黙の自由Pの憲法的保障の意味である。「不利益取扱い」型の解釈論の系なので、第一に、「意図」型の内心調査は文字通り絶対的に禁止される。また第二に、そこで保護対象となるのは内心一般である（内心Ａ・Ｂのみならず内心Ｃも含まれる）。それに対して「意図」型でない（＝非「意図」型の）内心調査は、「不利益取扱い」型の解釈論の射程外にあり、本条による沈黙の自由Ｐの保障に与らない（例、法廷における証人の証言義務）。それは二一条による沈黙の自由Ｒの保障の問題となる。特に、「意図」型でないどんな目的でその内心調査が行われるのか、その目的は非常に強い公共目的に当たるか、などの点が厳格に審査されることになる（法廷における証人の証言義務は、公正な裁判の実現という目的達成手段として合憲と判断されよう）。一般的にはこの審査をパスして合憲と判断される見込みはごく小さい。

これに対して通説は、本条による沈黙の自由Ｐの保障について、その保障を文字通り絶対的なものと解しつつ、「『思想』を告白させあるいは推知することは、たとえそれが、具体的な不利益取扱と直接連結させられていなくても、それじたい『思想・良心の自由』の侵害になる」とする。[47]つまり「意図」型でない内心調査も本条により例外なく違憲だとする。だがそれにより、法廷における証言義務まで違憲とするのは不適切なので、本条による沈黙の自由Ｐの保障対象から内心Ｃは除外する。[48]但し、「その事実が『思想』と不可分」[49]であるような場合、「例えば、特定の思想団体への所属とか、学生運動の経歴」[50]などの事実については、やはりその保障対象に入れられるべきだとしている。

通説が「意図」型でない内心調査も本条により絶対的に禁止されると論じるのは何故か。その元来の趣旨は、「不利益取扱い」型の解釈論とは全く別の型の解釈論として沈黙の自由論を打ち立てることにはなかったと思われる。そうでなく（国家と社会の二元論を前提に述べると）、国家が内心による不利益処遇を意図せず別の正当な目的で内心調査を行う場合でも、その結果として特定内容の内心が開示されると、社会が内心による不利益処遇を強力に推進しかねない、という現実認識を基礎にしていたのだと思われる。裏を返せば、本条による沈黙の自由Ｐの保障はあくまで、国家であれ社会であれ、内心による不利益処遇を行おうとする「意図」と結び付いてのものだと考えられる。ただ、内心に基づく不利益処遇を社会が行うことへの警戒心という、元来の通説の問題意識には大いに共感するものの、そのことを根拠にして、内心調査を行う国家自身に内心による不利益処遇の意図がない場合にまで、本条による絶対的な保障を及ぼすのは、現実的にも理論的にもやはり困難ではないか。それを補うものとして、二一条による沈黙の自由論が持つ自由保障機能をもっと信頼（・活用）できないかと考える。

4　判　例

(ア)　レッドパージに関わる一九五二年判決と一九五五年判決　憲法制定後の占領期における、一九五〇年七月一八日付けマッカーサー連合国最高司令官より吉田茂首相宛て書簡は、直接にはアカハタ及びその後掲紙・同類紙の無期限発行停止を指令するものだったが、その「趣旨」に従って、報道機関にはじまり重要産業・政府機関等は、共産党員またはその支持者である従業員を解雇していった（いわゆるレッドパージ[51]）。

その解雇を民間企業は表向きには自主的措置として行った。だが、共同通信社事件に関する最大決昭和二七（一九五二）年四月二日民集六巻四号三八七頁は、本件解雇を「連合国最高司令官の指示に従ってなした」ものだと認定し、「日本の法令は右の指示に牴触する限りにおいてその適用を排除されることはいうまでもない」として、本件解雇を有効なものだとした。本件解雇は「日本の法令」である日本国憲法の下では本条により公権力による内心に基づく不利益取扱いに当たり許されないと考えられるが、憲法外の力が「その適用を排除」したというのは、本決定の言う通りであろう（本決定は占領下のものである）。

一方、大日本紡績貝塚工場事件に関する最三小判昭和三〇（一九五五）年一一月二二日民集九巻一二号一七九三頁は、「原審の認定するところによれば、本件解雇は、上告人等が共産党員若しくはその同調者であること自体を理由として行われたものではなく、右解雇は、原判決摘示のような上告人等の具体的言動をもって、被上告人会社の生産を現実に阻害し若しくはその危険を生ぜしめる行為であるとし、しかも、労働協約の定めにも違反する行為であるとして、これを理由になされたものである、というのである。そして、原審の認定するような本件解雇当時の事情の下では、被上告人会社が上告人等の右言動を現実的な企業破壊的活動と目して、これを解雇の理由としたとしても、これをもって何等具体的根拠に基かない単なる抽象的危虞に基く解雇として強いて非難し得ないものといわねばならない」として、本件解雇は労働基準法三条・憲法一四条に違反しないとした。引用した第一文の示す規範命題は、思想ではなく「具体的言動」がもたらす害悪を理由とした解雇であれば適法であるという趣旨のものであり、「不利益取扱い」型の解釈論に沿っている。だが、その規範命題を当てはめて本件解雇を適法と判断した原審の事実認定、及びそれを「非難し得ない」と容認した最高裁の判断には、説得力がない。[52]

(イ)　三菱樹脂事件に関する一九七三年判決　三菱樹脂事件に関する最大判昭和四八（一九七三）年一二月一二日民集二七巻一一号一五三六頁では、企業が、大学卒業と同時に三ヶ月の試用期間を設けて採用した労働者を、採用試験時の身上書と面接において自らの学生運動参加の事実等につき秘匿したり虚偽の回答を行ったりしたことを理由に、試用期間満了後に本採用拒否することが許されるかが問題となった。本件では、私人間の雇用関係において、本条に基づく二つの憲法的要請――内心に基づく不利益処遇の絶対的禁止と、沈黙の自由Pの絶対的保障――がどのような効力を持つかが問題となる。本判決は「憲法上の権利」規定の私人間効力という論点に関する重要先例として知られるが、本章はこの論点そのものには立ち入らない。

本判決は、第一に、内心と外部的行為の関連性（あるいは、内心Aと、それに基づいて行った自己の外部的行動に関する事実認識という内心Cとの、関連性）について、適切にもこう述べた。「元来、人の思想、信条とその者の外部的行動との間には密接な関係があり、ことに本件において問題とされている学生運動への参加のごとき行動は、必ずしも常に特定の思想、信条に結びつくものとはいえないとしても、多くの場合、なんらかの思想、信条とのつながりをもっていることを否定することができない」、と。

本判決は、第二に、前記した本条の解釈論に関わる論点についてはこう述べた。「企業者が雇傭の自由を有し、思想、信条を理由として雇入れを拒んでもこれを目して違法とすることができない以上、企業者が、労働者の採否決定にあたり、労働者の思想、信条を調査し、そのためその者からこれに関連する事項についての申告を求めることも、これを法律上禁止された違法行為とすべき理由はない」、と。このように企業は「労働者の雇入れそのもの」については「広い範囲の自由を有する」。だが、「いったん労働者を雇い入れ、その者に雇用関係上の一定の地位を与えた後」はそうでなく、「労働者の労働条件について信条による差別取扱いを禁じている」労働基準法三条の適用を受け、「特定の信条を有することを解雇の理由として定めることも……右規定に違反する」。こういう一般的な図式を示したうえで、本判決は、本件本採用拒否につき、それを「雇入れ後における解雇にあた」るとしながらも、本件本採用拒否のような「留保解約権に基づく解雇」については「通常の解雇」よりも「広い範囲における解雇の自由が認められて然るべきもの」として、労働者側を勝訴させた原判決を破棄し差し戻した。

以上の説示について問題とすべきは、本判決が、企業が労働者を雇い入れる場面では、企業は内心ゆえに労働者の雇入れを拒否してよいし（内心ゆえの不利益処遇）、内心調査を行ってもよい（沈黙の自由Pの無保障）、とする点をどう評価すべきかである。思うに、少なくとも今日では、諸個人の内心の自由の保障は私人間関係において公序となっており、それを受けて、（傾向企業ならぬ）一般企業が労働者を雇い入れる場面でも、志願者の信条は、主たる選考基準とすべき志願者の職業的能力と基本的には無関係の私的事項として扱われるべきだ、という規範が確立していると考えられる。そして、仮に一つのポストにつき二人の候補者がいて、二人とも他の点では優劣つけがたい適任性を備えるが、企業がたまたま一方の信条を知るところとなったゆえに、他方を採用した、という場合にこれを公序に反するとは言いにくいと思われる。しかし企業が、本来は選考基準とならないはずの志願者の内心を積極的に調査することは、もはや公序に反すると断じてよいのではないか。

(ウ)　麹町中学校内申書事件に関する一九八八年判決　麹町中学校内申書事件に関する最二小判昭和六三（一九八八）年七月一五日判時一二八七号六五頁では、一九七一年度の高校入学者選抜の資料とされるべく中学校長が作成し提出した調査書の記載が違憲・違法でないかが問題となった。本件調査書は、その「行動及び性格の記録」欄所定の一三項目中三項目（「基本的な生活習慣」・「自省心」・「公共心」）を三段階評定の最低に当たるC評定とし、その理由に当たる備考欄及び特記事項欄にはおおむね「①校内において麹町中全共闘を名乗り、機関紙『砦』を発行した。②学校文化祭の際、文化祭粉砕を叫んで他校生徒と共に校内に乱入し、ビラまきを行った。③大学生ML派の集会に参加している。④学校側の説得指導をきかないで、ビラを配ったり、落書きをした。」（①〜④の記号は引用者）と記載し、欠席の主な理由欄には「風邪、発熱、集会又はデモに参加して疲労のため」との趣旨を記載していた。

最高裁は「右のいずれの記載も、上告人の思想、信条そのものを記載したものでないことは明らかであり、右の記載に係る外部的行為によっては上告人の思想、信条を了知し得るものではない」として、本条違反の主張を斥けた。

しかしこの判断は、先例の三菱樹脂事件判決について第一として紹介した説示との整合性が疑われる。「全共闘」「砦」「粉砕」「ML派」などの「記載に係る外部的行為によって」、「上告人の思想、信条」が新左翼系学生運動に共感するものであることを「了知し得……ない」はずがない。それが本件調査書におけるマイナス評価事項として記載されていることは、内心に基づく不利益処遇に該当する。

それではそうした「思想、信条」に関わる事実への言及を落として同じ事実を記載すれば問題がなくなるかというと、そういうわけではない。「右の記載に係る外部的行為」は全て基本的に政治的表現行為であり、これをマイナス評価事項としてよいかという（憲法二一条の）問題があるからである。[53]

この点につき最高裁は、「調査書には、入学者の選抜の資料の一とされる目的に適合するよう生徒の性格、行動に関しても、これを把握し得る客観的事実を公正に記載すべき」であるところ、本件記載は校内での「学校当局の許可なくしてされた」諸行為（①②④）と校外での「大学生ＭＬ派の集会の参加行為」（③）に関するものであり、「右の客観的事実を記載したものである」から、憲法二一条に違反しないとした。

最高裁の二一条論は、校内の表現行為（①②④）が事前許可を得ずに行われたという形式的「弊害」に力点を置き、そこから一気呵成に、①〜④の表現行為を基礎として本件生徒の「行動及び性格」をマイナスに評価したことを正当化する、肌理の粗い論理である。中学生による、それゆえ未熟で試行錯誤的でしかありえない政治的な精神的自由の行使に、教え育むべき積極的な芽を見出すことなく、単にそれを非行行為とみなして最低ランクの評定を行い教育の場からの排除を図ることは（本件生徒は受験した全ての高校を不合格となった）、表現の自由の観点からも教育のあり方という観点からも、問題が大きい。

五　「侵してはならない」――「外面的行為の規制」型の解釈論

1　特定思想の強制（・勧奨）の禁止？

㈠　人権論としての明確な内実の欠如

標準的説明が、本条の「侵してはならない」からくる規範内容として挙げる第三のものは、特定思想の強制（・勧奨）の禁止であった。確かに公権力が諸個人に対して特定思想を強制することは、特定思想を禁圧することと同様、本条の掲げる基本原理に反する。特定思想を禁圧しようとするときの基本的な手段として、公権力は内心（特定思想）に基づく不利益処遇を行うが、これは「不利益取扱い」型の解釈論が絶対的に禁止している。そこで同様に、二3で述べた「意図」型に属するものとして、この第三の規範内容は、公権力による特定思想の強制も、絶対的に禁止しようとする。問題は、この規範内容で絶対的に禁止されるところの「特定思想の強制」とは具体的にどのような国家行為を指すのか、という点にある。結論から述べると、それは不明確なままであり[54]、それゆえこの規範内容は本条の解釈論として独立した型をうまく構成できていないと思われる。但し公権力が特定思想の強制を正当な国家目的として掲げることができないという規範的コンセンサスが存在することそのことの意義は認めねばならない[55]。

「特定思想の強制」とは具体的にどんな国家行為を指すのか。まず、特定思想を持たない人をその内心ゆえに不利益処遇する、ということであれば、それは「不利益取扱い」型の解釈論が既に絶対的に禁止している。次に、ではそれは、公権力が何らかの外部的行為を強制することか。公権力側は当然、思想ではなく行為を強制するにすぎないと反論するだろう。その反論は、行為を強制することにそれ固有の理由が存在するとき、正当に成立する。この反論に打ち勝つには、その行為の強制がしかし正に思想の強制に当たるのだ、あるいはその行為の強制を通じて思想の強制を行っているのだ、と説得的に説明できなければならない（特定思想の強制を意図して行為強制を行ったとしても、その行為強制は本当に人の内面に特定思想を保持させる効果を持つのか、という点の説明も欲しい）。具体的な行為類型に即したそういう説得的な説明を、学説は提供していない。あるいはさらに、「特定思想の強制」とは、外部的行為の強制とは別の国家行為類型を指すのか。それならばそういう説明を行う必要がある。いずれにせよ、侵害類型として明確な内実を持たすことができなければ、人権論として独立した解釈論の型を構成することはできない。

この点、判例は、特定思想の表明行為を強制することをもって、憲法上禁止された「特定思想の強制」であると捉えている（特定思想の表明行為を強制することが、強制された人の内面にその特定思想を保持させる効果を持つことは、現実上の検証を経ることなく、ただ措定されていると解される）。その説明と批判的検討は、五3(ア)で行う。

さて、標準的説明においては、強制に至らない「勧奨」につき、当初、公権力がそれを行うことには「慎重でなければならない[56]」と説かれていたが、近年はこれも「一九条に反する[57]」と主張されるようになっている。では憲法上許されない「特定思想の勧奨」とは具体的にどのような国家行為を指すのか。この点、特定思想の「勧奨」の禁止という規範内容を、ある学説はこう定式化する。「特定の信条を受け容れさせることに向けた国家の組織的な働きかけについては、……他の選択肢を選ぶことが期待可能でない程度まで国家の働きかけが一面的になっていれば、……思想・良心の自由に対する侵害と構成される」、と。[58]これは、国家による「勧奨」が一定の場合には「広義の強制」に該当し、その場合には違憲となる、という主張だと理解できる。しかしここでも、国家のどういう「働きかけ」がどんな場合に「特定の信条を受け容れさせることに向けた」「組織的」で「一面的」なものとして「特定思想の広義の強制」に当たるのか、十分に明確だとは言えないと思われる。

(イ)　**実　例**　二〇〇六年の教育基本法改正により、同法二条四号に教育目標の一つとして「我が国と郷土を愛する……態度を養うこと」が挙げられ、「特定思想（＝愛国心）の強制」に当たるような教育実践につながらないかを危惧する声が出された。だが残念ながら、以上に述べたようにこの「特定思想の強制」禁止の規範は、切れ味鋭い行為規範や裁判規範とするだけの明確性を備えていない。具体的な国家行為の違憲判断を裁判で勝ち取るには、この規範一本を頼りに大構えで戦うのでなく、もっと手堅い内実を備えた解釈論をむしろ主たる武器として、小さく戦う必要があるだろう。国歌斉唱行為の強制という限られた場面については、本条による「自発的行為の強制」型の解釈論に基いて違憲だと判断されるべきである（六1・4を参照）。

2　「外面的行為の規制」型の解釈論

(ア)　**「外面的行為の規制」型の解釈論**　「意図」型の解釈論から非「意図」型の解釈論に移ろう。その一つが「外面的行為の規制」型の解釈論である。その規範内容はこう定式化できる。〈一般的な法的規制が諸個人に対して行う外面的行為の強制・禁止が、[59]ある個人の保持する深いレベルの内心と衝突するとき（「衝突」審査）、同規制からその個人を免除することが憲法上の要請である。但し、免除しないことを正当化する非常に強い公共目的が存在する場合には（「公益」審査）、免除が要請されない。また、免除が要請される場合には可能な限り、被免除者に対して当該規制に代替するような負担が課されるべきである〉。

この解釈論は良心的兵役拒否制度や信仰の自由の保障に関するアメリカ・（旧西）ドイツの憲法学から輸入したものである。[60]そこにいう「深いレベルの内心」の原型は宗教的信仰にあり、それゆえ世俗的次元では内心Aがこれに当たるとされる。この判断枠組みの特徴は、「深いレベルの内心と衝突する」というふうに間口を絞り、「衝突」審査においてその〈狭き門〉をくぐり抜けたものにだけ、原則として「同規制からその個人を免除する」という強力な保護を与える点にある。「公益」審査において例外的に免除要請が否定される可能性は、理論上はあるが現実にはまずない、というのがここでの想定である。このように、ここでは文字通り「絶対」的な保護は要請されていないが、それでも非常に強力な保護が要請されている。[61]また、〈狭き門〉に間口を絞る点は、「思想・良心に反する行為の強制を禁ずるものとなす見解……を一般的に容認すれば、納税・債務履行など社会的共同生活における義務の不履行を、私人の内心的決定によって拒否することができ、社会生活は不可能となる」[62]、との危惧に対する有効な反論となるはずである。

剣道実技参加拒否事件に関する最二小判平成八（一九九六）年三月八日民集五〇巻三号四六九頁は、憲法二〇条の領域において、行政裁量審査の枠組みの中で本解釈論に沿った思考を展開した先例である。この事案では、信仰上の理由から体育科目の剣道実技に参加しなかった学生Xを、高等専門学校Yが原級留置処分を経て最終的には退学処分にしたことが、二〇条に違反しないかが争われた。最高裁はまず、「Xが剣道実技への参加を拒否する理由は、Xの信仰の核心部分と密接に関連する真しなものであった」とし、「内心の深いレベル」の問題であることを認める。次に、「本件各処分は……Xがそれらによる重大な不利益を避けるためには剣道実技の履修という自己の信仰上の教義に反する行動を採ることを余儀なくさせられるという性質を有するものであった」とし、「衝突」の存在を認めた。さらに、「体育科目による教育目的の達成」のために「剣道実技の履修が必須のものとまではいい難〔い〕」、と「公益」審査に相当する判断を行っている。最後に、Xが「レポート提出等の代替措置を認めて欲しい旨繰り返し申入れていた」事実も踏まえ、Y校長は「本件各処分に至るまでに何らかの代替措置を採ることの是非、その方法、態様等について十分に考慮するべきであった」がそれをしなかったとして、本件各処分を違法と判断した。以上に抽出した論理は、「外面的行為の規制」型の解釈論と同形であることが確認できよう。

(イ)「内心に反する外部的行為の強制」という侵害類型を説く学説の課題　先に**四1**において、本条の「侵してはならない」の意味について、標準的説明は内心の自由に対する三つの侵害類型（内心に基づく不利益処遇、内心の告白の強制、特定思想の強制）を挙げると紹介した。だが、これに加えて近年の憲法教科書では、第四の侵害類型として「内心に反する外部的行為の強制」を挙げるものが多くなっている。[63] これは、一九九九年の国旗国歌法制定以降、特に公立学校の現場で卒業式等の式典における国旗・国歌の強制の動きが進行したことに伴い、本条の問題にはそうした侵害類型も含まれるべきだという問題意識が学説の中で高まってきたことを背景とする。そして、**六4**で紹介する起立斉唱命令事件に関する二〇一一年判決が、起立斉唱行為（＝外部的行為）の強制を内心の自由に対する「間接的な制約となる面がある」（つまり、「間接的な」ということであれ、「制約」がある）とはっきり認めたことが、学説がこの第四の侵害類型を認めることの強力な後押しとなった。

この第四の侵害類型は、従来の三つの侵害類型と異なるどのような新規性を持つか。この点、「外部的行為」という点が強調される傾向にあるが、従来の三つの侵害類型においても、**二2**で述べたように、それが人々の現実生活で生じる問題場面を対象とする以上、基本的には人の何らかの外部的行為が関わっている（特に第二の侵害類型は、内心の告白行為という正に外部的行為の強制をいうものである）。ゆえに「外部的行為」という点にこの第四の侵害類型の新規性があるのではない。この第四の侵害類型の原型は、伝統的な学説の中の少数有力説が、諸外国における良心的兵役拒否制度に関する比較法的知見に基づいて、「思想・良心を理由とする法の不服従[64]」とか、「思想・良心の自由を理由として一般的法義務を回避しうるか[65]」とかの標題で、それは原則として認められないがごく例外的な場合には憲法上認め得る、と論じてきたことの中にある[66]。この議論の、従来の三つの侵害類型に関する議論と比べたときの新規性は、従来の議論が特定内容の実体的内心に対する一定の評価をベースとした「意図」型の侵害を説いていたのに対して、そうでない非「意図」型の侵害の可能性を内心の自由について説いた点にあった。近年新たに挙げられる第四の侵害類型の新規性も、この点にこそ見出すべきだと思われる。

正にこの第四の侵害類型に対応するものとして本章が提示するのが、「外面的行為の規制」型の解釈論である。**二3**と**四1**の繰り返しになるが、この解釈論が内心の自由論としての資質を有していると考えられるのは、それが〈狭い間口をくぐり抜けたものにだけ強力な保護を与える〉という議論の構造を持つからである。内心の自由（＝内面的な精神活動の自由）論である以上、表現の自由（＝外面的な精神活動の自由）論よりもいっそう強力な、「絶対」的保障を志向する解釈論であるべきである。そうでないと、理論的な人権論の体系の全体が危うくなってくると思われる。その点、第四の侵害類型に対する本条解釈論を提示する近年の学説の中には、内心の自由論の網を大きく広げた上で利益衡量論に持っていくのでよしとするような傾向がときに見受けられるのには、危うさを感じる。およそ人の外部的行為の多くのものは、その人の実体的内心と何らかの関わりを持つと考えられる。それら全てを基本的に内心の自由の保護範囲に取り込んだ上で、一方の実体的内心の深さと、他方の規制利益の重要性とをバランシングさせる、その際の審査の厳格度（＝審査密度）も、実体的内心の深さその他の事情に応じたその時々のスライディング・スケール方式で行く、というのでは、外部的行為の自由一般についての考え方と変わらないではないか、という印象を持つ。もちろん内心の自由に関わる今後の裁判事案において、起立斉唱命令事件に関する二〇一一年の諸判決の使える部分は最大限活用して、勝つべき事案で確実に勝つ解釈論的工夫を行う実践は不可欠である。だが理論的にも実践的にも、内心の自由論については、基本的には明確な内実をもつ侵害類型論〈ないしは、〈狭い間口をくぐり抜けたものにだけ強力な保護を与える〉という構造を持つ解釈論〉を構築した上で通用させるのが重要であり、「間接的な」制約ゆえに緩い合憲性審査を行う、といった二〇一一年の諸判決のような議論は、内心の自由論としてはほとんど価値がないと思われる。

3　判例・実例

(ア)「君が代」ピアノ伴奏命令事件に関する二〇〇七年判決

「君が代」ピアノ伴奏命令事件に関する最三小判平成一九（二〇〇七）年二月二七日民集六一巻一号二九一頁では、市立小学校の音楽専科の教諭Xが、入学式の国歌斉唱の際に「君が代」のピアノ伴奏を行うことを内容とする校長の職務命令に従わなかったため戒告処分を受けたが、この命令が本条に反し処分が違法でないかが争われた。最高裁は四対一でこの命令を合憲だとした。

最高裁はまず、本件で問題となっているのは、「『君が代』が過去の日本のアジア侵略と結び付いて」いるという、「『君が代』が過去の我が国において果たした役割に係るX自身の歴史観ないし世界観」であるとする。そして、①「本件入学式の国歌斉唱の際のピアノ伴奏を拒否することは、Xにとっては、上記の歴史観ないし世界観に基づく一つの選択ではあろうが、一般的には、これと不可分に結び付くものということはでき〔ない〕」ので、「本件職務命令が、直ちにXの有する上記の歴史観ないし世界観それ自体を否定するものと認めることはできない」とした。このように、一方で最高裁は、Xの内心〔歴史観ないし世界観〕から出発して、これと本件ピアノ伴奏拒否行為は「不可分に結び付く」ものでないとした。②他方で最高裁は、押すに押されぬ表現行為であるピアノ伴奏行為から出発して、それが特定思想の表明行為でないかを検討する。そして、音楽専科の教諭が入学式で「君が代」のピアノ伴奏をすることは、一つには「通常想定され期待される」ことであるし、二つには本件では職務命令で命じられたのだから、「客観的に見て……上記伴奏を行う教諭等が特定の思想を有するということを外部に表明する行為であると評価することは困難」であるとした。そして、それゆえ「本件職務命令は……Xに対して、特定の思想を持つことを強制したり、あるいはこれを禁止したりするものではなく、特定の思想の有無について告白することを強要するものでもな（い）」と結論した。

以上の論理は、「特定思想の強制」禁止の法理を下敷きにしていると見られる。最高裁はどうやら、特定の「歴史観ないし世界観」と「不可分に結び付く」行為、すなわち「特定の思想……を外部に表明する行為」、を強制することを、講学上の「特定思想の強制」に該当するものとみなし、そしておそらくこれのみを、本条違反の国家行為だと見ている。

確かに、特定思想の表明行為を強制することは、たとえ公務員の勤務関係においてであっても、何故そんな強制を行わねばならないのか理解に苦しむ類の権力行為であり、これを本条の「特定思想の強制」禁止の法理によって絶対的に禁止するというのなら、そのことに異を唱える必要はなかろう。だが本条違反の国家行為を、こんな、ほとんどありえないようなケースに限るのは、人の内心というものの理解としてあまりに浅い。内心は多様な形態の外部的行為と結び付いているのであり、たんに当該内容の表明行為とだけ結び付いているのではないのである。本件Xの内心を例に述べれば、「『君が代』は過去の日本のアジア侵略と結び付いていません」と表明する行為の強制に対しては、Xは何とか面従腹背でやりすごすことができても、本件入学式におけるピアノ伴奏行為の強制に対しては、内心における激しい葛藤ゆえにどうしても従えない、ということがありうる。その場合、実質的に見てどちらのほうが内心の自由の深刻な侵害であるか、言うまでもない。本件は「外面的行為の規制」型の解釈論によって判断されるべき事案であった。

(イ)　裁判員制度に伴う問題　二〇〇九年から実施されている裁判員制度において、内心上の理由から裁判員に就任できないとの主張を、正当な裁判員辞退事由として認めうるかが問題となりうる。(67) 例えば、信念として人を殺すことに関わることはできないから、死刑判決を出す主体となりうる裁判所の構成員となることはできない、との主張を典型的に想定しうる。本条の問題としては「外面的行為の規制」型の解釈論で検討されるべき問題であり、免除が憲法上要請される場合には、辞退事由について定める裁判員の参加する刑事裁判に関する法律一六条八号にいう「やむを得ない事由」を具体化した、「自己……に……精神上……の重大な不利益が生ずると認めるに足りる相当の理由がある」（平成二〇年政令三号の六号）場合に当たるという判断となる。特に死刑制度に関わる問題場面で、内心上の理由からする免除をどのような場合に認めうるかについては、そのことに関連して検討すべき論点が多岐にわたり出てくるが、本章では基本的な問題構図を前記のように示すに止める。(68)

六　「侵してはならない」――「自発的行為の強制」型の解釈論

1　「自発的行為の強制」型の解釈論

もう一つの非「意図」型の解釈論は、「自発的行為の強制」型の解釈論である。

人間の行為一般を外部的行為と呼ぶとすると、その大部分は「外面的行為」であるが、そこにはごく少数の「自発的行為」もまた存在する。ここで「自発的行為」というのは、行為者の内心の自発性・自主性に基づいて行って初めて、意味があると社会的・文化的にみなされる行為である。それに対して「外面的行為」とは、当人の自発性に基づいていなくてもその行為が現実に行われること自体に意味があるという性格の行為である。それに対応して、「外部的行為の規制」にも、特殊類型としての「自発的行為の強制」と、一般類型としての「外面的行為の規制」とが区別される。そして内心の自由の保障について、後者に関わるのが「外面的行為の規制」型の解釈論であり、前者に関わるのがここで論じる「自発的行為の強制」型の解釈論である。その規範内容はこう定式化できる。〈公権力が強制的に個人に自発的行為を行わせることは憲法上絶対に許されない〉。

何が自発的行為に当たるかは、その定義にもあるように最終的には社会的意味づけの次元で決せられるのであり、当人が自発的行為だと主張すればそうなるわけではない。それに当たるものとして、本章は、当人の内心の反省に基づいて自発的に行ってはじめて意味がある謝罪行為（謝る・詫びる行為）、当人の内心の志に基づいて自発的に行ってはじめて意味がある献金行為（寄付を行う行為）、当人の内心の愛国心に基づいて自発的に行ってはじめて意味がある国歌斉唱行為（起立して国歌を歌う行為）、のわずか三類型を挙げうるにすぎない。このようにしてこの解釈論を発動する場面が〈狭き門〉で限られるのだが、これをくぐり抜けたものには、強制が文字通り絶対的に排除されるという強力な保護が与えられる。

「外面的行為の規制」型の解釈論が、内心を静態的・実体的に捉えてそのうち深いレベルのものを保護するのに対して、「自発的行為の強制」型の解釈論は、内心を動態的・過程的に捉えてその自主性・自発性を保護する。三4で既述のように、あらゆる「○○の自由」は、その○○をする・しないの自由を基盤として含んでいる。つまりあらゆる自由の保障はそれに関わる自発性の保障を伴う。そのことは、あらゆる自由の制約が認められる限度で、自発性もまた制約されうることを意味する。また、自由を保障すればそれに関わる自発性もまた保障されるから、特に自発性に照準してこれを保障する必要がある場面は希少である。正にその希少な場面が、自発的行為の強制の場面である。自発的行為は、強制されると、当人が自発的に行うときにはじめて当該行為が持つその本質的意味を破壊されてしまう。強制から自発的行為を保護することは、当該行為の本質的意味を守るという点ではその行為を保護するが、そこで守られるのが正に内心の自発性であるという点では自発性という内面的な精神作用を保護するのである。つまりここでは、行為を保護することが即ち内心を保護することである。大多数の場合には「○○の自由」の保障・制約と同時に、その影に隠れるかたちで、保障されたり制約されたりしている自発性という内心の精神作用が、ごく稀に光の中に現われるのが、自発的行為の保障が問題となる場面である。この問題場面で自発的行為の強制を認めることは、何を意味するか。それは、他の場面で人の自発性が尊重されるのは単なる偶然であり、本当にはこの日本社会が、人の内心における自発性という精神作用を尊重していないことを意味する。

2　謝罪行為

(ア)　謝罪広告命令事件に関する一九五六年判決

既に三3で紹介した、謝罪広告命令事件に関する最大判昭和三一・(一九五六)年七月四日民集一〇巻七号七八五頁で、謝罪広告を強制することが合憲であることを、法廷意見はこう論じた。まず、「謝罪広告を命ずる判決にもその内容上、これを新聞紙に掲載することが謝罪者の意思決定に委ねるを相当とし、これを命ずる場合の執行も債務者の意思のみに係る不代替作為として民訴七三四条〔現民事執行法一七二条〕に基き間接強制によるを相当とするものもあるべく、時にはこれを強制することが債務者の人格を無視し著しくその名誉を毀損し意思決定の自由乃至良心の自由を不当に制限することとなり、いわゆる強制執行に適さない場合に該当することもありうるであろうけれど、単に事態の真相を告白し陳謝の意を表明するに止まる程度のものにあつては、これが強制執行も代替作為として民訴七三三条〔現民事執行法一七一条〕の手続によることを得るものといわなければならない」。その上で、本件の謝罪広告の文面——「右放送及記事は真相に相違しており、貴下の名誉を傷け御迷惑をおかけいたしました。ここに陳謝の意を表します」——を検討し、この内容は「結局上告人をして右公表事実が虚偽且つ不当であつたことを広報機関を通じて発表すべきことを求めるに帰する。されば少くともこの種の謝罪広告を新聞紙に掲載すべきことを命ずる原判決は、上告人に屈辱的若くは苦役的労苦を科し、又は上告人の有する倫理的な意思、良心の自由を侵害することを要求するものとは解せられない」、としたのである。要するに法廷意見は、「謝罪広告を命ずる判決」自体が許されることは前提としながら、「その内容」によっては「これを強制することが……良心の自由を不当に制限することとな〔る〕」場合がありうるが、「単に事態の真相を告白し陳謝の意を表明するに止まる程度のもの」は強制してよく、本件広告はこれに当たる、としている。つまり、広告の表現内容が穏当なものである限り、謝罪広告命令判決の強制は憲法上許される。ここでは内心の自由の問題が、強制される表現内容が穏当なものか屈辱的なものかの「程度」の問題に還元されている。

ところでこの判決で違憲論を論じた三人の裁判官は誰一人として、田中耕太郎裁判官の補足意見の内心Aと内心Bの区別論に立って、〈本条は内心Aのみならず内心Bも保障するから謝罪広告命令の強制は違憲だ〉、と論じてはいない。端的に謝罪広告掲載の強制が内心の自由を侵害して違憲だと論じている。そこでむしろ違憲論の立場から、実体的内心の深い浅いとは別の対立軸を本判決における合憲論と違憲論のなかに探ると、次のような対抗を発見できる。すなわち、「謝罪は……内心から自己の行為を悪と自覚した場合にのみ価値ある筈のものだ」（垂水克巳裁判官の反対意見）と見るか、「謝罪する意思が伴わない謝罪広告といえども、法の世界においては被害者にとつて意味がある。……謝罪広告は被害者の名誉回復のために有効な方法と常識上認められる」（田中耕太郎裁判官の補足意見）と見るか、という対抗である。これは、謝罪行為が自発的行為と外面的行為のいずれに当たるかをめぐる対抗である。この点、「謝罪する意思が伴わない謝罪広告」は、たとえ「名誉回復のために有効な方法」として「被害者にとつて意味がある」としても、「謝罪」広告としては被害者にとっても意味がないのではないか。謝罪行為は、内心に謝罪心を持たない人に対して強制されたとき、その人の自発性を毀損する。のみならずそれは、内心に謝罪心を持つ人に対して強制されたときにも、その人の自発性を毀損する。内心に謝罪心を持つ人にとって、強制されて行わされる謝罪行為は、もはやその人の自発性に裏打ちされた真正の謝罪行為ではないからだ。謝罪行為は、強制されると謝罪の意味を失う。強制された謝罪行為は、「謝罪」行為ではなくなり、ただ、それを強制された人に屈辱感を与えるだけの行為となる（対照的に、人が内心の謝罪心に基づき自発的に行う謝罪行為には、謝罪心に〈我が身の情けなさ〉感が伴うとしても謝罪行為に屈辱感は伴わないと思われる）。(69)厄介なのは、強制された謝罪行為が、強制により〈謝る行為〉としての本来的意味を破壊されているにもかかわらずなお、その強制を容認した社会においてはその行為によって「謝罪」したものとして扱われることである。強制された謝罪行為により発生する「謝罪」的意味は、偽物の謝罪というほかないものであるが、これはおそらく強制的に謝罪行為を行わされた人が抱かされる屈辱感と密接に関わっている。そして謝罪行為の強制を容認する社会は、そのことを承知の上で知らない振りを決め込んでいる。このように、内心の自発性を尊重しない社会は、個人を主体として尊重しない社会である。謝罪行為が在り難い授かり物であること、その在り難さの所以が正に人の内心の自発性にあることを理解する社会は、謝罪行為の強制を許さないはずである。

(ウ)　二一条論による検討　謝罪行為の強制は、**四3**で既述した沈黙の自由論の枠組みでは、内心の自由論としては沈黙の自由Pではなく Q の問題となる。沈黙の自由Qの保障は、大多数の場合には「外面的行為の規制」型の解釈論で受け止められるが、謝罪行為については例外的に「自発的行為の強制」型の解釈論で考えるべきである。一方、表現の自由論においては一律に沈黙の自由Rの問題として考察がなされる。この二一条論の枠組みでは、謝罪広告の強制はその合憲性をどのように判断されるだろうか。

消極的表現の内容規制に関する合憲性判断枠組みで検討すると、原告の名誉回復という規制目的は目的審査をパスする。しかし手段審査において、その目的を達成する手段として、強制される表現内容に複数の選択肢があるのであれば、被告の表現の自由に対する侵害度ができるだけ小さい表現内容が選択されねばならない（LRAの基準）。そして、「陳謝する」ものであれ「事実を取消す」ものであれ、「被告本人の名義での広告は、社会的には、必然的に被告本人が該問題について謝罪ないし取消しをしたと受け取られるという効果を生む……。……その費用で原告にかかわる該事実が虚偽であった旨の判決ないし広告を裁判所名義で公表せしめることで十分であり、それ以上に被告名義での広告を強制することは、ゆきすぎ[70]」で二一条違反である、との指摘に説得力がある[71]。要するに、表現の自由論をまともに展開すると、謝罪広告の強制が合憲であると判断される余地はない。

けれども、最一小判昭和四一（一九六六）年四月二一日裁判集民事八三号二六九頁は、新聞紙発行人に対して「新聞紙に謝罪広告を掲載することを命ずる判決は、その広告の内容が単に事態の真相を告白し陳謝の意を表明する程度のものにあつては、……右のごとき判決が憲法二一条一項に違反しないことは、右判決（引用者注：上記の一九五六年大法廷判決）の趣旨に徴して明らかである」とだけ論じて、二一条にも違反しないとした。その説示は、大分県別府遺跡捏造報道訴訟に関する最一小判平成一六（二〇〇四）年七月一五日LEX／DB二八〇九二〇六四で繰り返されている。

(エ)　ポスト・ノーティス命令に関する一九九〇年判決・一九九一年判決　以上は裁判所が民法上の不法行為に対する救済として出す謝罪広告掲載命令判決に関する事案であるが、労働委員会が労働組合法上の不当労働行為に対する救済として出すポスト・ノーティス命令——使用者に対して労働委員会が決めた内容の文書を従業員が見やすい場所に掲示することを命ずるもの——にも、同様の「陳謝」文言を用いる慣行が存在する。この点、医療法人亮正会事件に関する最三小判平成二（一九九〇）年三月六日判時一三五七号一四四頁、オリエンタルモーター事件に関する最二小判平成三（一九九一）年二月二二日判時一三九三号一四五頁、において最高裁は、掲示文中の「深く反省する」、「陳謝する」等の文言について、「同種行為を繰り返さない旨の約束文言を強調する意味を有するにすぎない」、などとして、「憲法一九条違反の主張は、その前提を欠く」と論じた。

内心の自由の享有主体は個人に限られるので、法人や会社の内心の自由が侵害されたという主張は、確かに「その前提を欠く」。だが自発的行為の強制の絶対的禁止という憲法的要請に鑑みると、「陳謝」文言を強制する命令は、労働委員会に認められた裁量権の範囲を逸脱するものであり違法・違憲だと考えられる。

3　献金行為

(ア)　南九州税理士会事件に関する一九九六年判決　団体が献金行為を行うための原資を調達する目的で、その構成員たる個人から特別会費を強制徴収するとき、その会費支払いを拒否する自由が構成員＝個人に認められるか。

南九州税理士会事件に関する最三小判平成八（一九九六）年三月一九日民集五〇巻三号六一五頁では、税理士会が、税理士法改正を目指した政治運動のために政治資金規正法上の団体に寄付する資金のための特別会費を、会員から徴収することが許されるかが問題となった。裁判官五人の全員一致による本判決は、「税理士会が……強制加入の団体であり、その会員である税理士に実質的には脱退の自由が保障されていない」点を重視する。その点に鑑みると、「その〔税理士会の〕目的の範囲を判断するに当たっては、会員の思想・信条の自由との関係で、次のような考慮が必要である」、と述べる。その考慮とはこうである。「法が税理士会を強制加入の法人としている以上、その構成員である会員には、様々の思想・信条及び主義・主張を有する者が存在することが当然に予定されている。したがって、税理士会〔の〕……活動にも、そのために会員に要請される協力義務にも、おのずから限界がある」。そして、「特に、政党など〔政治資金〕規正法上の政治団体に対して金員の寄付をするかどうかは、選挙における投票の自由と表裏を成すものとして、会員各人が市民としての個人的な政治的思想、見解、判断等に基づいて自主的に決定すべき事柄であるというべきである」と述べる。結論として、「そうすると、……税理士会が、このような事柄を多数決原理によって団体の意思として決定し、構成員にその協力を義務付けることはできない……。税理士会が政党など〔政治資金〕規正法上の政治団体に対して金員の寄付をすることは、たとい税理士に係る法令の制定改廃に関する要求を実現するためであっても、〔税理士〕法四九条二項〔当時〕所定の税理士会の目的の範囲外の行為といわざるを得ない」、とした。このように本判決は、会員＝個人の「自由」についても論じているが、その決め手はあくまで、税理士会＝団体が、政治団体への本件献金を行うことはその「目的の範囲外の行為」であり法的に許されない、という点にある。

さて本判決自身は「会員の思想・信条の自由」に言及している。そのためもあって、多くの読者は本判決が内心の自由論を行っていると受け止めてきた。だが本判決は、まず、「不利益取扱い」型の解釈論を行っておらず、そのことは本事案が特定内心の保持者を狙い撃ちにするケースでない点に鑑みると適切である。また「外面的行為の規制」型の解釈論を行っているわけでもない（「衝突」審査を行っていない）。では実際に本判決が承認した個人的自由の内実はどのようなものか。それは、自己の所属する団体が、政治団体に対して献金を行おうとするとき、その献金のための資金を、所属団体によって強制的に徴収されない自由である。個人には、どの政治団体に対してどの額の献金をいつ行うか（そもそも行わないか）を決めて実行する自由がある。この自由が強制徴収によって侵害されるのである。この自由は、お金によって政治的な影響力を及ぼす自由である。それは「政治的自由」（国労広島地本事件に関する最三小判昭和五〇（一九七五）年一一月二八日民集二九巻一〇号一六九八頁。引用は同一七〇七頁）であり、政治目的でお金を出すという外部的行為の自由であり、そういうものとして、憲法上は本条でなく二一条や一五条一項などに基礎づけられる自由である。

(イ)「内心の自発性」論による考察

しかし本事案には確かに「思想・信条の自由」に関わる問題が存在する。本件では正に自発的行為に当たる献金行為が会員＝個人に対して強制されているからである。今、元々は会員＝個人から一般会費として強制徴収された一般資金を原資とする、会＝団体による献金行為は、脇に置く。少なくとも、目的を明示した特別会費として会員＝個人から強制徴収された特別資金を原資とした、会＝団体による献金行為は、「献金」行為ではない。献金行為は、当該目的についてお金で支援する志を内心に持たない人に対して強制されたとき、その人の自発性を毀損する。のみならずそれは、内心に前記の志を持つ人に対して強制されたときにも、その人の自発性を毀損する。内心に前記の志を持つ人にとって、強制されて行わされる献金行為は、もはやその人の自発性に裏打ちされた真正の献金行為ではないからだ。会＝団体としての献金行為が一般資金を原資として仮に有効に成立しうるとしても、特別資金はそれを徴収される全ての会員＝個人の自発性を侵害して獲得された、およそ

「献金」の名に値しないお金である。会＝団体は、特別資金分の金額を「献金」する資力を本当は持っていないのであり、身の丈を超えた額を、会員＝個人の自発性を侵害して、献金先に供出しているのである。献金を受けた先にとっても、特別資金分のお金は、お金としてのありがたさ（＝有用性、購買力）は備えてはいても、「献金」としての在り難さを備えていない。献金は、自発的主体からのものであるから在り難い。徴収金は、被徴収対象からのものにすぎない。

本判決は、「政治団体に対して金員の寄付をするかどうかは、……会員各人が……個人的な政治的思想、見解、判断等に基づいて自主的に決定すべき事柄である」と述べた。この説示部分を、「金員の寄付をするかどうかは、……会員各人が……自主的に決定すべき事柄である」という点に力点を置いて読み替えることで、「自発的行為の強制」型の解釈論を、判例法の世界に取り込みうる。

(ウ)　群馬司法書士会事件に関する二〇〇二年判決　ただ残念ながら現時点までの最高裁は、寄付・献金行為そのものではなく、何に対する寄付かというその主題に、専ら焦点を当てている。すなわち、群馬司法書士会事件に関する最一小判平成一四（二〇〇二）年四月二五日判時一七八五号三一頁では、やはり強制加入団体である群馬司法書士会が、阪神大震災で被災した兵庫県司法書士会に復興支援拠出金を寄付する資金のための負担金を、会員から徴収することが許されるかが問題となったが、この判決は三対二の僅差で、許されると判断した。法廷意見は、「本件拠出金は、……被災者の相談活動等を行う同司法書士会ないしこれに従事する司法書士への経済的支援を通じて司法書士の業務の円滑な遂行による公的機能の回復に資することを目的とする趣旨のものであった」という点を重視して、「本件拠出金を寄付することは、被上告人の権利能力の範囲内にある」、とした。そのうえでごく簡単に、「被上告人がいわゆる強制加入団体であること（同法〔司法書士法〕一九条〔当時〕）を考慮しても、本件負担金の徴収は、会員の政治的又は宗教的立場や思想信条の自由を害するものではな〔い〕」、としたのである。

本判決は専ら、本件では寄付・献金行為の向けられる主題が「政治的又は宗教的立場」に関わっていない、という点に焦点を当てており、群馬県司法書士会が会＝団体としての「寄付すること」のためにその会員から負担金を強制徴収していることには全く目を向けていない。しかし、その目的のための負担金を特別に会員から強制徴収しなければ集まらない額のお金を「寄付すること」は、会＝団体としての資力の身の丈（＝資力の限界）を超えており、その会＝団体として本来はできないことである（本判決の二つの反対意見はそれぞれ、本件拠出金の額の過大さを主な根拠の一つとして、本件拠出金の寄付が被上告人の権利能力の範囲外であったと判断した）。それにもかかわらず、会＝団体が、「寄附をすること」を目的として会員から強制徴収することは、会員諸個人に「寄付すること」を強制することであり、違憲である。会＝団体は、会員に対して自発的に「寄付すること」を呼びかけて、集まったお金を正真正銘の「寄付をすること」として寄付すればよいのである。厄介なのは、会員に対して強制された献金行為の集積たるお金が、強制により〈献金〉としての本来的意味を破壊されているにもかかわらずなお、その強制を容認した社会においては、会＝団体による「献金」であるものとして扱われることである。強制された献金行為の集積たるお金が持つとされる「献金」的意味は、偽物というほかないものである。個人の内心の自発性がいともたやすく踏みにじられた結果として集積されたお金が団体の「献金」として通用する社会は、個人の主体性を尊重しないきわめて団体本位の社会である。

4　国歌斉唱行為

㈠　起立斉唱命令事件に関する二〇一一年判決

起立斉唱命令事件に関する最二小判平成二三（二〇一一）年五月三〇日民集六五巻四号一七八〇頁は、都立高等学校の教諭Xに対して、卒業式における国歌斉唱の際に国旗に向かって起立し国歌を斉唱すること（以下「起立斉唱行為」という。本判決はこの用語で、本章のいう「国歌斉唱行為」を指示した）を命ずる校長の職務命令は、本条に違反しないとの判断を、四人の裁判官全員一致で示した。この第二小法廷判決に続いて、第一小法廷がほぼ同種の事案について四対一で（最一小判平成二三（二〇一一）年六月六日民集六五巻四号一八五五頁）、また第三小法廷が都内の市立中学校の事案について四対一で（最三小判平成二三（二〇一一）年六月一四日民集六五巻四号二一四八頁）、ほぼ同じ論理で、校長の職務命令が本条に違反しないとの判断を示した。以下では第二小法廷判決を取り上げてその紹介・検討を行う。

最高裁は第一に、本件で問題となっているのは、「『日の丸』や『君が代』が戦前の軍国主義等との関係で一定の役割を果たしたとするX自身の歴史観ないし世界観」であるとする。第二に、しかしながら「起立斉唱行為は、一般的、客観的に見て、これらの式典における慣例上の儀礼的な所作としての性質を有するものであり、かつ、そのような所作として外部からも認識されるもの」だとした。「したがって」、まず、「上記の起立斉唱行為は、その性質の点から見て、Xの有する歴史観ないし世界観を否定することと不可分に結び付くものとはいえ〔ない〕」。また次に、「上記の起立斉唱行為は、その外部からの認識という点から見ても、特定の思想又はこれに反する思想の表明として外部から認識されるものと評価することは困難」である。以上の検討の後、最高裁は、「本件職務命令は、特定の思想を持つことを強制したり、これに反する思想を持つことを禁止したりするものではな〔い〕」と結論した。ここまでの論理の運びは、五3(ア)で見た、「君が代」ピアノ伴奏命令事件に関する最三小判平成一九（二〇〇七）年二月二七日の論理を、対象行為の違いに応じた変更を加えて、基本的には踏襲するものである。本判決は、「そうすると、本件職務命令は、これらの観点において、個人の思想及び良心の自由を直ちに制約するものと認めることはできない」と述べて、これを内心の自由に対する直接的な制約に関する検討であると位置づける。

これに続けて本判決は、第三に、「もっとも、上記の起立斉唱行為は、……一般的、客観的に見ても、国旗及び国歌に対する敬意の表明の要素を含む行為である」とする。ゆえに起立斉唱行為を強制されることは、「その行為が個人の歴史観ないし世界観に反する特定の思想の表明に係る行為そのものではないとはいえ、個人の歴史観ないし世界観に由来する行動（敬意の表明の拒否）と異なる外部的行為（敬意の表明の要素を含む行為）を求められることとなり、その限りにおいて、その者の思想及び良心の自由についての間接的な制約となる面がある」とした。だが、こうした内心の自由に対する間接的な制約については、「個人の歴史観ないし世界観……に由来する行動……の制限が必要かつ合理的なものである場合には、その制限を介して生ずる上記の間接的な制約も許容され得る」。そして、本件職務命令にはその必要性と合理性が認められるから合憲だと判断された。

本判決は、起立斉唱行為を「式典における慣例上の儀礼的な所作」だと性格づけて、本件を内心の自由の直接的制約の類型から排除した。ここでもう本条論の勝負はついている。本判決の最大の問題点は、何よりこの直接的制約論の中味の乏しさにある（五3(ア)を参照）。本判決によれば、起立斉唱行為は、第一に、自らの「歴史観ないし世界観」に反する特定内容の「歴史観ないし世界観」そのものではなく、自らの「歴史観ないし世界観」との関係で否定的評価の対象となる物事＝「国旗及び国歌」に対する「敬意」にすぎない内容を、第二に、表明する行為そのものではなく、「表明の要素を含む（にとどまる）行為」（〔　〕内は引用者）である。つまり要するに、起立斉唱行為の強制は、「特定思想の表明行為」の強制を直接的な制約と見るときの、〈二重の意味で薄められた「特定思想の表明行為」〉の強制であるから、内心の自由の間接的制約に当たるとしてその合憲性が審査される。だがこの審査は、内心の自由はおろか外面的な精神的自由の保障に相応しい水準の厳しさすら備えておらず、公権力側に一応の規制理由があれば足りるという程度の緩い審査にすぎない。

(イ)「内心の自発性」論による考察

以上のように本判決は、起立斉唱行為の強制を実体的内心との関係でのみ問題とした。だが真の問題はむしろ、過程的内心との関係において存在したと考えられる。本判決は、「一般的、客観的に見て」、起立斉唱行為が「式典における慣例上の儀礼的な所作」であると同時に「国旗及び国歌に対する敬意の表明の要素を含む行為」であるとした。国旗・国歌に対する「敬意」は、その国に対する「敬意」（それが自国に対するものであれば愛国心〉と不可分である。そしてここで本判決が「表明の要素を含む行為」であると述べているのは、起立斉唱行為がそれ自体としては表明行為（＝表現行為）ではなく「儀礼的な所作」であることから来るのであり、この行為が国旗及び国歌に対する「敬意の表明」の意味を内在させた「式典における慣例上の儀礼的な所作」であることを、本判決は認めていると解される。だとすると起立斉唱行為は、当人が自己の内心の敬意に基づいて自主的・自発的に行って初めて、社会的・文化的に〈敬う行為〉としての本来的意味を持つ自発的行為である。ゆえに起立斉唱行為を強制することは、内心に敬意を持たない人に対してだけでなく内心に敬意を持つ人に対しても、内心の自発性を侵害する措置として本条に違反する。

ここでも厄介なのは、強制された起立斉唱行為が、強制により〈敬う行為〉としての本来的意味を破壊されているにもかかわらずなお、その強制を容認した社会においてはその行為によって「敬意」を表明したものとして扱われることである。強制された起立斉唱行為により発生し通用する「敬意」は偽物の敬意であるが、このような「敬意」的意味が通用することは、強制的に起立斉唱行為を行わされた人が抱かされる屈辱感と密接に関わっているに違いない。そして起立斉唱行為の強制を容認する社会は、そのことを承知の上でそのことに頬かむりを決め込んでいる。二〇二〇年代の今ではもう実感がなくなりかけているのかもしれないが、「日の丸」と「君が代」は戦前の神権天皇制の下で展開した軍国主義のシンボルだったため日本国憲法下の国旗・国歌としてはふさわしくない、という一定数の国民感情のゆえに、一九九九年になるまで「日の丸」と「君が代」は法律上の国旗・国歌たりえなかったのである。国会の多数決で「日の丸」と「君が代」を国旗・国歌として法制化しても、自国に対する敬意ゆえにこそこの国旗・国歌に対する敬意の意味を内在させた起立斉唱行為を自発的には行うことができない教職員が、まだ少なくなかった。当時、「教育上の行事にふさわしい秩序を確保して式典の円滑な進行を図ること」という目的のためだけなら、式次第中の「国歌斉唱」の部分を、参加者全員を起立させた状態にある途中に持ってくるとか、そもそも起立させずに進行させるとか、強制的手段を用いないでその目的を達成する方法はいくらでもあった。それにもかかわらずあえて起立斉唱行為を強制するという方法を強行することは、法制化以前からの「日の丸」・「君が代」反対者に対して、偽物であれ「日の丸」・「君が代」に対する「敬意」を表明しない限りは断固として制裁措置を執る、というしいわば絨毯爆撃のような所業だったのである。(72)

しかし憲法は、自発的行為の強制を絶対に許さないという限りで、そうした政治的対立からは中立的な立ち位置から、諸個人に息継ぎの空間を保障する。(73)〈敬う行為〉の自発性を完全に尊重する社会でこそ、国やそのシンボルたる国旗・国歌に対する真正の敬意の念が生まれ育つ。〈敬う行為〉を強制して偽物の「敬意」がその場を支配する社会では、国を支えようとする個人の主体性が、圧し潰されている。これは質的な憲法問題である。不起立等懲戒処分事件に関する二〇一二年の二つの判決（最一小判平成二四（二〇一二）年一月一六日判時二一四七号一二七頁①事件、及び最一小判平成二四（二〇一二）年一月一六日判時二一四七号一三九頁②事件）は、起立斉唱命令違反を理由とした、懲戒処分のうち最も軽い戒告処分一六七つは全て適法とする一方で、戒告を超えてより重い減給以上の処分については「慎重な考慮が必要となる」として、減給処分一つと停職処分一つを違法、停職処分一つを適法とした。重い懲戒処分についてこのような立場を最高裁が示したこと自体は積極的に評価できるが、こうした量的な程度問題としての処理で、質的な憲法問題が正しく解決されていないことを見失ってはならない。

（1）安西［2024］一二三頁。同趣旨、浦部［2016］一二九頁、渋谷［2022］三三九頁、君塚［2023］二四一頁、高橋［2024］一九一頁。

（2）芦部［2000］九八頁、傍点著者。

（3）浦部［1994］三七五頁。

（4）　高橋［2024］一九二頁。

（5）　高柳＝大友＝田中［1972a］二七六頁。より正確にはこの条文は、二月九日に人権の章に関する小委員会がまとめた第二次試案に含まれており（高柳＝大友＝田中［1972a］二二〇頁）、状況証拠からはそれに先立つ第一次試案から既に存在していたと思われる（高柳＝大友＝田中［1972a］一九九―二〇一頁における第一次試案に関する二月八日の運営委員会の討議において、それに当たると思われる条文（原案第一二条）について特段の議論がなされていない）。なお参照、高柳＝大友＝田中［1972b］五〇―五一頁、一六一頁。

（6）　清水［1962］四〇一―四〇三頁。

（7）　高柳＝大友＝田中［1972a］四二二頁、四二八―四三二頁。

（8）　いわゆる「人権指令」の「1」の、「a⑴」・「b⑴」を参照。「人権指令」の英文と訳文は、日本管理法令研究一巻三号（一九四六年）一二五―一三四頁、にある。

（9）　詳しくは参照、奥平［2006］。

（10）　本文では一九四五年の日本社会をその外部の「立憲的意味の憲法」の観点から観察・診断した連合国最高司令官／総司令部の立場に立って、思想及び良心の自由の保障規定を一個の独立した条文として設けた理由を考察した。これに呼応するように、一九四五年の前後を跨いで日本社会の内部に生きた憲法研究者は、その理由を次のように述べる。「特にこの憲法が思想の自由をも含めて良心の自由を明記したことは、それが特にわが国において積極的な意義を持つと考えたためであると解される。すなわち、それは近代国家においては当然の原理であるところの「国家の中立性」原理（国家は個人の内心、すなわち個人の価値判断には無干渉・中立でなければならぬとの原理）を特にわが国では宣言する必要があるとしたためと解される。なぜなら、従来わが国では、天皇が政治的世界における絶対的権威であるだけでなく精神的・道徳的世界においても絶対的権威であると考えられており、人の内心に対しても強い影響力を認められていた（天皇によって決定されたところのものが真であり、正であり、国民はそれに服従すべきものとされていた）。この憲法が内心の自由を保障したことは、このような天皇の精神的・道徳的権威を否定するところに特別の意義がある。すなわち、本条は国民が天皇の精神的・道徳的権威から解放されたことを示す」、と。佐藤功［1983］二九一―二九二頁。また参照、佐藤功［1996］一九二―一九三頁。

（11）浦部［1994］三七四頁。同趣旨、針生［1989］一三五頁。また安藤［2001］八六頁は、「一九条の思想・良心の自由はそれに続く他の精神的自由権の総則的地位を占める」、「個別具体的に精神的自由権の保障を宣言するに先立ち、いわば精神的自由権の基点として一九条で思想・良心の自由を謳っている」と述べる。

（12）浦部［1994］三七九頁。

（13）佐藤功［1983］二九一頁。

（14）駒村［2017］二七一頁。

（15）西原［2001a］四三九―四四五頁、四四六頁。棟居［2012］三二九―三三〇頁、三四三頁。

（16）本書第Ⅳ部第六章の**二2**（一九四―一九六頁）で、西原説を対象としてこの点に関する若干の論点提示を行った。本章ではこの後**五1**で、内心の自由という主観的権利論の一つとして通説の挙げる、「特定思想の強制の禁止」論が、十分に明確な内実を持つ解釈論となっていないという趣旨の批判を行う。だがこの解釈論は、あるいは「国家の中立性」原理という客観的法原則の一つの内実として考えると、もっと説得的に構成できるのかもしれない。同様に、「思想・良心形成の自由」論を、やはり内心の自由という主観的権利論の一つとして説く学説が少なくない。本章がこれを取り上げないのは、同じく主観的権利論として十分に明確な内実を持っていないと考えるからなのだが、これもあるいは上記の客観法原則の一つの内実として考えると、もっと説得的になるのかもしれない。この点、西原［2008］四七二―四七三頁が、主観的権利論として「思想・良心形成の自由」を論じる中で、「国家による特定信条の強制」と「国家〔の〕中立性義務」を取り上げている（つまり、これらを一つながりのものと捉えている）のが示唆的である。

（17）法学協会［1953］四〇〇頁。同趣旨、佐藤功［1983］二九二―二九三頁。

（18）例えば中村［2012］三〇九頁、根森［2008］一〇八頁。

（19）中村［2012］三〇九頁。同趣旨、阪本［1993］二九八―二九九頁。

（20）土屋［2006］一二三―一二四頁、土屋［2008］一五頁。但し、本章の考えによれば、これはあくまで典型例であり、これに限られるわけではない。**五2**で後述する「外面的行為の規制」型の解釈論の定式において、「規制」が強制だけでなく禁止を含む点に、その趣旨が入っている。

（21）　伊藤［1995］二一一—二一五頁、二二一—二二二頁。
（22）「それに加えて」と述べるのは、本文の少し後の二4の最終段落で述べるように、〈無害性ゆえに「絶対」的保障〉自体が、〈根底的価値ゆえに「絶対」的保障〉の論理を基盤とすると考えられるからである。
（23）　芦部［2023］一八九頁。
（24）　大石［2021］一八九頁。
（25）　奥平［1993］一六五頁。
（26）　例えば参照、芦部［2000］一〇五頁の「二」と「三」の見出し、木下［2017］九八—一〇二頁の、「⑴」「⑵」の見出し。高橋［2024］一九三—一九九頁の、「2」と「3」の見出し。
（27）　鵜飼［2022］一二四—一二五頁。
（28）　例えば佐々木惣［1952］四〇五頁は、思想とは「人が或ることを思うこと」であり、良心とは「人が、是非弁別を為すの本性により、特定の事実について、右の判断を為すこと」であると捉えた。
（29）　佐藤幸［2020］二四四頁。同趣旨、久保田［1963］一〇八頁、赤坂［2011］一一〇頁、山元［2019］八五頁、近藤［2020］一五七頁、市川［2022］一一一頁、長谷部［2022］一九四頁。なお美濃部［1952］一六八頁は、「如何なる思想にせよ良心を以て其の思想を支持して居る以上は絶対に自由であり」というふうに、思想と良心を一つながりのものとして論じている。
（30）　宮沢［1978］二三五頁。同趣旨、橋本［1988］二二二頁。
（31）　それに対して「思想の自由」と「良心の自由」をあらためて別個の権利として再構成することを提唱する近年の学説に、林［2013］、小山［2013a］・小山［2013b］、がある。いずれも、通説が内心の自由の保障内容とするものをひとまず「思想の自由」保障として受け止めた上で、「これより狭いもの」（林［2013］二〇一頁）ないし「より特殊な保障」（小山［2013a］四四頁）としての「良心の自由」保障を、概ね本稿のいう「外面的行為の規制」型の侵害からの保護と捉える。なお西原博史氏は、一九八〇年代半ば公表の論文では、「思想」と「良心」を分離した上で「良心的行為」の自由を打ち出すという、これらと同様の解釈論的立場を示したが（西原［2001a］二四—二五頁）、その後はむしろ、通説と同様に「思想・良心」を一体的に捉えつつ、「思想・良心的行為」の自由として概ね本稿のいう「外面的行為の規制」型の解釈論と同趣旨を説いている（西原［2001a］四二八—四三二頁、西原［2008］四七〇頁、四七四頁）。

（32）浦部［1994］三七六頁。同趣旨、宮沢［1974］三三八頁、佐藤幸［2020］二四四頁。

（33）芦部［2000］一〇三頁。

（34）宮沢［1974］三四〇頁。既に宮沢［1959］三三三—三三四頁に同一の記述がある。

（35）渋谷［2017］三三一—三三二頁。同趣旨、辻村［2021］一七七—一七八頁。なお、狭義説の例として、種谷［1978］二六九—二七〇頁、伊藤［1995］二五七—二五八頁、石村［1996］五四—五五頁、粕谷［2000］一三八頁。また広義説の例として、笹川［1979］七七—七九頁、岩間［2011］七七—七八頁、阪本［2011］一二〇—一二一頁、青柳［2015］一四二頁、木村［2024］八三頁。

（36）浦部［1994］三七七頁。

（37）この点は、石川［2012］が、ドイツ的な三段階図式について、「保護領域」を論じてから「制約」を論じるという順番を逆転させて、先に「制約」のほうから論じるべきだと主張するのと共鳴している。なお、ドイツ的な三段階図式の標準的説明について参照、小山［2016］、松本［2023］。

（38）浦部［1994］三七七頁。

（39）伊藤［1995］二五七—二五八頁。但し同書のこの部分の記述自体は、個別人権としての保障に関わるものである。

（40）近年挙げられるようになった第四の侵害類型については、**五2**(イ)で論じる。

（41）安藤［2001］八八頁、土屋［2006］一二四—一二九頁、土屋［2008］二〇—四三頁、浦部［1994］三七九—三八五頁、浦部［2016］一三四—一三九頁、石埼［2013］五四—五六頁、高橋義［2016］一一〇頁、長谷川［2017］四〇頁、山崎［2018］七四頁、樋口［2021］二一九—二二〇頁。

なお、「第三」のものの定式を、国家による特定思想の「強制」とともにその「禁止」も憲法上禁止される（つまり、特定思想の「強制ないし（・または・あるいは）禁止」が憲法上禁止される）、とする整理も少なくない。例、橋本［1988］二二二頁、大沢［2003］一一七頁、内野［2005］六一頁、辻村［2021］一七八頁、塚田［2022］三五五—三五六頁。これに対して本章は、まず、特定思想の強制という国家行為と、特定思想の禁止という国家行為とを、一つにまとめてしまうことに大きな疑問を感じる。両者は、機能的には確かに重なる面があるものの、国家行為の類型としてはひとまず別個のものと捉えて分析・検討するほうがよいと思われる。その上で次に、後者の、特定思想の禁止という国家行為は、「第一」の規範で禁止されるところの、内心（の特定思想）に基づいて不利益取扱いを行う国家行為、これに帰着すると考える。

一方、特定思想の強制という「第三」の侵害類型を、内心に基づく不利益取扱いという「第一」の侵害類型と一緒にする整理もある（長岡［2018］一一三頁、安西［2024］一二五頁）。

(42) 二3では、人の保持する特定内容の実体的内心に対するマイナス評価を基盤にして、その人に対して不利益処遇を行う場合を念頭に置いて、「意図」型の侵害と呼んだ。基本的方向性としては、そのような不利益処遇を行うことで、その人がその内容の実体的内心を捨てることを期待するものである。標準的説明の第一の侵害類型がこの「意図」型の侵害の本体であり、すぐ後に本文で言及するように、その第二の侵害類型はそこから派生する侵害類型である。一方、国家が個人の内心の自由を侵害するあり方としては、今述べたのとはいわば逆向きに、特定内容の実体的内心に対するプラス評価を基盤にして、この内容の実体的内心を人々に強制的に植え付けようとする場合を想定することができる。標準的説明の第三の侵害類型がこれである。これも国家が、実体的内心の内容に対して一定の評価を行った上でそれに基づいて公権力行使を行っている点で共通するので、内心の自由に対する「意図」型の侵害と捉えることができる。

(43) 「自発的行為の強制」型の侵害は、その強制が特定内容の実体的内心に対するマイナス評価に基づいているのではない点で、「意図」型の侵害には当たらない。だが、自発的行為の強制が人の内心の自発性（＝過程的内心）を侵害することを承知の上であえてその強制を行うという意味では、内心の自由に対する「意図」型の侵害であると言える。

(44) 例、佐藤幸［2020］二四五頁、二四七頁、二二七頁。

(45) 引用はいずれも樋口［2021］二一二頁から。傍点は引用者。

(46) 浦部［1994］三八一頁。

(47) 浦部［1994］三八二頁。

(48) 浦部［1994］三八三頁。

(49) 浦部［1994］三八三頁。

(50) 小林［1980］三六二頁。
(51) 参照、浦部［1988］。
(52) 本判決は、まずは法律次元で労働基準法三条（「信条」を理由とした「差別的取扱」の禁止）への適合性を検討した流れで、憲法条文的には本条（内心の自由）でなく一四条（信条による差別）に反しないかを問題とする構成をとっている。本件の事案分析としてはまた、内心の自由の侵害を問題とする前に、結社の自由（二一条）の侵害を問題としえた。
(53) 松井［2022］三三六頁。
(54) 戸波［1998］二一六頁。
(55) この点に関して、二1で、本条の持つ精神的自由の原理的な保障規定としての意義に関して論じたことを参照。
(56) 法学協会編［1953］四〇〇頁。
(57) 芦部［2000］一〇六頁。
(58) 西原［2008］四七三頁。
(59) 拙稿［2016］に先立つ従来の拙稿において、定式中のこの部分が、ただ「強制」となっていて、「・禁止」を欠いていたのは、ミスリーディングであった。その点に鑑みて、この型の解釈論を、従来の拙稿では「外面的行為の強制」型と呼んでいたのを、拙稿［2016］以降は「外面的行為の規制」型と呼ぶようにしている。
外面的行為を禁止する一般的な法的規制が、ある個人の保持する深いレベルの内心と衝突する事案の具体例として、信教の自由に関わるアメリカの著名判例であるEmployment Division, Department of Human resources of Oregon v. Smith, 494 U.S. 872 (1990)、の事案を紹介する。ある州法は、「規制薬物」（ペヨーテを含む）を意図的ないし故意に所持する行為を、医師の処方によるものでない限り、刑事的に禁止していた。本判決で争点となったのは、アメリカ先住民教会（Native American Church）の教会員が、同教会の儀式において聖餐目的でペヨーテを摂取した行為に対して、同法を適用することが、宗教の自由な実践（＝「信教の自由」）を保障する憲法修正第一条に違反するかどうか、という点だった。本判決は六対三で合憲と判断した。四名の裁判官の反対を押し切って、五名の裁判官が、前記争点について、「外面的行為の規制」型の解釈論の宗教バージョンを憲法的判断枠組みとしなかった点に、本判決の判例法上の意義がある。

前記争点につき、「信教の自由」論の観点からコメントする。本件のペヨーテ摂取行為を憲法上保護される「宗教的行為」だと把握できれば、本件は、一般的な刑事法規制が付随的に「宗教的行為」に適用される場合であり、前記争点は、本件「宗教的行為」の自由の制約が憲法上正当化できるかという問題として構成できる（これは、憲法上保護された外部的行為の自由の保障に関する問題構成である）。そう把握できなければ、本件行為の禁止が信者の「内心の信仰」と衝突することに着目して、「外面的行為の規制」型の侵害類型として本件を把握し、「外面的行為の規制」型の解釈論の宗教バージョンを憲法的判断枠組みとできる（これは、憲法上保護された内心の自由の保障に関する問題構成である）。

（60）アメリカについて参照、野坂［1992］、山口［2015］。西ドイツについて参照、西原［2001a］。

（61）アメリカでは近年、信仰の自由についての「外面的行為の規制」型の解釈論による法的義務の免除が、妊娠中絶の権利やＬＧＢＴの権利の実現を妨げる方向で、連邦最高裁によって適用されるという、修正第一条の宗教の自由実践条項のいわゆる「武器化」の現象が生じている（参照、森口［2023］一八九―二二〇頁）。こうした現象を批判的に検討して、「外面的行為の規制」型の解釈論を鍛え直すことが大切なのであって、こうした現象に浮足立って、この解釈論を投げ捨てるのは適切でないと思われる。

（62）小嶋［1987］一八八頁。

（63）藤井［2008］三―五頁、糠塚［2012］六〇―六一頁、石埼［2013］五四―五八頁、中島［2019］二一九―二二二頁、木下［2019］二〇四―二〇七頁、佐藤幸［2020］二四九―二五一頁、佐々木く［2021］八六頁、九〇―九二頁、塚田［2022］三五九―三六二頁、小泉［2022］一四二―一四四頁、一四九―一五九頁、宍戸［2023］一〇九―一一〇頁、高橋［2024］一九五―一九七頁。なお、渡辺［2023］一六七―一六九頁は、侵害類型論ではなく保護領域論の箇所で、「思想・良心に基づく外部的行為」にも本条の保護が及ぶとしつつ、外部的行為一般ではなく「外部からの働きかけに対して受動的にとる拒否という形の外部的行為に限定する」（同一六八頁）思考を現在の学説の有力説としており、ここに挙げた諸学説と基本的志向を同じくする。この点については、二2で引いた土屋［2008］一五頁、一八頁も参照。

（64）伊藤［1995］二六二―二六三頁。

（65）長尾［2011］八九―九〇頁。なお信教の自由に関する議論として参照、安念［1994］一九二―二〇〇頁。

（66）そのことの痕跡は、例えば佐藤幸［2020］二四九頁の見出しが「一般的法義務および外部的行為の強制（規制）のかかわる問題」となっていることに見出される。また、高橋［2024］一〇五頁の「内心に反する行為の強制」と見出しのついた記述部分の第一段落で、問題の所在を「問題となるのは、一般的には正当と認められる、法律により義務づけられた行為が、特定の思想・良心の持ち主にとっては受け入れがたい場合である」と述べていることにも、見出される。

（67）この論点については、「辞退は広く認められているため、実際には問題となっていないようである」と指摘されている。渡辺［2023］一七七頁。

（68）基本文献として参照、笹田［2008］八三―八五頁、とそれを受けた、笹田=フット=長谷部=大沢=川岸=宍戸［2008］九五―一〇〇頁。

（69）幾代［1957］四〇九―四一一頁。

（70）初宿［2010］二〇五―二〇六頁。

（71）同様に本人名義の広告である点に着目しつつ、その強制に、二一条でなく本条の違反を、一九五六年判決の入江裁判官意見の読解という形を取りながら見出す論考がある。そうした見方を最初に提示した蟻川［2004］は、同意見が、「意思は、表示によって作出されるものであって、表示によって表現されるものではない。そもそも……表示以前に意思はない」（一一七頁）という見地から、被告名義の謝罪表示の強制を、「意思の表示強制」ではなく「意思の強制」そのものだと捉えたと述べる（同前）。この論考によれば、同意見が被告名義の謝罪広告の強制を違憲とするのは、「裁判所が被告に、その『内面』とは異る『外形』を作出するよう強制するからではなく、「被告の謝罪意思という『外形』を――被告ではない裁判所が――強制的に作出する」からである（一一八頁）。一方、堀口［2014］は、入江意見が、「実像とかけ離れた虚像を自ら作出することの強制」を違憲としたとする（五八頁）。この論考によれば、同意見は、被告名義の謝罪広告の強制により生ずる被告の「心理的葛藤」ではなく、「被告が謝罪の意思を抱いているのだと他者から誤解されたこと」を、違憲判断の根拠とした（五七頁）。

堀口論文による入江意見の読解は、蟻川論文に学んだとしながらも（五六頁）、同意見が実像と虚像の齟齬を問題視したと捉える点で、蟻川論文によれば同意見が斥けた「『内面』と『外形』のずれを問題にする」（一一八頁）見方に帰着しているように思われる。それはともかく、（他の条文ならぬ）本条の解釈論としては、堀口論文については、「他者から誤解されたこと」が人の内心の正確に何を害することになるのかが、また蟻川論文については、「そもそも……表示以前に意思はない」というそのような意思が正に本条の保護する内心であるとなぜ考えるべきなのかが、筆者にはよく得心できなかった。

（72）当時の東京都立の高等学校等（盲学校・ろう学校・養護学校（二〇〇七年四月以降は特別支援学校）を含む。以下「都立高校」という）における、そのことの具体的な実情を、一連の教職員国旗国歌訴訟に関する最高裁判決の中でいちばん詳しく記述したのは、いわゆる予防訴訟に関する最一小判平成二四（二〇一二）年二月九日民集六六巻二号一八三頁である。

まず、同判決の法廷意見「第1」「2(2)」が、いわゆる「一〇・二三通達」について記述するのを引用する（なお、傍点及び〔　〕内は引用者。以下同じ）。

「都教委〔都教育委員会。以下同じ〕の教育長は、平成一五〔二〇〇三〕年一〇月二三日付けで、都立学校の各校長宛てに、「入学式、卒業式等における国旗掲揚及び国歌斉唱の実施について（通達）」（以下「本件通達」という。）を発した。その内容は、上記各校長に対し、①学習指導要領に基づき、入学式、卒業式等を適正に実施すること、②入学式、卒業式等の実施に当たっては、式典会場の舞台壇上正面に国旗を掲揚し、教職員は式典会場の指定された席で国旗に向かって起立して国歌を斉唱し、その斉唱はピアノ伴奏等により行うなど、所定の実施指針のとおり行うものとすること、③教職員がこれらの内容に沿った校長の職務命令に従わない場合は服務上の責任を問われることを教職員に周知すること等を通達するものであった。」

次に、同判決法廷意見の「第1」の「3(3)」の「ア」と「ウ」がそれぞれ、本件通達と「本件職務命令」の関係、同命令違反に対する懲戒処分についての都教委の処分量定の方針、について記述するのを引用する。

「都立学校の各校長は、本件通達を踏まえ、その発出後に行われた平成一六〔二〇〇四〕年三月以降の卒業式や入学式等の式典に際し、その都度、多数の教職員に対し、国歌斉唱の際に国旗に向かって起立して斉唱することを命ずる旨の職務命令を発し、相当数の音楽科担当の教職員に対し、国歌斉唱の際にピアノ伴奏をすることを命ずる旨の職務命令を発した（以下……このような職務命令を併せて「本件職務命令」という。）。」

「都教委は、……本件通達の発出後、都立学校の卒業式や入学式等の式典において各所属校の校長の本件職務命令に従わず国歌斉唱の際に起立しないなどの職務命令違反をした多数の教職員に対し、懲戒処分をした。その懲戒処分は、過去に非違行為を行い懲戒処分を受けたにもかかわらず再び同様の非違行為を行った場合には量定を加重するという処分量定の方針に従い、おおむね、一回目は戒告、二回目及び三回目は減給、四回目以降は停職となっており、過去に他の懲戒処分歴のある教職員に対してはより重い処分量定がされている……。」

つまり、「本件通達を踏まえ、毎年度二回以上、都立学校の卒業式や入学式等の式典に際し、多数の教職員に対し本件職務命令が繰り返し発せられ、その違反に対する懲戒処分が累積し加重され、おおむね四回で（他の懲戒処分歴があれば三回以内に）停職処分に至る」（同判決法廷意見の「第３」の「２⑴イ」第三段落第一文）。そのような強制が当時の都立学校の教職員には課せられていたのである。

さて、このように、都教委（の教育長）の発した本件通達を踏まえて都立学校の各校長が本件職務命令を発し、命令違反者に対しては都教委が加重量定の前記方針に従い懲戒処分を行う、というのが当時の都立学校において教職員に対して起立斉唱行為等の強制を行う体制の全体像であった。これをどう評価するか。

六４㋐の冒頭で紹介した起立斉唱命令事件に関する三つの最高裁判決のうち、本判決と同じく都立高等学校が舞台となった第一小法廷判決の宮川光治裁判官の反対意見の「４」の第三・第四・第五段落から、やや長くなるが引用する。

「国旗及び国歌に関する法律施行後、東京都立高等学校において、少なからぬ学校の校長は内心の自由告知（内心の自由を保障し、起立斉唱するかしないかは各教職員の判断に委ねられる旨の告知）を行い、式典は一部の教職員に不起立不斉唱行為があったとしても支障なく進行していた。

こうした事態を、本件通達は一変させた。本件通達が何を企図したものかに関しては記録中の東京都関連の各会議議事録等の証拠によれば歴然としているように思われるが、原判決はこれを認定していない。しかし、原判決認定の事実によっても、……本件通達は、式典の円滑な進行を図るという価値中立的な意図で発せられたものではなく、前記歴史観ないし世界観及び教育上の信念〔＝「『日の丸』や『君が代』が過去の我が国において果たした役割に関わる……歴史観ないし世界観及びこれに由来する……教育上の信念」を指す〕を有する教職員を念頭に置き、その歴史観等に対する強い否定的評価を背景に、不利益処分をもってその歴史観等に反する行為を強制することにあるとみることができる……。本件通達は校長に対して発せられたものではあるが、本件各職務命令は本件通達に基づいている……。

本件各職務命令の合憲性の判断に当たっては、本件通達やこれに基づく本件各職務命令をめぐる諸事情を的確に把握することが不可欠であると考えられる。」

次に、本文ですぐ後に言及する、不起立等懲戒処分事件に関する二〇一二年の二つの判決の櫻井龍子裁判官の補足意見から、「3」第二段落の記述を引用する。

「……上記職務命令に従って起立斉唱することに自らの歴史観、世界観等との間で強い葛藤を感じる職員が存在する……。式典のたびに不起立を繰り返すということは、その都度、葛藤を経て、自らの信条と尊厳を守るためにやむを得ず不起立を繰り返すことを選択したものと見ることができる。……毎年必ず挙行される入学式、卒業式等において不起立を行えば、次第に処分が加重され、二、三年もしないうちに戒告から減給、そして停職という形で不利益の程度が増していくことになるが、これらの職員の中には、自らの信条に忠実であればあるほど心理的に追い込まれ、上記の不利益の増大を受忍するか、自らの信条を捨てるかの選択を迫られる状態に置かれる者がいることを容易に推測できる。不起立行為それ自体が……学校内の秩序を大きく乱すものとはいえないことに鑑みると、このように過酷な結果を職員個人にもたらす……懲戒処分の加重量定は、法が予定している懲戒制度の運用の許容範囲に入るとは到底考えられず、法の許容する懲戒権の範囲を逸脱するものといわざるを得ない。」

最後に、同じく不起立等懲戒処分事件に関する二〇一二年の二つの判決の、今度は宮川光治裁判官の反対意見の「4」が記述する事実（とその評価）を、長くなるが全文引用する。

「教職員の主な非行に対する標準的な処分量定（東京都教育長決定）に列挙されている非行の大半は、刑事罰の対象となる行為や性的非行であり、量定上それらに関しても戒告処分にとどまる例が少なくないと思われる。原審は、体罰、交通事故、セクハラ、会計事故等の服務事故について都教委の行った処分等の実績をみると、平成一六〔二〇〇四〕年から一八〔二〇〇六〕年度において、懲戒処分を受けた者が二〇五人（うち戒告が七四人）であるのに対し、文書訓告又は口頭注意といった事実上の措置を受けた者が三九七人、指導等を受けた者が二七九人となっており、服務事故（非違行為）と認められた者のうち懲戒処分を受けたのは四分の一にも満たないとし、これによれば、戒告処分であっても、一般的には、非違行為の中でもかなり情状の悪い場合にのみ行われるものということができるとしている。

さらに、不起立行為等に関する懲戒処分の状況を全国的にみると、懲戒処分まで行っている地域は少なく、例えば神奈川県や千葉県では、不起立行為等があっても、またそれが繰り返されていても、懲戒処分はされていないことがうかがわれる。

このように比較すると、本件戒告処分は過剰に過ぎ、比例原則に反するというべきである。」

なお、起立斉唱命令事件や不起立懲戒処分事件一般に関して、運動当事者・訴訟当事者・担当弁護士らによる以下の文献を参照。学校に対する君が代斉唱、日の丸掲揚の強制を憂慮する会編［2016］、萱野＝河原井＝根津［2024］。また、「日の丸・君が代」に関する国旗国歌法制定の頃までの戦後史と、その後十数年間の教育現場における抵抗の歴史について、ノンフィクション・ライターによる以下の文献を参照。田中伸［2000］、田中伸［2012］。

(73)　前注72で紹介した、起立斉唱命令事件判決の宮川裁判官の反対意見のような、「本件通達やこれに基づく本件各職務命令をめぐる諸事情」に対する評価を基礎にすれば、本条論としては「不利益取扱い」型の解釈論により「本件通達に基づく本件各職務命令」を違憲と判断することができるはずである。

だが、起立斉唱命令事件に関する諸判決においては、確かに「事実関係等の概要」において「本件通達」と「これに基づく本件各職務命令」に関する記述を行っているものの、憲法論を行う部分ではおよそ「本件通達」に関する言及を欠いている。また諸判決には多くの個別意見が付いたものの、「本件通達」に焦点を当てて論じる（そもそもそれに言及する）のは宮川裁判官ただ一人である。そしてその宮川裁判官も、「本件各職務命令」を本条違反と判断するのは、「不利益取扱い」型の解釈論ではなく「外面的行為の規制」型の解釈論によってなのである（同反対意見「3」・「5」）。

また櫻井裁判官は、前注72で紹介したように、不起立等懲戒処分事件判決の補足意見においては、「懲戒処分の加重規定は……法の許容する懲戒権の範囲を逸脱する」と端的な評価を述べたが、「本件各職務命令」の合憲性については法廷意見に与しており特に論じておらず、その合憲性を判断した前年の起立斉唱命令事件判決では個別意見を書いていない。しかし、法廷意見によれば「本件各職務命令」の目的は「教育上の行事にふさわしい秩序を確保して式典の円滑な進行を図ること」とされているものの、その命令違反者に対して都教委が用意した、櫻井裁判官が認めたような苛酷にすぎる制裁のありようからすると、前記目的は表向きのものに過ぎず、真の目的はその制裁の苛酷さに見合った別のところにあるのではないかが疑われて然るべきである。だが残念ながら櫻井裁判官は、そのように思考して「本件通達やこれに基づく本件各職務命令をめぐる諸事情を的確に把握」した上で「本件各職務命令の合憲性の判断」を行う、という営為に踏み出すことをしなかった。

このように、一連の教職員国旗国歌訴訟の事案は、理論的には「不利益取扱い」型の本条解釈論で判断されうるものであったこと、しかし当時の最高裁にはその趣旨を明言する裁判官がたった一人であったこと、その裁判官にとってもこの型の本条解釈論は使いにくいものだったこと、が窺われる。当時の最高裁のこのような姿には色々な背景事情があろうが、その一つに、政治的対立の中に分け入って権力担当者側のやり方を正面から非難することになるような解釈論をできるだけ避けたい、ということがあったのではないかと推測する。

第Ⅱ部　一九条の判例理論

第二章　憲法一九条の判例法秩序の現状

○　はじめに――本章の課題と構成

本章は、日本国憲法一九条（以下「本条」という）に関する「憲法判例が生み出している法秩序……の様相を正確にとらえることを可能とする資料となることを狙い」としている。「とりわけ、広範囲の実定法分野にまたがる憲法上の論点を網羅的に取り上げ、……最高裁の判例の見解を簡潔に解説するようにした」。「憲法上の論点といっても、学説上のそれを基礎とせず、判例にみられる現実の論議から拾い上げている」。「憲法判例においては、個別具体の事件における適用法令について、憲法適合性が争点となっており、……その場面をありのままにまとめ〔る〕」ことが本章の執筆上の方針である。「ありのままの整理ということは、評価を加えることを抑制するということ」である(1)。

第一章では、憲法上の原理原則を踏まえて考究すると、本条をどのように解釈すべきであると考えられるかを、判例も素材としながら論じた。それに対して本章では、そのような「どうあるべきか」という観点は抑え、むしろ、日本国憲法制定後今日までの八〇年近くの間に判例が形成してきた本条に関する憲法秩序が「現にどうであるか」を観察することに徹して、それを「ありのまま」に描き出すことを課題とする。学説二分論(2)は、「あるべき」規範を提言する学説を解釈学説、「現にある」規範を認識する学説を科学学説、とそれぞれ呼ぶが、その言葉遣いによれば、第一章が全体としては解釈学説であるのに対して、本章は判例を素材とする科学学説であろうとしている。

本章がいう「ありのまま」とは次のような趣旨である。まず、最高裁の各判決の法廷意見のテクスト中、本条を引いてその解釈適用を行っている部分や、それに関わる重要な説示部分を、抽出して紹介する（無論、テクストのどこを抽出して紹介するかは、誰がその仕事を行うかによって異なってきうる）。その上で、そのテクストが何を述べているかの分析・解説を行う。その際に本章は、判例テクストに即してその書き手の意図と思われるものが何であるかを把握して記述することを旨とする。書き手と言っても、最高裁判例の場合、それは常に合議体であって一人の人間ではない。そのような書き手の意図は、基本的には法廷意見のテクストそのものに即して読み取るべきものであり、法廷意見テクストの外にある個別意見（より特定的には補足意見）や調査官解説や、ましてや読み手の主観を、そのまま そこに読み込むことがないよう、注意せねばならない。[3] また、分析・解説は、本条論として判例テクストが何を述べているかに関するものだから、筆者としては、第一章に示したような本条についての解釈学説を分析枠組みとしながら、課題に取り組むことになる。

「評価を加えることを抑制する」とは、あくまで判例テクストの読解やその内容についての分析・解説を行って「現にある」規範の姿を明らかにするという科学学説の仕事を行うに際してのことである。読み取って理解したその姿に対して評価を加えて「あるべき」規範を説くのは、解釈学説の責務である。「現にある」法秩序の姿を客観的に把握することが、その法秩序に対してその内部から効果的に働きかける「あるべき」規範論を構築するためにも、求められている。

以下、本章の構成について述べる。

本条の領域は他の人権の諸領域に比べて判例が少ないことで知られている。リーディング・ケースとされるのは謝罪広告命令事件に関する一九五六年の大法廷判決であり、それ以降は——私人間関係の事件である三菱樹脂事件に関する一九七三年の大法廷判決などを別にすれば——、本条を引き合いに出して最高裁の判断を求めるもののたやすく合憲と判断されて斥けられる形の判決が、ぽつりぽつりと登場するような案配であった。それが、一九九九年の国旗国歌法制定を機に、全国の公立学校で卒業式・入学式における国旗掲揚と国歌斉唱の実施率がほぼ一〇〇%となったことから、それら儀式の国歌斉唱時に職務命令に反して起立しない教職員やピアノ伴奏を拒否する音楽専科教員が多数現われ、彼ら・彼女らが職務命令違反を理由とした自らに対する懲戒処分等を本条違反であると主張して各地で訴訟提起を行う展開となり、社会の注目も集めたのである。そこでまず、この事案類型に対するそうした近年の判例上の動き（二〇一一年の、三つの小法廷全てによる同趣旨の判決を中心とする）をフォローした（一）。次に、そこで採用されたのと同じ系譜の考え方を示していた一連の判例を紹介・検討した（二）。それらはいずれも、学説のいう〈特定思想の強制の禁止〉法理をベースとした判断だったと理解される。

それとは別に、〈内心に基づく不利益処遇の禁止〉法理をベースとした判断を行ったと理解される諸判例があるので、これらを紹介・検討した（三）。最後に、本条を引き合いに出すものの、判例テクストに即してよく考えると、実質的には本条論を論じていないと理解される諸判例があり、それらを紹介・検討した（四）。

以上のように理解・把握された本条に関する判例法秩序の全体[4]について簡単に評価的論評を行うならば、まず、〈特定思想の強制の禁止〉法理については、禁止対象となる「特定思想の強制」に該当する国家行為が非常に狭く限定されているため、本条が現実に規範的な力を発揮するのがむつかしくなっている。次に、〈内心に基づく不利益処遇の禁止〉法理については、私人間関係の諸事案において、巷間に言われるよりも実際には本条が規範的な力を発揮している場合を観察できる一方で、対・公権力の諸事案において、本来その力を発揮すべき場面であるのに全くそれができていない場合を観察した。最高裁が本条に基づく規範として裁判上現実に用いているのは、上記二つの法理に留まる。本条の解釈論的ポテンシャルは第一章で論じた通りであるから、判例法秩序にはまだまだ改善・前進の余地があると言わねばならない。

一　内心の自由の直接的制約・間接的制約——〈特定思想の強制の禁止〉法理

1　公立学校の式典における国歌斉唱の際に音楽専科の教員に対してピアノ伴奏行為を命じる職務命令は、本条違反か。

本論点に対する判断を行ったのは、「君が代」ピアノ伴奏命令事件に関する最三小判平成一九（二〇〇七）年二月二七日民集六一巻一号二九一頁である。この事件は、都内の市立小学校の音楽専科の教諭Xが、入学式の国歌斉唱の際に「君が代」のピアノ伴奏を行うことを内容とする校長の職務命令に従わなかったことを理由に東京都教育委員会（以下「都教委」という）から戒告処分を受けたため、本件職務命令は本条に違反するとして、本件戒告処分の取消しを求めた事案である（なお本件は、国旗及び国歌に関する法律が平成一一（一九九九）年に制定・施行される前に生じた）。最高裁は四対一で合憲と判断した。

まず、本件で問題となる内心は何か。Xは、「『君が代』が過去の日本のアジア侵略と結び付いており、これを公然と歌ったり、伴奏することはできない」などの「思想及び良心」を有すると主張した。こうした考えを本判決は、「『君が代』が過去の我が国において果たした役割に係るX自身の歴史観ないし世界観及びこれに由来する社会生活上の信念等」であるとした。次に、本件職務命令は、その内心を制約しているか。本判決はこう論じた。本件ピアノ伴奏拒否行為は、「Xにとっては、上記の歴史観ないし世界観に基づく一つの選択ではあろうが、一般的には、これと不可分に結び付くものということはでき〔ない〕」（傍点は引用者）。それゆえ国歌斉唱時のピアノ伴奏行為を命じる本件職務命令は、「直ちにXの有する上記の歴史観ないし世界観それ自体を否定するものと認めることはできない」。

「他方において」、本件職務命令当時、公立小学校における入学式や卒業式において、国歌斉唱として『君が代』が斉唱されることが広く行われていたことは周知の事実であ〔る〕」。この文脈に鑑みると、「客観的に見て、〈入学式の国歌斉唱の際に『君が代』のピアノ伴奏をするという行為〉自体は、音楽専科の教諭等にとって通常想定され期待されるものであって、上記伴奏を行う教諭等が特定の思想を有するということを外部に表明する行為であると評価することは困難なもの」（傍点及び〈　〉の記号は引用者）である。「特に、職務上の命令に従ってこのような行為が行われる場合には、上記のように評価することは一層困難である」。ゆえに「本件職務命令は、……Xに対して、(p)特定の思想を持つことを強制したり、あるいはこれを禁止したりするものではなく、(q)特定の思想の有無について告白することを強要するものでもな〔い〕」（(p)(q)の記号は引用者）。

基本的には以上の論理により、本判決は本件職務命令を本条に違反しないと判断した。

2　公立学校の式典における国歌斉唱の際に教職員全員に対して起立斉唱行為を命じる職務命令は、本条違反か。

(ア)　事　案　本論点に対する判断を行ったのが、「君が代」ピアノ伴奏命令事件判決（1を参照）から四年後の、起立斉唱命令事件に関する、①最二小判平成二三（二〇一一）年五月三〇日民集六五巻四号一七八〇頁、②最一小判平成二三（二〇一一）年六月六日民集六五巻四号一八五五頁、及び③最三小判平成二三（二〇一一）年六月一四日民集六五巻四号二一四八頁、の各判決である。およそ二週間の内に三つの小法廷が別々に、だがほぼ同文の法廷意見により、合憲の判断を示した（①判決は四対〇、②判決は四対一、③判決は四対二）。上告人らは、①事件では都立高等学校の教諭一名、②事件では都立高等学校の教諭一二名と学校司書一名、③事件では都内の市立中学校の教諭三名である。上告人らは、卒業式等の式典における国歌斉唱の際に国旗に向かって起立し国歌を斉唱すること（以下「起立斉唱行為」という）[5]を命ずる旨の校長の職務命令に従わず、前記国歌斉唱の際に起立しなかった。全事件で上告人らは、前記職務命令が本条に違反すると主張した。①事件・②事件では、上告人らは、定年退職又は定年前の勧奨退職に先立ち申し込んだ非常勤の嘱託員等の採用選考において、東京都教育委員会（以下「都教委」という）から、前記不起立行為が職務命令違反等に当たることを理由に不合格とされたため、上告人らを不合格としたことは違法だと主張して、東京都に対して国家賠償法一条一項に基づく損害賠償等を求めた。③事件では、上告人らは、都教委から、前記不起立行為が職務命令違反等に当たることを理由に、事情聴取をされ、戒告処分を受け、服務事故再発防止研修を受講させられ、また東京都人事委員会から、前記戒告処分の取消しを求める審査請求を棄却する旨の裁決を受けたため、東京都に対し、上記戒告処分及び裁決の各取消し並びに国家賠償法一条一項に基づく損害賠償を求めた。以下では便宜上、③判決の法廷意見に即して、その合憲判断の論理を辿る（③判決は、「君が代」ピアノ伴奏命令事件判決と同じ第三小法廷による。①・②判決と比べると、判旨を分節化すると同時に説明をやや詳しくしている点、「君が代」ピアノ伴奏命令事件判決をより意識した書き方になっている点、また那須弘平裁判官の「心理的葛藤」論――「君が代」ピアノ伴奏命令事件判決の補足意見以来の所説――を取り入れた叙述になっている点、などに特色がある）。

(イ)　直接的制約論

まず、本件で問題となる内心は何か。上告人らは、「天皇主権と統帥権が暴威を振るい、侵略戦争と植民地支配によって内外に多大な惨禍をもたらした歴史的事実から、『君が代』や『日の丸』に対し、戦前の軍国主義と天皇主義を象徴するという否定的評価を有しているので、『君が代』や『日の丸』に対する尊崇、敬意の念の表明にほかならない国歌斉唱の際の起立斉唱行為をすることはできない」と主張した。こうした考えを本判決は、「我が国において『日の丸』や『君が代』が戦前の軍国主義や国家体制等との関係で果たした役割に関わる上告人ら自身の歴史観ないし世界観及びこれに由来する社会生活上ないし教育上の信念等」であるとした。

次に、本件各職務命令は、その内心を制約しているか。本判決はこう論じた。「本件各職務命令当時、公立中学校における卒業式等の式典において、国旗としての『日の丸』の掲揚及び国歌としての『君が代』の斉唱が広く行われていたことは周知の事実であ〔る〕」。この文脈に鑑みると、第一に、《イ》「〈学校の儀式的行事である卒業式等の式典における国歌斉唱の際の起立斉唱行為[6]〉は、一般的、客観的に見て、これらの式典における慣例上の儀礼的な所作としての性質を有するものというべきであって、上記の歴史観ないし世界観を否定することと不可分に結び付くものということはできない」（〈　〉の記号と傍点は引用者、以下同じ。また、注番号は本稿のため引用者が付したもの）。それゆえ起立斉唱行為を求める「本件各職務命令は、直ちに上記の歴史観ないし世界観それ自体を否定するものということはできない」。また、前記文脈に鑑みると、第二に、《ウ》起立斉唱行為は、「一般的、客観的に見て」、「これらの式典における慣例上の儀礼的な所作として外部から認識されるもの」であり、「それ自体が特定の思想又はこれに反する思想の表明として外部から認識されるものと評価することは困難である」。「職務上の命令に従ってこのような行為が行われる場合には、上記のように評価することは一層困難である」。ゆえに「本件各職務命令は、上告人らに対して、(p)特定の思想を持つことを強制したり、これに反する思想を持つことを禁止したりするものではなく、(q)特定の思想の有無について告白することを強要するものともいえない」（(p)(q)の記号は引用者）。

ここまでの論旨は、**1**で紹介した「君が代」ピアノ伴奏命令事件判決のそれを踏襲している。本判決は、以上の論述に続けて、「そうすると、本件各職務命令は、上記イ及びウの観点において、個人の思想及び良心の自由を直ちに制約するものと認めることはできない」（傍点は引用者）と述べる。これは、以上の論述を、思想及び良心の自由に対する――後の論述で「間接的な制約」の観念が登場するため、それと対比される所の――直接的な制約に関する分析として位置づけた上で、本件では直接的制約が生じていないと論じるものだと理解される。

(ウ)　**間接的制約論**　但し、本判決は、「君が代」ピアノ伴奏命令事件判決と異なり、問題の検討をここで終えず、さらに次のように論じて、思想及び良心の自由に対する間接的制約に関する分析に踏み込む点に特色を有する。「もっとも」、起立斉唱行為は、「教員が日常担当する教科等や日常従事する事務の内容それ自体には含まれないものであって、一般的、客観的に見ても、《イ》国旗及び国歌に対する敬意の表明の要素を含む行為であり、《ウ》そのように外部から認識されるものである」（《イ》《ウ》の記号は引用者、以下同じ。なお《ウ》部分の記述は③判決のみにあり、①・②判決においては《イ》部分の記述で文が終わっており《ウ》部分の記述はない）。この点（①・②判決には以下にこの文で述べる趣旨の論述はない）、「君が代」ピアノ伴奏事件で問題となったピアノ伴奏行為が、「音楽専科の教論としての教科指導に準ずる性質を有するものであって、《イ》敬意の表明としての要素の希薄な行為であり、《ウ》そのように外部から認識されるものである」のと対照的である。そうすると、「自らの歴史観ないし世界観との関係で否定的な評価の対象となる『日の丸』や『君が代』に対して敬意を表明することには応じ難いと考える者」が起立斉唱行為を命じられることは、「その行為が個人の歴史観ないし世界観に反する特定の思想の表明に係る行為そのものではないとはいえ、個人の歴史観ないし世界観に由来する行動（敬意の表明の拒否）と異なる外部的行動（敬意の表明の要素を含む行為）を求められることとなり、それが心理的葛藤を生じさせ、ひいては個人の歴史観ないし世界観に影響を及ぼすものと考えられる」。ゆえに「これを求められる限りにおいて、その者の思想及び良心の自由についての間接的な制約となる」（なお、①・②判決には、「それが心理的葛藤を生じさせ、ひいては個人の歴史観ないし世界観に影響を及ぼすものと考えられる」との論述がなく、その前後の記述は、「～を求められることとなり、その限りにおいて、その者の思想及び良心の自由についての～」、などと接続されている）。

こうした内心の自由に対する間接的制約は、はたして、またどんな場合に、憲法上許されると考えられるか。「個人の歴史観ないし世界観には多種多様なものがあり得るのであり、それが内心にとどまらず、それに由来する行動の実行又は拒否という外部的行動として現れ、当該外部的行動が社会一般の規範等と抵触する場面において制限を受けることがあるところ、その制限が必要かつ合理的なものである場合には、その制限を介して生ずる上記の間接的な制約も許容され得る」（傍点は引用者）。つまり、「歴史観ないし世界観」に由来する外部的行動に対する制限が、必要かつ合理的なものであれば、その制限に伴う内心の自由に対する間接的制約は、憲法上許容される。

では、内心の自由に対する間接的制約の合憲性は、どんな判断枠組みで判断すべきか。この点、職務命令による外部的行動の制限が、内心の自由に対する間接的制約を伴う場合、「このような間接的な制約が許容されるか否かは、(m)職務命令の目的及び内容並びに(n)上記の制限を介して生ずる制約の態様等を総合的に較量して、当該職務命令に上記の制約を許容し得る程度の必要性及び合理性が認められるか否かという観点から判断するのが相当である」（ⓜⓝの記号は引用者）、とした。

この判断枠組みに従った当てはめ判断は、どう行われたか。本判決はそれを、三つの段落から成る、「第1」の「3(3)イ」で行う。まずその第一段落で、本件各職務命令が上告人らの内心の自由に対する間接的制約に当たることを確認した。続いてその第二段落で、専らⓜに関わる検討を行い、「本件各職務命令は、中学校教育の目標や卒業式等の儀式的行事の意義、在り方等を定めた関係法令等の諸規定の趣旨に沿って、地方公務員の地位の性質及びその職務の公共性を踏まえ、生徒等への配慮を含め、教育上の行事にふさわしい秩序の確保とともに当該式典の円滑な進行を図るものである」との判断に到達した。この内、「中学校教育の目標」・「儀式的行事の意義、在り方」に関して、学校教育法（平成一九年法律第九六号による改正前のもの。以下同じ）三六条一号、一八条二号、中学校学習指導要領（平成一〇年文部省告示第一七六号。平成二〇年文部科学省告示第九九号による特例の適用前のもの）の国旗国歌条項、国旗及び国歌に関する法律、を参照し、また「地方公務員の地位の性質及びその職務の公共性」に関して、憲法一五条二項、地方公務員法三〇条・三二条、を参照した。そして結論的にその第三段落で、本件各職務命令には内心の自由に対する間接的制約を許容し得る程度の必要性及び合理性が認められる、と判断した。

以上の論理により、本判決は本件各職務命令を本条に違反しないと判断した。

3　内心の自由に対する直接的制約とは、どんな場合か。その場合にその制約は、どんな合憲性判断枠組みで判断されるか。

(ア)　前置き

内心の自由に関する直接的制約と間接的制約との二分類を、最高裁は平成二三（二〇一一）年の起立斉唱命令事件の諸判決（2における①〜③の判決）において初めて提示した。そして、そこで展開した直接的制約に関する議論は、平成一九（二〇〇七）年の「君が代」ピアノ伴奏命令事件判決（1を参照）の論旨を踏襲しつつ、その論旨を明晰化することで、その後の裁判に対する先例としての内容を明確なものにすることをおそらくは狙ったものだった。

(イ)　本条が保護するのはどのような内心か

まず、各事件で問題となる内心について、「君が代」ピアノ伴奏命令事件判決はXの「歴史観ないし世界観」と「これに由来する社会生活上の信念等」がこれに当たるとし、起立斉唱命令事件の諸判決は上告人らの「歴史観ないし世界観」と「これに由来する社会生活上ないし教育上の信念等」がこれに当たるとした（但し①判決だけは後者のみ）。しかし「君が代」ピアノ伴奏命令事件判決も起立斉唱命令事件の諸判決も、続く内心の制約を検討する所では、「歴史観ないし世界観」の制約があるかどうかだけを問題としており、「これに由来する社会生活上（ないし教育上）の信念等」については問題としていない。ゆえに最高裁は、少なくとも直接的制約との関係では、本条が保護する「思想及び良心」として、「歴史観ないし世界観」だけを考えていると言える。

(ウ)　内心の自由に対する直接的制約とはどのような場合か

次に、どのような場合に内心の自由に対する直接的制約があるとされるのか。この点に関して最高裁は、「君が代」ピアノ伴奏命令事件では、「一般的には」と「客観的には」の二本立てで論じていた。起立斉唱命令事件では、その言い回しについては「一般的、客観的に見て」と一本化した上で、実質的にそれと同じ内容を持つと主張されるだろう二本立てを、《イ》職務命令の対象となる行為（以下「対象行為」という）の性質論と、《ウ》対象行為が外部からどう認識されるかの議論、という風に整理した。まず《イ》対象行為の性質だが、一般的・客観的に見て、対象行為が特定の「歴史観ないし世界観」を否定することと「不可分に結び付く」性質のものである場合に、職務命令は内心の自由に対する直接的制約に当たるとされる。次に《ウ》対象行為の外部からの認識論だが、一般的・客観的に見て、対象行為が「それ自体が特定の思想又はこれに反する思想の表明として外部から認識されるもの」である場合に、職務命令は内心の自由に対する直接的制約に当たるとされる。そして起立斉唱行為もピアノ伴奏行為も、《イ》《ウ》いずれの点でも直接的制約の対象行為には当たらないとされた。まず起立斉唱行為は、一般的・客観的に見て、《イ》については、「学校の儀式的行事である卒業式等の式典……における慣例上の儀礼的な所作」としての「性質を有するもの」であるし、《ウ》については、そのように「外部から認識されるもの」である。次にピアノ伴奏行為については、起立斉唱命令事件の諸判決の観点から「君が代」ピアノ伴奏命令事件判決のテクストを読み直すならば、次のように理解できる。すなわち同判決は、ピアノ伴奏行為について、《イ》については、その行為「自体」が「音楽専科の教諭等にとって通常想定され期待されるもの」だと述べており、《ウ》についても、やはりこの行為がそのように外部から認識されることを前提にした上で、この行為の「評価」を行っている、と。

《イ》は、対象行為が特定の「歴史観ないし世界観」を否定することと「不可分に結び付く」性質のものかどうかを問題とする。このアプローチは、すぐ後に言及する、学説上の(p′)〈特定思想の強制の禁止〉法理の発想に立つものだと思われる。だが、特定の「歴史観ないし世界観」（を否定すること）と「不可分に結び付く」性質の行為が、具体的にはどんな行為のことなのか定かでなく、この点の説明を最高裁も行っていない。ただ、議論の流れからすると、最高裁は少なくとも、《ウ》の「特定の思想又はこれに反する思想の表明」行為は、これに当たると考えているようである。

《ウ》では要するに、対象行為が「特定の思想又はこれに反する思想の表明」行為であるかどうかを問題としている。つまり、「特定の思想又はこれに反する思想」の表現行為を命じる（強制する）ことが、内心の自由の直接的制約に当たるとされている。しかし、まず、こういう特定思想の表現行為の強制は、「表現しない自由」に対する表現内容規制であり、二一条の「表現の自由」論によって既に、よほど強い公共目的を実現するためでなければ、違憲とされるはずである。次に、たとえ公務員の勤務関係であれ、「特定の思想又はこれに反する思想の表明」行為を強制しなければならないどんな理由がありうるのか、非常に想定が困難である。その意味で、最高裁の「内心の自由」論がその保障内容の中核に据えるのは、殆ど現実に起こりそうになく、かつ、既に「表現の自由」論でカバーされる場面である。

最高裁は、《ウ》に関する叙述の最後に、「本件各職務命令は、上告人らに対して、(p)特定の思想を持つことを強制したり、これに反する思想を持つことを禁止したりするものではなく、(q)特定の思想の有無について告白することを強要するものともいえない」（(p)(q)の記号は引用者）、という二類型を提示している（以下、起立斉唱命令事件の諸判決に即して述べるが、若干の文言等の違いがあるものの「君が代」ピアノ伴奏命令事件判決についても同じことが言える）。

この内、(p)については一見、その前段と後段とで、公権力行為に関する二つの別々の類型を述べるもののようにも読める（〈〈Aという〉特定思想の強制〉という類型と、〈〈反Aという〉特定思想の禁止〉という類型。丸括弧内を読まなければ、両者は正反対の類型を言うもののように見える）。だが少し前の所で、〈起立斉唱行為〉の強制は「特定の思想又はこれに反する思想の表明」行為の強制であるとは外部から認識されない、との趣旨を述べている。そこからすると、本判決は、〈起立斉唱行為〉の強制という一つの事柄が、同時に〈Aという特定思想の強制〉であり〈反Aという特定思想の禁止〉でもあるような制約類型、に当たるかどうかを検討し、それに当たらない、と判断したのだと解されるる。つまり最高裁の頭では、(p)の前段と後段は、内心の自由に対する制約の一つの類型の持つ二つの側面を語るものである。そして(p)は、学説が内心の自由の保障内容として通説的に説く、(p′)〈特定思想の強制の禁止〉という規範に対応するのだと理解される。

(q)については、その定式は、学説が内心の自由の保障内容として通説的に説く、(q′)〈内心の告白を強制することの禁止〉という規範そのものである（以下、本稿ではこの定式ないし規範を指して「沈黙の自由」保障と表現する。三1を参照）。但し、(q′)の規範は本来、人の内心を公権力が強制的に外部へと引き出すことを禁止し、もって、引き出された内心を理由として公権力がその人を不利益に処遇するのを未然に防止することを狙いとする。それに対して本件はむしろ、上告人らの内心に反する内容の「告白」を公権力が強制する、という事例であり、内心の自由の侵害類型としては、(q′)の規範が想定するそれとはまた別の類型のものである。それゆえに本来であれば、本件は(q)に当たるかどうかを検討せねばならない事例ではなく、〈本件は(q)に当たらぬ〉との趣旨を最高裁がわざわざ述べた理由を理解するのはむつかしい。この点を、「君が代」ピアノ伴奏命令事件判決に関する調査官解説は、(7)「沈黙の自由」保障が「内心の思想及び良心を告白するよう強制されない自由」だけでなく「内心の思想及び良心に反したことを告白するよう強制されない自由」も含むとの立場から、最高裁の態度に理解を示している。もっとも最高裁は、(q)を前記のように定式化しており、「沈黙の自由」を保障するなどと述べているのではないのであり、その定式の指示する内容は、調査官解説が、「沈黙の自由」の二つの保障内容だとするもののうちの前者（のみ）に当たると解される。

(エ)　内心の自由に対する直接的制約の合憲性判断枠組み　さて、「君が代」ピアノ伴奏命令事件判決も起立斉唱命令事件の諸判決も、各事件の（各）職務命令が、内心の自由に対する直接的制約に当たらないとした。ゆえに、それに当たるとされた場合に、その合憲性判断がどのようになされるのか、正確な所は不明である。ただ、少なくとも内心の自由に対する間接的制約に当たる場合よりは、違憲判断に傾く厳しめの審査密度で、合憲性審査が行われると見られる。

4　内心の自由に対する間接的制約とは、どんな場合か。その場合にその制約は、どんな合憲性判断枠組みで判断されるか。

(ア)　内心の自由に対する間接的制約とはどのような場合か　まず、どのような場合に内心の自由に対する間接的制約があるとされるのか。起立斉唱命令事件の諸判決（2における①～③の判決）は、ここでもおそらく直接的制約における場合と同様に、《イ》職務命令の対象となる行為（以下、対象行為）の性質と、《ウ》対象行為が外部からどう認識されるか、との二点から判断するアプローチをとっている。③判決によると、起立斉唱行為を命じる職務命令については、同行為（＝「卒業式等の式典における国歌斉唱の際の起立斉唱行為」）が（、「教員が日常担当する教科等や日常従事する事務の内容それ自体には含まれないもの」だから）、一般的・客観的に見て、《イ》「国旗及び国歌に対する敬意の表明の要素を含む行為」であり、《ウ》「そのように外部から認識される」ゆえに、同命令は内心の自由に対する間接的制約に当たる。③判決によると、それに対してピアノ伴奏行為（＝「音楽専科の教諭が上記国歌斉唱の際にピアノ伴奏をする行為」）は（、「音楽専科の教諭としての教科指導に準ずる性質を有するもの」だから）、《イ》「敬意の表明としての要素の希薄な行為」であり、《ウ》「そのように外部から認識される」。かく述べることで③判決は、それゆえ同行為を命じる職務命令は内心の自由に対する間接的制約に当たらない、と示唆したのだと思われる（但し、〈間接的制約には当たるものの起立斉唱命令ほど強い制約でない〉、との示唆を読み取ることも、③判決のテクスト読解としてはありうるが、最高裁の真意はそうではなかろう。後述する）。要するに、対象行為が、（その行為の性質として、またその行為に対する外部からの認識として、）何かに対する「敬意の表明の要素を含む」行為であることが、その職務命令を内心の自由に対する間接的制約であると評価するための決め手である。

　そのことの特徴は、内心の自由に対する直接的制約の場合——その対象行為は、（その行為の性質として、またその行為に対する外部からに認識として、）特定思想の表明行為である——と比較対照することで、明らかになる。間接的制約の場合の対象行為は、第一に、表明行為そのものではなく、「表明の要素を含む行為」である。第二に、表明される内容は、特定思想（「歴史観ないし世界観」）そのものではなく、「歴史観ないし世界観との関係で否定的な評価の対象となる」何か（本件の場合には「『日の丸』や『君が代』」）に対する「敬意」である。要するに、直接的制約の場合の対象行為は、〈(ⅰ)特定思想そのものを、(ⅱ)正に表明する行為〉であるのに対し、間接的制約の場合の対象行為は、〈(ⅰ)特定思想に関係する何かを、自らの思想に反して肯定的又は否定的に評価する内容を、(ⅱ)表明する要素を含む行為〉である。間接的制約の場合の対象行為を標語的に言えば、〈二重に薄められた「特定思想の表明行為」〉、となろう。つまり、ここでも最高裁は、学説上の(p′)〈特定思想の強制の禁止〉法理の発想の下で、ものを考えていると思われる。

(イ)　一定の制約類型がなぜ内心の自由に対する間接的制約だとされるかの理由説明　起立斉唱命令事件の諸判決は、こういう対象行為を強制することがなぜ内心の自由の間接的制約に当たるのかの説明を行っている（直接的制約については、それに当たらぬとしたため、そうした説明を行っていない）。問題とするのは、「自らの歴史観ないし世界観との関係で否定的な評価の対象となる『日の丸』や『君が代』に対して敬意を表明することには応じ難いと考える者」が起立斉唱行為を命じられる場合である。この場合、「個人の歴史観ないし世界観に反する特定の思想の表明に係る行為そのもの……を求められる」のではないから、それは直接的制約には当たらない。だが、「個人の歴史観ないし世界観に由来する行動（敬意の表明の拒否）と異なる外部的行動（敬意の表明の要素を含む行為）を求められること」

（注番号は本稿のため引用者が付したもの）となるから（③判決のみはこの記述に続けてさらに、「それが心理的葛藤を生じさせ、ひいては個人の歴史観ないし世界観に影響を及ぼす」から、という説明を加えている）、それは内心の自由に対する間接的制約に当たるのだとする。[8]

以上の説明部分について、三つの点を指摘する。

第一に、この説明部分に関する最高裁の真意は、次のようなものだと思われる（この部分をテクストとして別様に読み替えることが可能だとしても）。すなわち、ここで「行動」とか「外部的行動」とか述べるのは、あくまで各語の直後に括弧書きで記した事柄（＝敬意の表明に関わる諸行為）の別表現であり、「行動」一般や「外部的行動」一般を問題とするのではない（また③判決が「心理的葛藤」に言及するのは、〈「敬意の表明の要素を含む行為」を強制されると「心理的葛藤」が生じるものだ〉という一般論であり、生身の個々人の内心において現実にどれだけ強い「心理的葛藤」が生じているかをおよそ問題としない。ゆえに、たとえ人の内心に激しい「心理的葛藤」が生じていても、対象行為の性質とその外部からの評価が〈二重に薄められた「特定思想の表明行為」〉に当たらぬ限り、そこに内心の自由に対する間接的制約は存在しないとされよう）。そうでなく、もし対象行為が「外部的行動」一般に及ぶのだとすると、その「外部的行動」が「個人の歴史観ないし世界観に由来する行動……と異なる外部的行動」であると説明できる場合には——大多数の「行動」はその人の「歴史観ないし世界観」「に由来する」と説明することが可能であろう——、（③判決の論理によると「それが心理的葛藤を生じさせ〔る〕……と考えられる」ことになり、従って）そこに内心の自由に対する間接的制約があると認定されることになる。このように、「外部的行動」の制約に関わる、夥しい数に上る諸事件を全て本条の問題として捉えることを、最高裁が意図したとは考えにくい。

第二に、この説明部分において最高裁は、本条が保護する内心として「歴史観ないし世界観」だけを考えるという姿勢を、間接的制約についても維持している。だが事柄の実質に即するならば、「歴史観ないし世界観に由来する行動……と異なる外部的行動」というのは、〈「歴史観ないし世界観……に由来する社会生活上ないし教育上の信念等」「と異なる外部的行動」〉と同一である。要するに最高裁は、間接的制約との関係でも、本条が保護する「思想及び良心」として、「歴史観ないし世界観」だけを考える姿勢を維持しているが、ここでは機能的には「これに由来する社会生活上ないし教育上の信念等」まで保護しているのと同然であるといえる。

第三に、この説明部分は、「自らの歴史観ないし世界観との関係で否定的な評価の対象となる『日の丸』や『君が代』に対して敬意を表明することには応じ難いと考える者」との関係でのみ、（間接的）制約の存在を認めるもののように読める（この点、別様の理解も可能ではある）。それに対して、特定思想の表明行為の強制は、その特定思想（またはこれに反対の特定思想）の持ち主であるか否かに関わらず、その強制の対象となる全ての人との関係で、（直接的）制約の存在を認めるものだったように思われる（この点も別様の理解が可能ではある）。

(ウ)　内心の自由に対する間接的制約の合憲性判断枠組み

次に、内心の自由に対する間接的制約の合憲性は、どんな判断枠組みで判断すべきか。起立斉唱命令事件の諸判決はこう述べた。職務命令による外部的行動の制限が、内心の自由に対する間接的制約を伴う場合、「このような間接的な制約が許容されるか否かは、(m)職務命令の目的及び内容並びに(n)上記の制限を介して生ずる制約の態様等を総合的に較量して、当該職務命令に上記の制約を許容し得る程度の必要性及び合理性が認められるか否かという観点から判断するのが相当である」（(m)(n)の記号は引用者）。つまり、(m)「職務命令の目的及び内容」、(n)内心の自由に対して生じている「制約の態様等」、を「総合的に衡量」することを通じて、内心の自由に対する間接的制約を許容し得る程度の「必要性及び合理性」が当該職務命令にあるかどうかを判断すべし、というのである。

但し本件諸判決は、この判断枠組みに従って当てはめ判断を行う部分（③判決においては「第1」の「3(3)イ」）で、本件各職務命令が上告人らの内心の自由に対する間接的制約に当たることを確認した後、専ら(m)に関わる検討を行うのみで、(n)に関わる検討を行っていない（2(ウ)を参照）。この点、本件諸判決は、判断枠組みを提示する部分で、(n)について、「（内心の自由に対する間接的）制約の態様等」は「(1)職務命令の対象となる行為の内容及び性質並びに(2)これが個人の内心に及ぼす影響その他の諸事情に応じて様々である」（(1)(2)の記号は引用者）、と述べていたから、(n)に関する検討は、主に(1)・(2)の検討となるもののようである。そして本件諸判決は、本件各職務命令が間接的制約に当たることを確認する部分で、起立斉唱行為が「上告人らの歴史観ないし世界観との関係で否定的な評価の対象となるものに対する敬意の表明の要素を含〔む〕」こと、及び同行為が上告人らにとっては「その歴史観ないし世界観に由来する行動（敬意の表明の拒否）と異なる外部的行動とな〔り、心理的葛藤を生じさせる〕」（〔　〕内の記述は③判決のみにあり、①・②判決にはない）ことを述べており、これらがそれぞれ(1)と(2)の検討だ、というつもりなのかもしれない。そうだとしても、内心の自由に対する間接的制約に当たるかどうかではなく、それに当たるとされた後の、その間接的制約がはたして合憲かどうかを判断する枠組みとその当てはめ判断のありようとがどうなっているのかをここでは問題としているのであり、(n)は、その判断枠組みの定式には存在するものの、その判断枠組みの実際の当てはめ判断においては独立した検討項目となっていない。そして、「総合的に衡量して」とは言うものの、専ら(m)に関する一応の説明をつけることで、当該職務命令に「必要性及び合理性」を認め、合憲判断に到達している。要するに、本件諸判決が判断枠組みを提示する直前の文から引くと、「外部的行動……の制限が必要かつ合理的なものである場合には、……許容され……る」、というに尽きる。間接的であれ、仮にも〈内面的な精神活動の自由〉に対する制約に当たると認定されたからには、それなりに厳しくその合憲性を審査してくれるのではないか、という期待は満たされない。ここではただ、「憲法上の権利」でない外部的行為の自由一般に対する制約の「必要性及び合理性」を審査するのと同じ調子で、規制する側に一応の理由があるかどうかの緩い審査が行われるのみである（ゆえに、「間接的制約」の対象行為が、「敬意の表明の要素を含む行為」に限定されず「外部的行為」一般へと拡大しても、内心の自由が受ける恩恵はたいへん小さい）。

5　公立学校の式典における国歌斉唱の際に起立斉唱行為を命じる職務命令に違反したことを理由とした懲戒処分は、本条違反か。同じことを理由とした公立学校における再任用職員等の採用候補者選考における不合格等は、どうか。

(ア)　前置き　2で見た、起立斉唱命令事件に関する諸判決は、起立斉唱を命じる職務命令が合憲である点についてのみ判断を行った。①事件・②事件では、上告人らは、その職務命令違反を理由として、定年等による退職後の再任用職員等の採用候補者選考において不合格等とされていたが、その不合格等の適法性について、最高裁は判断していなかった。また③事件では、上告人らは、その職務命令違反を理由として懲戒処分がされていたが、その懲戒処分の適法性について、最高裁は判断していなかった。そのため、起立斉唱命令事件に関する二〇一一年の諸判決に続いて、これらの争点に関する判断が、最高裁に求められる成り行きとなった[9]。

懲戒処分に関する本論点における基本的考え方は、〈職務命令が本条違反である場合には、同職務命令違反を理由とする懲戒処分は違憲・違法となる〉、というものである。本条からする職務命令の憲法的評価とは独立に、懲戒処分それ自体が本条違反となるかどうかは、基本的には問題にならない。

この考え方において、（2で見た二〇一一年の先例に従って）職務命令が合憲であることを前提とすると、職務命令違反を理由とする懲戒処分は、基本的には、職務命令違反の悪性の強さに見合った重さの懲戒処分であれば適法、職務命令違反の悪性の強さに見合わないほど重い懲戒処分であれば違法、と判断されることになる。ただしその際に、職務命令違反の悪性の強さと懲戒処分の重さとの比例性について行政当局が行った判断を、裁判所がどこまで立ち入って審査するかという審査密度の問題が、もう一つある。

そこで憲法的観点からは、懲戒処分の理由となった職務命令違反に関して先例が展開した憲法論（＝内心の自由に対する間接的制約に当たる、との判断）が、裁判所による懲戒処分の適法性判断にあたって、審査密度を高めたり、適法性に関する実体判断それ自体において違法判断へと判断を傾けたりするなどの、何らかの力を発揮するかどうかが、判例法理の観察に当たっての関心事となる。

以上、懲戒処分について予め問題を整理して示したが、再任用職員等の採用候補者選考における合否の判断についての問題も、基本的には同型である。

以上の点を確認した上で、本論点について、時系列に沿って、まず懲戒処分に関する判例の紹介・検討を行い㈠・㈡、その後、再任用職員等の採用候補者選考に関する判例の紹介・検討を行う㈢。

㈠　**懲戒処分に関する判例**　本論点に対する判断を行ったのが、起立斉唱命令事件の諸判決（2を参照）からほぼ半年後の、不起立等懲戒処分事件に関する、①最一小判平成二四（二〇一二）年一月一六日判時二一四七号一二七頁①事件、及び②最一小判平成二四（二〇一二）年一月一六日判時二一四七号一二七頁②事件、の二つの第一小法廷判決である。①事件では、上告人ら（東京都立高等学校又は東京都立養護学校の教職員一六八名）が、各所属校の卒業式、入学式又は記念式典において国歌斉唱の際に国旗に向かって起立して斉唱すること（以下「起立斉唱行為」という）又は国歌のピアノ伴奏を行うこと（以下「伴奏行為」という）を命ずる旨の各校長の職務命令に従わなかったため（一名が伴奏拒否行為、その他は不起立行為。以下、不起立行為と伴奏拒否行為の両者を指して「不起立行為等」という）、東京都教育委員会（以下「都教委」という）からそれぞれ懲戒処分（不起立行為の一名が減給処分、その他は戒告処分）を受けた。②事件では、上告人ら（東京都の市立中学校の教員一名及び東京都立養護学校の教員一名）が、各所属校の卒業式又は記念式典において起立斉唱行為を命ずる旨の各校長の職務命令に従わなかったため、都教委からそれぞれ停職処分を受けた。そこで両事件の上告人らは、前記職務命令は違憲、違法であり前記各処分は違法であるなどとして、前記各処分の取消し及び国家賠償法一条一項に基づく損害賠償を求めた（以下、両事件を指して「本件」という）。

①②判決（両判決共四対一）はいずれも、憲法論を、「本件職務命令が憲法一九条に違反するものでないことは、当裁判所大法廷判決……の趣旨に徴して明らか」とだけ述べて済ませた。その上で、行政法論として、①判決は、戒告処分一六七つ全てを適法、減給処分一つを違法だと判断し、②判決は、二つの停職処分の内一つを適法、もう一つを適法だと判断した（両判決は同一の説示を多く持つので、以下では基本的には両者を区別せずただ両判決と言い、その一方から引用して適宜説明を補う）。最高裁の議論の特徴は、第一に、それに違反した場合の制裁がどうであるかと切断した本件職務命令それ自体との関係でのみ、本条適合性の憲法問題を検討していること、第二に、職務命令違反に対する制裁（本件では懲戒処分）については、専ら行政法上の適法性の問題として検討していることである。そこでまず第二の点につき、この行政法論が、はたして、またどのように、憲法的価値を踏まえているかを検討し、次に第一の点につき、そのことの意義を検討する。

両判決はまず、神戸税関事件に関する最三小判昭和五二（一九七七）年一二月二〇日民集三一巻七号一一〇一頁と伝習館事件に関する最一小判平成二（一九九〇）年一月一八日民集四四巻一号一頁の二つを先例に引いて、公務員に対する懲戒処分の適法性について次のような一般的判断枠組みを提示した。「公務員に対する懲戒処分について、懲戒権者は、(1)懲戒事由に該当すると認められる行為の(a)原因、動機、(b)性質、態様、(c)結果、影響等のほか、(2)当該公務員の(d)上記行為の前後における態度、(e)懲戒処分等の処分歴、(3)選択する処分が他の公務員及び社会に与える影響等、諸般の事情を考慮して、懲戒処分をすべきかどうか、また、懲戒処分をする場合にいかなる処分を選択すべきかを決定する裁量権を有しており、その判断は、それが社会観念上著しく妥当を欠いて裁量権の範囲を逸脱し、又はこれを濫用したと認められる場合に、違法となる」(1)～(3)と(a)～(e)の記号及び傍点は引用者)、と。つまり、まず、懲戒権者は、(1)・(2)・(3)等の「諸般の事情を考慮して」裁量権を行使すべきであり、次に、そうであることを弁えつつ裁判所は、懲戒処分の適法性審査を、懲戒権者による判断に裁量権の逸脱・濫用があったかどうかの審査として行うものとしている。

両判決は、この一般的判断枠組みを本件に即して具体化するに当たり、まず(1)の事情に注目する。そして、一方で、ア.〈本件不起立行為（等）の悪性が強いことを示す事情〉として、(b)「全校の生徒等の出席する重要な学校行事である卒業式等の式典において行われた教職員による職務命令違反」である点、及び、(c)「学校の儀式的行事としての式典の秩序や雰囲気を一定程度損なう作用をもたらすものであって、それにより式典に参列する生徒への影響も伴う」点、を指摘する。だが他方で、イ.〈本件不起立行為（等）の悪性が強くないことを示す事情〉として、(b)「積極的な妨害等の作為ではなく、物理的に式次第の遂行を妨げるものではない」点、それゆえ、(c)「当該式典の進行に具体的にどの程度の支障や混乱をもたらしたかは客観的な評価の困難な事柄」である点、さらに、(a)その「動機、原因は、当該教職員の歴史観ないし世界観等に由来する『君が代』や『日の丸』に対する否定的評価等のゆえに、本件職務命令により求められる行為と自らの歴史観ないし世界観等に由来する外部的行動とが相違することであり、個人の歴史観ないし世界観等に起因するものである」点、を指摘する。

その上で、両判決は、第一に、戒告処分について、本件職務命令に「その遵守を確保する必要性があること」、不起立行為〔等〕の悪性の強さを示す前記アの事情、及び戒告処分が「法律上、処分それ自体によって教職員の法的地位に直接の職務上ないし給与上の不利益を及ぼすものではないこと」、の三点に鑑みると、「本件職務命令の違反に対し……戒告処分をすることは、学校の規律や秩序の保持等の見地からその相当性が基礎付けられるものであって、……基本的に懲戒権者の裁量権の範囲内に属する事柄ということができる」とした。不起立行為〔等〕の悪性が強くないことを示す前記イの事情についても、「このことを勘案しても、本件職務命令の違反に対し懲戒処分の中で最も軽い戒告処分をすることが裁量権の範囲の逸脱又はその濫用に当たるとは解し難い」とした。

両判決は、第二に、減給処分・停職処分について、前記イの事情により、「懲戒において戒告を超えてより重い減給以上の処分を選択することについては、本件事案の性質等を踏まえた慎重な考慮が必要となる」とした。そして、(α)減給処分・停職処分は「処分それ自体によって教職員の法的地位に一定の期間における……直接の職務上及び給与上の不利益〔停職処分の場合。減給処分の場合には「職務上及び」の語が不在〕が及び、将来の昇給等にも相応の影響が及ぶ」(〔　〕内は引用者。以下同じ)こと、また、(β)「本件〔各〕通達[10]を踏まえて毎年度二回以上の卒業式や入学式等の式典のたびに懲戒処分が累積して加重されると短期間で反復継続的に不利益が拡大していくこと」(注記は引用者)、の二点「等を勘案すると」、減給処分・停職処分を「選択することが許容されるのは、(e)過去の非違行為による懲戒処分等の処分歴や(d)不起立行為〔等〕の前後における態度等……に鑑み、学校の規律や秩序の保持等の必要性と処分による不利益の内容との権衡の観点から当該処分を選択することの相当性を基礎付ける具体的な事情が認められる場合であることを要する」((d)・(e)の記号は引用者)、とした。そして、「上記の相当性を基礎付ける具体的な事情が認められるためには、例えば過去の一、二年度に数回の卒業式等における不起立行為〔等〕による懲戒処分の処分歴がある場合に、これのみをもって直ちにその相当性を基礎付けるには足りず、上記の場合に比べて過去の処分歴に係る非違行為がその内容や頻度等において規律や秩序を害する程度の相応に大きいものであるなど、過去の処分歴等が〔減給処分・〕停職処分による不利益の内容との権衡を勘案してもなお規律や秩序の保持等の必要性の高さを十分に基礎付けるものであることを要する」、とした。本件に即したこのような具体的判断枠組みの下で、①判決の減給処分と②判決の一つの停職処分が違法と判断され、②判決のもう一つの停職処分が適法と判断された。

(ウ)　懲戒処分に関する判例の、憲法的観点からの検討　以上に紹介した両判決は、公務員に対する懲戒処分の適法性に関する一般的判断枠組みを、本件に即した具体的判断枠組みへと具体化する過程で、どんな推論過程を経たか。次のように理解される。まず、一般的判断枠組みにおける(1)の「懲戒事由に該当すると認められる行為」、すなわち不起立行為（等）、に注目した。その内のイの事情中の(a)の記述は、起立斉唱命令事件の諸判決が間接的制約論の所で行った記述を、明らかに下敷きとしている。イの事情は、一方で、戒告処分の適法性の判断枠組みを形成するのには影響力を持っていない。だが他方で、「減給以上の処分」の適法性の判断枠組みを形成するのには影響力を発揮し、イの事情に鑑みると「減給以上の処分を選択することについては……慎重な考慮が必要となる」、とした。ここでは、高等専門学校の学生に対する退学処分を違法と判断した剣道実技参加拒否事件に関する最二小判平成八（一九九六）年三月八日民集五〇巻三号四六九頁とは異なり、重い処分そのことが「特に慎重な配慮」（退学処分の場合）及び「〔引用者注：退学処分の場合と〕同様に慎重な配慮」（原級留置処分の場合）の要請を導くのではない。そうでなく〈不起立行為（等）のイの事情中の諸要素（(a)～(c)）〉と〈処分の重さ〉の両者がセットになって、「減給以上の処分」について「慎重な考慮」審査を裁判所が行うことの要請を導いている。その上で、(α)・(β)の二点「等を勘案」し（この内(α)は〈処分の重さ〉の再確認であるが）、その結果、一般的判断枠組みにおける(2)（「当該公務員」に関わる事情）の(d)と(e)の事情が、当該処分の重さと釣り合う程の悪性を持つ、ということが、当該処分の選択を正当化するには必要である、との具体的判断枠組みを形成した。

ここでもし、イの事情中の(a)の記述を憲法論だと評価できるならば、この憲法論は「減給以上の処分」の適法性審査の審査密度を高める働きをしたことになる。その点、前記の剣道実技参加拒否事件判決では、信教の自由の憲法論が、既に別の要因（＝処分の重さ）がその審査密度を高めたところの審査それ自体において、三つの考慮要因の内の一つとされ、実体論の次元で違法の結論へと導くのに寄与する働きをしたのと異なる。問題は、イの事情中の(a)の記述を、はたして、またどんな意味で、本条に関する憲法論だと評価できるかである。(a)の記述は、不起立行為（等）が個人の「歴史観ないし世界観等」に起因する、と述べており、本条の保護する内心に言及する。ゆえにその限りで憲法論を行っている。だがこの記述の憲法論的な特徴は、その点に尽きている。起立斉唱命令事件の諸判決は、起立行為を命じる職務命令が、内心の自由に対する間接的制約に当たるとした。しかし(a)の記述は、その間接的制約に当たることの最大のポイントである、職務命令の対象行為が「国旗及び国歌に対する敬意の表明の要素を含む行為」であるという点について、言及していない。また、①判決における(a)の記述は、内心の自由の間接的制約に当たる場合（起立斉唱行為）と当たらぬ場合（伴奏行為）とを区別せず、その両者についてのものとなっている。要するに(a)の記述は、〈憲法上保護された内心（の自由）に対する間接的制約——その制約が憲法的に正当化されるとしても——が生じている〉ことを述べるのではなく、〈憲法上保護された内心（の自由）に関連する事態が生じている〉ことを——それに対する制約が生じているかどうかに立入ることなく——述べるに過ぎない。そうだとすると、(a)の記述が持つ憲法論としての重みは、さほど大きなものではない。(a)の記述が持つ重みは、同じくイの事情中の(b)・(c)の記述と同様に、常識的に斟酌すべき一要素としての重みに、限りなく近い。

ところで、両判決が、「減給以上の処分」の適法性を「慎重な考慮」審査として行うとした後、具体的判断枠組みを構成するに際して「勘案」したのは、主として(α)・(β)の二点だった。両判決は、本件職務命令の目的から出発しこれを所与として、それに照らして「減給以上の処分」――本件職務命令に違反した場合の制裁のありよう――を検討する。そして、「教育上の行事にふさわしい秩序の確保とともに式典の円滑な進行を図る」ことを目的とする本件職務命令「の遵守を確保する必要性」との関係では、本件職務命令に違反した場合の制裁のありように関わるこの二点――特に(β)――は、過酷にすぎる、と判断した。しかし逆に、この過酷にすぎる制裁のありようから出発して、それに照らして本件職務命令の目的を検討すると、前記目的は表向きのものにすぎず、前記制裁の過酷さに見合った真の目的――違憲の目的――が別にあるのではないかが問題となりうるはずである。現に起立斉唱命令事件に関する第一小法廷判決（2(ア)の②判決）の宮川光治裁判官反対意見は、本件各職務命令がそれに基づく所の本件通達につき、「その意図するところは、前記歴史観及び教育上の信念を有する教職員を念頭に置き、その歴史観等に対する否定的評価を背景に、不利益処分をもってその歴史観等に反する行為を強制しようとすることにある」と見ている。これは、本件事実関係が、内心の自由の保障内容として学説上も判例上も（三2を参照）認められている、〈内心に基づく不利益処遇の禁止〉法理の要件に該当する、という判断に他ならない。そしてこの法理は、起立斉唱命令事件の諸判決が、直接的制約や間接的制約を論じるときに下敷きとした〈特定思想の強制の禁止〉法理とはまた別個の、内心の自由に対する制約類型に関するものである点に、注意が必要である。最高裁は、公権力が表立って内心に基づく不利益処遇を行う場合にこの法理を適用するのは無論のこと、公権力が表向きはそれを行っていないと主張するものの実はそれを行っていることが疑われる場合にも、この法理を適用すべき場合でないかどうかを事実関係に照らして検討し、適用すべき場合であると判断される場合にはこの法理を適用することが求められるはずである。だが両判決も、また宮川反対意見の存在にもかかわらず起立斉唱命令事件に関する第一小法廷判決も、その検討には一切踏み込まなかった。その点で、それに違反した場合の制裁がどうであるかと切断した本件職務命令それ自体との関係でのみ、本条適合性の憲法問題を検討する、という最高裁のアプローチは、本条の射程を狭くする機能を営んでいる。

(エ)　再任用職員等の採用候補者選考に関する判例と、その憲法的観点からする検討

公立学校の式典における国歌斉唱の際に起立斉唱行為を命じる職務命令に違反したことを理由とした再任用職員等の採用候補者選考における不合格等の適法性について、最高裁が正面から判断したのは、不起立等懲戒処分事件に関する平成二四（二〇一二）年の二つの判決（(イ)・(ウ)を参照。以下、両判決を区別せずただ「不起立等懲戒処分事件判決」という）から六年半後の、最一小判平成三〇（二〇一八）年七月一九日判時二三九六号五五頁においてであった。

東京都立高等学校の教職員であったXら二二名は、在職中（平成一六〔二〇〇四〕年三月から平成二〇〔二〇〇八〕年三月の間）に、各所属校の卒業式又は入学式において国歌斉唱の際に国旗に向かって起立して斉唱することを命ずる旨の職務命令（以下「本件職務命令」という）に従わなかったため、東京都教育委員会（以下「都教委」という）から戒告又は減給の懲戒処分を受けた。彼らは各自の定年または勧奨（以下「定年等」という）による退職年度（平成一八〔二〇〇六〕年度が七名、平成一九〔二〇〇七〕年度が八名、平成二〇〔二〇〇八〕年度が七名）に実施された再雇用職員又は非常勤職員（平成二〇〔二〇〇八〕年度の一名のみは、非常勤職員及び再任用職員。以下、これら三種類の職員を併せて「再任用職員等」という）の採用候補者選考に申し込んだが、都教委による選考の結果不合格とされ、あるいは一旦合格とされた後に本件職務命令に違反して合格を取り消された（以下「本件不合格等」という）。原審の適法に確定した事実によれば、本件不合格等は、任命権者である都教委が、Xらによる本件職務命令違反を重大な非違行為に当たると評価し、勤務成績が良好とはいえないと判断したことを理由としていた。そこでXらは、本件不合格等が裁量権の逸脱濫用に当たり違法であるなどとして国家賠償法一条一項に基づく損害賠償を求めた。

本判決は全員一致で、Xらの請求を一部認容すべきものとした原判決（東京高判平成二七〔二〇一五〕年一二月一〇日判例地方自治四四〇号七五頁）を破棄自判し、Xらの請求を棄却した。第一審判決（東京地判平成二七〔二〇一五〕年五月二

五日判例地方自治四四〇号六一頁）は、専ら、本件不合格等が都教委の採用選考における裁量権の範囲の逸脱又はその濫用として違法であるかという行政法上の争点を検討した結果としてXらの請求を一部認容する判決を出し、本件職務命令と本件不合格等が本条に違反するかどうかという憲法上の争点を含むその他の争点の検討を行わなかった。そのためそれ以降の控訴審判決と本判決でも、専らこの行政法上の争点が判断されることとなり、前記の憲法上の争点は全く論じられていない。

本判決理由は、原判決の判断内容を次のように要約した後、それを斥ける構成を採った。「再任用職員等に採用されることに対するXらの期待は、一定の法的保護に値し、採用候補者選考の合否及び採用の可否の判断について都教委が有する裁量権は、一定の制限を受ける。」「本件不合格等は、Xらが本件職務命令に違反したことを不当に重視する一方で、Xらの従前の勤務成績を判定する際に考慮されるべき多種多様な要素等を全く考慮しないものであって、再任用制度等の趣旨に反し、その運用実態とも大きく異なるものであるから、本件不合格等に係る都教委の判断は、客観的合理性及び社会的相当性を欠き、裁量権の範囲の逸脱又はその濫用をしたものに当たる。」（傍点引用者。以下同じ）。

本判決は、第一段目としてまず、再任用制度等の趣旨について、次のように判断した。「再任用制度等は、定年等により一旦退職した職員を任期を定めて新たに採用するもの」である。ゆえに、(1)「いずれの制度についても、任命権者は採用を希望する者を原則として採用しなければならないとする法令等の定めはな〔い〕」。また、(2)「採用候補者選考の合否を判断するに当たり、従前の勤務成績をどのように評価するかについて規定する法令等の定めもない」。(1)・(2)より、「採用候補者選考の合否の判断に際しての従前の勤務成績の評価については、基本的に任命権者の裁量に委ねられている」。次に、再任用制度等の運用実態について、「少なくとも本件不合格等の当時、再任用職員等として採用されることを希望する者が原則として全員採用されるという運用が確立していたということはできない」という理解を示した。最後に、この運用上の点に加え、再任用制度等が、「定年退職者等の雇用の確保や生活の安定をその目的として含む」一方で、「定年退職者等の知識、経験等を活用することにより教育行政等の効率的な運営を図る目的をも有する」点「にも照らせば」、と述べた（ここで本判決は再度、再任用制度等の趣旨について述べていると解される。そしてこの記述は、最高裁による上記の運用実態に関する理解が、原審が運用実態に関して、「平成一二年度から平成二一年度までにおいて再雇用職員等の新規の希望者のうちおおむね九〇％から九五％程度以上が採用されている実態であった」というデータを示した上で、「採用の実態として、教職員の退職後の雇用を確保しその生活の安定を図るという再雇用制度等の趣旨を踏まえて、基本的には職員の希望を尊重し、特段の支障のない限り再雇用職員等として積極的に採用する形で運用されていたこと」と述べていたのと異なることから、最高裁による運用実態に関する理解をバックアップするために行われたのだと解される）上で、結論的に、「再任用制度等において任命権者が有する上記の裁量権の範囲が、再任用制度等の目的や当時の運用状況等のゆえに大きく制約されるものであったと解することはできない」、と述べた。

こうして本判決は、第一段目として、原判決と異なり、「都教委が有する裁量権は、一定の制限を受け（ない）」という枠組みの下で、第二段目として、都教委による「採用候補者選考の合否及び採用の可否の判断」の適法性の審査に向かう。以下、不起立等懲戒処分事件判決の説示と比べながら（(イ)・(ウ)を参照）、その判旨を辿ろう。

本判決はまず、本件職務命令に「その遵守を確保する必要性がある」ことを指摘し、その先例として、自己の法廷が下した起立斉唱命令事件に関する最一小判平成二三（二〇一一）年六月六日民集六五巻四号一八五五頁と不起立等懲戒処分事件に関する最一小判平成二四（二〇一二）年一月一六日裁判集民事二三九号二五三頁の二つの参照を求める（この引用の仕方には、先例中の憲法論の部分を引く含意は、全く窺われない）。次に、本件職務命令に違反する行為が「学校の儀式的行事としての式典の秩序や雰囲気を一定程度損なう作用をもたらすものであって、それにより式典に参列する生徒への影響も伴うことは否定し難い」、と不起立行為の悪性の強さを示す事情を指摘する。以上の二点は、不起立等懲戒処分事件判決が同事件における職務命令違反に対する戒告処分について、「基本的に懲戒権者の裁量権の範囲内に属する」と解した根拠三点の内の、最初の二点と同一である（イを参照）。本判決は最後に、「加えて、」と述べた後、「Xらが本件職務命令に違反してから本件不合格等までの期間が長期に及んでいないこと」を指摘し、「Xらを再任用職員等として採用した場合にXらが同様の非違行為に及ぶおそれがあることを否定し難いものとみることも、必ずしも不合理であるということはできない」、とした。この三点目は、不起立等懲戒処分事件判決が示した前記根拠の三点目を、事案の相違に応じて本事案に適したものに差し替えたのだと理解される。以上三点を踏まえて結論的に、「これらに鑑みると、任命権者である都教委が、再任用職員等の採用候補者選考に当たり、従前の勤務成績の内容として本件職務命令に違反したことをXらに不利益に考慮し、これを他の個別事情のいかんにかかわらず特に重視すべき要素であると評価し、そのような評価に基づいて本件不合格等の判断をすることが、その当時の再任用制度等の下において、著しく合理性を欠くものであったということはできない」、とした。

　以上の第二段目の、都教委による「採用候補者選考の合否及び採用の可否の判断」に対する行政法上の審査の構造は、不起立等懲戒処分事件判決における戒告処分についての判断構造とほぼ同じである。ただ、不起立等懲戒処分事件判決では、三つの根拠から、同事件における職務命令違反に対して戒告処分をすることについて「基本的に懲戒権者の裁量権の範囲内に属する」という結論を導いていた。それに対して本判決では、三つの根拠から導かれる結論を、「都教委が、再任用職員等の採用候補者選考に当たり、従前の勤務成績の内容として本件職務命令に違反したことをXらに不利益に考慮し、これを他の個別事情のいかんにかかわらず特に重視すべき要素であると評価し、そのような評価に基づいて本件不合格等の判断をすること」が、「著しく合理性を欠くもので……ない」、と記述している。「裁量権の範囲内に属する」とだけ書くのではなく、どのように「裁量権の範囲内に属する」のかを書くものであるが、結局のところ同じことではある。

本判決の結論を導くにあたっては、何といっても第一段目で、再任用制度等の基本的性格を、退職者を「新たに採用するもの」であると把握したことが大きい(11)。この把握の仕方を本件職務命令に関する本条論がおよそ左右しえないことは言うまでもない。この把握を所与とすれば、第二段目において裁判所は、本件不合格等が適法か違法かを判断する際に、都教委が再任用職員等の採用候補者選考に当たり従前の勤務成績の内容を評価する仕方が「著しく合理性を欠く」かどうかという緩い審査を行うことになる。本件職務命令に関する本条論が何らかの形で出てくるとすれば、第二段目におけるこの審査に係る議論において、ということになろうが、本判決自体の第二段目における記述には、憲法論と見うるものは存在しない。ただ、本件職務命令が、内心の自由に対する間接的制約に当たるものの結局は本条に違反せず合憲である、という先例を前提とする場合、本判決の結論を説得的に覆せるような、第二段目における憲法論を構成するのは、むつかしいと思われる。

二　謝罪にかかる内心の自由の問題——〈特定思想の強制の禁止〉法理

1　裁判所による謝罪広告命令は、本条違反か。

他人の名誉を毀損した不法行為の加害者に対して、被害者の名誉回復のために民法七二三条に基づいて謝罪広告を新聞紙等に掲載するよう命ずる裁判所の判決は、本条に違反しないか。この論点に対する判断を行ったのが、謝罪広告事件に関する最大判昭和三一（一九五六）年七月四日民集一〇巻七号七八五頁である。最高裁は一三対二（または一二対三）で合憲と判断した（入江俊郎裁判官の意見は、謝罪広告命令は合憲だがそれを強制するのは違憲だとした）。

本判決はこう論じた。「謝罪広告を命ずる判決にも①その内容上、これを新聞紙に掲載することが謝罪者の意思決定に委ねるを相当とし、これを命ずる場合の執行も債務者の意思のみに係る不代替作為として民訴七三四条〔現民事執行法一七二条〕に基き間接強制によるを相当とするものもあるべく、時にはこれを強制することが債務者の人格を無視し著しくその名誉を毀損し意思決定の自由乃至良心の自由を不当に制限することとなり、いわゆる強制執行に適さない場合に該当することもありうるであろうけれど、②単に事態の真相を告白し陳謝の意を表明するに止まる程度のものにあつては、これが強制執行も代替作為として民訴七三三条〔現民事執行法一七一条〕の手続によることを得るものといわなければならない」（①②の記号及び〔　〕内は引用者）。

要するに本判決は、判決の命ずる「謝罪広告」について、①「その内容」によっては「これを強制することが……良心の自由を不当に制限する」場合がありうるが、②「単に事態の真相を告白し陳謝の意を表明するに止まる程度のもの」は強制してよい、とした上で、本件広告は後者に当たる、としている。ここで鍵となるのは広告の表現内容であり、それが穏当なものである限り、謝罪広告命令判決の強制は憲法上許される。ここで内心の自由の問題は、強制される表現内容が穏当なものか屈辱的なものかという、表現内容上の「程度」問題に還元されている。最高裁が既にこの時点から、内心の自由に対する制約を、（特定思想の）表明行為ないし表現行為の強制として捉えていることを確認できる（一3(ウ)を参照）。

なお、本論点については今日でも、本判決を先例に援用して簡単に違憲主張を斥ける裁判が続いている。例えば大分県別府遺跡捏造報道事件に関する最一小判平成一六（二〇〇四）年七月一五日LEX／DB二八〇九二〇六四は、次のようにだけ述べる。「謝罪広告を掲載することを命ずる判決は、その広告の内容が単に事態の真相を告白し陳謝の意を表明するにとどまる程度のものである場合には、憲法一九条に違反しないことは当裁判所の判例とするところ」、と（さらに参照、週刊現代大相撲八百長関連記事事件に関する最一小判平成二二（二〇一〇）年一〇月二一日判例集未登載・学習院法務研究三号一四〇頁）。

2　労働委員会による陳謝誓約型のポストノーティス命令は、本条違反か。　裁判所が民法上の不法行為に対する救済として出す謝罪広告命令だけでなく、労働委員会が労働組合法上の不当労働行為に対する救済として出すポストノーティス命令――使用者に対して労働委員会が決めた内容の文書を従業員が見やすい場所に掲示することを命ずるもの――にも、同様の「陳謝」文言を用いる慣行が存在する。このいわゆる陳謝誓約型のポストノーティス命令についても、裁判所による謝罪広告命令についてと同様に、本条に違反しないかが問題となる。この論点に対する判断を行ったのが、医療法人亮正会事件に関する最三小判平成二（一九九〇）年三月六日判時一三五七号一四四頁である。最高裁は四名全員一致で合憲と判断した（オリエンタルモーター事件に関する最二小判平成三（一九九一）年二月二二日判時一三九三号一四五頁、ネスレ日本・日高乳業（第二）事件に関する最一小判平成七（一九九五）年二月二三日民集四九巻二号三九三頁も同旨）。

本判決はこう論じた。「右ポストノーティス命令が、労働委員会によって上告人〔＝使用者〕の行為が不当労働行為と認定されたことを関係者に周知徹底させ、同種行為の再発を抑制しようとする趣旨のものであることは明らかである。右掲示文には『深く反省する』、『誓約します』などの文言が用いられているが、同種行為を繰り返さない旨の約束文言を強調する意味を有するにすぎないものであり、上告人に対し反省等の意思表明を要求することは、右命令の本旨とするところではないと解される。してみると、右命令は上告人に対し反省等の意思表明を強制するものであるとの見解を前提とする憲法一九条違反の主張は、その前提を欠く」（〔　〕内は引用者）、と。

以上の論理を謝罪広告事件判決（1を参照）のそれと比較すると、その特徴として次の点を指摘できる。第一に、謝罪広告事件判決では謝罪広告の内容に焦点を当てていた。それに対して本判決（ないし本論点についての定型的説示。以下同じ）では、ポストノーティス命令による掲示文の内容よりもむしろ、同命令の「趣旨」・「本旨」に焦点を当てている。同命令の「趣旨」・「本旨」が使用者に対して「反省等の意思表明を要求すること」にはない点が、本条違反の主張が「その前提を欠く」ことの決め手である。第二に、掲示文の内容については、文言通りの意味でなく「同種行為を繰り返さない旨の約束文言を強調する意味を有するにすぎない」ことが述べられており、その意味内容の穏当さを前面に押し出す点で、謝罪広告事件判決と基調を同じくする。もっとも、謝罪広告事件判決が「陳謝の意を表明するに止まる」としていたのを（いわば「謝罪」内部での程度問題）、本判決は「同種行為を繰り返さない旨の約束文言を強調」としている点に（いわば「謝罪」性の消去）、違いを見出すことはできる。だが最高裁は、謝罪広告命令の合憲性の論点については前者の説示を今日でも維持しており（1を参照）、この違いから、最高裁の立場に大きな変化を読み取ることはできまい。

なお学説は、本件のように使用者が自然人ではなく法人である場合、それは自然人に固有の「内心」の自由の享有主体たりえない（からポストノーティス命令は本条に違反しない）、という趣旨を説く。だが最高裁は、本論点についてその趣旨を説いていない。

三　〈内心に基づく不利益処遇の禁止〉法理

1　私人の労使関係において、本条による〈内心に基づく不利益処遇の禁止〉法理とその派生法理としての「沈黙の自由」保障は、はたして、またどのように、通用するか。

(ア)　三菱樹脂事件判決――その一般的判断枠組み　平成二三（二〇一一）年の起立斉唱命令事件の諸判決は、内心の自由に対する直接的制約に当たるものとして、二つの制約類型を示唆した（一3で見た(p)と(q)）。その内の一つである「特定の思想の有無について告白することを強要するもの」という制約類型が公権力に対して禁止されると、その反面として、個人に、本論点にいう「沈黙の自由」保障が認められる。

さて、本論点に対する判断を行ったリーディング・ケースが、三菱樹脂事件に関する最大判昭和四八（一九七三）年一二月一二日民集二七巻一一号一五三六頁である。本件は、企業Yが、大学卒業と同時に三ヶ月の試用期間を設けて採用した労働者Xを、採用試験時の身上書と面接において自らの学生運動参加の事実等につき秘匿したり虚偽の回答を行ったり（以下「秘匿等」という）したことを理由に、試用期間満了後に本採用拒否することが許されるかが問題となった事案であり、XがYに対して労働契約関係が存在することの確認を請求した事件である。

本判決は「憲法上の権利」規定の私人間効力という論点に関する重要先例であるが、この点について以下のように説示した。「憲法の右各規定（本条及び一四条）は、同法第三章のその他の自由権的基本権の保障規定と同じく、国または公共団体の統治行動に対して個人の基本的な自由と平等を保障する目的に出たもので、もつぱら国または公共団体と個人との関係を規律するものであり、私人相互の関係を直接規律することを予定するものではない」。「これらの規定の定める個人の自由や平等は、国や公共団体の統治行動に対する関係においてこそ、侵されることのない権利として保障されるべき性質のものであるけれども、私人間の関係においては、各人の有する自由と平等の権利自体が具体的場合に相互に矛盾、対立する可能性があり、このような場合におけるその対立の調整は、近代自由社会においては、原則として私的自治に委ねられ、ただ、一方の他方に対する侵害の態様、程度が社会的に許容しうる一定の限界を超える場合にのみ、法がこれに介入しその間の調整をはかるという建前がとられている」。「もつとも、私人間の関係においても、相互の社会的力関係の相違から、一方が他方に優越し、事実上後者が前者の意思に服従せざるをえない場合があり、このような場合に私的自治の名の下に優位者の支配力を無制限に認めるときは、劣位者の自由や平等を著しく侵害または制限することとなるおそれがあることは否み難い」。だが、こうした「私的支配関係においては、個人の基本的な自由や平等に対する具体的な侵害またはそのおそれがあり、その態様、程度が社会的に許容しうる限度を超えるときは、(y)これに対する立法措置によつてその是正を図ることが可能であるし、(z)また、場合によつては、私的自治に対する一般的制限規定である民法一条、九〇条や不法行為に関する諸規定等の適切な運用によって、一面で私的自治の原則を尊重しながら、他面で社会的許容性の限度を超える侵害に対し基本的な自由や平等の利益を保護し、その間の適切な調整を図る方途も存する」（〔　〕内、傍点、(y)・(z)の記号は引用者）、と。

(z)の場合の一般的判断枠組みを内心の自由に引き付けて述べると、こうなる。私的支配関係における個人の内心の自由に対する具体的侵害の態様、程度が社会的に許容し得る限度を超えるときには、その侵害行為は、「私的自治に対する一般的制限規定」に照らして違法である、と。

(イ)　**三菱樹脂事件判決――その具体的事案解決**　以上の判断枠組みの下で、最高裁はまず、企業者が労働者を雇入れる場面に照準する。それは、原判決（東京高判昭和四三（一九六八）年六月一二日判時五二三号一九頁）がこの場面に照準した議論でXを勝訴させたからである。最高裁は、この場面での、双方の「自由と平等の権利」相互の「矛盾、対立」は、現時点では「法〔の〕介入」を受けておらず、従って「私的自治」により次のように「調整」されていると述べた。「憲法は、思想、信条の自由や法の下の平等を保障すると同時に、他方、二二条、二九条等において、財産権の行使、営業その他広く経済活動の自由をも基本的人権として保障している。それゆえ、企業者は、かような経済活動の一環としてする契約締結の自由を有し、自己の営業のために労働者を雇傭するにあたり、いかなる者を雇い入れるか、いかなる条件でこれを雇うかについて、法律その他による特別の制限がない限り、原則として自由にこれを決定することができるのであつて、企業者が特定の思想、信条を有する者をそのゆえをもつて雇い入れることを拒んでも、それを当然に違法とすることはできないのである。(x)憲法一四条の規定が私人のこのような行為を直接禁止するものでないことは前記のとおりであり、(y)また、労働基準法三条は労働者の信条によつて賃金その他の労働条件につき差別することを禁じているが、これは、雇入れ後における労働条件についての制限であつて、雇入れそのものを制約する規定ではない。(z)また、思想、信条を理由とする雇入れの拒否を直ちに民法上の不法行為とすることができないことは明らかであり、その他これを公序良俗違反と解すべき根拠も見出すことはできない」。「右のように、企業者が雇傭の自由を有し、思想、信条を理由として雇入れを拒んでもこれを目して違法とすることができない以上、企業者が、労働者の採否決定にあたり、労働者の思想、信条を調査し、そのためその者からこれに関連する事項についての申告を求めることも、これを法律上禁止された違法行為とすべき理由はない」(x)〜(z)の記号は引用者)、と。このように論じて最高裁は、採用時に企業YがXに対して内心調査を行ったことを違法とした原判決の判断を、法令の解釈・適用を誤ったものだとした。

以上を要するに、企業者が労働者を雇入れる場面では、企業者に対して〈内心に基づく不利益処遇の禁止〉法理は通用せず、企業者は労働者の内心ゆえにその者を不採用としてよい。そうである以上、この場面で、企業者は労働者の内心調査を行ってよく、その内心調査を違法とするだけの通用力を、労働者の「沈黙の自由」は持たない。

但し、本件の具体的事案は、この地平では決着がつかない。最高裁いわく、企業は「労働者の雇入れそのもの」については「広い範囲の自由を有する」。だが、「いったん労働者を雇い入れ、その者に雇用関係上の一定の地位を与えた後」はそうでなく、「労働者の労働条件について信条による差別取扱いを禁じている」労働基準法三条の適用を受け（つまり(y)の場合に当たり）、「特定の信条を有することを解雇の理由として定めることも……右規定に違反する」。そして本件本採用拒否は、「雇入れ後における解雇にあた」るとした。以上の議論が含意するのは、不採用決定の適法性ではなく本採用拒否決定の適法性が問題となっている本件の具体的事案の解決のためには、企業者が労働者を雇入れる場面ではなく、あくまで企業者が「いったん労働者を雇入れ……た後」の場面に照準せねばならぬ、ということである。従って、採用時に内心調査を行いその結果を理由に不採用とすることが適法だとしても、採用時の内心調査における秘匿等の行為を理由に本採用拒否できるかについては、労働基準法三条の適用を受けることを踏まえた法的考察が必要になる。

最高裁は続いてこう述べる。なるほど、本件本採用拒否は「留保解約権に基づく解雇」であるから「通常の解雇」よりも「広い範囲における解雇の自由が認められ」るが、「留保解約権の行使は、上述した解約権留保の趣旨、目的〔本件雇傭契約の場合、「管理職要員としての適格性の有無」に関して「後日における調査や観察に基づく最終的決定を留保する」、という趣旨〕に照らして、客観的に合理的な理由が存し社会通念上相当として是認されうる場合にのみ許される」（〔　〕内は引用者）。そして、採用時の内心調査においてXが秘匿等を行ったという一事のみでは、その合理的理由があるとは言えないのであり、秘匿等に関する諸々の事実関係を明らかにした上で、それに照らして「Xの秘匿等の行為および秘匿等にかかる事実が同人の入社後における行動、態度の予測やその人物評価等に及ぼす影響を検討し、それが企業者の採否決定につき有する意義と重要性を勘案し、これらを総合して上記の合理的理由の有無を判断しなければならない」、と述べて留保解約権の行使を枠づけた上で、原判決破棄・差戻しとした。その後本件は、本採用拒否の撤回とXの職場復帰を内容とする和解で決着した。

このように本判決は、企業者が労働者を雇入れる場面では、企業に対して〈内心に基づく不利益処遇の禁止〉法理も「沈黙の自由」保障も通用しない、としたものの、具体的事案解決としては、一方で本件に即して前記場面の事実関係を考慮に入れつつ、他方で本件本採用拒否を雇入れ後の場面のものだとすることでそれを労働基準法三条の適用範囲内に取り込み、その限りで本件の解決を〈内心に基づく不利益処遇の禁止〉法理の通用力の下で行っている。

(ウ)　その後の主な判例・その一――〈調査協力義務の不在〉論

まず、富士重工原水禁事情聴取事件に関する最三小判昭和五二（一九七七）年一二月一三日民集三一巻七号一〇三七頁を見る。富士重工業株式会社（Y）は、従業員Aが就業時間中に無断で職場を離脱し、就業中の他の従業員に対して原水爆禁止の署名を求めたり、原水禁運動の資金調達のため販売するハンカチの作成依頼を行ったりその購買を求めたりする等の就業規則違反行為を行ったとして、その事実関係の調査に乗り出し、従業員Xにも事情聴取（以下「本件調査」という）を行った。その場でXは、Aの就業規則違反行為に関連する事実のほか、「第15回原水爆禁止世界大会富士重工本社内実行委員会のメンバー、資金カンパと署名の集計状況について尋ねられたが、Aに頼まれてハンカチを作成した旨を答えたほか、『何枚、作りましたか。』との問いに対しては『わかりません。』と述べ、『原水禁富士重工内実行委員会とはどういうものですか。』との質問に対しては、『どうして、そういうことを聞くのですか。』、『答える必要がありません。』と、反問し、あるいは返答を拒否し、その後は、答えるように説得されても、ほとんど答えなかった」。そこでYは、Xが本件調査に協力しなかったことが上長の指示に従う義務などを定めた就業規則に違反するとして、Xを懲戒譴責処分（以下「本件処分」という）に付した。これに対してXがYに本件処分の無効確認を請求して出訴した。最高裁は五名全員一致で本件処分を違法無効と判断した。

本判決は、Xが本件調査に協力義務を負うかどうかの判断枠組みを、次のように構成する。「そもそも、企業秩序は、企業の存立と事業の円滑な運営の維持のために必要不可欠なものであり、企業は、……企業秩序に違反する行為があつた場合には、その違反行為の内容、態様、程度等を明らかにして、乱された企業秩序の回復に必要な業務上の指示、命令を発し、又は違反者に対し制裁として懲戒処分を行うため、事実関係の調査をすることができる……。しかしながら、企業が右のように企業秩序違反事件について調査をすることができるということから直ちに、労働者が、これに対応して、いつ、いかなる場合にも、当然に、企業の行う右調査に協力すべき義務を負つているものと解することはできない。けだし、労働者は、労働契約を締結して企業に雇用されることによつて、企業に対し、労務提供義務を負うとともに、これに付随して、企業秩序遵守義務その他の義務を負うが、企業の一般的な支配に服するものということはできないからである。そして、右の観点に立つて考えれば、(A)当該労働者が他の労働者に対する指導、監督ないし企業秩序の維持などを職責とする者であつて、右調査に協力することがその職務の内容となっている場合には、右調査に協力することは労働契約上の基本的義務である労務提供義務の履行そのものであるから、右調査に協力すべき義務を負うものといわなければならないが、(B)右以外の場合には、(1)調査対象である違反行為の性質、内容、(2)当該労働者の右違反行為見聞の機会と職務執行との関連性、(3)より適切な調査方法の有無等諸般の事情から総合的に判断して、右調査に協力することが労務提供義務を履行する上で必要かつ合理的であると認められない限り、右調査協力義務を負うことはないものと解するのが、相当である」((A)(B)、(1)(2)(3)の記号と傍点は引用者)。

以上のような判断枠組みの下、本判決は、次のように当てはめ判断を行う。まず、本件は(B)の場合に当たると認定する。その上で、「右調査は主としてAの就業規則違反〔(1)〕の事実関係を更に明確に把握することを目的としてされたものであるというのであるが、Xに対する具体的な質問事項の内容、殊にXが返答を拒んだ質問事項のうち主要な部分は、Aが就業中のXに対しハンカチの作成を依頼したり、原水爆禁止の署名を求めたりしてXの職務執行を妨害しなかったかどうか等Xの職務執行との関連においてAの就業規則違反の事実を具体的に聞き出そうとする〔(2)〕のではなく、Xその他Yの従業員の一部が行っていた原水爆禁止運動の組織、活動状況等を聞き出そうとしたものであり、……Xが右調査に協力することがXの労務提供義務の履行にとって必要かつ合理的であったとはいまだ認めがたい」(〔　〕内及び傍点は引用者)。ゆえに結論として、Xには本件調査に協力義務がなく、同義務のあることを前提としてされた本件処分は違法無効である。

要するに最高裁は、企業が労働者に対して企業秩序違反行為の事実関係の調査への協力を義務付けることができるのは、当該労働者がその労務提供義務を履行する上で前記調査に協力することが必要かつ合理的だと認められる限りであるとし、本件ではXはその協力義務を負わないとした。これは、労働者との関係で企業が持つ権限(労働契約上の権利)に限界を画す論理であり、企業の(一応は)正当な権限行使に対してその外からそれを押し戻す人権論の論理ではない。また、本判決は、判決理由の中で、「思想」・「信条」・「精神的自由」・「憲法」等々、およそ憲法問題を示唆するような言葉遣いを一切しなかった。つまり、そこに表立った憲法論は不在である。

ただ、Xは訴訟の当初から、Yが本件処分を行った理由は、原水爆禁止運動を支持・拡大しようとするXの思想・信条にあるのだと主張していた。一般に政治運動への参加は特定政治思想の保有と密接に関連しており、この点に鑑みると、「Xその他Yの従業員の一部が行つていた原水爆禁止運動の組織、活動状況等を聞き出そうとした」本件調査、及びそれに強制的効果を与える所の本件処分は、両者相俟って「沈黙の自由」保障に抵触し、さらに本件処分は、それが実は行為でなく内心を理由とするものだとすれば、〈内心に基づく不利益処遇の禁止〉法理に抵触する可能性がある。そして本件訴訟は、この問題を明示的に争点とすることはなかったものの、常にこの問題を意識しながら進行したと言える。そこで内心の自由の保障という見地から本判決を見るならば、それは、あえて正面から内心の自由の憲法論を論じることなく、内心の自由の保障に資する法的解決を導いたものだ、と捉えうる。本判決は、労働者の内心の自由論ではなく、労働者の調査協力義務の不在論（という形をとった、企業の権限の不在論）を論じて、労働者の「沈黙の自由」を保護したのである。

(エ)　その後の主な判例・その二――〈社会的な許容限度を超えるか〉の基準　次に、東京電力塩山営業所事件に関する最二小判昭和六三（一九八八）年二月五日労働判例五一二号一二頁を見る。東京電力株式会社（Y_2）の塩山営業所（以下「本件営業所」という）の部外秘情報が日本共産党機関紙「赤旗」に報道されたことから、その取材源を調査するため、本件営業所の所長Y_1は、本件営業所の従業員でかねてから共産党の党員または同調者であるとの噂の高かったXを呼び、二人だけで約一時間の話合い（以下「本件話合い」という）をし、その早い段階でXが共産党員であるかどうかを尋ね（以下「本件質問」という）、Xが否定の返答を行ったので、さらにその旨を書面に認める要求（以下「本件書面交付の要求」という）を、Xの拒否にもかかわらず様々に話題を変えては繰り返したが、Xはその要求に応じないまま退室した。その後XがY_1とY_2に対して不法行為に基づく慰謝料請求を行ったのが本件である。最高裁は五名全員一致でXの上告を棄却し、前記請求を棄却する原審の判断を維持した。

最高裁はこう論じた。「本件話合いは企業秘密の漏えいという企業秩序違反行為の調査をするために行われたことが明らかであるから、Y_1が本件話合いを持つに至ったことの必要性、合理性は、これを肯認することができる。……本件質問〔については〕……、右調査目的との関連性を明らかにしないで、Xに対して共産党員であるか否かを尋ねたことは、調査の方法として、その相当性に欠ける面があるものの、前記赤旗の記事の取材源ではないかと疑われていたXに対し、共産党との係わりの有無を尋ねることには、その必要性、合理性を肯認することができないわけではなく、また、本件質問の態様は、返答を強要するものではなかったというのであるから、本件質問は、社会的に許容し得る限界を超えてXの精神的自由を侵害した違法行為であるとはいえない。さらに……本件書面交付の要求〔については〕……、企業内においても労働者の思想、信条等の精神的自由は十分尊重されるべきであることにかんがみると、Y_1が、本件書面交付の要求と右調査目的との関連性を明らかにしないで、右要求を繰り返したことは、このような調査に当たる者として慎重な配慮を欠いたものというべきであり、調査方法として不相当な面があるといわざるを得ない。しかしながら、前記事実関係によれば、本件書面交付の要求は、Xが共産党員ではない旨の返答をしたことから、Y_1がその旨を書面にするように説得するに至ったものであり、右要求は強要にわたるものではなく、また、本件話合いの中で、Y_1が、Xに対し、Xが本件書面交付の要求を拒否することによって不利益な取扱いを受ける虞のあることを示唆したり、右要求に応じることによって有利な取扱いを受け得る旨の発言をした事実はなく、さらに、Xは右要求を拒否した、というのであって、右事実関係に照らすと、Y_1がした本件書面交付の要求は、社会的に許容し得る限界を超えてXの精神的自由を侵害した違法行為であるということはできない」（傍点及び〔　〕内は引用者）、と。

傍点部の言い回しから明らかなように、本判決は、「社会的に許容しうる限度を超える」かどうかを問題とする三菱樹脂事件判決の示した枠組み（(ア)で見た、(z)の場合の一般的判断枠組み）によって（但し同判決を明示的に先例として引用せずに）、本件質問と本件書面交付の要求について審査を行い、いずれもXの精神的自由を侵害する違法行為とは言えないと結論した。まず、本件質問と本件書面交付の要求の目的は、「企業秘密の漏えいという企業秩序違反行為の調査」であり、「必要性、合理性」が認められる。次に本件質問は、「前記赤旗の記事の取材源ではないかと疑われていたXに対し、共産党との係わりの有無を尋ねる」ものであり、目的達成の手段としての「必要性、合理性」を一応認めることができる。さらに、本件質問と一続きのものとしての本件書面交付の要求は、本件質問と同様に「強要」にわたるものでなく、また、要求に応じるか否かを利益供与・不利益処遇と結びつけることもしなかった。ゆえに本件質問も本件書面交付の要求も、Xの精神的自由を侵害するものとして違法であるとは言えない。

以上の論理は、「沈黙の自由」保障（起立斉唱命令事件判決はその制約類型を「特定の思想の有無について告白することを強要するもの」と定式化した）を意識したものとなっており、その限りで「沈黙の自由」保障の規範は本件の紛争解決に対して通用力を及ぼしている。そして、この規範との関係で、第一に、本件質問と本件書面交付の要求が「特定の思想の有無について告白すること」を求めるものだとしても（政党所属は、「特定の思想」そのものではないとしてもその重要な指標だと一般に考えられている）、「強要」ではないこと、第二に、その目的は、告白により明らかになる特定政党への所属のみを理由とした不利益処遇（(ⅱ)〈内心に基づく不利益処遇〉）を行うことではなく、企業秘密漏洩という企業秩序違反行為に関する調査を行うことであること、以上二点から、違法性なしとの結論に到達したものである。

(オ)　その後の主な判例・その三――〈人格的利益の侵害〉論　最後に、関西電力職場八分事件に関する最三小判平成七（一九九五）年九月五日判時一五四六号一一五頁を見よう。本件は、関西電力株式会社Yに対してその従業員X_1〜X_4の四名（以下、四名全員を指すときには「Xら」という）が不法行為責任を追及した訴訟である。本判決は五名全員一致でYによる上告を棄却し、不法行為責任ありとした原判決（大阪高判平成三（一九九一）年九月二四日労働関係民事裁判例集四二巻五号七五二頁）の判断を是認した。

本判決は一文で本件の事実関係を叙述した。こうである。「Yは、Xらにおいて現実には企業秩序を破壊し混乱させるなどのおそれがあるとは認められないにもかかわらず、Xらが共産党員又はその同調者であることのみを理由とし、(1)その職制等を通じて、職場の内外でXらを継続的に監視する態勢を採った上、(2)Xらが極左分子であるとか、Yの経営方針に非協力的な者であるなどとその思想を非難して、Xらとの接触、交際をしないよう他の従業員に働き掛け、種々の方法を用いてXらを職場で孤立させるなどしたというのであり、(1)′更にその過程の中で、①X_2及びX_3については、退社後同人らを尾行したりし、②特にX_3については、ロッカーを無断で開けて私物である「民青手帳」を写真に撮影したりしたというのである」（(1)(2)(1)′、①②の記号及び傍点は引用者）、と。第一審判決（神戸地判昭和五九（一九八四）年五月一八日労働関係民事裁判例集三五巻三・四号三〇一頁）及び原判決は、(1)を「監視」、(2)を「孤立化」、と表現している（なお、(1)′の①・②の諸行為は、(1)の過程で行われた）。

続けて本判決は、また一文で、不法行為の成否に関する法的判断を示した。こうである。「そうであれば、(a)これらの行為は、Xらの職場における自由な人間関係を形成する自由を不当に侵害するとともに、その名誉を毀損するものであり、(b)また、X_3らに対する行為はそのプライバシーを侵害するものでもあって、同人らの人格的利益を侵害するものというべく、(c)これら一連の行為がYの会社としての方針に基づいて行われたというのであるから、それらは、それぞれYの各Xらに対する不法行為を構成するものといわざるを得ない」（(a)(b)(c)の記号及び傍点は引用者）、と。この内(a)は、Xら四名全員についての事実関係の叙述部分である(1)・(2)に対応すると解される。「思想を非難」する行為が名誉毀損に当たり、また「監視」と「孤立化」（特に後者）を組織的に行うことが「職場における自由な人間関係を形成する自由」の侵害に当たる、との判断だと思われる。(b)は、X_3・X_2についての事実関係の叙述部分である⑴′に対応すると解される。①・②の諸行為は、プライバシー侵害として人格的利益の侵害に当たるとしている（なお、最高裁が「プライバシー」の語を判決理由の中で用いたのは、本判決が最初だと言われている[12]〔個別意見中で使用された例はそれ以前にもある〕）。

本判決の特徴は、第一に、本件事実関係の叙述において、本章が傍点を施した部分で、〈内心に基づく不利益処遇の禁止〉法理の要件に該当するような事実関係の存在を明示的に認めていることである。第二に、けれども、同法理を提示しそれを適用することで不法行為責任ありとの結論を導くのではなく、名誉毀損や人格的利益の侵害といった、民法（不法行為法）判例法理上の手堅い論理で、その結論を導いていることである。この点に関連して、Yによる上告理由は、Yの各行為がXらの内心の自由の侵害に当たると論じた原判決を、次のように批判していた。「思想信条の自由が侵害されたと認められるためには、加害者に目的意思（意欲）があるだけでは足りず、かかる目的意思の発現として被害者に向けられた外形的行為が存在し、かつそれが悪質であって、被害者に威圧を与え、被害者がこれを受けて圧迫を受ける程度のものでなければならない」、と。要は、憲法的観点からは〈内心に基づく不利益処遇〉の前段の〈内心に基づく〉の部分にアクセントがあるところ、民法的観点からはむしろその後段の〈不利益処遇〉を明確化することが重要であり、それに成功しない限り不法行為責任ありとの結論を導けないのである。反面、それに成功すればその前段を特に論じなくてもそれで不法行為責任ありとの結論に到ることにもなる。そこで、本判決が事実関係の叙述部分でその前段への該当性を明示的に認めたことは、本件の民事事件に尽きぬ憲法事件としての性格を明確にする意味を持つ説示として重要である。また、そのようにして本件の解決は〈内心に基づく不利益処遇の禁止〉法理の通用力の下で行われたと言える。

2　〈内心に基づく不利益処遇の禁止〉法理は、本条の規範内容を構成するか。

㈠　三菱樹脂事件判決の読解

三菱樹脂事件に関する最大判昭和四八（一九七三）年一二月一二日民集二七巻一一

号一五三六頁（1を参照）は、企業者が労働者を雇入れる場面に照準して、次のように述べた。「企業者が特定の思想、信条を有する者をそのゆえをもつて雇い入れることを拒んでも、それを当然に違法とすることはできないのである。憲法一四条の規定が私人のこのような行為を直接禁止するものでないことは前記のとおりであり」、と（以上の引用部分を、以下では「本叙述」という）。ここで「前記のとおり」とは、「憲法の右各規定（本条及び一四条）は、……もつぱら国または公共団体と個人との関係を規律するものであり、私人相互の関係を直接規律することを予定するものではない」（〔　〕内は引用者）、と説く部分を指す。ゆえに最高裁は、本叙述を行う前提として、「憲法一四条の規定」が、「国または公共団体」の「このような行為」――すなわち「特定の思想、信条を有する者をそのゆえをもつて雇い入れることを拒」む行為――は「直接禁止する」、との理解を有するものと解される。つまり最高裁は、〈内心に基づく不利益処遇の禁止〉法理を憲法規範として認めている。

ただ、本叙述は、この〈内心に基づく不利益処遇の禁止〉法理を、本条と関連づけずただ一四条とのみ関連づけて論じている（一四条一項は「信条」に基づく差別の禁止を規定している）。それが何故なのかが問題となる（もっとも、これを問題とする意義自体が問題となりうる。というのは、最高裁は、本条の「思想及び良心」という文言と一四条の「信条」という文言を混ぜこぜにしたような、「思想、信条」という言い方を多用しており、このことは本判決に限られない。これは最高裁が、本条と一四条それぞれの守備範囲いかん、という問題意識を持っていないことの現われなのかもしれないからである）。二様の解釈がありうる。第一の解釈によるとそれは、最高裁がこの法理を本条ではなく専ら一四条の規範内容だと理解しているためである。この解釈の根拠は、本叙述が、本判決において本条と一四条の二つの規定を主題とする叙述部分（「第二の「二」）の中のものなのに、あえて一四条のみに言及している点にある。それに対して第二の解釈によると、最高裁はこの法理を本条の規範内容でもあると考えているが、ただ本叙述ではそれに言及しなかっただけである。まず、本叙述が一四条に特に言及したのは、本叙述の直後に本判決が言及する労働基準法三条と関連の深い憲法条文が本条ではなく一四条だからであるにすぎない。次に、本判決は本叙述を含む段落の次の段落で、「右のように、企業者が雇傭の自由を有し、思想、信条を理由として雇入れを拒んでもこれを目して違法とすることができない以上、企業者が、労働者の採否決定にあたり、労働者の思想、信条を調査し、そのためその者からこれに関連する事項についての申告を求めることも、これを法律上禁止された違法行為とすべき理由はない」、と述べた。ここで本判決は、企業者に対して〈内心に基づく不利益処遇の禁止〉法理が通用しないことから、企業者が労働者の内心調査を行うことが許される――企業者に対して労働者は「沈黙の自由」を有さない――ことを、導き出している。ところで最高裁は一般に、「沈黙の自由」保障が本条の規範内容であることは認めており（一1と一2(イ)の両方における(q)を参照）、本判決もその点は前提としていると解される（さもないと、本判決の「第二」の「二」は、本条と一四条の二つの規定を主題としながら、そのどこにも本条に関する論述がないことになる）。そうだとすると、「沈黙の自由」保障と前記のような論理的連関を持つ〈内心に基づく不利益処遇の禁止〉法理は、一四条のみならず本条の規範内容でもある、と考えないわけにはいかない。

(イ)　渋谷暴動事件判決の読解　渋谷暴動事件に関する最二小判平成二（一九九〇）年九月二八日刑集四四巻六号四六三頁は、「破壊活動防止法三九条及び四〇条は政治思想を処罰するものであり、憲法一九条に違反する」との上告趣意を、四名全員一致で次のように述べて斥けた。「しかしながら、破壊活動防止法三九条及び四〇条のせん動罪は、政治上の主義若しくは施策を推進し、支持し、又はこれに反対する目的（以下「政治目的」という。）をもって、各条所定の犯罪のせん動をすることを処罰するものであるが、せん動として外形に現れた客観的な行為を処罰の対象とするものであって、行為の基礎となった思想、信条を処罰するものでないことは、各条の規定自体から明らかであるから、所論は前提を欠き、適法な上告理由に当たらない」、と。

以上の判示からすると、本判決は、「せん動として外形に現れた客観的な行為を処罰の対象とする」のではなく

「行為の基礎となった思想、信条を処罰する」場合には、本条の問題となることを承認していると解される。もっとも、そうであると断言することはできない。何故ならば、以上の判示は形式的には、「所論は前提を欠き」との説示だから、そのことを承認も不承認もしていない、という読み方が可能だからである。だが、最高裁の頭としてはそのことを承認しているものの、本事案の解決としては「所論は前提を欠き」という処理で十分だからそう書いたのだ、という読み方も可能であり、ここで俎上に置いている命題の実質ないし中身からして、こちらの方が最高裁の真意に即していると思われる。そして、この「思想、信条を処罰する」場合とは、学説の言う〈内心に基づく不利益処遇〉を行う場合に他ならない。ゆえに最高裁は、〈内心に基づく不利益処遇の禁止〉法理を、本条の規範内容だと捉えていると理解してよいと思われる。

3　外部的行為を理由とした不利益処遇が、本条による〈内心に基づく不利益処遇の禁止〉法理に抵触するとされるのは、どんな場合か。

(ア)　三菱樹脂事件判決――学生運動に従事する諸行為　本論点に対する判断を、三菱樹脂事件に関する最大判昭和四八（一九七三）年一二月一二日民集二七巻一一号一五三六頁（1を参照）は、次のように示した。「①労働者を雇い入れようとする企業者が、労働者に対し、その者の在学中における右のような団体加入〔「東北大学……内の学生自治会としては最も尖鋭な活動を行ない、しかも学校当局の承認を得ていない同大学川内分校学生自治会（全学連所属）に所属」した事実を指す〕や学生運動参加の事実の有無について申告を求めることは、……その者の従業員としての適格性の判断資料となるべき過去の行動に関する事実を知るためのものであつて、直接その思想、信条そのものの開示を求めるものではないが、さればといつて、その事実がその者の思想、信条と全く関係のないものであるとすることは相当でない。②元来、人の思想、信条とその者の外部的行動との間には密接な関係があり、ことに本件において問題とされている学生運動への参加のごとき行動は、必ずしも常に特定の思想、信条に結びつくものとはいえないとしても、多くの場合、なんらかの思想、信条とのつながりをもつていることを否定することができないのである。③企業者が労働者について過去における学生運動参加の有無を調査するのは、その者の過去の行動から推して雇入れ後における行動、態度を予測し、その者を採用することが企業の運営上適当かどうかを判断する資料とするためであるが、このような予測自体が、当該労働者の過去の行動から推測されるその者の気質、性格、道徳観念等のほか、社会的、政治的思想傾向に基づいてされる場合もあるといわざるをえない。④本件においてYがXの団体加入や学生運動参加の事実の有無についてした上記調査も、そのような意味では、必ずしも……Xの政治的思想、信条に全く関係のないものということはできない」（〔　〕内、及び各文頭の①～④の記号は引用者）、と。

以上を要するに、本判決は、まず一般論として、「元来、人の思想、信条とその者の外部的行動との間には密接な関係がある」（②）との認識を正当に示す。次に、本件で特定的に問題となった「右のような団体加入や学生運動参加の事実」（以下「本件事実」という）については、それが「その思想、信条そのもの」ではないという当然の事理を述べた上で、「さればといつて、その事実がその者の思想、信条と全く関係のないものであるとすることは相当でない」、と正当に述べた（①）。すなわち、本件事実のような学生運動に関わる事実は、「特定の思想、信条」と常に結びつくのでないにしても、「多くの場合、なんらかの思想、信条とのつながりをもつ」（②）。ここで「なんらかの思想、信条」とは、「特定の思想、信条」ほど特定的ではない「その者の……政治的思想傾向」（③）、というほどの意味合いだと解される。結論的に、本件事実は、Xの内心（「政治的思想、信条」、④）がどのようなものであるかを「推測」（③）させうる事実だと判断した。

なお本判決は、以上の判断の上、企業者が労働者を雇入れる場面では、「企業者が特定の思想、信条を有する者をそのゆえをもつて雇い入れることを拒んでも、それを当然に違法とすることはできない」、そうである以上、「企業者が、労働者の採否決定にあたり、労働者の思想、信条を調査し、そのためその者からこれに関連する事項についての申告を求めることも、これを法律上禁止された違法行為とすべき理由はない」、と議論を進めている。

以下では、本判決に照らしてその後の二つの判例を検討する。

(イ)　**麹町中学内申書事件判決——学生運動に従事する諸行為**　同じく本論点に対する判断を行ったのが、麹町中学内申書事件に関する最二小判昭和六三（一九八八）年七月一五日判時一二八七号六五頁である。Xは東京都千代田区立麹町中学校の卒業にあたり都立及び私立の高等学校計五校を受験し、全て不合格となった。高校入学者の選抜は学力検査といわゆる内申書（学校教育法施行規則五四条の三〔当時。現行七八条〕に基づき中学校長がその生徒の進学希望先の高等学校長宛てに送付する調査書）を資料として行う（同規則五九条一項〔当時。現行九〇条一項〕）のだが、Xは、高校不合格の原因が、後日判明した内申書の記載内容にあるとして、国家賠償法に基づき千代田区と東京都を相手に損害賠償請求を行った。最高裁は五名全員一致でXの上告を棄却し、Xの請求を棄却した原判決（東京高判昭和五七（一九八二）年五月一九日判時一〇四一号二五頁）を支持した。

Xは上告理由として、こう主張した。「原判決が……本件調査書には、上告人の思想、信条にわたる事項又はそれと密接な関連を有する上告人の外部的行動を記載し、思想、信条を高等学校の入学者選抜の資料に供したことを違法でないとしたのは、教育基本法三条一項〔当時。現行四条一項〕、憲法一九条に違反する」（〔　〕内は引用者）、と。

これに対して本判決は、まず事実関係をこう整理する。「原審の適法に認定したところによると、⑴本件調査書の備考欄及び特記事項欄にはおおむね『校内において麹町中全共闘を名乗り、機関紙『砦』を発行した。学校文化祭の際、文化祭粉砕を叫んで他校生徒と共に校内に乱入し、ビラまきを行つた。大学生ML派の集会に参加している。学校側の指導説得をきかないで、ビラを配つたり、落書をした。』との記載が、⑵欠席の主な理由欄には『風邪、発熱、集会又はデモに参加して疲労のため』という趣旨の記載がされていたというのである」（⑴⑵の記号は引用者）、と。

その上で本判決は次のように判断した。「(a)右のいずれの記載もXの思想、信条そのものを記載したものでないことは明らかであり、(b)右の記載に係る外部的行為によってはXの思想、信条を了知し得るものではないし、(c)また、Xの思想、信条自体を高等学校の入学者選抜の資料に供したものとは到底解することができないから、所論違憲の主張は、その前提を欠き、採用できない」（(a)(b)(c)の記号は引用者）、と。この短い説示の後、新たに段落を起こして、本判決は次のように述べる。「なお、調査書は、学校教育法施行規則五九条一項の規定により学力検査の成績等と共に入学者の選抜の資料とされ、その選抜に基づいて高等学校の入学が許可されるものであることにかんがみれば、その選抜の資料の一とされる目的に適合するよう生徒の学力はもちろんその性格、行動に関しても、それを把握し得る客観的事実を公正に調査書に記載すべきであって、本件調査書の備考欄等の記載も右の客観的事実を記載したものであることは、原判決の適法に確定したところであるから、所論の理由のないことは明らかである」、と。これは主に(c)に関わる補足説明であると解される。

以上の説示の読解を試みるに、まず(a)については、確かに(1)の「備考欄及び特記事項欄」の記載も、(2)の「欠席の主な理由欄」の記載も、全て基本的にはXの「外部的行為」に関する記述であり、Xの「思想、信条そのもの」の記載ではない。本判決のこの判断は、前記した三菱樹脂事件判決の①における判断と同趣旨のものである。だが三菱樹脂事件判決はそれにすぐ続けて、「さればといつて、その事実がその者の思想、信条と全く関係のないものであるとすることは相当でない」、「元来、人の思想、信条とその者の外部的行動との間には密接な関係があ〔る〕」、と述べた上で、特に「学生運動への参加のごとき行動」に関する事実は、その者の「政治的思想、信条」を「推測」させうる事実である、という正当な判断を行っていた。本判決の(b)の判断は、この先例に反している。「右の記載に係る外部的行為」はほぼ全て、「学生運動への参加のごとき行動」に関する事実だから、そこからは「Xの思想、信条を了知し得る」、というのが先例の判断であった。

その点は脇に置いて、(c)に進もう。ここで最高裁は、(1)(2)の記載を調査書に行うことが「Xの思想、信条自体を高等学校の入学者選抜の資料に供したものと……解することができ」るかどうかを問題とし、そうは「到底」解せない、と答えている。何故か。最高裁によればこうである。すなわち、調査書は高校入学者の「選抜の資料」とされる。その「目的に適合するよう」、調査書には生徒の学力のみならず「生徒……の性格、行動」に関しても「それを把握し得る客観的事実を公正に……記載すべき」である。そして(1)(2)の記載は、「右の客観的事実を記載したもの」だからだ、と。つまり、(1)(2)の記載は、Xの「性格、行動……を把握し得る客観的事実」であり、中学校長はそれを――「Xの思想、信条自体」ではなく――「高等学校の入学者選抜の資料に供した」のであり、しかも高校入学者選抜という目的からしてそうした事実はもともと調査書に「記載すべき」事項だ、というのである。

以上の(c)の推論も、先例との整合性が問題となる。すなわち、前記した三菱樹脂事件判決の③の文（(ア)を参照）を、企業者と労働者の関係から高校と入学志願者との関係に置き換えて書き直すと、次のようになる。「高等学校が入学志願者について過去における学生運動参加の有無を調査するのは、その者の過去の行動から推して入学後における行動、態度を予測し、その者を入学させることが高等学校の運営上適当かどうかを判断する資料とするためであるが、このような予測自体が、当該入学志願者の過去の行動から推測されるその者の気質、性格、道徳観念等のほか、社会的、政治的思想傾向に基づいてされる場合もあるといわざるをえない」、と。つまり、学生運動に関する事実は、入学志願者の「社会的、政治的思想傾向」を「把握し得る客観的事実」であることを免れないから、〈同事実を、ただ「その者の気質、性格」を「把握し得る客観的事実」としてのみ入学者選抜の判断資料としたのだ〉という主張は通らない、と先例は述べていたのである。これに対して本判決は、(b)で、学生運動に関する事実から「Xの思想、信条を了知し得……ない」としているのだが、これ自体が先例及び良識に反することは既に述べた。

(ウ)　渋谷暴動事件判決――政治目的による重大犯罪のせん動行為

渋谷暴動事件に関する最二小判平成二（一九九〇）年九月二八日刑集四四巻六号四六三頁（2(イ)を参照）も、本論点に関する判断を含んでいる。

上告趣意は次のように主張した（刑集四四巻六号四七四―四七五頁）。「破防法三九・四〇条『せん動』罪は、『政治目的』を構成要件の一つとしており、『政治目的』がある場合にはじめて可罰的とされている。……したがって破防法三九・四〇条『せん動』罪は、その文理上からも政治思想を侵害するものである」、と。

本判決はこの主張を斥けたが、煩を厭わずその説示部分の全文を再び引くとこうである。「しかしながら、破壊活動防止法三九条及び四〇条のせん動罪は、政治上の主義若しくは施策を推進し、支持し、又はこれに反対する目的（以下「政治目的」という。）をもって、各条所定の犯罪のせん動をすることを処罰するものであるが、せん動として外形に現れた客観的な行為を処罰の対象とするものであって、行為の基礎となった思想、信条を処罰するものでないことは、各条の規定自体から明らかであるから、所論は前提を欠き、適法な上告理由に当たらない」、と（なお本判決は、破壊活動防止法三九条・四〇条のせん動罪規定が憲法二一条一項にも違反しないと判示した。本判決は上告を棄却し、被告人を有罪としている）。

これは、内心の「思想、信条」を「基礎」として「客観的な行為」（＝「せん動」行為）がなされるという連関があることを前提としながら、その「客観的な行為」（＝「せん動」行為）を処罰することは、「思想、信条」を処罰することにならない、と述べるものである。

だが、「客観的な行為」（＝「せん動」行為）を処罰するからといって、「思想、信条」を処罰することにならない、とは必ずしも言えない。例えば、三菱樹脂事件判決の趣旨を踏まえると、「客観的な行為」（＝「せん動」行為）を処罰すること（同行為を理由に行為者を不利益に処遇すること）が、その行為から推測される「思想、信条」を理由とするのであれば、それは「思想、信条」を処罰することになる。そこで、破壊活動防止法三九条・四〇条による「客観的な行為」（＝「せん動」行為）の処罰が、その行為のどんな側面に着目してなされるのかが問題となる。

その点に関する手がかりとなる説示を、本判決が二一条論を論じる部分に見出すことができる。こうである。「右のようなせん動〔「破壊活動防止法三九条及び四〇条のせん動」を指す〕は、公共の安全を脅かす現住建造物等放火罪、騒擾罪等の重大犯罪をひき起こす可能性のある社会的に危険な行為であるから、公共の福祉に反し、表現の自由の保護を受けるに値しない」（〔　〕内は引用者）、と。これによると、破壊活動防止法三九条・四〇条による「客観的な行為」（＝「せん動」行為）の処罰は、同行為が「社会的に危険な行為」であることを理由とする。それだから、その処罰は、その行為から推測される「思想、信条」を理由とするものでない、と理解される。

だが同行為は一体どのように「社会的に危険な行為」なのか。本判決によると、同行為は「公共の安全を脅かす現住建造物等放火罪、騒擾罪等の重大犯罪をひき起こす可能性のある」という意味で「社会的に危険な行為」である。ここでもし、「現住建造物等放火罪、騒擾罪等の重大犯罪」一般を「ひき起こす可能性」が問題とされているのであれば、確かにそれは外部的な「客観的な行為」（＝「せん動」行為）の害悪性を理由とする処罰であり、同行為の「基礎」となる内心の「思想、信条」（の害悪性）を理由とする処罰ではない。だがここで問題とされているのは、前記「重大犯罪」一般ではなく、その内の「公共の安全を脅かす」ものに限られている。この「公共の安全」は、破壊活動防止法一条が掲げる同法の保護法益であり、それは「重大犯罪」一般により脅かされるものではなく、「政治上の主義若しくは施策を推進し、支持し、又はこれに反対する目的をもって」なされる「重大犯罪」（同法四条二号の「暴力主義的破壊活動」の定義を参照）により脅かされるものと観念されている。そして正にこの点に対応して、上告趣意が指摘するように、本判決が判断対象とする同法三九条・四〇条の「せん動」罪規定も「政治目的」を構成要件とするのである。

そうだとすると、本件は、三菱樹脂事件的な、〈「客観的な行為」（＝「せん動」行為）を処罰することが、その行為から推測される「思想、信条」を理由とするかどうか〉、というのとはまた異なる次元の、正に破壊活動防止法の仕組みに特有の問題を提起する。すなわち、確かに本判決の言うように、同法三九条・四〇条の「せん動」罪規定は、「せん動として外形に現れた客観的な行為を処罰の対象とする」。だが同規定は、あらゆる〈「重大犯罪」の「せん動」行為〉ではなく、「政治目的」をもってなされる〈「重大犯罪」の「せん動」行為〉のみを、処罰の対象とする。内心の自由論的に問題提起をすれば、これは一体、〈「重大犯罪」の「せん動」行為〉という外部的な「客観的な行為」のみならず、同行為の「基礎」となった内心の「思想、信条」（＝「政治目的」）をも、処罰するものとなっていないのか（同規定は、そうなっていないから合憲なのか、そうなっているにもかかわらず合憲なのか）。あるいは平等論的に問題提起をすれば、〈「重大犯罪」の「せん動」行為〉の内、ある種の「思想、信条」（＝「政治目的」）に基づくものだけを処罰の対象とする同規定は、信条に基づく差別に当たらないのか。本件は、本論点について、以上のような問題を提起するのだが、残念ながら本判決はこの問題に対して何ら答えていない。

四　内心の自由のいかなる法理によるのかが不分明な先例

1　最高裁判所裁判官の国民審査の制度は、本条違反か。

国民審査の制度は、本条との関係で、はたして、またどんな、問題を提起するのか。

これが論点とされるのは、昭和二四（一九四九）年一月の衆議院議員選挙と同時に行われた初の最高裁判所裁判官国民審査（以下「国民審査」という）について提起された、最高裁判所裁判官国民審査法（以下「法」という）三六条の審査無効の訴訟を契機とする。最大判昭和二七（一九五二）年二月二〇日民集六巻二号一二二頁は一一名の裁判官全員一致で上告棄却の判決を行い、原審の東京高判昭和二四（一九四九）年一二月五日高等裁判所民事判例集二巻三号三二五頁による請求棄却の判決を維持した。

この昭和二七年大法廷判決は上告理由に答える形で議論を展開しており、その説示を理解するには上告理由の理解が不可欠である。そこで上告理由をやや立入って見ておく。上告理由は、その「第二点」目として、法とその下での運用について、以下に「第一」から「第四」として示すような四点にわたる、本条及び二一条一項を根拠とした違憲主張を行っていた（民集六巻二号一五五―一七二頁。なお、以下の本章の叙述では、そのままでは率直に言ってやや冗長でわかりにくいこの上告理由の趣旨を汲み取って、筆者なりにできるだけそれをわかりやすく整理して紹介することを目指す）。

さて、法一五条一項は「審査人は、投票所において、罷免を可とする裁判官については、投票用紙の当該裁判官に対する記載欄に自ら×の記号を記載し、罷免を可としない裁判官については、投票用紙の当該裁判官に対する記載欄に何等の記載をしないで、これを投票箱に入れなければならない」と規定し、法三二条は「罷免を可とする投票の数が罷免を可としない投票の数より多い裁判官は、罷免を可とされたものとする」と規定する。ここで法の用意する選択肢は「×」か「無記載」の二つのみであり、「無記載」の場合には「罷免を可としない投票」として数えられてしまう。しかし上告理由によれば、国民の大多数は、最高裁裁判官についてよく知らず罷免の可否が判らない人々である。ところが本件衆議院議員選挙投票所では、国民審査の投票用紙を交付され、かつ持ち帰りを禁止された。そのため前記の国民大多数は、事実上国民審査の投票を強制され（棄権の自由を行使できず）、やむなく「無記載」の投票を行った。

そこで第一に、（特に、最高裁裁判官についてよく知らず罷免の可否が判らない大多数の人々に対して）棄権の自由を認めない運用は違憲である。第二に、法が、罷免の可否が判らないという意見を示す選択肢――別言すれば、「×」でも「〇」でもない「白票」という選択肢――を用意していないのは違憲である。第三に、法が、罷免の可否が判らないため「無記載」の投票を行った者に対して、「罷免を可としない投票」という法的効果を持たせたのは、違憲である。さらに第四に、投票用紙には裁判官の全員が連記されているため（法一四条一項）、一人または数人の裁判官についてのみ投票を行いたい審査人は、その他の裁判官についての投票に関して、前記第一・第二・第三と同じ問題点に遭遇する（但しこの場合、第一の点については運用でなく法〔＝法一四条の法規定〕の違憲の問題となると解される）[13]。

上告理由は、本条の保障内容には「思想及び良心が曲げて取り上げられることがない。……即ち本人の意思に添わないような法律上の取扱いを受けないということ」が含まれるという憲法解釈論を提示している（民集六巻二号一五七頁）。この解釈論は、それが提示されたテクストの位置からすると、前記第一から第四の全部に通底するものと解されるが、おそらく実質的には前記第三の点にもっとも関連すると思われる。ただ、前記第一から第四の全部を列挙してその「四点からいって、憲法第十九条、第二十一条一項の規定に反する」（民集六巻二号一五五頁）という形で違憲主張が行われており、本条固有の問題領域が不明確であることを否定できない（例えば前記第二の点は、特定内容の見解に制度上の表示機会を与えないという問題であり、どちらかと問われれば本条よりは二一条の問題ではないか、また前記第一の点は、棄権の自由の問題であり、本条よりは一五条一項の問題ではないか、等の疑問が生じる）。そしてそのような上告理由の特徴は、それに回答するところの最高裁判決に引き継がれている。

以上の上告理由に対して最高裁は、「国民審査の制度はその実質において所謂解職の制度」であるという点から、その論理的帰結として、以上四点の違憲主張を全て斥ける。まず第二・第三の点についてこう説く。「かくの如く解職の制度であるから、積極的に罷免を可とするものと、そうでないものとの二つに分かれるのであって、前者が後者より多数であるか否かを知らんとするものである。論旨にいう様な罷免する方がいいか悪いかわからない者は、積極的に『罷免を可とするもの』に属しないこと勿論だから、そういう者の投票は前記後者の方に入るのが当然である。……罷免する方がいいか悪いかわからない者は、積極的に『罷免を可とする』という意思を持たないこと勿論だから、かかる者の投票に対し『罷免を可とするものではない』との効果を発生せしめることは、何等意思に反する効果を発生せしめるものではない。解職制度の精神からいえば寧ろ意思に合する効果を生ぜしめるものといって差支えないのである。それ故論旨のいう様に思想の自由や良心の自由を制限するものでないこと勿論である」（傍点引用者、以下同じ）、と。次に第一の点についてこう説く。「裁判官は内閣が全責任を以て適当の人物を選任して、指名又は任命すべきものであるが、若し内閣が不適当な人物を選任した場合には、国民がその審査権によって罷免をするのである。……それ故何等かの理由で罷免をしようと思う者が罷免の投票をするので、特に右の様な理由を持たない者は総て（罷免した方がいいか悪いかわからない者でも）内閣が全責任を以てする選定に信頼して前記白票を投ずればいいのであり、又そうすべきものなのである。……普通の選挙制度においては、投票者が何人を選出すべきかを決するのであるから、誰を選んでいいかわからない者は良心的に棄権せざるを得なくなるということも考えられるのであるが、裁判官国民審査の場合は、投票者が直接裁判官を選ぶのではなく、内閣がこれを選定するのであり、国民は只或る裁判官が罷免されなければならないと思う場合にその裁判官の罷免の投票をするだけで、その他については内閣の選定に任かす建前であるから、通常の選挙の場合における所謂良心的棄権という様なことも考慮しないでいい」、と。

以上の昭和二七年大法廷判決は、本条の保障内容について殆ど論じることなく（人権論）、専ら、国民審査に関する法とその下での運用が解職（リコール）制度として首尾一貫していると論じることで（制度論）、上告理由による本条（及び二一条一項）に関する違憲論を斥けたと理解される。まず、上告理由の第二・第三の点（特に後者）について、国民審査の制度は解職制度であり、「積極的に罷免を可とするものと、そうでないもの」との二者択一で審査人の意思を訊いているのだから、仮に本条の保障内容に上告理由の主張するものが含まれるとしても、それに違反しない、と説く。また、上告理由の第一の点について、棄権の自由が本条の問題となるかどうかに立入ることなく、選挙制度はともかく解職制度については棄権の自由を認めなくても違憲とならない、と説く。

なお、第一回（昭和二四〔一九四九〕年）と第二回（昭和二七〔一九五二〕年）の国民審査においては、事実上、棄権の自由を行使しにくい運用であったのが、第三回（昭和三〇〔一九五五〕年）以降は中央選挙管理委員会から各都道府県選挙管理委員会宛ての通達により、総選挙の投票所において国民は国民審査の投票用紙を受け取らなくてよいことを明確にする運用になっている(14)。

また、最大判平成一六（二〇〇四）年一月一四日民集五八巻一号一頁にもごく簡単に触れておこう。この判決は、平成一二（二〇〇〇）年の公職選挙法改正（平成一二年法律一一八号）が、参議院の比例代表選出議員の選挙制度を、従来の拘束名簿式比例代表制から非拘束名簿式比例代表制に改めた後に、初めて実施された平成一三（二〇〇一）年七月二九日の通常選挙について提起された、選挙無効訴訟の一つである。この訴訟では、本条ではなく一五条を根拠にしてのことであったが、その非拘束名簿式比例代表制が違憲であると主張された。そしてその違憲主張の論理は、昭和二七年大法廷判決における上告理由第三の点と類似した、次のようなものであった。「改正公選法が採用した非拘束名簿式比例代表制の制度……は、参議院名簿登載者個人には投票したいが、その者の所属する参議院名簿届出政党等には投票したくないという投票意思を認めず、選挙人の真意にかかわらず参議院名簿登載者個人に対する投票をその者の所属する参議院名簿届出政党等に対する投票と評価し、比例代表選出議員が辞職した場合等には、当該議員の所属する参議院名簿届出政党等に対する投票意思のみが残る結果となる点において、国民の選挙権を侵害し、憲法一五条に違反する」、と。これに対して平成一六年大法廷判決は、やはり（選挙）制度論により斥けて合憲判断を示している。

2　強制加入団体が政治資金規正法上の政治団体に対する金員の寄付を行うためにその構成員から会費を強制的に徴収することは、本条違反か。

(ア)　南九州税理士会事件判決――「目的の範囲外」　本論点に対する判断を行ったのが、南九州税理士会事件に関する最三小判平成八（一九九六）年三月一九日民集五〇巻三号六一五頁である。南九州税理士会（Y）は、税理士法

（昭和五五年法律二六号による改正前。以下「法」という）四九条に基づき、熊本国税局の管轄する熊本県、大分県、宮崎県及び鹿児島県の税理士を構成員として設立された法人である。一方、南九州税理士政治連盟（以下「南九税政」という）は、税理士の社会的、経済的地位の向上を図り、納税者のための民主的税理士制度及び租税制度を確立するため必要な政治活動を行うことを目的として設立された、Yに対応する政治資金規正法（以下「規正法」という。）上の政治団体であり、そして熊本県税理士政治連盟、大分県税理士政治連盟、宮崎県税理士政治連盟及び鹿児島県税理士政治連盟（以下、一括して「南九各県税政」という）は、南九税政の傘下の、各県別の独立した税理士政治連盟として設立された、規正法上の政治団体である。さて、Yは定期総会において、税理士法改正運動に要する特別資金とするため、各会員から本件特別会費五〇〇〇円を徴収し、その全額を南九各県税政へ会員数を考慮して寄付する、という趣旨の本件決議を行った。Yの会員である税理士Xは、本件特別会費を納入しなかったため、Yの役員選任規則に従って、その滞納を理由に、その後二年ごとの役員選挙七回において、選挙人名簿に登載されなかった。そこでXはYに対して、Xが本件特別会費の納入義務を負わないことの確認を求めると共に、各役員選挙においてXの選挙権・被選挙権を停止された不法行為による損害賠償を求める訴えを提起した。最高裁は五名全員一致で原判決（福岡高判平成四（一九九二）年四月二四日判時一四二一号三頁）を破棄し自判。Xの確認請求を認容し、Xの損害賠償請求については原審に差し戻す内容の判決を行った。

本判決は、まずその基本的論理を提示した上で――「税理士会が政党など規正法上の政治団体に金員の寄付をすることは、たとい税理士に係る法令の制定改廃に関する政治的要求を実現するためのものであっても、法四九条二項で定められた税理士会の目的の範囲外の行為であり、右寄付をするために会員から特別会費を徴収する旨の決議は無効であると解すべきである」――、それを敷衍するという構成をとる。

本判決はまず、ここで「目的の範囲外」というのが、「民法上の法人は、法令の規定に従い定款又は寄付行為で定められた目的の範囲内において権利を有し、義務を負う〔民法四三条〔当時。現行三四条〕〕」（〔　〕内は引用者、以下同じ）、との法規範に即した判断であることに注意を促す。それに続けて、会社に関する判例法理を次のようにまとめる。「この理は、会社についても基本的に妥当するが、会社における目的の範囲内の行為とは、定款に明示された目的自体に限局されるものではなく、その目的を遂行する上に直接又は間接に必要な行為であればすべてこれに包含され……、さらには、会社が政党に政治資金を寄付することも、客観的、抽象的に観察して、会社の社会的役割を果たすためにされたものと認められる限りにおいては、会社の定款所定の目的の範囲内の行為とするに妨げないとされる」。その上で、「しかしながら、税理士会は、会社とはその法的性格を異にする法人であって、その目的の範囲については会社と同一に論ずることはできない」、と述べて、税理士法の諸規定を概観し、税理士会について次のようにまとめる。「以上のとおり、(x)税理士会は、税理士の使命及び職責にかんがみ、税理士の義務の遵守及び税理士業務の改善進歩に資するため、会員の指導、連絡及び監督に関する事務を行うことを目的として〔法四九条二項〕、法が、あらかじめ、税理士にその設立を義務付け、その結果設立されたもので〔法四九条一項〕、その決議や役員の行為が法令や会則に反したりすることがないように、大蔵大臣の前記のような監督に服する〔法四九条の一一、四九条の一八、四九条の一九第一項〕法人である〔法四九条三項〕。また、(y)税理士会は、強制加入団体であって、その会員には、実質的には脱退の自由が保障されていない〔法五二条〕」（(x)(y)の記号は引用者）、と（なお、「強制加入団体」という点については、先立つ叙述部分でこう説明している。「さらに、税理士会は、税理士の入会が間接的に強制されるいわゆる強制加入団体であり、法に別段の定めがある場合を除く外、税理士であって、かつ、税理士会に入会している者でなければ税理士業務を行ってはならないとされている〔法五二条〕」、と）。結論的にこう述べる。「税理士会は、以上のように、会社とはその法的性格を異にする法人であり、その目的の範囲についても、これを会社のように広範なものと解するならば、法の要請する公的な目的の達成を阻害して法の趣旨を没却する結果となることが明らかである」、と。こうして、先例上「目的の範囲」を広く承認されてきた会社との違いを、(x)の公的な性格と、(y)の強制加入性との二点において強調することで、税理士会の「目的の範囲」を限定する方向性が示された。

では、税理士会の「目的の範囲」はどのように限定されるべきか。本判決はこう述べる。「そして、税理士会が前記のとおり(y)強制加入の団体であり、その会員である税理士に実質的には脱退の自由が保障されていないことからすると、その目的の範囲を判断するに当たっては、会員の思想・信条の自由との関係で、次のような考慮が必要である」(y)の記号及び傍点は引用者)。ここで「思想・信条の自由」に言及があるので、本稿の問題関心からはその後の行論でこれがどんな役割を果たすのかに注意が向く。「次のような考慮」は、以下に全文を引く二つの段落で説かれている(以下、段落ごとにまとめて引用する。傍点、各文冒頭の①〜⑤の記号、(a)(b)の記号、及び(y)の記号は引用者)。

「①(a)税理士会は、法人として、法及び会則所定の方式による多数決原理により決定された団体の意思に基づいて活動し、(b)その構成員である会員は、これに従い協力する義務を負い、その一つとして会則に従って税理士会の経済的基礎を成す会費を納入する義務を負う。②しかし、法が税理士会を(y)強制加入の法人としている以上、その構成員である会員には、様々の思想・信条及び主義・主張を有する者が存在することが当然に予定されている。③したがって、(a)税理士会が右の方式により決定した意思に基づいてする活動にも、(b)そのために会員に要請される協力義務にも、おのずから限界がある」。「④特に、政党など規正法上の政治団体に対して金員の寄付をするかどうかは、選挙における投票の自由と表裏を成すものとして、会員各人が市民としての個人的な政治的思想、見解、判断等に基づいて自主的に決定すべき事柄であるというべきである。⑤なぜなら、政党など規正法上の政治団体は、政治上の主義若しくは施策の推進、特定の公職の候補者の推薦等のため、金員の寄付を含む広範囲な政治活動をすることが当然に予定された政治団体であり(規正法三条等)、これらの団体に金員の寄付をすることは、選挙においてどの政党又はどの候補者を支持するかに密接につながる問題だからである」。

以上の「考慮」を踏まえ、本判決は次のように結論する。「(1)そうすると、前記のような(x)公的な性格を有する税理士会が、(b)このような事柄を多数決原理によって団体の意思として決定し、構成員にその協力を義務付けることはできないというべきであり（最三小判昭和五〇（一九七五）年一一月二八日民集二九巻一〇号一六九八頁〔国労広島地本事件〕参照）、(a)税理士会がそのような活動をすることは、法の全く予定していないところである。(2)税理士会が政党など規正法上の政治団体に対して金員の寄付をすることは、たとい税理士に係る法令の制定改廃に関する要求を実現するためであっても、(a)法四九条二項所定の税理士会の目的の範囲外の行為といわざるを得ない」（傍点、各文冒頭の(1)(2)の記号、(x)の記号、(a)(b)の記号、及び〔　〕内は引用者）、と。

(イ)　南九州税理士会事件判決――「思想・信条の自由」論の読解　本判決は、前示引用の判決理由中に引用者が(a)(b)の記号を付した箇所からも明らかなように、(a)法人のある活動が当該法人の「目的の範囲内」（現行民法三四条）のものとして当該法人の権利義務の範囲内のものかどうかと、仮にある活動が当該法人の権利義務の範囲内のものだとしても、(b)当該法人は、その活動への協力義務を、その構成員に課すことができるか、という二つの問題があることを意識している。憲法的思考にとって不可欠の〈団体・対・個人〉という二項対立軸に従って言うと、(a)は、団体そのものについて、それがどんな活動を行うことができるかを問題とするのに対して、(b)は、団体とその構成員たる諸個人との関係において、団体がどこまでの義務を個人に課しうるか、逆に個人は団体からの自由をどこまで主張できるか、を問題とする。この点、本判決も先例として引く国労広島地本事件判決が既に、「労働組合がその目的の範囲内においてするすべての活動につき当然かつ一様に組合員に対して統制力を及ぼし、組合員の協力を強制することができるものと速断することはできない」、と述べて、この区別を説いていた。

本判決の基本的論理は(a)に関するものであり、「規正法上の政治団体に金員の寄付をすること」は税理士会の目的の範囲外の行為だとする。本判決は、税理士会の「目的の範囲」の画定に当たって、会員の「思想・信条の自由」に関する考慮を要する、としている。その考慮はどのようになされているか。一方で、②③において、税理士会の加入「強制」性（y）が、諸会員の有する様々な「思想・信条及び主義・主張」への配慮を促している（ここに、〈法による強制・対・「憲法上の権利」〉の対抗[15]を読み取りうる）。他方で、⑤において、金員を寄付する対象である「規正法上の政治団体」が、「政治上の主義若しくは施策の推進、特定の公職の候補者の推薦等のため、金員の寄付を含む広範囲な政治活動をすることが当然に予定された政治団体」（傍点は引用者）であることに、規正法三条の参照を求めながら、注意を促している。⑤は、それゆえ「これらの団体に金員の寄付をすること」は、「選挙においてどの政党又はどの候補者を支持するか」――④のいう「選挙における投票の自由」の行使の際に人が判断する事項――に、「密接につながる問題」だ、とする。以上の、一方の論理と他方の論理が合流して、本判決のいう「思想・信条の自由」の保障内容が、④において示される。すなわち、「規正法上の政治団体に対して金員の寄付をする」ことは、「会員各人が……自主的に決定すべき事柄である」、というのがそれである。

本判決の「思想・信条の自由」論について、二点を指摘する。

第一に、本判決の言う「思想・信条の自由」の中味は、結局のところ、「規正法上の政治団体に対して金員の寄付をする」ことの自由（寄付しない自由を含む）、である。どの政治団体に対してどの額の寄付をいつ行うか（そもそも行わないか）を決めて実行する自由が、ここで説かれている。これは、お金によって政治的な影響力を及ぼす自由であり、政治目的でお金を出すという外部的行為の自由である。そういうものとして、本来は二一条や一五条一項などに基礎づけられて然るべき自由が、「思想・信条の自由」の名の下に語られている（国労広島地本事件判決は、そういう自由を表現するのに「政治的自由」（民集二九巻一〇号一七〇七頁）の語を用いていた）。確かにこの自由は、会員の「市民としての個人的な政治的思想、見解、判断等に基づいて」行使されるが、政治に関するあらゆる外面的な精神活動の自由もまたそうなのである。

第二に、本判決における「思想・信条の自由」の働き方だが、(1)の前段において、(b)に関する会員の協力義務を否定する働きを演じた後、(1)の後段と(2)において、(a)に関する法人の「目的の範囲」外だとの判断を導く働きをしている。つまり、個人の団体からの自由に関する(b)を論じてから、団体そのものに関する(a)を論じる、という順番になっている。この順番は示唆的である。仮に税理士会に、「規正法上の政治団体に対して金員の寄付をする」権限があるとしても、税理士会の加入「強制」性（y）ゆえに、会員個々人の「思想・信条の自由」が力を発揮し、その力に阻まれて、「公的な性格」（x）を有する税理士会は、前記権限行使に対する協力を会員個々人に義務づけることができない、との判断が先行した後、税理士会にはそもそも前記権限そのものがない、との判断が示されるのである。確かに本判決の基本的論理は(a)に関するものである。だが、税理士会の「目的の範囲外」だとの判断は、税理士会の目的規定を睨んで、この目的がどこまでしか拡張しえないかを検討する作業（団体の権限が立脚する論理に内在的にその権限の外延を画する作業）から導かれたのではない。そうではなく、本件決議が会員個人の「思想・信条の自由」を侵すことになる、との洞察（人権論）から導かれた（三1(ウ)で見た富士重工原水禁事情聴取事件判決の論理と比較せよ。その基本的論理は(b)に関するもの（＝労働者の調査協力義務の不在論）だが、そこで人権論は働いていなかった）。このように本判決の推論上、「思想・信条の自由」は目に見える働きを演じている。

(ウ)　群馬司法書士会事件判決——「目的の範囲内」＋協力義務あり　南九州税理士会事件判決の射程を理解するため、群馬司法書士会事件に関する最一小判平成一四（二〇〇二）年四月二五日判時一七八五号三一頁を見る。群馬司法書士会（Y）は、阪神・淡路大震災により被災した兵庫県司法書士会に三〇〇〇万円の復興支援拠出金（以下「本件拠出金」という）を寄付することとし、その資金に、役員手当の減額等による一般会計からの繰入金と、Yの会員から登記申請事件一件当たり五〇円の復興支援特別負担金（以下「本件負担金」という）の徴収による収入をもって充てる旨の総会決議（以下「本件決議」という）を行った。これに対してYの会員であるXらが、本件決議は無効であり会員には本件負担金の支払義務がないと主張して、債務不存在確認を求めて提訴した。最高裁は三対二で上告を棄却し、Xの請求を棄却した原判決（東京高判平成一一（一九九九）年三月一〇日判時一六七七号二二頁）を支持した。ここでも先の、(a)法人のある活動が当該法人の「目的の範囲内」（現行民法三四条）のものかどうかと、(b)当該法人はその活動への協力義務をその構成員に課すことができるか、という二つの問題の区別を念頭に置いて、判旨を辿る。

まず(a)につき、本判決はこう論じた。「司法書士会は、司法書士の品位を保持し、その業務の改善進歩を図るため、会員の指導及び連絡に関する事務を行うことを目的とするものであるが（司法書士法一四条二項〔当時〕）、その目的を遂行する上で直接又は間接に必要な範囲で、他の司法書士会との間で業務その他について提携、協力、援助等をすることもその活動範囲に含まれるというべきである」。「本件拠出金は、被災した兵庫県司法書士会及び同会所属の司法書士の個人的ないし物理的被害に対する直接的な金銭補てん又は見舞金という趣旨のものではなく、被災者の相談活動等を行う同司法書士会ないしこれに従事する司法書士への経済的支援を通じて司法書士の業務の円滑な遂行による公的機能の回復に資することを目的とする趣旨のものであった」。「したがって、兵庫県司法書士会に本件拠出金を寄付することは、Yの権利能力の範囲内にある」（〔　〕内は引用者）。

続いて(b)につき、本判決はまず判断枠組みをこう示す。「そうすると、Yは、本件拠出金の調達方法についても、それが公序良俗に反するなど会員の協力義務を否定すべき特段の事情がある場合を除き、多数決原理に基づき自ら決定することができるものというべきである」。これは、典型例として公序良俗違反という民法九〇条の規範を引き合いに出しつつ、「特段の事情」があるかどうかを問うという判断枠組みである。続いて本判決はその当てはめ判断を行う。「これを本件についてみると、Yがいわゆる強制加入団体であること（同法〔司法書士法〕一九条〔当時〕）を考慮しても、本件負担金の徴収は、会員の政治的又は宗教的立場や思想信条の自由を害するものではなく〔い〕……から、本件負担金の徴収について、公序良俗に反するなど会員の協力義務を否定すべき特段の事情があるとは認められない。したがって、本件決議の効力はYの会員であるXらに対して及ぶ」（〔　〕内及び傍線は引用者）。

以上のように、本判決は、まず(a)の、団体そのものの活動範囲の問題を論ずるに当たり、司法書士会の目的規定を睨んで、この目的がどこまで及ぶかを検討し、「兵庫県司法書士会に本件拠出金を寄付すること」はその範囲内にあると結論する。次に(b)の、個人の団体からの自由の問題を論ずるに当たり、「思想信条の自由」に言及を行うが、それはただ、同自由を「害するものでな〔い〕」という消極的文脈においてのことであり、結論的には「本件負担金の徴収」に対する会員の協力義務が肯定されている。このように、司法書士会が税理士会と同じく強制加入団体であるにもかかわらず、本判決の推論過程では、「思想信条の自由」はただ消極的文脈において言及されることと以上の働きを何ら演じていない。先例の南九州税理士会事件判決の言う「思想・信条の自由」の内実は、政治的自由であった。本判決もまた、「思想信条の自由」に対する言及を、「政治的又は宗教的立場」と並べて行っている。最高裁流の「思想信条の自由」がそういう内実のものなのであれば、「兵庫県司法書士会に本件拠出金を寄付すること」に関する本件負担金の徴収を、その「思想信条の自由」が阻みえないのは、まことに無理もない。

（1）　引用は全て、本稿のもととなった初出の拙稿が掲載された書物のはしがきである戸松=今井［2013］から。学説が判例をどのように分析・考察すべきかに関して、戸松［2017］、戸松［2009］、を参照。以下に本文で述べる本章の執筆方針は、戸松学説を踏まえたものであるが、それと同一ではない。

（2）　さしあたり参照、拙稿［2020］五八―六〇頁。

（3）　判例の補足意見が示した見解を法廷意見の読解にどのように生かすべきかについては、それが法廷意見になれなかったからこその補足意見であることを十分に考慮しなければならない。また調査官解説については、「この解説が担当調査官個人の考えによるものであり、調査官室はもちろん、判決を下した裁判官の関与も全くないものであるにもかかわらず、その全てがその裁判体の判断内容であり、それを正しく解説したものであると受け取られる」傾向の「行きすぎ」に、滝井［2009］三四―三六頁が――正当にも――懸念を示している。

（4）本条に関する判例法秩序の全体的見取り図を示すものとして参照、小島［2022］八九頁、御幸［2018］一一一頁。いずれも本章のものとは別様の観点からの整理となっている。一方、戸松［2015］一九一―一九二頁は、「一九条の保障にかかる思想・良心の自由の意義については、……最高裁判例ではその問題の解明が放置されたままであるため、思想良心の自由は、不確実な憲法秩序となっている」、と指摘する。同趣旨、青井［2024］七八頁。

（5）「起立斉唱行為」の定義として、本文では②判決のものを示した。①判決のものと③判決のものはそれぞれ微妙に異なるが同趣旨である。今、本文で示した定義に即して述べると、句読点なしに一息で書いているという定義文の書きぶりからして、「卒業式等の式典における国歌斉唱の際に」という限定句を入れた上での定義であるとまずは解される。ただ①～③の各判決の判決理由におけるその先の記述において、厳密にこの語義を守って記述がされているわけではない。この点、後に言及する。

（6）③判決は「起立斉唱行為」の定義を、「卒業式又は入学式において国旗掲揚の下で国歌斉唱の際に起立して斉唱すること」、としているから、これを〈 〉内の「起立斉唱行為」の用語にそのまま代入すると、形式的に考えれば、〈 〉内の「学校の儀式的行事である卒業式等の式典における国歌斉唱の際の」という部分と、定義中の「卒業式又は入学式において国旗掲揚の下で国歌斉唱の際に」という部分とは、意味が重複してしまいリダンダントな表現になる。だが、①～③判決において「起立斉唱行為」というときには、学校儀式におけるものを念頭に置いているのであり、そのことに読者の注意を促すのがこうした記述における書き手の意図だと理解される。

（7）森［2010調解］一五四―一五五頁、一六五―一六六頁。

（8）①判決の判決理由は、②③判決とは違って、国家が強制する対象行為を「外部的行動」ではなく「外部的行為」と表現しており、個人の側が行おうとする「行動」と、国家が個人に強制する「行為」、というふうに言葉を使い分けている。参照、岩井＝菊池［2014調解］四八二頁注5。

（9）もう一つ、いわゆる「日の丸・君が代」予防訴訟に関する最一小判平成二四（二〇一二）年二月九日民集六六巻二号一八三頁にも、ここで簡単に触れておく。

この裁判では、第一章の注72でこの判決からの引用によって紹介したような、当時の東京都の都立学校における状況を背景に、(この判決の用語を用いて述べれば)「本件通達を踏まえて発せられる本件職務命令に従わないことによる懲戒処分等の不利益の予防」という「目的に沿った争訟方法としてどのような訴訟類型が適切か」が論点となっていた。第一小法廷は同判決を、本文ですぐ後に検討する不起立等懲戒処分事件に関する二つの判決を下した数週間後に下した。同判決は、平成一六(二〇〇四)年改正後の行政事件訴訟法の下で、前記懲戒処分の差止めを求める訴えに対して、免職処分以外の戒告、減給又は停職の各処分の差止めを求める訴えについては適法であると判断した(免職処分については、従来の処分例に照らして当該処分がされる蓋然性を欠き、その差止めを求める訴えは不適法だと判断した)。また、本件職務命令に基づく公的義務(=起立斉唱義務及びピアノ伴奏義務)の不存在の確認を求める訴えに対して、行政処分以外の処遇上の不利益の予防を目的とする公法上の法律関係に関する確認の訴えとしては確認の利益を肯定でき、そのような趣旨における公法上の当事者訴訟として適法であると判断した。

しかし最高裁は、本案の判断としては――本件職務命令について起立斉唱命令事件に関する諸判決及び「君が代」ピアノ伴奏命令事件判決を先例に引いて簡単に行った合憲判断を前提にして――、いずれの請求についても理由なしと判断した。その意味でこの判決の法廷意見には見るべき憲法論がないため、本文では扱わない(なお、補足意見が三つ、反対意見が一つ付いており、前者のなかには不起立等懲戒処分事件判決では個別意見を書かなかった横田尤孝裁判官のものがある)。

(10)「本件通達」とは、平成一五(二〇〇三)年一〇月二三日付けで都教委の教育長が東京都立高等学校及び東京都立養護学校等の各校長宛てに発した、「入学式、卒業式等における国旗掲揚及び国歌斉唱の実施について(通達)」を指している。両判決によれば、「その内容は、上記各校長に対し、①学習指導要領に基づき、入学式、卒業式等を適正に実施すること、②入学式、卒業式等の実施に当たっては、式典会場の舞台壇上正面に国旗を掲揚し、教職員は式典会場の指定された席で国旗に向かって起立して国歌を斉唱し、その斉唱はピアノ伴奏等により行うなど、所定の実施指針のとおり行うものとすること、③教職員がこれらの内容に沿った校長の職務命令に従わない場合は服務上の責任を問われることを教職員に周知すること等を通達するものであった」。なお、②事件判決では「本件各通達」という用語も用いている。これは、「本件立川市通達」と本件通達の両方を指している。そして「本件立川市通達」とは、平成一七(二〇〇五)年一月七日付けで立川市教育委員会の教育長が同市立小中学校の各校長宛てに発した、「入学式、卒業式等における国旗掲揚及び国歌斉唱の実施について(通達)」を指し、「その内容は、上記各校長に対し……

本件通達と同内容の事項を通達するものであった」（②判決より引用）。

（11）この点、地方公務員については、平成二五（二〇一三）年三月二六日の閣議決定を踏まえた同月二九日の総務副大臣通知に沿って、「定年退職する職員が年金支給開始年齢に達するまでの間、再任用を希望する職員については再任用するものとする」運用が、平成二五年度から実施されるようになり（匿名コメント［2019調解］五六—五七頁）、都教委も、「君が代のときに起立斉唱せず処分された人も採用している」（朝日新聞二〇一八年七月二〇日付社説「君が代判決　強制の追認でいいのか」）。

（12）川岸［2024］一八七頁。

（13）上告理由は、本条と二一条一項を根拠とした四点の違憲主張を、原審における四点の違憲主張（民集六巻二号一五五頁に「㈠」〜「㈣」として示されている）と同じものを敷衍する、という体裁で論じている（「㈠」〜「㈣」にそれぞれ対応する形で、民集六巻二号一六〇—一六四頁の「一」、同一六四—一六八頁の「二」、同一六八頁の「三」、同一六九—一七二頁の「四」の順に論じている）。それに対して本文の「第一」〜「第四」は、読者の理解の便宜のため、「㈡」「㈠」「㈣」「㈢」の順にその要点を記述した。

（14）高見［2004］二九二—二九八頁。

（15）参照、高橋［2024］一九六頁。

第Ⅲ部　人権論全体の中での一九条論

第三章　「内心の自発性」論と「自己決定権」論

一　はじめに

憲法一九条は、内心の自由（内面的な精神活動の自由）を保障している。筆者は、同条の解釈論を行うに当たり、その保障内容の一つに「内心の自発性」をも据える解釈論の体系を提示している。(1) もっとも筆者は、人の「内心の自発性」を尊重すべしという憲法的要請は、憲法の基盤的原理である「個人の尊厳」原理（一三条）に由来するのであって、ひとり一九条のみに関わるものではないと考えている。何故ならば、人を「個人として尊重」（一三条）すべしという憲法的要請は、人をたんなる客体的存在としてではなく主体的存在として扱うべしという要請を内在させており、そして人の「内心の自発性」の尊重は、人を主体的存在として尊重することの不可欠の中味だと考えられるからである。そもそも、あらゆる自由権の保障は、「内心の自発性」の尊重を内在させていると考えられる。また、現実生活において、「内心の自発性」の尊重が際立って要請されるような場面では、多くの場合、一九条を根拠にその保護を与えるのが適切だが、別の憲法条文を根拠にそうするのが適切である場合もあると考えられる。(2)

本章では、一般に憲法一三条の(3)「幸福追求権」規定を根拠として憲法上の保障に与るとされている「自己決定権」に関する従来の憲法論を、「内心の自発性」論の観点から批判的に検討する。本章の主たる目的は、「内心の自発性」という精神作用と、内心における「自己決定」という精神作用とが、重なる面を持つという認識から出発して、「内心の自発性」の憲法論と「自己決定権」の憲法論とを比較検討し、以て、前者の特質を明らかにする点にある。だがその作業は同時に、後者の特質――及びその課題――をも、明らかにせずにはいないだろう。

「自己決定権」の憲法論について、本来であればそれを論じる諸学説の全体を見渡した上で検討を行うべきなのであるが[4]、残念ながら依然として現在の筆者にはその準備がない。本稿では、「自己決定権」の憲法論として、その代表的論者の一人である佐藤幸治氏の所説を取り上げ、比較検討の俎上に乗せることができるに止まる。同氏の所説を取り上げるのは、佐藤幸治憲法学という個性的な学説[5]を取り上げるという趣旨ではなく、この所説を「自己決定権」論の一範型――通説とは言えないとしても、議論の一つの模範的な型を提供する学説――とみなして検討対象とするという趣旨である。このように本稿では、「自己決定権」論を本格的には行えていないことを、予めお断りしておく。

二　「○○の自由」と「○○する・しないの自由」

「自己決定権」論の検討に入る前に、憲法一九条に関する「自発的行為の強制」型の解釈論が保護する「内心の自発性」について、次の点を考えておこう。

すなわち、そもそもあらゆる「○○の自由」は、「○○をする・しないの自由」をその基盤として含む。つまりあらゆる自由の保障はそれに関わる内心の自発性の保障を伴う。

この点をまず、「外部的行為の自由」について敷衍しよう。あらゆる「外部的行為の自由」の保障は、「当該外部的行為をする・しないの自由」を伴う。例えば、憲法二一条による「表現の自由」の保障が、「表現する・しないの自由」の保障を含むことは、広く承認されている。この「表現する・しないの自由」とは、人が特定のある時・ある場所・ある態様で、正に特定の表現行為（＝外部的行為）を選択して行うときの、自主性・自発性という精神作用である。次にまた、「外部的行為の自由」だけでなく、「実体的な内心の自由」の保障にも、それに関わる内心の自発性の保障が伴っている。例えば、憲法二〇条による「信仰の自由」の保障が、「信仰する・しないの自由」の保障を含むことに、異論はない。この「信仰する・しないの自由」とは、人が特定内容の内心A――実体的な内心――を選択して抱くときの、自主性・自発性という精神作用――過程的な内心――である。

このように、あらゆる自由の保障はそれに関わる内心の自発性の保障を伴う。ということは、あらゆる自由の制約が認められる限度で、内心の自発性もまた制約されうることを意味する。すなわち、第一に、外部的行為の自由一般は、憲法上、合理的な理由があれば、制約が認められる。だが、第二に、憲法上の保障を受ける外部的行為の自由――例えば「職業行為」や「移動行為」の自由（二二条）、「表現行為」の自由（二一条）――は、強い理由がない限り、その制約が認められない。また、第三に、実体的内心の自由も、「不利益取扱い」型の解釈論により絶対に、あるいは「外面的行為の規制」型の解釈論によりよほど強い理由がない限り、その制約が認められない。以上の第一から第三のような、憲法上の自由の保障体系に従って、内心の自発性は、外部的行為の自由や実体的内心の自由が現に保障されている限度で、あるいは弱く、あるいは強く、既に保障されている。

そこで、次のことが問題となる。すなわち、人の「内心の自発性」を尊重すべしという憲法的要請は、以上のような保障のありようでもって、完全に満たされたことになるのかどうかである。答は否である。以上のような保障のありようは、殊更に「内心の自発性」を尊重するつもりがなくても、達成される。そこでは、「内心の自発性」という過程的内心の保障は、外部的行為の自由や実体的内心の自由が保障されるのに付随して、実現されているにすぎないのである。一体、人の「内心の自発性」に照準してこれを保障する必要のある場面は存在しないのだろうか。この問いは、憲法が人の「内心の自発性」の尊重を標榜するのであれば、必ず問われねばならない問いである。

そういう場面は、希少ではあるが、確かに存在する。正にその希少な場面が、自発的行為の強制の場面である。自発的行為は、強制されると、当人が「内心の自発性」に基づいて行うときにはじめて当該行為が持つその本質的意味を破壊されてしまう。強制から自発的行為を保護することは、当該行為の本質的意味を守るという点ではその行為を保護するが、そこで守られるのが正に人の「内心の自発性」だという点では、「内心の自発性」という内面的な精神作用を保護するのである。つまりここでは、行為を保護することが即ち内心を保護することである[6]。外部的行為一般の中から自発的行為を選り分けて、自発的行為の強制を絶対的に禁止する憲法解釈論を実践することは、その憲法が、確かに人の「内心の自発性」の尊重に意を用いていることの証だてとなる。逆に言えば、自発的行為の保障が問題となる希少な場面で、自発的行為の強制を認めることは、他の多くの場面で人の「内心の自発性」が尊重されるのは全くの付随的事象であり、本当にはこの日本社会が、人の「内心の自発性」という精神作用を尊重していないことの告白となる。強制された自発的行為が、強制により肝心要の「内心の自発性」を押し潰されているにもかかわらず、だらしなく曖昧に、依然として公権力により自発的行為であるかのような名辞で社会的に通用せしめられる状態を、人の「内心の自発性」の尊重を標榜する憲法であれば、けっして許さないであろう。

三　範型としての「自己決定権」論

佐藤幸治氏による「自己決定権」論を、氏の執筆した教科書の最新版[7]に主に拠りながら、辿ることにしたい（引用は本文中に括弧書きでその頁数を記す）。

佐藤氏は、憲法一三条後段の「幸福追求権」規定によって、一四条以下の個別人権諸規定ではカバーされないものとして補充的に保障対象となる権利・自由の一つに、自己決定権を挙げる（一九九頁）。氏は自己決定権を、「一定の個人的事柄について、公権力から干渉されることなく、自ら決定することができる権利」と定義する（二一二頁）。

佐藤氏によれば、同様に一三条後段の補充的保障に与る権利・自由の一つに、プライバシーの権利がある。この権利は、「個人が道徳的自律の存在として、自ら善であると判断する目的を追求して、他者とコミュニケートし、自己の存在にかかわる情報を『どの範囲で開示し利用させるか』を決める権利」（傍点著者）と定義される（二〇三頁）。この権利は「情報プライバシー権ないし自己情報コントロール権」と呼ばれる（同頁）。アメリカにおける「プライバシー権」観念には、この「情報プライバシー権」のみならず、前記の自己決定権に相当する「自己決定のプライバシー権」、さらに「静穏のプライバシー権」をも含めるものがある（同頁）。だが佐藤氏は、「プライバシーの権利は『情報プライバシー権』の意味に限定するのが妥当」であるとし（二〇三―二〇四頁）、自己決定権を「プライバシーの権利と解（する）」ことは「日本国憲法の解釈論として妥当でない」とする（二一二頁）。

自己決定権の定義中の「一定の個人的事柄」(8)を敷衍して、佐藤氏はそれを、「抽象的にいえば、個人が自己の人生を築いていくうえで基本的重要性をもつと考える事柄（個別的人権保障規定の対象となるものを除いて）」であると述べる（二一二頁）。さらに、「より具体的にいえば、①自己の生命・身体の処分にかかわる事柄、②家族の形成・維持にかかわる事柄、③リプロダクションにかかわる事柄（将来にわたってこれに限定する趣旨ではないという意味で、④その他の事柄）」、の三つの「事柄」ないし主題を挙げる（同頁）。

教科書ではその後、①②③の順にその解説を行うが、①の叙述が二頁強、②の叙述が一頁強、そして③の叙述は半頁弱、となっている。

まず、①の事柄として、「尊厳死・安楽死・脳死などの問題」、「インフォームド・コンセント」の問題を挙げる（二一二頁）。そして後者については、「患者が医師による十分な説明を受けたうえで治療に同意すること」という定義的説明を施すに留めて、主に前者について論じる。その議論は、「『基本的人権』ないし『人格的自律権』の大前提には、〝生きることは尊いことである〟という考え方がある」ことの確認から始まる。ゆえに、尊厳死・安楽死については、「一定の厳しい要件の下に」自己決定権の行使として「容認できる余地もないではない」が、「それに関連して（あるいはその延長線上において）『死ぬ権利』とか『自殺する権利』とかを安易に語るべきでない」とする。その理由として、自己決定権の行使には、（x）「その時その時の自律権の行使」と、（y）「人の人生設計全般にわたる包括的ないし設計的な自律権の行使」とが大別されるが、「後者の観点から前者が抑止されることがありうる」、と述べる。その上で、尊厳死・安楽死を容認しうるとしたことの理由として、「基本的な考え方として、回復が不可能で苦痛をともなうような場合、本人の明確な意思をもとに、『延命治療拒否』……を認めうるのは、人の人生設計全般にわたる自律を問題とすべき余地がもはや存在しないから」だと述べる（二二二-二二三頁）。その後、関係する判例としてエホバの証人輸血拒否事件に関する最三小判平成一二（二〇〇〇）年二月二九日民集五四巻二号五八二頁のやや立ち入った紹介を行う。最後に「脳死の問題」については、臓器移植法が一九九七年に制定されてその後二〇〇九年に改正された経緯を簡潔に述べている。

続いて、②の事柄については、「二四条の解釈が未だ必ずしも定まっていない中で、家族の形成・維持にかかわる事柄の根本は人格的自律権（自己決定権）にある」と述べ、脚注の中で、二四条の保護する「家族」を「一組の男女とその間に生まれる子どもからなる法律上の家族」と狭く解する場合には、「それ以外の結合形態」、例えば「同性ペアが同居する家族」や「未婚の母と子どもからなる家族」が、一三条の自己決定権の対象となるとする（二一五頁）。その後、夫婦同氏制違憲訴訟に関する最大判平成二七（二〇一五）年一二月一六日民集六九巻八号二五八六頁を紹介し、その判旨に「強い疑問」を表明する。

最後に、③の事柄としては、「避妊」、「堕胎」、「代理母問題のように、生殖補助医療を利用する『子をもつ権利』」などが問題となるとする。そして、旧優性保護法下で実施された強制不妊手術に関する、本書公刊時点で現在進行形だった訴訟に言及して、「これらの訴訟の帰趨が注目される」、と述べている[9]（二一六頁）。

四　「○○を自己決定する自由」か「○○を行う自由」か

自己決定権は、「一定の個人的事柄について、公権力から干渉されることなく、自ら決定することができる権利」と定義された。だが結論から先に述べると、この権利は、その権利の内実に照らせば、その定義から「自ら決定する」の一節を外して、「一定の個人的事柄を、公権力から干渉されることなく、行う自由」と定義し直して、一向に支障がない性格の権利であると思われる。(10)この点、「自己決定権」という名称や、その定義に典型的に登場する「自ら決定する」という趣旨の一節からは、通俗的にはこの権利が、内心において「自ら決定する」ことの自由として、内心の自由の系譜に属するかのような印象を与えたり、あるいはそもそも外部的行為の自由（「行う自由」）とは別のカテゴリーに属する権利であるかのような印象を与えたりするだけに、注意が必要である。

そのことを、まず、①の「自己の生命・身体の処分にかかわる事柄」の一例として挙がる、「尊厳死」に関する自己決定権に即して確認しよう。この権利は、尊厳死を迎えるのだと「自ら決定」し、その決定の実行として、現実に尊厳死を迎えることの権利を、言うものである。現実に尊厳死を迎えることと切り離された、尊厳死を迎えるのだと「自ら決定」することそれ自体の権利を言うのではない。次に、③の「リプロダクションにかかわる事柄」の一例として挙がる、「堕胎」の自己決定権に即して、同じことを確認しよう。この権利の眼目も、自己決定に従って堕胎を行うことにあるのであって、堕胎を行うことと切断された自己決定そのことにあるのではない。

五　「○○する自由」と「○○する・しないの自由」――内心の「自発性」と「自己決定」

以上に、一般に「○○を自己決定する自由」と定義される自己決定権は、実は「○○を行う自由」と定義し直すことが可能であり、むしろそのほうがその権利の内実に即している、と述べた。ここで「○○を行う自由」とは、二で問題とした「○○の自由」に、ほぼ相当する。二では、あらゆる「○○の自由」の内実として、「外部的行為の自由」と「実体的な内心の自由」の二つがあることを前提とした。ゆえに、より正確には、ここでの「○○を行う自由」とは、二の「○○の自由」の内から「実体的な内心の自由」を除いた、「外部的行為の自由」に他ならない。そこで以下ではこれを「○○する自由」と呼ぶ。

さて、二では、あらゆる「○○する自由」が、その基盤に「○○する・しないの自由」を含むと述べた。そこでは、この「○○する・しないの自由」の意味内容を、専ら、○○を行うことに向けた、人の内心の自主性・自発性であると捉えた。これを、「○○する・しないの自由」の第一の意味内容と呼ぶならば、「○○する・しないの自由」には、第二の意味内容がある。それは、「○○する自由」と反対に、「○○しない自由」ないし「反○○をする自由」という、いわば消極的な外部的行為の自由である。例えば「表現の自由」（＝「表現する自由」）がその基盤に含む「表現する・しないの自由」は、一つには、特定の表現行為を行うことに向けた内心の自主性・自発性であり、二つには、表現しない自由という消極的「表現の自由」である。(11)

ところで、「○○する自由」に他ならない自己決定権を行使する場面で、人が「○○する」のは、その人の内心の、「○○する」という「自己決定」に基づいてのことである。この内心の「自己決定」は、〈「○○する」という外部的行為〉に向けた内心の精神作用であり、その点で、〈「○○する」という外部的行為〉に向けた内心の「自発性」――「○○する・しないの自由」の第一の意味内容――と、共通している。では、〈「○○する」という外部的行為〉に向けた内心の「自発性（voluntariness）」と「自己決定（self-determination）」とは、いったいどんな関係にあるのだろうか。以下ではそれを、「内心の自発性」論から出発しながら、三つの段階を踏んで、考えていくことにしたい。

第一に、国歌斉唱行為を思考素材として、これに即して考えよう。まず、この行為が内心の「自発性」に基づいて（＝自発的行為として）行われる状況では、同行為はその人の内心の「自己決定」に基づいて行われていると考えられる。同行為が、「自己決定」的ではないが「自発」的に行われる状況を、仮定的に想定することは可能だが（例、酩酊状態にあって自己の理性的判断に基づかずに、だが自発的に、同行為を行うケース）、そういう行為は、言葉の真の意味で「自発」的であるとは言えまい。以上を要するに、外部的行為に向けた内心の「自発性」の存在は常に、内心の「自己決定」の存在を前提としている。

次に、懲戒処分の裏付けを持つ職務命令によって国歌斉唱行為が命じられた状況においては、同行為は、人の内心の「自発性」に基づいて行われた（＝自発的行為である）とは言えない。しかし、懲戒処分を避けるのが賢明だという理性的判断に基づく「自己決定」に従って、同行為を行うことがありうる。この場合、同行為は「自発」的ではないが「自己決定」的である。このように、内心の「自発性」と「自己決定」は、異なっている。

それでは第二に、内心の「自己決定」という精神作用は、内心の構造——実体的内心（A～C）と過程的内心（＝内心の自発性）とから構成される——のどこに、位置づくものと考えられるだろうか。

一言で内心の自己「決定」と言っても、そこには、内心において一定内容の決定に辿り着くまでの過程と、その結果として辿り着いた、内心における一定内容の決定との、両方の意味が含まれている。前者を「動詞としての決定」（determine）、後者を「名詞としての決定」（determination）、と呼ぶことにしよう。すると、内心における、後者の「名詞としての決定」は、その決定内容の重大性に応じて、実体的内心のA～Cのいずれかに当たることになる。そして、その実体的内心に基づいて行われる外部的行為が、「自己決定」的行為であると考えられる。

それに対して、実体的内心とカテゴリカルに区別された過程的内心である「内心の自発性」は、実体的内心というワン・クッションを介在させずに直接に、「〇〇を行う」外部的行為に、つながっている。その点、同じく過程的内心であると捉えられた「動詞としての決定」が、常に一旦、「名詞としての決定」という実体的内心へと定着してから外部的行為とつながるのと、異なっている。

第三に、内心の「自己決定」という精神作用は、どんな憲法的保障に与るか。内心における「名詞としての決定」は、実体的内心に与えられる二つの型――「不利益取扱い」型と「外面的行為の規制」型――の憲法的保障に与ることになる。一方、内心における「動詞としての決定」は、外部的行為と直接につながることがないため、「自発的行為の強制」型に相当する憲法的保障には、与らない。内心における「動詞としての決定」は、それ自体が憲法的保障に与ることはなく（少なくとも憲法一九条解釈論の現状では）、ただ、内心における「名詞としての決定」に付随してのみ、憲法的保障に与る。(12)

六　「○○する自由」と「○○しない自由」――「過程的内心の自由」の保障構造

繰り返しになるが、いわゆる自己決定権は、内心における「自己決定」に対してではなく、「自己決定」に基づく一定の外部的行為の自由（＝「○○する自由」）に対して、憲法的保障を与えようとする議論である。外部的行為の自由一般は、憲法上、合理的な理由があれば、制約が認められるが、憲法上の保障を受ける外部的行為の自由は、強い理由がない限り、その制約が認められない。いわゆる自己決定権論は、憲法明文では保障対象となっていない、一定内容の（「基本的重要性をもつ」事柄に関する）外部的行為の自由を、憲法一三条を根拠に、それを憲法上の「自己決定権」の保障対象として、憲法上の強い保障に与らせようとする議論である。

そこで、**六**と**七**では、「自発的行為の強制」型の解釈論による「内心の自由」の保障構造と、「自己決定権」を含む「外部的行為の自由」一般の保障構造とを比較する作業に入りたい。その比較を行うに際して、「○○する・しないの自由」の第二の意味内容――「○○しない自由」という消極的な外部的行為の自由――を、補助線として用いる。

さて、「内心の自由」に関する「自発的行為の強制」型の解釈論によれば、自発的行為を強制す﹅る﹅こ﹅とは絶対に許されない。それでは、自発的行為を禁止することは、「内心の自由」を侵害するか。

ここでも国歌斉唱行為を思考素材として、これに即して考えよう。

国歌斉唱行為の強制は、以下のことを、一挙に・同時に、成し遂げる。まず、強制された人の内心に着目すると、同強制は、内心に愛国心を持たない人の「内心の自発性」も、内心に愛国心を持つ人の「内心の自発性」も、ひとしく毀損する。次に、当該行為の有する本質的な社会的意味に着目すると、同強制は、この行為を、行為者の「内心の自発性」に基づく愛国心の表明行為ではなく、行為者の内心のありようがどうであれその人に強制された物理的な発声行為にすぎないものとしてしまう。

では、国歌斉唱行為の禁止はどうか。まず、禁止された人の内心に着目すると、ここでも確かに、この行為を行おうとする人がそれを禁止される限りで――国歌斉唱行為という外部的行為を行う自由が制約される限りで――、その人の、この行為を行うことに向けた「内心の自発性」が制約される。しかし、この行為を行うつもりのない人は、この禁止によってその「内心の自発性」を害されることはない。それゆえ次に、この行為の有する本質的な社会的意味に着目したときにも、同禁止によって、国歌斉唱行為が自発的行為であるという社会的意味づけが損なわれることはない。

以上と同様の考察が、自発的行為一般について、妥当する。したがって、「自発的行為の強制」型の解釈論の定式は、あえて自発的行為の禁止には及ばないものとしている。自発的行為の禁止は、「外部的行為の自由」の問題――「表現の自由」の問題として構成できることが少なくあるまい――として、その合憲性が吟味されることになる（献金行為の禁止はそうでないが、謝罪行為・国歌斉唱行為の禁止などは、そもそも合理的な禁止目的を想定するのが困難である）。

このように、「自発的行為の強制」型の解釈論による「内心の自由」保障は、自発的行為の強制を絶対的に禁止する一方で、自発的行為の禁止はその射程の外に置く。この保障構造は、「外部的行為の自由」の保障構造と、異なるものとなっている。「外部的行為の自由」保障であれば、外部的行為の強制を、「行為をしない自由」の制約として捉えると同時に、外部的行為の禁止を、「行為をする自由」の制約として捉えることになるからである。(13)

七　「○○する自由」と「○○しない自由」——外部的行為の自由の保障構造と、「自己決定権」論の課題

次に、いわゆる自己決定権の保障構造がどうであるかを、ここでも、その典型的内容とされる「尊厳死」に関する自己決定権と「堕胎」に関する自己決定権とに即して、考察しよう。**四**で述べたように、これらの自己決定権はそれぞれ、「尊厳死を迎える自由」（以下では端的に「死ぬ自由」と記すことがある）と「堕胎する自由」と記述し直すことができる。ゆえに、ここでの考察は、「外部的行為の自由」の保障構造がどうであるかの考察ともなる。

「尊厳死を迎える自由」（「死ぬ自由」）にせよ、「堕胎する自由」にせよ、それは、それら自由を（実質的に）禁止・制限する法制に抗して主張される。これら自由が、第一義的には「国家からの自由」である以上、各自由は、扇の要としての「死ぬ・死なないの自由」と「堕胎する・しないの自由」の観念を経由して、それぞれの消極的な「外部的行為の自由」としての、「死なない自由」と「堕胎しない自由」を、その保障内容に含むことになる。

そうだとしても、「死なない自由」や「堕胎しない自由」を（実質的に）禁止・制限する法制に抗しては、「死なない自由」よりは「生きる自由」を、「堕胎しない自由」よりは「産む自由」を、掲げるのが通常であろう。そのように、「外部的行為の自由」は、それぞれの局面で積極的意味を担う「外部的行為」を、正に「する自由」として主張されるのが普通である。このことは、次のことを示唆する。すなわち、理論上は、「○○する自由」はその中に「○○しない自由」を含む、とされるものの、現実には、その理論ゆえに「○○しない自由」に対して「○○する自由」と全く同じだけの積極的価値づけを行う、ということは、往々にしてむつかしい、ということである。(14)「○○しない自由」が「○○する自由」の基盤に含まれると観念されるのは、「○○しない」ことに積極的価値を見

出してのことではなく、むしろ、積極的価値を担う「○○する自由」を、完全な自由として保障するためには、その射程に「○○しない自由」までを入れなければならぬ、と考えられるようになったからだと理解される。それは、別言すれば、「○○する自由」の観念に、「内心の自発性」尊重の要請までを内在させた、ということに他ならない。

そしてまた、「○○しない自由」が積極的な意義づけを得るのに成功したときには、しばしばその自由は、「する自由」として再構成された呼び名――「反○○をする自由」であれ、別の用語を用いた「△△する自由」であれ[15]――を持つのが普通であると思われる。

このことは、なぜ自己決定権が自らを、「○○する自由」としてではなく、正に「自己決定」権として表示するかの、主な（＝第一の）理由を示唆している。そこには、「死ぬ自由」とか「堕胎する自由」とかの言葉――「○○する自由」の定式――が、一般には積極的意義を担うものと受け止められにくい、という事情があると思われる[16]。だが、そういう事情があるにしても、その一定の局面において、「死ぬ」こと・「堕胎する」ことは、当事者にとって、正に「個人が自己の人生を築いていくうえで基本的重要性をもつと考える事柄」である。だからこそ当事者は、その「外部的行為の自由」を、他の諸々の「外部的行為の自由」とは違った、特別の憲法的保護に値する「憲法上の権利」として、主張するのである。

そうだとすると、本稿によってその定義から「自ら決定する」の一節を外された「自己決定権」論にとっての、権利構成上の重要課題は、その定義中に残された「一定の個人的事柄」という一節の解明にこそある。これは、「プライバシーの権利」から独立させられた「自己決定権」を、再び「プライバシーの権利」へと差し戻し、この権利の文脈での「プライバシー」（＝個人的事柄）の意味を解明すべし、という課題に他ならない。前記したことが暗示するように、当事者の行おうとする行為は、「個人が自己の人生を築いていくうえで基本的重要性をもつと考える事柄」でありながら、周囲の人間や一般社会にとって、少なくとも即座には、容認することが困難な行為である[17]。そういう行為の自由を、どう積極的に価値づけて権利構成しうるのかが、問われているのである[18]。

この点と関連して、自己決定権が自らを「自己決定」権と表示する、もう一つの理由と思われるものに触れよう。それは、「死ぬ自由」であれ「堕胎の自由」であれ、この権利が主題とする「個人的事柄」は、数多ある外部的行為類型の中でも一際重い（「基本的重要性をもつ」）ものであって、一般に、人がその行為を「する・しない」の選択に直面する回数は、人生で非常に限られている、ということである。だから勢い――結局は「外部的行為の自由」の主張ではあってもーー、その行為を「する」旨の「自己決定」を行った、という契機を強調することにつながった面があると思われる。このことは、この権利の文脈で問題となる「外部的行為の自由」の行使が、基本的には、（x）「その時その時の自律権の行使」ではなく、（y）「人の人生設計全般にわたる包括的ないし設計的な自律権の行使」に当たることを意味する。だとすると、「後者の観点から前者が抑止されることがありうる」、という説明が、実は当人に対して、正に（y）の場面で、（y）に関して多数派が「賢明」と考える生き方を押し付けることになっていないかには、十分な注意が必要になると思われる。

八　おわりに

本章は、いわゆる自己決定権について、その内実は、「自己の人生を築いていくうえで基本的重要性をもつ」「一定の個人的事柄」に関するがゆえに、特別の憲法的保護に値する、「外部的行為の自由」（＝「〇〇する自由」）であると考えた。そして自己決定権が、端的に「〇〇する自由」だと名乗らずに、「自己決定」の権利であると自らを打ち出す背景として、二点があるのではないかと論じた。

本章は、「自己決定権」の憲法論と比較検討することで、「内心の自発性」論の考察を前進させようと試みた。まず、内心の「自発性」と「自己決定」の関係を考えた。また、外部的行為に関わる（主に[19]「自発的行為の強制」型の解釈論における）内心の自由の保障構造と、外部的行為の自由の保障構造とで、どのような違いがあるかについて考察した。さらに、一般に「〇〇する自由」の基盤に「〇〇する・しない自由」があると理解されているのは、「〇〇しない自由」が「〇〇する自由」と同等の積極的価値を持つからでは必ずしもなくて、むしろ「〇〇する自由」が完全な自由として保障されるためにはその自由の観念に「内心の自発性」尊重の要請を内在させねばならないと考えられるからであると論じた。

（1）本書第Ⅰ部第一章を参照。
（2）本書第Ⅲ部第四章・第五章を参照。
（3）憲法一三条はこう規定する。「すべて国民は、個人として尊重される。生命、自由及び幸福追求に対する国民の権利については、公共の福祉に反しない限り、立法その他の国政の上で、最大の尊重を必要とする。」
（4）非常に多数の先行業績がある。本章の初出時には、「自己決定権」論の現状を概説するものとして中山［2008］、代表的な論文集として岩村＝碓井＝江橋＝落合＝鎌田＝来生＝小早川＝菅野＝高橋＝田中＝中山＝西田＝最上編［1998］、をそれぞれ挙げるに留めた。その後のものとしても、自説を前面に出す形であらためて前記の中山［2008］の趣旨を詳論する中山［2020］と、「自己決定権」を標題とする学会報告一点と論文二点と単著一点（山崎［2019］、玉蟲［2022］・山本［2024］、上田［2018］）、を挙げるに留めておく。
（5）この観点から佐藤氏の「自己決定権」論を検討するのであれば、その検討は、「自己決定権」論を、氏の「人格的自律権」論全体の中に置いた上で、行われなければならない。参照、佐藤幸［2002］。佐藤氏の人格的自律権について参照、土井［2008］。また参照、駒村［2016］、及びそれに対する応答を含む佐藤［2023］第Ⅲ・Ⅳ章。
（6）「外面的行為の規制」型の解釈論が、ある人の行為を規制から免除する場合にも、行為を保護することがすなわち内心を保護することになる（この場合には実体的内心Aが保護される）。だがそれは、あくまでその実体的内心Aを保持するその人限りのことであり、その行為類型一般が保護される（規制から免除される）わけではない。それに対して「自発的行為の強制」型の解釈論では、自発的行為に当たるとされた行為類型一般が、強制から免除される。その行為類型は、人がその行為を自主的・自発的に行性という過程的内心が、内在している。

うということを不可欠の構成要素としている。つまり、自発的行為に当たる行為類型には、行為の性質上、行為者の自主性・自発性という過程的内心が、内在している。

（7）佐藤［2022］。

（8）佐藤［1981］三一八頁においては、この部分の定式が「一定の私的事柄」（傍点引用者）となっていた。佐藤［1990］四一二頁で、この定式の「私的」の語を、「個人的」の語に代えた。但し、佐藤［1994］二九五頁は、一九九四年の時点で依然としてこの部分の定式を、「一定の重要な私的事柄」（傍点引用者）としている。

（9）その後、周知のように最大判令和六（二〇二四）年七月三日裁判所時報一八四三号一頁が、不妊手術を強制する根拠となった旧優性保護法上の本件規定をその立法時点で憲法一三条・一四条に違反していたと判断し、本件規定に係る国会議員の立法行為は国家賠償法一条一項の適用上違法の評価を受けると判断した上で、第一審原告らの国家賠償法一条一項に基づく損害賠償請求権の行使に対して国が除斥期間の主張を行うことは、信義則に反し権利濫用として許されないと判断した。

（10）この点、既に棟居［1996］二八頁が、本文に記した自己決定権の定義の後半部分について、「公権力に干渉されないこと、いいかえると自己決定しうることの保障」（傍点引用者）と適切に読解した上で、定義中のこの部分は「自由権一般がまさに公権力からの自由を保障しようとするものなのであるから、自己決定権を自由権の一角に位置づける以上の意味を有しない」と喝破していた。

蟻川［1999］七四頁は正当にも、「ある事項について『自由である』ことと『自ら決定できる』ことと〔が〕、同じ一つのこと」となる場合には、「『自由』の他に、敢て『自己決定』の概念を立てる意味がない」のではないか、という問題提起を行う。この問題提起に対して、本稿本文は、現に論じられている「自己決定権」論の観察の上に、両者は「同じ一つのこと」である、と論じている。それに対して前記論文は、「敢て『自己決定』の概念を立てる意味」を作り出すべく、独自の解釈論的構成を試みている。

近年、「自己決定権」の問題を、「自己決定の社会的条件」（中山［2008］九五頁）を整備する公権力の義務、という点に重点を置いて考察する傾向が強まっている。この考察を権利論として進めようとする論者にとって重要なのは、今述べた問題の定式を、「自己決定」の、ではなく、自己決定権の、「社会的条件」――より正確には、「『自己決定権』行使の社会的・制度的諸条件」（佐藤［2002］一四一頁、傍点引用者）――、と自覚的に構成し直すことだろう。本稿本文は、その定式中の「自己決定権」が、「行う自由」にほかならぬ、と説く意味を持つ。
(11) 例えば、裁判における証人が証言義務（刑事訴訟法一六〇条一項・一六一条、民事訴訟法二〇〇条）に抗して一定内容の証言を拒みうるかどうかの問題は、消極的な外部的行為としての「表現しない」自由が保障されるべきかどうかの問題として構成されうる。
(12) ちなみに、「内心の自発性」も、それが外部的行為ではなく実体的内心につながるときには、それ固有の憲法的保障は存在せず、ただ実体的内心に付随してのみ、憲法的保障に与る。また、それが外部的行為と直接につながるときにも、それ固有の憲法的保障に与るのは、その行為が「自発的行為」であると評価される場合だけである。
(13) 「内心の自由」保障に関する「外面的行為の規制」型の解釈論において、特定の外部的行為の強制・禁止が、ある人の実体的内心Aを侵害するとしよう。その場合に、それと正反対に、公権力がその人に対して当該外部的行為を、禁止あるいは強制する措置を採った、と仮想したらどうか。その措置は、その人の実体的内心Aと衝突することはないと考えられる（例えば、剣道実技参加拒否事件に関する最二小判平成八（一九九六）年三月八日民集五〇巻三号四六九頁では、市立工業高等専門学校の学生が、体育科目の剣道実技に参加することが自己の信仰に反するとしてその参加からの免除を求めた。この事案に即した仮想措置は、体育科目で剣道実技を行うことの禁止措置である）。ゆえに、「外面的行為の規制」型の解釈論においても、個々の具体的事例に着目すると、その保障構造は、「外部的行為の自由」の保障構造とは異なるものとなっている。
(14) 欧米の憲法史上の事実として、近代における「信教の自由」保障は基本的には「信じる自由」であって、「信じない自由」がそれと同等の保障に与るようになったのは、ずっと後になってからのことである。アメリカについて参照、拙稿［2009］一一〇―一一三頁。
(15) 「表現しない自由」が「沈黙する自由」と呼ばれ、「投票しない自由」が「棄権する自由」と呼ばれる、など。但し、「棄権する自由」については、それが積極的価値を持つことにコンセンサスがあるとは言えない。例えば野中［1994］一四四頁は、棄権の自由について「あまり堂々と胸をはって積極的に位置付けられるべき自由とはいえまい」と述べる。
(16) 例えばアメリカで、「堕胎する自由」に反対する立場が“pro-life”を標榜するのに対して、賛成する立場は、“pro-abortion”ではなく“pro-choice”を標榜する。

(17) これに対して棟居［1996］は、対象行為が、本来は「他人の人権行使や個人の尊厳とかかわるという意味」における「社会性」（二九頁）――別言すれば「他者との係わりという社会性」（三〇頁）――を有しないから「内在的制約〔も〕ありえず、およそ一切の制約が許されない」（三〇頁）はずであるにもかかわらず、「多数派意思の好みや道徳やお節介を少数派に押しつける」（三一頁）形での「多数派意思である法律の干渉を招きやすい行為」（三〇頁）であるところに、自己決定権の主張が打ち出される背景を見て取っている。確かにこの指摘は事柄の本質を突いている。だが「自己決定権」論の対象行為について、〈社会に何の害も及ぼさない私事だから、自由を承認すべきである〉という割り切った憲法論では、現実社会に対する説得力を持ち難いのを否定できないのであり、やはり本文における次の文で述べるような、対象行為の積極的な価値づけを行うことで、〈このように当事者にとって切実な事柄なのだから、社会はその自由を承認するのが適切である〉という筋道での憲法論が求められているのだと思われる。

(18) 例えば、佐藤［2020］一八九頁注49は、「尊厳死や安楽死の問題を、死そのものを選ぶというよりも患者の終局の『生き方』の次元の問題と解する」可能性を示唆する。

(19) 副次的に、注6・13の中で、「外面的行為の規制」型の解釈論における内心の自由の保障構造についても考察した。

第四章　棄権の自由に関する考察——「内心の自発性」論の展開・その一

一　はじめに

一九七〇年代後半から九〇年代前半にかけて憲法学説において展開した、選挙権をめぐる議論において、辻村みよ子氏が一九八七年に公にした論文「選挙権の『権利性』と『公務性』——『選挙権論争』をめぐって——[1]」は、次のような意味で、要の位置を占めている。

この論文は、一九八三年の奥平康弘氏による論文[2]と、そこで批判対象とされた浦田一郎氏及び長谷川正安氏それぞれによる反論の論文[3]、さらにその後一九八五年に奥平氏が公にした選挙権に関する論文[4]を、ひと連なりの論争とみなし、これを「（狭義の）『選挙権論争[5]』」だと把握した。辻村氏がこの論争を「狭義」のものとみなすのは、この論争は「選挙権が『基本的人権』であるか否かを問題とする[6]」にすぎず、それは「選挙権論の真の論点ではありえない[7]」と考えるからである。辻村氏はこの論文において、「（狭義の）『選挙権論争』」の「争点と問題点を整理[8]」してみせた。その上で、「選挙権論の真の論点」は、「選挙権の本質」をめぐる「二元説と権利説の対抗[9]」であることに読者の注意を喚起し、この両説間の「『（広義の）論争[10]』」に資するべく、権利説の立場から、改めて両説の対立点・相違点を整理し、もってそれらの相違点が「具体的な今日の選挙問題の解決にとって異なる解決を導く[11]」ことを示そうとした。

この問題提起を受けて、二元説の立場から、正にこの論文を批判的な検討対象としたのが、一九九〇年の野中俊彦氏の論文である[12]。この野中論文に応答する論稿を[13]、辻村氏は同年に公表している。こうして、本稿冒頭に挙げた辻村氏の論文は、「奥平―浦田・長谷川論争」と、「辻村―野中論争」という二つの論争の、いわば扇の要に位置するのである[14]。

さて、野中氏の前記論稿は、選挙権に関する二元説と権利説の、「両説の相違点とされるものが、憲法解釈の帰結をそれほど左右するものではない[15]」ことの解明に努め、その点を正に辻村論文に対する批判のポイントとしたのだが、ただ「強制投票制の可否」ないし「棄権の自由をめぐる問題」についてだけは、両説のいずれの立場に立つかによって、「ともかく他の点と違って論理的な相違点がかなりはっきり出ている[16]」ことを承認した。

本稿は、この辻村―野中論争を手がかりとしながら、棄権の自由を憲法的にどう理解できるかについて考察することを主題とする。なお、本稿では、棄権の自由として、国政選挙（国会の両議院の議員選挙、憲法四三条一項、四四条）・地方選挙（地方公共団体の長及びその議会の議員の選挙、憲法九三条二項）についてのものを念頭に置くことにする[17]。

二　選挙権論についての辻村説と野中説の対抗

辻村―野中論争において、辻村氏が権利説（ないし権利一元説）の立場に立ち、野中氏が二元説（ないし権利・公務二元説）の立場に立っている。ただ、権利説の中にも様々な立場があり、二元説の中にも色々な考え方が分かれていることから、以下では主として辻村説と野中説について、検討を行うことにする。

大枠を言えば、辻村説も野中説も、選挙権を「憲法上の権利」だとする点では共通するが、まず、その選挙権の内容理解を異にし[18]、次に、「権利性だけを一元的に認めるか、公務性をも併せて認めるか[19]」でも考え方を異にする。辻村説は、「選挙権を個人的権利と解する[20]」立場であり、かつ、「『人民（プープル）主権』原理を基礎として『主権者人民を構成する市民の主権行使に参加する権利』として選挙権を捉える見解[21]」である。辻村説は、「選挙権を、自己の代表（受任者）を選出する主権行使に参加する権利と捉える[22]」。そこでは「自己の代表（受任者）を選出するための選出行為（選挙）自体が権利行使の内容として捉えられる。ここでは、選挙人資格請求権、投票権のほかにも、立候補や選挙活動から当選確定にいたる選挙の全過程について権利侵害の問題が生じる[23]」。

それに対して野中説は、選挙権を「選挙人たる地位ならびに投票行為の両方にわたる権利という意味で、端的に代表を選挙する権利[24]」と捉えつつも、選挙権に「権利としての性格と同時に『公務』としての性格をも承認する[25]」。まず、野中説における選挙権の内容であるが、それは選挙人資格請求権と投票権であり、辻村説において選挙権の内容とされるものと、その限りで重なる。本章の主題である棄権の自由との関係では、両説がともに、投票権を「憲法上の権利」として承認している点が重要である[26]。次に、野中説における〈選挙権の持つ「『公務』としての性格」〉の内容であるが、野中説は「それを個人の法的義務とはとらえず、あくまで選挙権が選挙という公務の執行に同時に携わるという側面をとらえている[27]」。「選挙が公務性をもつ以上、選挙権の行使は必然的に公務性を持たざるをえない……。なぜなら、選挙は選挙権の行使によって行われる……からである。権利の行使が同時に公務の遂行にあたることは、選挙権がまさに必然的に公務の遂行に係わる権利だからであり、むしろそこに他の基本権と異なる選挙権の特別な性格を見出すことができる[28]」。

一般に権利説は「選挙権を権利としてだけとらえ『公務』による制約を承認しない[29]」。権利説は、「選挙権の内容を広くとり、主権者の権利であるから立法による制約は『内在的制約』しか許されないと解する[30]」。だが権利説に立つ辻村説といえども、選挙権に対する制約を一切承認しないわけではなく、「選挙権の本質（主権者を構成する市民の主権行使に参加する権利としての性格）に内在する制約（例えば、国籍・年齢・意思決定能力による制約[31]）」は承認する。一方、野中説を含む「二元説は、選挙権の内容を限定的にとらえ、また立法による制約は『内在的制約』だけには限られないと解する[32]」。但し野中氏においてこの理解は、「安易に公務性を持ち出して権利制約を正当化することはできない、という主張[33]」を伴っている。野中説は、辻村説と異なり、「選挙……はダイナミックな過程であるが、それに関する憲法上の主張内容をすべて選挙権の内容とみなす〔の〕ではなくて……その最も中心的な部分〔だけ〕……を選挙権」（〔　〕内は引用者）と捉えた上で、「残りの部分」については「それぞれの局面ごとに個々的に権利ないし自由として主張できるものは主張する[34]」ものだとされる。

三　辻村氏による棄権の自由論と、野中氏によるその批判

以上の総論的説明を前提として、棄権の自由の憲法論に関する、両説の対抗を概観する。

辻村説は、「選挙権の本質が権利であるならば、その自由処分性が認められるのは理論的にも当然のことであり、強制投票制の禁止が権利説の一つの論理的帰結となる。……日本国憲法の解釈論としても、棄権の自由が保障されるべき〔だ〕[35]」、と述べる。

この点について野中氏は、「権利説では投票の義務付けは論理的に一切認められないのに対して、二元説では論理的に絶対認められないとまではいいにくい」、「公務性を認めれば、公務の遂行にとって必要があれば強制投票制をとることは許されるという論理をたしかに導きやすい」、と述べて、「この点では両説のはっきりした違いを認めてもよい」とする[36]。その上で、相互に関連する以下の二つの角度から、辻村説を批判する。

第一に、「棄権の自由を選挙権の観点から語ること、権利だから不行使は当然許されるということは、かえって選挙権の積極的意義があいまいになる点で、逆に一元説の弱点になっている」、という点である。「選挙権は代表を選出する権利であるはずであるが、これでは代表を選ぶも選ばないも自由というかなり無責任な権利になってしまいはしないだろうか。自然権の場合はそれでもよいけれども、選挙権はやはりそれとは性格が異なるように思われる。けだし選挙権の行使・不行使の結果は、集団的な代表選出の完成にかかわるという点において公的意味をもつ

ものであり、まったく個人的処理になじむ領域とは性格が異なるからである」。そして、同様に例えば「一定の争訟が発生したら裁判を義務づけるという制度」を違憲と構成するときに、「裁判を受ける権利」の侵害だと構成するのは不適切であり、幸福追求権や良心の自由の侵害というべきだと考えられるが、それは「ある権利の行使を強制されないということは、自由権の観点から語られるべき問題であり、自由権以外の場合には、その権利自体の侵害とは少し性質が違う問題」だからだとする。「そこで選挙権にはそのような自由権的側面が認められるかどうかが問題となるが、この点、選挙権の自由権的側面を認めることは、自然権的性格を否定した前提と整合するかどうか疑問である。やはり選挙権そのものとは一応切り離さざるをえない」、とする。[37]

第二に、棄権の自由の憲法的保障を、権利説の論者は、一五条一項（公務員の選定罷免権）から当然に導くが、二元説の論者には、それを、憲法一五条四項（投票の秘密）や一九条（思想及び良心の自由、ないし内心の自由）を根拠にして導き出す者が少なくない。そうすると、「憲法一五条四項や一九条だけから導くのと一五条一項から導くのとどちらが説得的かという問題」、すなわち解釈論としての優劣の問題がある、という点である。[38] 野中氏は、「権利の性質から『論理的』に……強制投票の禁止を語る」のは「あまりにも割り切りすぎた論議」[39]であり、解釈論としてあまり説得的でないと考えていると思われる。

辻村氏は、この二点の批判にどう応えたか。第一の点については、応答しなかった。[40] 第二の点については、「解釈論上も、一五条一項の選挙権の権利性を前提として棄権の自由を論証することは、無益でないばかりか、一九条の一般原則に依拠するよりも有効である」とだけ述べて、[41] 議論は平行線に終わった。

四　野中氏による棄権の自由論

一九九〇年の論文で、辻村氏の棄権の自由論を批判した野中氏は、一九九一年の論文[42]ではもう一歩踏み込んで、自らの棄権の自由論を論じた。それを以下では概観する。

野中氏はまず、棄権の自由を「特定の選挙において投票を強制されない自由」[43]と定義した上で、その内容を突き詰めることから始める。「投票に関して強制がなされるとすれば、それは論理的には、①選挙人に対して、投票所へ赴くことを強制する。②投票を強制する（つまり投票箱に投票用紙を投入することを強制する）。③有効投票になるよう強制する、の三つの段階が考えられる。しかし③は投票内容にかかわることであるから、憲法一五条四項に違反することが明らかである。他方、①は結局は②のための前提的行為であるから、強制投票の本質は要するに②ということになる」。「ここで棄権の自由をそもそも投票しないことの自由ととらえれば、②も違憲ということになるが、白票を投じる自由ととらえれば、それは結局は③の禁止と同じことになり、すでに憲法一五条四項で保障されているところとなる。要するに端的に棄権の自由＝投票しないことの自由ととらえた場合にだけ、それが憲法上認められているかどうかが問題となりうる」[44]。以上を要するに、棄権の自由とは、投票行為（＝投票所に赴き投票箱に投票用紙を投入する行為）を行わない自由である。仮に投票行為を義務づけることが憲法上許されるとしても、白票を投じる自由は、憲法一五条四項による秘密投票の保障により、既に保障されている。投票行為を行わない自由について、野中氏は、「これもやはり憲法一五条四項や憲法一九条さらには憲法一八条の趣旨から導き出せるとは思うが」[45]、と述べつつも、「あまり堂々と胸をはって積極的に位置付けられるべき自由とはいえまい」、と消極的に評価し、「結局は、強制までするのは、良心の自由や人格権の問題としてどうかという問題である」[46]、と述べる。

野中氏は次に、棄権の自由に対する憲法的保障のありようについて、この自由に対する強制のありようを具体的に想定しながら、考察している。その際の前提的思考は、「選挙は公的な行事であり、その円滑な遂行のために選挙人の協力を求めることは国家に許されている事柄だとすれば、その際、最小限の制裁手段を用意することも許されるように思われる」、というものである。さて、「一口に強制といっても、(a)正当な理由のない棄権者に対しては過料を科すという程度のものから、(b)投票所への駆り出し、(c)棄権者の氏名公表などさまざまなものがある」。「たとえば(b)投票所への連行などといった極端な手段は、人身の自由の観点からも到底許されないが、他方(a)過料程度の制裁は許されると考えることもできる。たとえば住民登録を怠った者への過料制度については違憲論にお目にかかったことはないが、それとどう違うと考えたらよいのであろうか[47]」（記号(a)～(c)は引用者）。

また、「選挙制度の組み立て方如何によっては、棄権の自由も一定の譲歩をせざるをえない場合があるように思われる」。例えば、公職選挙法九五条一項一号は、衆議院（小選挙区選出）議員の選挙において当選するための要件として、単に候補者間での最多数の得票だけでなく、「有効投票の総数の六分の一以上の得票」をも、求めている。「これはあまり少ない相対多数の得票では代表としての正当性に欠ける点を配慮したもの」であるが、その趣旨からすると、前記規定は、「有効投票の総数」ではなく「有権者の総数」と規定するほうが、より合理的である。そして仮にそのような規定の下でその選挙が行われる場合には、「棄権のため、選挙の繰り返しを行わざるをえないような事態を防ぐために、少なくとも再選挙の場合には、投票を義務付けるとか、あるいは最初の棄権者には投票権を与えないとすることには、それなりの合理性があるように思われてならない[48]」。

以上の考察の結果、結論的に野中氏は、「棄権の自由が、憲法上絶対的に保障されているとまでいいにくい」、とする。但し、第一に、「いままで実際上棄権の自由が認められてき、それで格別に深刻な問題が生じたことはなかったのであるから、新たになんらかの強制や制裁を課す場合には、それを必要とするよほどの事由が立法事実として示されなければならない。そのような立法事実は、しかし容易に想定しにくい」。第二に、「選挙人の投票の自由の確保は、そのことによって同時に選挙の公正を確保することのために意義がある」ことと、「多少とも選挙人本人の意思に反する強制を加えることのもたらすマイナス面」とを考えると、「仮に一応正当な目的があるとしても……少々の棄権の予防効果と引き替えにはできない」。以上二点の考慮を踏まえ、「私はそのような意味で、任意投票制が憲法の要請であると解したい。要するに、棄権の自由を独立の自由としては考えないが、しかしその制限にはよほどの理由があり、目的と手段の均衡がとれている場合にのみ認められると解する。そしていまはまだ、そのような場合を想定することができない[49]」、と述べる。

五　棄権の自由の保障は絶対的か？——辻村説に対する疑問

ここまで、棄権の自由の憲法論に関する、辻村説と野中説の対抗を概観した。以下では、これを手がかりにしながら、筆者なりの考察を行う。

まず辻村説は、「権利……の自由処分性」——権利を行使する・しないは、権利者の自由であるという性質——から、棄権の自由が、選挙権（憲法一五条一項）の一内容である投票権を行使しない自由[50]として、憲法上の保障に与る、と論じている。だがこの議論は、ドイツ流の三段階審査の用語を使って言うと、棄権の自由が選挙権の「保護範囲」に入ることを述べたに止まるのであり、それに対する「制約」が憲法上「正当化」されれば、当該制約は合憲だと評価されることになる。そして辻村説は、選挙権の絶対的保障を説いておらず、それに対する内在的制約は承認している。そうだとすると辻村説は、棄権の自由の憲法論の入り口まで論じたに止まるのであり、その出口に辿り着くにはさらに、棄権の自由が制約される個別の場面——野中氏が例示してみせたような——に即した憲法論を必要とする、と言わねばならない[51]。

もっとも、野中氏は辻村説を、「権利説では投票の義務付けは論理的に一切認められない」（傍点引用者）、とそれが棄権の自由の絶対的保障を説くものだと理解するようであり、辻村氏自身の記述にもその趣旨に読めるものがある[52]。もし辻村説の趣旨がそういうものだとすると、なぜ選挙権一般についてはは内在的制約を承認しつつも、選挙権の一内容である棄権の自由についてだけは絶対的保障が認められるのかの説明が必要になろう。

六　棄権の自由は選挙権の保護範囲に入らないか？――野中説に対する疑問

一方、野中説は、棄権の自由を選挙権（憲法一五条一項）の保護範囲に入れない。この理論構成が説得的であるかどうかが問題となる。

野中説は、選挙権を「選挙人たる地位ならびに投票行為の両方にわたる権利」と定義している。つまり、選挙権の主要な内容として、投票行為を行う権利を挙げている。普通に考えると、辻村氏が言うように、権利があるということは、その権利を行使する・しないの自由があるということであり、ゆえに、投票行為が義務化されれば、それによって投票行為を行う権利は侵害された（少なくとも制約を受けた）、と把握されると思われる。だが野中説は、そう把握しないことになる。この点を、野中氏は、「自然権の場合はそれでもよいけれども、選挙権はやはりそれとは性格が異なる」、「ある権利の行使を強制されないということは、自由権の観点から語られるべき問題であり、自由権以外の場合には、その権利自体の侵害とは少し性質が違う問題」、と説明している。その言わんとするところを正確に理解した自信はないが、次のような趣旨ではないかと思われる。

歴史的に考えて、諸個人は、まず「選挙人たる地位」への権利を獲得した後、次に、「投票行為」への権利の保障を要求する。この要求は、〈形式的に投票資格があるにすぎず、例えば投票場所が非常に遠隔な地に指定されていたり、投票時間が短すぎたりして、現実的には投票行為を行えないような状況〉を、克服すべく打ち出された。ゆえに、選挙権の内容とされる投票行為への権利とは、〈投票行為を行おうと意欲する人が、常識的な労をとれば、その投票行為を行うことができるような、環境ないし制度を整備すべし〉、という、国家に対する要求である。[53] それは、投票行為の自由――人が投票行為を行うことに対する妨害をするな、と国家に要求する権利（＝自由権）――ではない。投票行為の自由は、投票行為を行う・行わないの自由を内包するとしても、憲法上の権利である選挙権の一内容である投票行為への権利は、これとは別次元の権利であり、あくまで投票行為を行おうとする者のための権利なのだ、と。

確かにこのように、投票行為の自由と投票行為への権利とを概念上区別して、後者のみが憲法上の選挙権に含まれる、と理論構成することは可能であろう。だが通常、投票権という言葉の意味内容は前者も後者も含むのであり、憲法上の選挙権の内容からあえて前者を排除する理解は、あまり一般的ではないように筆者には思われる。

七　棄権の自由の、厳しい審査による相対的保障

野中氏は、棄権の自由の憲法的保障を、憲法一五条一項からは導かないが、九〇年論文においては、八五年の奥平論文を念頭に置きつつ、その憲法的保障を憲法一五条四項や一九条から導くことが「十分できる」と述べていた(54)。だが九一年論文において提示した自らの憲法解釈論は、そのいずれの規定にもよらないものだった。

野中氏は、棄権の自由を「独立の自由としては考えない」、つまり憲法が保障する個人の主観的権利としない。その代わりに、「任意投票制」を採るべしという客観的法原則を「憲法の要請」として認める。これを憲法上の原則とするのは、経験的に棄権の自由は基本的には「深刻な問題」を生まないものであることと、棄権の自由を容認することと自体が「選挙の公正を確保するために意義がある」ことに基づく（根拠づけの憲法条文は明示されていない）。この憲法原則の下、「選挙……の円滑な遂行」のために「よほどの理由」があり、かつ、その目的との関係で棄権の自由の制限という手段の「均衡がとれている場合にのみ」、この原則に対する例外が認められ、棄権の自由の制限が認められる。このような判断枠組みに照らして、制裁として過料を科す程度の強制投票制は（その立法目的にもよるが）合憲と判断されうるし、それが、公選法九五条一項一号の要件を前記設例のように「有権者の総数の六分の一以上の得票」と改めた場合の再選挙における強制投票制であれば、これは合憲と判断されることになる。

棄権の自由を憲法一五条一項の保護範囲に入れる立場でも、それに対する内在的制約の余地を認める場合には、

その基本的考え方は――個別の設例・事案に対する当てはめ判断としての合憲・違憲の結論はともかく――、このように比例原則に従って厳しく審査する、という判断枠組みになると思われる。

八　内心の自由論としての棄権の自由論――奥平説の検討

ところで、先に言及した一九八五年の奥平論文が、強制投票制を違憲と論じるための根拠条文として憲法一五条四項と一九条を挙げたのは[55]、権利一元説がその絶対的禁止を説くかに見えるのに対抗して、同じくその絶対的禁止か、それに匹敵する強い禁止を説く意味を持った。奥平氏は、八五年論文ではこの両規定を活用する可能性を示唆するに止まったが、その後、一九九三年に公にされた教科書の中で、一九条のほうに依拠した違憲論を説いている[56][57]。そこで、棄権の自由の絶対的保障（ないしは絶対的に近い保障）の解釈論的可能性を探るために、この議論を紹介し、その検討を行おう。

奥平氏は論じる。「棄権とは、選挙……による意思決定に積極的にかかわらないという、態度保留を意味する」。「態度保留の意味するところはさまざまであるが、そのなかには、当該選挙……のありよう自体に賛成できず、これに参加することを自覚的に拒否する立場もふくまれている。この立場を固持することは、思想・良心の自由に属する」。「こうした立場をふくんで、およそ態度保留一般を禁ずる趣旨の立法は、違憲と解すべきだろう」。

この奥平説を筆者なりに受け止めると、こうなる。例えば〈面倒だから棄権する〉という人の棄権の自由は憲法的保護に値しないが、「当該選挙……のありよう自体に賛成でき〔ない〕」という政治的信念に基づいて「自覚的に」棄権する人の棄権の自由は、憲法一九条の保護に与る。そして、（少なくとも）政治的信念に基づく棄権者を免除する規定を設けずに、全ての有権者を対象にして一般的に投票を義務づける立法がなされたら、それは「過度に広汎ゆえに無効」の理論により文面上違憲となる、と。

　ところで、憲法一九条の規範内容を、「不利益取扱い」型と「外面的行為の規制」型と「自発的行為の強制」型の、三つの型の解釈論で考える、(58)という本書の枠組みに引き付けて奥平説を把握すると、それは基本的には「外面的行為の規制」型の解釈論を用いるものである。その規範内容はこうである。〈一般的な法的規制が諸個人に対して行う外面的行為の強制・禁止が、ある個人の保持する深いレベルの内心と衝突するとき（「衝突」審査）、同規制からその個人を免除することが憲法上の要請である。但し、免除しないことを正当化する非常に強い公共目的が存在する場合には（「公益」審査）、免除が要請されない。また、免除が要請される場合には可能な限り、被免除者に対して当該規制に代替する負担が課されるべきである〉。

　この解釈論は、アメリカ・（旧西）ドイツの憲法学からの輸入理論であるが、その元々の理論は良心的兵役拒否を主な文脈の一つとして形成された。また、戦前の美濃部達吉学説は、選挙の「公の職務」性を「兵役の義務と比較し得るやうな性質のもの」だと説いていた。(59)以上二点に鑑みると、奥平説が、この「外面的行為の規制」型の解釈論を活用して、投票義務制に対するいわば良心的投票拒否を説くことには、十分な理由がある。

　だが他方で、奥平説には、いくつかの点で、「外面的行為の規制」型の解釈論から外れる論理展開が見られる。第一に、奥平説に言う「当該選挙……のありよう自体に賛成でき〔ない〕」という政治的信念が、この解釈論の言う「深いレベルの内心」に当たるかには、疑問がある。一般に「深いレベルの内心」とは、宗教的信仰に匹敵する世界観等を指すのであり、単なる政治的信念では深さが足りないとみなされる。アメリカの良心的兵役拒否においても、戦争一般に反対する者には兵役免除が認められたが、特定の戦争に反対する者には認められなかった。第二に、この解釈論では、該当者に対して個別的免除が認められる（該当者に対する強制が適用上違憲とされる）に止まり、奥平説の示唆するような、強制一般に対する文面上違憲の効果までは、認められない。

九　自発的行為としての投票行為という憲法的把握

最後に、棄権の自由の絶対的保障を説くために、憲法一九条の「自発的行為の強制」型の解釈論を活用できないかを考えよう。(60)ここで「自発的行為」とは、行為者の内心の自発性・自主性に基づいてはじめて、意味があると社会的・文化的にみなされる行為である。人間の行為一般（「外部的行為」）の大部分は「外面的行為」――当人の自発性に基づいていなくてもその行為が現実に行われること自体に意味があるという性格の行為――であるが、ごく少数は「自発的行為」だと考えられる。それに対応して、「外部的行為の規制」にも、一般類型としての「外面的行為の規制」と、特殊類型としての「自発的行為の強制」とを区別できる。そして内心の自由の保障について、前者に関わるのが「外面的行為の規制」型の解釈論、後者に関わるのが「自発的行為の強制」型の解釈論である。その規範内容はこうである。〈公権力が強制的に個人に自発的行為を行わせることは憲法上絶対に許されない〉。

投票行為は、自発的行為と外面的行為のどちらに当たるか。おそらく一般的通念は、投票行為を外面的行為だと見ていよう。この見方によると、選挙により表明された国民意思は、例え有権者一人ひとりに対してその意思表明を強制した集積としての集合意思であっても、国民意思には違いない。それに対して、投票行為を自発的行為だと捉える見方によると、有権者一人ひとりが自発的に行う意思表明の集積のみが、国民意思の名に値するのであり、個々の有権者に強制的に行わせた意思表明の集積は、国民意思とは言えない。野中氏は、棄権の自由について、「あまり堂々と胸をはって積極的に位置付けられるべき自由とはいえまい」、と消極的に評価したが、投票行為を自発的行為だと見る見方は、棄権することを積極的に評価するのではない。そうではなく、個々の有権者の、投票行為を自発的に行うという内心の働きを、非常に大切なものと評価し、それに憲法的保護を及ぼす結果、棄権の自由が憲法上保護されるのである。

思うに、投票行為は、謝罪行為や寄附・献金の行為や国歌斉唱行為がそうであるのと同様には、自発的行為であるとは言えず、従って憲法一九条による保障には与らない。しかし、投票行為を自発的行為とみなし、投票行為の強制を憲法一五条一項に基づいて絶対的に禁止するという解釈論は、成立可能だと思う（これは結果として、一五条一項に基づく棄権の自由の絶対的保障という辻村説の規範命題を、辻村説とは別の論拠により支え直すことになる）[61]。この解釈論は、それに対応する民主主義観——個々の有権者に対して、投票により表明される意思内容の自発性だけでなく、そもそも投票により意思表明を行うこと自体の自発性までが確保された上でなければ、選挙の結果を国民意思とみなすことはできないという見方——と、一対のものである。

民主主義の原型的イメージは、公共の事柄（＝みんなに関わる事柄）について「みんなで決め」、決めたことを「みんなで実現する」、というものであろう。「みんなで実現する」場面において、当該民主主義の構成員のうちサボろうとする人に対して強制力を及ぼし、その果たすべき任務を遂行させることには、基本的には問題がない。さもないと、サボる人は、他の構成員の負担によって「実現」される公共の恩恵を、ただ一方的に享受するだけとなり、公平ではないからである。だがそれとは違って、「みんなで決める」場面において（代表民主主義においては代表者の選挙の場面がそれに相当する）、サボろうとする人に対して強制力を及ぼし、共同決定に無理矢理参加させることには、民主主義の質に関わる問題があるのではないか。民主主義の生命力は何より、その構成員が自発的に、公共の事柄に対して関心を持ち、それに関する決定に関わっていくことにある。「みんなで決める」場面における参加強制は、その生命力の源を損なう。この場面における強制を徹底して排除することが、たえずその生命力を更新するための必要条件である。——投票行為を自発的行為とみなす見方の民主主義観は、さしずめ、このようなものである。

「本来的に私人であり、自分の私的な利益のために意欲する自然人を、国民代表者の選択という国家の統治作用のための、したがって、公の目的のための意思形成にかかわらしめるのが投票行為だとすれば、投票権には矛盾態というか、論理的整合性だけで割り切ることのできない動態的な側面が、いわば宿命的についてまわる」[62][63]。投票行為を自発的行為とみなす憲法解釈論は、投票行為の持つこの公私の両義的な性格を踏まえつつ、個々人における、公を志向するがそれ自体は私に属する内心の自発性を、民主主義の生命力の源とみなして（つまり、公的観点から高い価値を持つものと評価して）、強く保障しようとするものだと言えよう。

（1）辻村［1987］、のちに辻村［1989］に所収。以下、この論文からの引用は、「辻村・論争」として同書=辻村［1989］から引き、同書=辻村［1989］中のこの論文以外のものは、「辻村・前掲書」として同書から引く。
（2）奥平［1983a］、及びその続稿である奥平［1983b］。
（3）浦田［1983］、長谷川［1984］。
（4）奥平［1985］。
（5）辻村・論争、三八頁（=辻村［2021b］三一二頁）。
（6）辻村・論争、四〇頁（=辻村［2021b］三一三頁）。
（7）辻村・論争、四六頁（=辻村［2021b］三一七頁）。
（8）辻村・論争、四一頁（=辻村［2021b］三一四頁）。
（9）辻村・論争、四四頁（=辻村［2021b］三一六頁）。
（10）辻村・論争、四〇頁、四八頁（=辻村［2021b］三一三頁、三一八頁）。
（11）辻村・論争、四六頁（=辻村［2021b］三一七頁）。
（12）野中［1990］、のちに野中［2001］に所収。以下、「野中・再考」として野中［2001］から引く。
（13）辻村［1990］、のちに辻村［1994］として共著書に所収。以下、「辻村・再論」として共著書から引く。
（14）選挙権論に関する辻村氏のリステイトメントとして参照、辻村［2002］二一三―二二三頁、辻村［2021a］三一一―三一三頁、辻村［2021b］第三章（二五五―三三〇頁。収録された六本の論文には辻村・論争と辻村・再論が含まれる）。また選挙権論の概説として、日野田［2008］。この分野における近年の研究として、時本［2013］、小島［2013］。

(15)　野中・再考、三九頁。
(16)　野中・再考、三八―三九頁。
(17)　選挙ではなく解職制度であるところの、最高裁判所裁判官国民審査（憲法七九条二―四項）における棄権の自由の制限の合憲性が論点となった判例に、最大判昭和二七（一九五二）年二月二〇日民集六巻二号一二二頁がある。この事件では、本稿が考察対象とする〈投票行為を行わない自由〉とともに、〈白票を投じる自由〉も論点とされた。憲法一九条の観点からするこの判決の読解として、本書第Ⅱ部第二章の**四1**（一一八―一二二頁）。
(18)　野中・再考、四八―五一頁。
(19)　辻村・前掲書、九頁。もっとも辻村氏は、両説の相違点について「この点にのみ問題を集約するのは皮相な見方」であり、「選挙権論の展開〔が〕、……国家論や主権論、代表制論と結びついてきわめて原理的な憲法理論を提示してきた」以上、それらを踏まえるのでなければ、両説の「本質的差異を明らかにすることはできない」とする（同書九―一〇頁）。
　これに対して野中氏は、「この論議を憲法解釈論の次元で……受け止める以上、両説の問題点は、解釈論の帰結を通じて最もよく明らかにされる……。もちろん、解釈論の帰結が仮に同じであるとしても、原理的な論議の意味がなくなるわけではない。しかしその点については、論議の根本にある国民主権論や代表論を論じればよく、解釈論の帰結が……急がれている場面であえて深入りする必要もない」（野中・再考、三一―三二頁）とした。こういうアプローチで問題を検討した結果、野中氏は、既に本文で言及したように、「一元説と二元説の違い、すなわち、公務性の承認の有無だけでは解釈の次元ではさしたる相違を生むわけではない」（野中・再考、四九頁）という結論に到達したのだった。

　野中氏は、自らのアプローチが「決してその基盤にある問題を軽視することではなく、むしろ現象的な部分の検討を通じて基盤にある問題の再検討にも資したいということ」（野中・再考、三三頁）だと説明していた。辻村氏は、この弁明を受け止めつつもなお、「そうだとしても、選挙権論の本質論的・理論的検討を直接的な目的としてきた筆者としては、解釈論上の実益をもっぱら優先するような方法には諸手を挙げて賛同することはできない」（辻村・再論、二四一頁〔＝辻村［2021b］三二一頁〕）との不満を表明している。

　本章は野中氏的なアプローチによって棄権の自由に関する憲法的考察を行うが、その考察の最後に（**九**において）、民主主義観という「基盤にある問題」の「再検討」を促す。

(20) 辻村・前掲書、五頁。
(21) 辻村・前掲書、一五頁注1。
(22) 辻村・前掲書、一四頁。
(23) 辻村・論争、四七―四八頁（=辻村［2021b］三一八頁）。
(24) 野中・再考、三二頁。
(25) 野中・再考、三三頁。
(26) この点、在外国民選挙権訴訟に関する最大判平成一七（二〇〇五）年九月一四日民集五九巻七号二〇八七頁は、「憲法は、国民主権の原理に基づき、両議院の議員の選挙において投票をすることによって国の政治に参加することができる権利を国民に対して固有の権利として保障しており、その趣旨を確たるものとするため、国民に対して投票をする機会を平等に保障している」（「第2」の「1」の第二段落第三文）、と述べて、国会の両議院の議員の選挙における投票権を、憲法一五条一項の保障する権利として承認している。
(27) 野中・再考、五一頁。
(28) 野中・再考、四二頁。
(29) 野中・再考、三三頁。
(30) 野中・再考、四三頁。
(31) 辻村・論争、四七頁（=辻村［2021b］三一七頁）。
(32) 野中・再考、四三頁。
(33) 野中・再考、五一頁。
(34) 野中・再考、四八頁。
(35) 辻村・再論、二四七頁（=辻村［2021b］三二七頁）。
(36) 引用は順に、野中・再考、四五頁、三八―三九頁、四五頁。

(37) 野中・再考、四五―四七頁。
(38) 野中・再考、三八―三九頁。
(39) 野中・再考、四三―四四頁。
(40) 辻村・再論、二四五頁（=辻村［2021b］三二五頁）、は、棄権の自由に関する野中氏の議論を引くが、本稿本文で「第一」として紹介した議論には全く触れていない。
(41) 辻村・再論、二四七頁（=辻村［2021b］三二七頁）。
(42) 野中［1991］、のちに野中［1994］として共著書に所収。以下、「野中・棄権」として共著書から引く。
(43) 野中・棄権、一三七頁。
(44) 野中・棄権、一四二―一四三頁。
(45) 野中・棄権、一四三頁。
(46) 野中・棄権、一四四頁。
(47) 野中・棄権、一四三頁。
(48) 野中・棄権、一四四頁。設例の説明は、現行法に合わせて微修正した。
(49) 野中・棄権、一四四―一四五頁。
(50) 辻村・前掲書、一九三頁（「棄権の自由（投票権不行使の自由）」）、一九二頁（「一五条一項の定める選挙権の本質（とりわけ投票行為の権利性）」）（=辻村［2021b］三〇九頁、三〇八頁）。
(51) 同趣旨、高橋［2024］三七八―三七九頁。
(52) 例えば、辻村・前掲書一四一―一五頁（「強制投票制は、権利説ではそもそも論理的に認められない」）。
(53) こういう投票行為への権利の侵害の有無が問題となった例に、最一小判平成一八（二〇〇六）年七月一三日判時一九四六号四一頁がある。この判決は、法律上の選挙権資格はあるものの、精神発達遅滞及び不安神経症のため、投票所に行って投票を行うことが極めて困難な者について、この状況を「選挙権の行使を制限すること」（傍点引用者）に当たると把握しつつも（選挙権を制限、ではない点に注意）、そうした精神的原因による投票困難者に対して選挙権行使の機会を確保するための立法措置を本件各選挙までに執らなかったという本件立法不作為は、国家賠償法一条一項の適用上違法の評価を受けるものでないと判断した。

なお、それに対して、前記の在外国民選挙権訴訟に関する大法廷判決が違憲と判断したのは、①「本件改正前の公職選挙法」において、在外国民が「選挙人名簿に登録されず、その結果、投票をすることができないものとされていた」ことと、②「本件改正後の公職選挙法」が、新たに在外選挙人名簿を調製したものの、その名簿登載者（＝在外国民）には、「当分の間、衆議院比例代表選出議員の選挙及び参議院比例代表選出議員の選挙についてだけ投票をすることを認め、衆議院小選挙区選出議員の選挙及び参議院選挙区選出議員の選挙については投票をすることを認めない」という趣旨の附則八項を設けていたこと、の二点である。いずれも、在外国民が憲法上有するはずの選挙権資格を法律上は認めていなかったものであり、法律上は選挙権資格を有するものの現実には投票行為を行えないのとは異なる。だが最高裁は、これらの状況についても、選挙権そのものではなく「その行使」の制限の事案だと把握するようである（特に「第2」の「1」の第四段落を参照）。

(54)　野中・再考、三九頁、五三頁注13。
(55)　奥平［1985］九―一〇頁。
(56)　奥平［1993］四一八―四一九頁。
(57)　もう一方の、憲法一五条四項のほうに依拠した、棄権の自由の憲法的保障の解釈論は、「投票の秘密」を投票内容のみならず投票したかどうかにまで拡張するか（佐藤功［1983］二六一頁）、あるいは、選挙人が責任を問われないところの「その選択」に、投票内容のみならず投票するかしないかの選択まで含める（樋口［1985］三〇一頁）ものである。しかし、投票所に行って投票箱に投票用紙を投入する行為は、投票用紙に記入する内容が「秘密」であるのと同じ意味では「秘密」でありえない。ゆえにこうした解釈は苦しいと思う。
(58)　参照、本書第Ⅰ部第一章、特に**四**、**五**、**六**。
(59)　伊藤［1983］九一頁。
(60)　関連して、南九州税理士会事件に関する最三小判平成八（一九九六）年三月一九日民集五〇巻三号六一五頁は、「政党など規正法上の政治団体に対して金員の寄付をするかどうかは、選挙における投票の自由と表裏を成すものとして、会員各人が市民としての個人的な政治的思想、見解、判断等に基づいて自主的に決定すべき事柄である」と述べたが、この「投票の自由」は投票行為の自由を含むとも解しうる。憲法一九条論におけるこの判例の意義につき参照、本書第Ⅰ部第一章の**六3**（四一―四四頁）、第Ⅱ部第二章の**四2**（一二二―一二八頁）。

（61）　辻村［2021］三三〇頁において、本章の初出拙稿に対するコメントを頂いた。

（62）　奥平［1983b］一〇頁。但し、引用文中の「投票行為」、「投票権」の語はそれぞれ、原文の「選挙行為」、「選挙権」を修正したものである。

（63）　この捉え方は、石川［1997］四七―四八頁、が叙述した、イェリネックの、「選挙権……を位置付ける際に、公共体の回路を私益による汚染から守り抜くための、苦肉の構成」と、対照されるべきである。

第五章　不利益供述拒否権に関する考察──「内心の自発性」論の展開・その二

一　はじめに

本章は、憲法三八条[1]一項によるいわゆる自己負罪拒否特権の保障の基盤には、一九条の「自発的行為の強制」型の解釈論の基盤にあるのと共通する「内心の自発性」の憲法的価値が存在することを、明らかにする。前章では、投票行為を自発的行為であると捉える見地を提示し、そのように捉えうる場合にも、投票行為の強制の絶対的禁止という規範を、憲法一九条から引き出すのはむつかしく、憲法一五条を根拠条文とすべきであると論じた。本章では、憲法三八条一項の保障する不利益供述拒否権を検討対象とし、「自己に不利益な供述」行為を自発的行為であると捉えることはできないが、その「強要」を禁止する同条項は、同行為に向けた行為者の「内心の自発性」の保護を主たる目的の一つとしていることを解明する。そのことを通じて、憲法が人の「内心の自発性」を保護するために用意した条文は、一九条だけでないことを明らかにしたい。

二　問題の所在──不利益供述拒否権を憲法で保障する根拠

憲法三八条一項は「何人も、自己に不利益な供述を強要されない」と規定して、いわゆる自己負罪拒否特権を、憲法上の権利として保障する。「これは、被疑者・刑事被告人および各種の証人に対して、不利益な供述（刑罰または、より重い刑罰を科される根拠となる事実の供述）を避けた場合、処罰その他法律上の不利益を与えることを禁ずる意である」[2]。これを受けて刑事訴訟法は、証人には証言拒絶権を保障し（一四六条）、さらに被疑者と被告人にはそれぞれ、包括的黙秘権を保障している（一九八条二項、二九一条五項、三一一条一項）。憲法は、三八条一項の規定に続けて、同規定の保障する権利を確保し、公権力にありがちの自白偏重・強要への傾向を阻止するための制度的手立てとして、同条二項で自白排除法則を規定し、また同条三項で自白補強法則を規定している。

筆者の見るところ、一般に学説は、憲法三八条一項の保障するこの不利益供述拒否権を、その性格からして、絶対的に保障されるか、そうでないとしても非常に強い保障に与るべきものと解している。けれども管見の限りでは、そもそも何故この権利が憲法上の権利として保障されるのかの根拠について、個人の尊厳の価値（一三条）と関連づけていわば原理論の次元にまで立ち入って論ずる例が、あまりない[3]。そこで本章では、以下、その試論的考察を行う。不利益供述拒否権が侵害されると、個人の尊厳はいったいどのように踏みにじられるのだろうか。

三　「強要」の二つの意義のうちどちらとの関係で問題を考えるか

この問題を考察するために、その前提として、何がこの権利の制約に当たるかという問題、すなわち「強要」（三八条一項）の意義を、明らかにしておこう。この点、第一に、この規定のモデルとなったアメリカ合衆国憲法修正第五条は、「何ぴとも、刑事事件において自己に不利な証人となることを強制されることはない」[4]、と規定している。この規定ぶりに明らかなように、英米の自己負罪拒否特権は、「人が市民として一般的に有する法律上の供述義務を免除するもの（その意味で特権）」であり、それを継受した憲法三八条一項の「強要されない」の原義は、「法律上の供述義務の免除」[5]にあると捉えられる。けれども第二に、日本では多くの教科書が、「強要されない」の意義として、「直接強制はもとより間接強制（特に罰則をもって強制すること）も許されない趣旨である」[6]、などと説明してきた。ここでは、間接強制すなわち「法律上の供述義務」よりも、むしろ直接強制すなわち主に捜査段階での事実上の強制[7]こそが、憲法上の禁止の眼目であるような説明の仕方になっている。これは言うまでもなく、旧憲法下の現実――「実際上は、自白の偏重と拷問による自白の強要とは、刑事司法における宿弊であった[8]」――という経験に鑑みた解釈論である。

ここで「強要」の意義として、上記の二点目に重きを置いて主に捜査段階における事実上の強制を中心に据え、その上で、自白の強要による冤罪の防止こそが不利益供述拒否権保障の最大の目的だ、と捉える理解がありうる。この理解においては、ある犯罪について無実の者が、偽りの自白を強要されることこそが、個人の尊厳の蹂躙の中心的ありようであり[9]、こうした事態が起きないことを確保するために、いわば副次的にその真犯人についても、不利益供述拒否権が憲法上保障される、という図式となる。

けれども本章では、正にある犯罪の真犯人に対して、その犯罪事実の供述（=「不利益な供述（刑罰または、より重い刑罰を科される根拠となる事実の供述）」）を強要することが、はたして、またどのように、その者の個人の尊厳を害することになるのかを考えることにしたい。その場合、「強要」の意義としては、法律上の供述義務を賦課することを主に念頭に置くことになる。また、以下の考察においては、当人に適用される刑事実体法が「悪法」でないことを前提とする[10]。

四　不利益供述の義務づけが個人の尊厳を害する二つの側面

刑事手続において個人に対して法律上の供述義務を課すことを憲法的に把握すると、次のようになる。一方で、当義務の賦課によって制約されるのは、個人の側の、自らの望まない内容の表明行為を強いられない自由である。これはすなわち、「表現する自由」の裏側としての「表現しない自由」であり、憲法二一条一項の保障する消極的表現の自由である。他方で、この憲法上の自由を制約する目的は、「公正な刑事裁判の実現」（=「実体的真実の発見」)[11]にある。この目的は非常に強い公共目的であり、その目的達成手段として当該個人の証言を得ることが必要不可欠であると認められる場合には、当該個人に供述義務を課すことは憲法一九条に違反しないと解されている。

以上のような一般論としての憲法一九条論にもかかわらず、真犯人に対して、「自己に不利益な供述」を法的に義務づけることを、憲法三八条一項は禁止している。そのような義務づけの、どこがその人の尊厳を侵害するのだろうか。ここには二つの側面があると考えられる。第一は、罪となる事実の供述の結果として自分が罰を受けることになる、そのような結果をもたらす供述を行うよう強要することが、その人の尊厳を害する、という側面である。それに対して第二は、罰を受けるという結果をその供述がもたらすということよりもむしろ、自分が罪を犯した事実を供述・告白するよう強要することそのことが、その人の尊厳を害する、という側面である。この両側面の存在を認める場合にもなお、そのどちらに重きを置くかの違いがありうる[12]。

五　罰をもたらす事実の供述の義務づけはどのように個人の尊厳を害するか

「かなり普及された、いわば通説的な見解[13]」とされているのは、第一の側面のほうなので、こちらから検討を始める。既述のようにここでは、当人に適用される刑事実体法が「悪法」でないという前提に立っている。そうだとすると、罪となる事実の供述の結果として、当人が自己の犯罪行為に対して受ける罰は、憲法的観点から評価すると、当人が受けて然るべき罰である。理不尽な不利益を自己が受けるような結果をもたらす供述ではなく、受けて然るべき罰を受ける結果をもたらす供述を、強要してはならない、というのが、ここでの憲法三八条一項の要請なのである。この強要禁止の根拠は、受けて然るべき罰を、受けないで済むならばなお受けずに済ませたい、という、人が普遍的に持つ精神的弱さに尊厳性を認め、それを侵してはならないとする考え方である、と差し当たり理解することができよう[14]。

六　罪となる事実の供述の義務づけはどのように人の尊厳を害するか――キリスト教的神の存在する社会における考え方

ところで、英米の自己負罪拒否特権に関する歴史研究の教えるところによると、元々はローマ＝カノン法上の原則であり、やがてコモン・ロー上の原則となった、“nemo tenetur prodere seipsum（何人も自らを告発するよう強制されない）”という原則は、宣誓の下での自己負罪供述の強制を禁止する原則だったが、そこでは特に〈宣誓の下での供述強制〉の禁止、という点が重視されていた。英米の一七・一八世紀の文脈においては、強制された宣誓は、神に対して、「良心に従って、真実を述べ何事も隠さず、又何事も附け加えないことを誓う」（刑事訴訟規則一一八条二項）ものだった。そしてその宣誓の後、世俗的な刑罰を受けずに済ませたいという弱さゆえに偽証すれば、「真実を述べる旨の神への誓いに背くこと」になり、「それは、死後、その魂が救済されないことを意味した」。この点、現代日本においては、偽証によって真実の立証を不可能にすることに成功すれば、供述内容をなす犯罪行為の処罰も、偽証罪の処罰も、ともに受けずに済む可能性がある。それに対して、当時の英米の文脈では、世俗的な刑罰から逃げおおせてもむしろより恐ろしい宗教的な罰を受けることになるのである。このこと自体があまりに酷であるという考慮、また、このように「虚偽の供述を行う誘惑の強い状況において真実を述べる旨を神に誓わせることは、いわば精神的な拷問」であるという考慮が、上記原則の根拠だった。つまり、その根拠は「宗教上の意味合いが強い」ものだったのである。(15)

ここで視点を世俗的なものから宗教的なものに転じて、神と人との関係という角度から、今の“nemo tenetur prodere seipsum”原則について考察しよう。(16) ローマ・カトリック教会における七秘跡の一つに、告解の秘跡がある。これは「受洗ののち罪を犯し、これを悔改めて神の赦しを願う信徒が神と司祭の前でその罪を秘密に告白し、司祭のつとめをとおして赦罪を与えられる秘跡」である。「トマス・アクィナスはこの秘跡に必要なものとして痛悔（罪を犯したことについての悲しみと再び犯すまいとする決心）、告白および償罪（主として断食、祈り、施し）をあげている」。

一方、プロテスタントの始祖たる「ルターは、……人はただキリストのことば……を信じることによってのみ赦罪にあずかれるとして、個人懺悔を熱心に勧め、信仰によらず制度により……これを行うことの非を説いた」。要するに、旧教・新教のいずれも——教会という制度を通してか、自ら直接に神と向き合ってか、の違いはあるものの——、この告解（懺悔、悔改め、等ともいう）という営みに、「恵によって罪の赦しを得るために、自分の罪を認め、かつとがめ、その罪を詫びて、心を神に向きかえる」という、重要な意義を認め、この営みの出発点に、当人の内心の自発性を置いている。自発的に「自分の罪を認め、……心を神に向きかえる」ことこそが肝心なのであって、その準備ができていない人に、無理矢理に宣誓を行わせた上で、当人の罪となる事実の供述を強要することは——しかも、真実を述べると、これまた自分では未だ受ける覚悟がないのに、世俗的刑罰を受けねばならなくなるという状況において——、その結果として当人が真実を述べるにせよ偽証するにせよ、人が神と向き合う本来の過程を根本的に損なう世俗権力の侵犯的・歪曲的介入なのである。

こうして、一七・一八世紀の英米の文脈に立ち戻ることにより本章は、未だ神が厳然として存在した社会においては、自己の犯罪事実そのことの供述の強制が尊厳を害する、という尊厳侵害の第二の側面の過酷さこそが重視されていたことを確認した。

七　罪となる事実の供述の義務づけはどのように人の尊厳を害するか——「個人の尊厳」原理に基づいた考え方

そして、このような尊厳侵害の第二の側面は、当該社会に神が存在するかどうかにかかわらず、「立憲的意味の憲法」をその国家の最高法規とする社会において、真犯人に対して「自己に不利益な供述」を法的に義務づけるときにもやはり、普遍的に生じるものだと考えられる。

周知のように、「立憲的意味の憲法」を基礎づける理論は、ロック流の社会契約論である。(17)この理論は、諸個人から出発して、「社会」と「立憲的意味の憲法」と「国家」との成立を、次のように物語る。社会や国家の成立に先立つ自然状態において、諸個人は誰もが、各人に固有な、生命・自由・財産等に向けた権利（＝固有権、自然権）を持っていた。その自然権をよりよく保全するために、諸個人は、まず諸個人の間で合意し社会契約を締結して、〈「国民」というまとまり〉＝「社会」を構成し、次に、その「国民」（＝「社会」）が、憲法を制定して、「国家」（の統治機構）を創設しそこに公権力を信託する、と。以上のように、諸個人は、まず「社会」を、次いで「立憲的意味の憲法」に基づく「国家」を、形成することで、一方で、自らの自然権をよりよく保全されるという利益を得る。と同時に、そうすることで諸個人は他方で、「社会」と「国家」の一員としての責任を担う。すなわち、他人の自然権を尊重することや、「社会」の一員として「国家」に憲法を守らせることに、コミットして責任を担うのである[18]。

「立憲的意味の憲法」に基づく「国家」は、その立法機関が法律を制定し、その行政機関が法律を執行し、その司法機関が法に基づく裁判を行うことで、諸個人の自然権のよりよき保全と、またそのために構成し創設した「社会」と「国家」の秩序維持とを、実現する。ところで国家権力は、刑罰権力という形式において、最も先鋭に、個々人の自由に対して敵対的に発動される[19]。その刑罰権力が発動されるのは、刑事実体法に規定された犯罪を行った者に対してである。犯罪とは法益の侵害であり、刑事実体法が規定する個々の犯罪類型は一般に、その保護法益の種類によって、個人的法益に対する罪、社会的法益に対する罪、国家的法益に対する罪に三分される。これらの法益は、刑罰に値するほど重要なものだと判断された法益であり、「立憲的意味の憲法」にコミットした上記の諸個人が、それを尊重するという責任を自発的に担った法益に他ならない。一方の「国家」が、これらの法益を侵害した犯罪者の責任を追及し、その者に責任を「取らせる」（有罪判決を下し、その刑を執行する）のは、その本来の任務の遂行である。けれどもそのことと、他方の犯罪を行った個人が、自分が犯罪を行ったことについて、自らがコミットした「社会」と「立憲的意味の憲法」に基づく「国家」とに対する責任を、主体的に「取る」こととは、自動的には一致しない。犯罪を行った個人が主体的に責任を「取る」ためには、その「社会」・「国家」に対して、自己の犯罪行為の事実を自発的に告白することが、不可欠である。それがあって初めて、それに続く、罪を贖う（＝刑罰を受ける）営みも、主体的なものとなる。それがないと、刑罰の執行は、外からの一方的な性質のものにならざるをえない。ゆえに、最初のその供述の自発性の可能性を開いておくことが、個人を尊厳なる存在として遇することである。「自己に不利益な供述」の「強要」は、その可能性を遮断し、個人を尊厳なき存在として遇することになるために、「国家」に対して憲法上禁止されるのである。

なお、ここでの問題は、「国家」がどのように個人を遇さなければならないかであって、個人が尊厳ある存在にふさわしい行動を現実にとるかどうかではない[20]。我々は、自律的個人として、まず「社会」を、次いで「立憲的意味の憲法」に基づく「国家」を、形成した。我々は、自己のコミットメントに反して、犯罪行為を行ってしまうかもしれない。そのときには、やはり自律的個人として、自発的に自己の罪を認めてその罪を贖うことで、再び十全なる「社会」と「国家」の構成員へと復帰したい。我々の「社会」は、またその「社会」が創設した〈「立憲的意味の憲法」に基づく「国家」〉は、残念ながら犯罪行為を行ってしまった我々を、それでも尊厳なる自律的個人として遇し続け、主体的に自己の罪を認めてその罪を贖う余地を確保するだろうか。それとも、一方的・強制的に責任を「取らせる」だけの存在として遇するのだろうか。――その点が正に問われるのである。

八　おわりに――根拠となる「内心の自発性」と、憲法三八条一項

以上、不利益供述拒否権を憲法三八条一項が保障する複数の根拠の一つに、その供述の自発性を保護することがあるのだと論じた。その点で、憲法一九条が自発的行為の強制を絶対的に禁止する根拠と重なる。しかし、「自己

に不利益な供述」行為は、強制された結果としての供述行為によっても「実体的真実の発見」が促進されうるため、内心の自由論の文脈でいう「自発的行為」と「外面的行為」の区別においては、それぞれの定義に照らして後者に当たるとされよう。だからこそ、憲法三八条一項を別に設けて、不利益供述行為に向けた「内心の自発性」を保護したのだと考えられる。

（1）　憲法三八条は三項から成る次のような規定である。
「①　何人も、自己に不利益な供述を強要されない。②　強制、拷問若しくは脅迫による自白又は不当に長く抑留若しくは拘禁された後の自白は、これを証拠とすることができない。③　何人も、自己に不利益な唯一の証拠が本人の自白である場合には、有罪とされ、又は刑罰を科せられない。」

（2）　芦部［2023］二七四頁。

（3）　管見に入った、それなりに踏み込んだ説明を行う憲法教科書に、以下のものがある。まず、奥平［1993］三五二頁は、「なんぴとにとっても、自白その他自分に不利益な供述を他人から強要されるのは、とても苦痛なことであり、彼または彼女の人間性を踏みにじられたことになりかねない。それは一般に、自分自身を裏切ることの強要であるからである……。自己を裏切ることの強要が、非人間的であるのに加え、その手段として拷問その他肉体的な苦痛や精神的な苦痛を与えるのは、別個の意味で非人間的であり、いわゆる人権無視に当たる。」と述べる。次に、淺野［2022］三四〇頁は、「そもそも、自ら供述して不利益を受けるかどうかは自分で決めるべきであると考えられ、したがって、自白を強制することによって、供述して不利益を受けるか供述を拒否して制裁を受けるかという立場に個人を追い込むことは、内心・プライバシーの保護や、個人の尊厳に反する。」と述べる。また、渋谷［2017］二四四頁は、「③憲法上の権利が共通基盤とする自己保存の権利」が不利益供述拒否権保障の「直接的根拠」で、「①自白偏重の捜査を招くことの防止」がその「間接的根拠」だと述べる。

（4）　田中編集代表［1993］二三一頁〔田中英夫訳〕。

（5）　本文におけるこの一文中の引用二つはいずれも高橋［2012］四二九頁から。

（6）佐藤功［1983］五九三頁。
（7）高橋［2012］四二九頁。
（8）法学協会編［1953］六五九頁。
（9）一方、無実の者に対して法律上の供述義務（「強要」の第一の意義）を課しても、自白強要による冤罪の発生にはつながらないように思われる。
（10）「悪法」でないとは、日本国憲法に照らして違憲でないことを意味する。そのことの正確な意味については、悪法・疑法と遵法義務について憲法的観点から考察した、本書第Ⅳ部第九章の二（二九四―二九六頁）を参照。
（11）博多駅事件に関する最大決昭和四四（一九六九）年一一月二六日刑集二三巻一一号一四九〇頁、一四九四頁。なお参照、石井記者事件に関する最大判昭和二七（一九五二）年八月六日刑集六巻八号九七四頁、九七六-九七七頁。
（12）「共犯等の関係にある者のうちの一部の者に対して刑事免責を付与することによって自己負罪拒否特権を失わせて供述を強制し、その供述を他の者の有罪を立証する証拠としようとする制度」（ロッキード事件（丸紅ルート）に関する最大判平成七（一九九五）年二月二二日刑集四九巻二号一頁、九頁）である刑事免責制度が、二〇一六年刑事訴訟法改正により導入された（同法一五七条の二・一五七条の三）。管見の限り、この制度が憲法三八条一項に反しないという論証は、専ら第一の側面との関係でされている。なお、上記刑訴法改正については井上［2020］を参照。
（13）鴨［1985］八五頁。
（14）適用される刑事実体法が「悪法」でないという前提に立つとき、憲法上の「自己保存の権利」を自己負罪拒否特権の根拠とするのはむつかしいと思われる。
（15）小川［2001］一二六―一二七頁、一三六―一三七頁。
（16）本段落の記述には、日本基督教協議会文書事業部＝キリスト教大事典編集委員会企画・編集［1968］の「悔改め」（尾崎主一執筆）・「告解の秘跡」（森讓執筆）・「サクラメント」（竹森満佐一執筆）・「七秘跡」（執筆者名記載なし）の各項目を参照した。引用は、最初の三つが森・前掲項目、最後のものが尾崎・前掲項目。
（17）参照、拙稿［2017］二七七―二七九頁。

（18）「立憲的意味の憲法」に対するコミットメントについては、本書第Ⅳ部第九章の一〇（三〇五―三〇六頁）を参照。

（19）奥平［1993］二九〇―二九三頁。

（20）「最近では権利の根拠を権利主体の属性にではなく、権利主体を見るわれわれの側の共通理解に求めるというコペルニクス的転回が行われている。つまり、われわれは一定の属性をもった道徳的人格として相手を扱わなくてはならないのであり、相手が実際にそのような属性をもっているかどうかはまた別問題である」。若松［2003］九頁。

第Ⅳ部　同時代的考察の軌跡

――学校現場での国歌斉唱強制に抗して

【一九九九年国歌国旗法制定後まもなくの考察】

第六章　「人権」論・思想良心の自由・国歌斉唱

一　はじめに――問題の所在と本章の構成

一九九九年の八月一三日にいわゆる国旗国歌法が制定され、「日の丸」・「君が代」は法律で正式に国旗・国歌とされた。[1] これを梃子として、文部省と各自治体の教育委員会による強力な行政指導が全国の小学校・中学校・高等学校に対して行われた。その結果、二〇〇〇年の春に行われた卒業式・入学式での国旗の掲揚率・国歌の斉唱率が著しく上昇したのは、周知のことである。[2]

こうしたコンフォーミズムの動きに抗して、憲法一九条[3]の保障する思想良心の自由という人権論の観点から、精力的に批判の論陣を張っているのが、西原博史氏である。[4] 氏の議論は、従来支配的だった、「日の丸」・「君が代」という特定の旗・歌に反対するというものではない。そうではなくて、およそ国旗・国歌一般について、それを「強制」することは、個人の思想良心の自由を侵害する行為として憲法上許されない、というものであり、そこに氏の議論の独自性ないし新しさがある。

本稿は、国旗国歌法が制定されて以降のコンフォーミズムの動きに反対するという政治的志向、および憲法一九条論として問題にアプローチするという憲法理論上のスタンスにおいて、西原氏と立場を共有しつつも、西原氏とは違った憲法解釈論を提示しようとする試みである。それは、西原氏の議論に、本稿が納得できない点を見出すからに外ならない。

西原氏が、公立学校の入学式・卒業式における「君が代」斉唱の挙行について、憲法一九条論をどのように論じているか、まず見ておこう。それには、対・生徒の議論と、対・教師の議論との二つがあるのだが、ここでは前者だけを取り上げる。(5) そして、それに対する本稿の疑問を明らかにしながら、本稿の構成を示すことにしたい。

西原氏によれば、卒業式・入学式における「君が代」斉唱に際しては、生徒に「君が代」斉唱を「強制」してはならない。つまり生徒に参加の自発性が確保されていなければならない。そのための要件は二つである。ひとつは不参加選択の現実的可能性である。不参加を選択することにより教師による事実上の圧力や生徒間でのいじめの対象となることが予測される場合には、この要件は満たされない。ふたつは、儀式で「君が代」斉唱が行われる旨の、親への事前の通知と不参加権の告知である。この二つの要件を満たさないで、卒業式・入学式において「君が代」斉唱が行われる場合には、その儀式全体が違憲となる。

憲法上の「思想良心の自由」論として提出されるこの議論に、本稿は二点で引っかかる。その一、憲法論としては、「強制」の意味が拡げられすぎてはいないか。その二、自らの思想良心の自由が侵害されたと主張する個々人に対して個別的に救済を与えるというのではなく、儀式全体が違憲となるという効果まで、はたして導き出せるものか。

このように引っかかるのは、「人権」論の枠組み――法的意味での「強制」が存在する場合に（その一）、思想良心の自由の侵害を訴える当該個人に対して個別的な義務免除を認めていく（その二）、という――を念頭に置くからである。特に後者の、その二に関わる点が問題である。西原氏じしん、こう述べているのである。「主観的権利レヴェルにおいては、『君が代』斉唱指導が思想・良心の自由を侵害するか否かの問題は、その指導を受ける具体的な児童・生徒およびその親の立場に依存する。そこでは、個人が思想・良心の自由な形成に対する妨害や、思想・良心を侵害するような行為義務を感じ取るかどうかが問題になり、『君が代』を歌うことに特に問題を感じない児童・生徒との関係では、憲法上の問題を生じない」[6]。個々人に対する個別的な義務免除と、「君が代」斉唱の儀式全体の違憲性とを、架橋する論理が必要であろう。それに加えて、西原氏が説く思想良心の自由に関する「人権」論[7]を前提とするならば、具体的な個人（生徒またはその親）の思想良心が「君が代」斉唱指導によってどのように深刻な打撃を蒙っているかの検討（少なくともその類型論の提示）を抜きにして、そもそも個々人に対する個別的な義務免除じたいが言えないはずなのに、西原氏はけっしてこの検討に踏み込もうとしないのである。

以上の疑問は、先に西原氏の議論を紹介した際の冒頭の命題――卒業式・入学式における「君が代」斉唱に際しては、生徒に「君が代」斉唱を「強制」してはならない――が、憲法一九条に関する「人権」論としての命題である、と理解したときに出てくるものである。しかし西原氏は、あるいはこの命題の直接の根拠を、じつは「人権」論ではなくて、本稿のいうところの「国家権力の限界」論、これに置いているのかもしれない。それは次のような議論である。

なぜ、卒業式・入学式において、生徒に「君が代」斉唱を「強制」してはならないのか。それはこうである。学校の教育保障権限は、あくまで教科教育に中心を置いており、そのままの形では、子どもの思想良心の形成に関わる人格教育の領域には及ばない。子どもには憲法一九条に基づく思想良心を形成する自由がある。その形成に第一次的に責任を持つのは親である。だから学校は、第二次的にしか、人格教育の領域に関わってはならない。学校が人格教育に関わらざるを得ない場面では、一面的なイデオロギー的な教化が憲法上禁じられており、ただ問題提起と、思考素材の提供だけが許される。ところで、国歌斉唱指導は人格教育に該当し、従って学校の教育保障権限の中核に位置づかない。それゆえ国歌斉唱を強制することは許されず、参加の自発性が確保される必要がある、と。

この議論では、生徒に対する「強制」が禁止されるのは、さもないと学校の正当な権限を逸脱してしまうから、「国家権力の限界」を踏み越えてしまうからであって、生徒個々人の「人権」を侵害するからではない。このようにこの議論が、主観的権利の侵害ではなく、客観的法原則の違反を主張するものだとすると、「人権」論として見たときに本稿が引っかかった二点は、さしあたりクリアされることになろう。客観的法原則の違反である以上、儀式全体が違憲とされるのも当然だし（その二）、「強制」の意味内容も、主観的権利論とは別でありうる（その一）からである。

だが本稿は、まず、「国家権力の限界」論として西原氏が説いている議論の具体的中味に、どれだけの説得力を見出しうるか、という点に疑問を持つ。(8) つぎに、けれども本稿のより基本的な疑問は次の点にある。憲法一九条を根拠とした「国家権力の限界」論は、明文の規定を持つ憲法二〇条を根拠としたそれとは違って、まだ解釈論として脆弱である。それに依拠する前に、憲法一九条を根拠とした「人権」論でもって、堅実に主張できるはずのことがあるのではないか。

以上のような問題意識から執筆が着手された本稿は、結果として大きく三つの部分から成ることになった。まず、本稿のいうところの「人権」論と「国家権力の限界」論の区別が明らかにされなければならない。そこで、**二**において、この二つの議論がそれぞれどういうものであるのかを説明し、最終的には**三2**で一応の全体像を得る。続いて**三**では、憲法一九条に関する「人権」論を、これまでの同条に関する解釈論を踏まえて提示することにする。最後に**四**で、その「人権」論を、公立高校の入学式・卒業式において国歌斉唱を挙行する場面に適用して、憲法解釈論として何が言えるかを確かめる。(9)

二　「人権」論と「国家権力の限界」論

1　憲法二〇条論

日本国憲法は、精神的自由権に関わる条文として、一九条・二〇条・二一条・二三条の四条項を持っている。この四条項の相互関係については、次のように理解されている。(10) 内面的な精神活動の自由を一般的に保障するのが一九条（思想良心の自由）であり、外面的な精神活動の自由を一般的に保障するのが二一条（表現の自由）である。そして、いわば一般法であるこの二一条項に対して、宗教と学問研究という特定の主題について特別法の関係に立つのが、それぞれ二〇条（信教の自由）と二三条（学問の自由）である、と。

以下では、信教の自由と政教分離を規定する憲法二〇条の解釈論に即して、本稿でいう「人権」論と「国家権力の限界」論との区別を明らかにしていきたい[11]。なお、二1および2の論述の限りでは、この両者の区別は、ドイツ法的枠組みでいうところの、主観的権利と客観的法との区別に、等しい。

二〇条一項前段および二項は、信教の自由――宗教を主題とする、内面的な精神活動の自由と外面的な精神活動の自由――を保障している。「一般に、信教の自由は、信仰の自由、宗教的行為の自由、および宗教的結社の自由からなり、それぞれ、思想・信条の自由、表現の自由、および結社の自由の宗教的側面であるとされている[12]」。つまり信教の自由条項は、内面的な精神活動の自由の保障に関わる限りで憲法一九条（思想・信条の自由）に対して特別法的な関係に立ち、外面的な精神活動の自由の保障に関わる限りで憲法二一条（表現の自由、結社の自由）に対して特別法的な関係に立つ。そうだとすると、結局のところ「信教の自由は、思想・良心の自由、表現の自由、結社の自由へと解体される[13]」ということになるのか、それとも一九条・二一条では保障されない何らかの実体的内容が、宗教を主題とする分野では二〇条の働きによって付加的に保障されるのか、という点が、憲法解釈論上の重要な論点として浮上してこざるをえないが、ここではその点には立ち入らない。ここでのポイントは、以上のような信教の自由に関わる問題を論じるのが、二〇条における「人権」論だということである。

ところで、精神的自由が行使されるのは芸術・学問・政治など様々な領域にわたるが、宗教を主題とするものに限っては、日本国憲法は、「人権」の保障に加えてさらに、「国家権力の限界」を定める条項を持っている。それが、二〇条一項後段と三項および八九条前段の、いわゆる政教分離条項である[14]。

政教分離原則はよく、宗教的中立性の原則というふうにも呼ばれる。[15] 学説による一般的な理解によれば、近代国家において、「人権」である信教の自由は普遍的に保障されるべきだが、「国家権力の限界」に関する政教分離原則は、必ずしも普遍的に採用されなければならないものではない。アメリカやフランスのような政教分離型の国が一方の極にあれば、他方の極にはイギリスのような国教型の国があり、その中間にドイツのような半分離型の国がある。[16] そのいずれを採用するかは、憲法的選択によるのだと説明されている。

学説の一般的理解によれば、「国家権力の限界」にかかわる政教分離原則は、強制の要素がなくても、[17] 国家が宗教的事項に関わったというその一点をもって、侵害される。政教分離原則に反すると判断されると、その国家行為は全体として無効とされる。

それに対して「人権」のひとつである信教の自由は、強制があってはじめて、その侵害が問題とされる。これには二つの場合がある。[18] ひとつは、その国家行為が正に信教の自由の侵害を意図してなされた場合である（「意図」型）。この場合には、その国家行為が全体として違憲無効だとされる。もうひとつは、そのような意図なく行われた国家行為が、ある人から信教の自由を侵害すると訴えられる場合である（非「意図」型）。この場合、信教の自由を侵害されたと主張する者は、自己の真摯な信仰が実際にその国家行為によって傷つけられたことを示さなければならない。これが認められた場合、その主張者はその強制から免除されるが、その国家行為は全体としては有効とされる。

注意すべきなのは、「人権」である信教の自由は、政教分離型ではない半分離型や国教型を選択した国においても、政教分離型を採用した国におけるのと全く同じように実現されている、と一般に説かれてきたことである。[19]

2　憲法一九条論

さて、憲法一九条が思想良心の自由を保障していることから、同条の解釈論として、宗教的中立性の原則と類似の、「国家の信条的中立性の原則」を憲法原則として導き出そうとする議論があり、西原氏もそうした議論を展開している。[20]

憲法一九条は、宗教的主題に限らずあらゆる主題に関する、内面的精神活動の自由を保障する「人権」条項である。その「人権」条項から、「人権」保障を超えて、「国家権力の限界」に関する憲法上の要請を解釈論として導き出すことを、この「国家の信条的中立性」論者は試みているわけである。[21]

ところで既述のように一般的理解によれば、信教の自由条項は、思想良心の自由条項という「人権」条項の宗教的側面を保障するものである。そうであるなら、この「国家の信条的中立性」論は、それを宗教的主題が問題になる場面に適用したばあいに、政教分離型の国だけでなく半分離型の国でも国教型の国でも、信教の自由という「人権」条項を根拠に、説得力をもって主張しうるものでなければなるまい。

別言すればこうである。「国家の信条的中立性」論は、政教分離条項のような「国家権力の限界」に関する特別の規定のないところで、「人権」条項の解釈論として「国家権力の限界」に関する憲法上の要請を主張しようとするものだ。そうである以上、その規範内容ないし国家権力に対する禁止の度合いは、それを宗教的主題が問題になる場面に適用したときに、この場面に固有の「国家権力の限界」条項から生ずる規範内容である政教分離＝宗教的中立性論、これと同じではありえず、それよりも弱いものでしかありえない道理である。さもないと、ひとつには、わざわざ政教分離という「国家権力の限界」に関する明文の規定を設ける意味がなくなってしまう。またふたつには――帰するところはひとつめと同じだが――、国教型と半分離型の国でも、そこにおける「人権」条項たる信教の自由条項を根拠に、本来この二つの型よりもいっそう厳しい制約を国家に対して課するものとして独立の類型とされた政教分離、これが憲法的に要請されているということになる。これは、一般的理解とは異なって、信教の自由を保障する憲法条項を持つなら、必然的に政教分離型が採用されるのであって、同条項を持ちながら国教型や半分離型を採用するということは法理論的にありえない、と主張するに等しい。

以上の点は、一九条の「人権」条項を根拠とした「国家権力の限界」論には、二〇条一項後段および三項という明文の「国家権力の限界」規定を根拠とした政教分離原則との関係をどう考えるかという問題があることの指摘であるにすぎない[22]。政教分離型の国でも国教型の国でも同じように信教の自由が保障されているとの通説的な命題が、事実として成り立っているかどうかは、興味深い研究課題であるといえよう。ここでは、本稿がいう「人権」論と「国家権力の限界」論とは、憲法二〇条論における信教の自由論と政教分離原則論にそれぞれ対応するものであることが確認されればよい。

3　基礎理論的な考察

二1のはじめに言及しておいたように、ここまでで論じた限りでは、「人権」論と「国家権力の限界」論とは、ドイツ法的枠組みでいうところの主観的権利と客観的法との区別と等しい。それにもかかわらず、本稿が前者の区別に立って議論しようとするのは、そのほうが、単なる二元論ではなくて、憲法構造を立体的に理解するのに適っていると考えるからである。そして、最終的には三2で明らかにする通り、ふたつの区別は、同じではない。

そこで、以上の議論を踏まえつつ、もっと一般的な次元での説明を、本稿でいう「人権」論と「国家権力の限界」論との区別について行っておこう。

まず、本稿の理解を概説するところから始めたい。それはこうである。「人権」論も、人権を侵害してはならないという制約を国家権力に対して課しているという点では、広い意味での「国家権力の限界」論の一種だと言える。本稿はふたつの議論を、次の点で区別しているのである。「人権」論は、「人間の尊厳」（宮沢俊義）という価値からして、個人が「ただ人間であるということにより有する権利」はどのようなものか、という問いに対して答える議論である。ここでの考え方の筋道の出発点は「個人」にある。「人間の尊厳」という価値からすると、個人は何をどこまで自由になしうるとされるべきか、という問いに対して、一定の解答が与えられる。考え方の筋道としてはあくまでその結果として、そこで解答とされた個人の「自由の領域」は、国家権力にとって立入禁止である領域となる。本稿の対象である自由権が、自然権的権利とか前国家的権利とかいうふうに特徴づけられることが少なくないのは、この点に関係している。それに対して「国家権力の限界」論は、考え方の筋道の出発点を国家権力のほうに置いて、「国家権力が行ってはならないことは何か」という問いを立て、これに一定の解答を与えようとする議論である。国家権力が行ってはならないことのひとつが、個人の人権を侵害することであるのはたしかである。それゆえこの点を踏まえて言い直せば、本稿のいう「国家権力の限界」論とは、広い意味でのそれの中から「人権」論を除いた残余のものである、と言ってよい。政教分離＝宗教的中立性の規範内容に関する議論は、個人に定礎した、個々人の自由ないし権利の領域いかん、という次元を超えて、国家に対する客観的・制度的な拘束に関するものである点で、本稿のいう「国家権力の限界」論なのである。

このように、本稿の出発点としての発想は、憲法解釈論のなかで「人権」論が特別な位置にある、ということに尽きる。そして、憲法解釈論のうち残余のものを全て、いわば「その他」の範疇に押し込んでいるにすぎない。別言すれば、「人権」論のコンセプトはかなりはっきりしているが、「国家権力の限界」論のほうはそうではなく、また、その両者がどのような関係にあるかも定かではない。この素朴な、いわば局所的な絵柄を、もっと総合的な憲法構造の全体像として描きなおすのに、本稿は長谷部恭男氏の議論[23]に大きく依拠する。「人権」論と「国家権力の限界」論という言葉づかい自体が、長谷部氏に示唆を得たものである。そこでつぎに、長谷部氏の議論を概観することにしたい。

長谷部氏は一方で、「国家権力一般の正当性の根拠を問題にする」。そして結論的に「国家の権威の根拠が……すぐれた知識、あるいは調整問題や囚人のディレンマ状況をよりよく解決しうる能力にある」としたうえで、「それに応じて、国家が正当に私的領域に介入しうる限度が内在的に定まってくる」とする。「国家は公共の福祉に従ってのみ正当に行動しうるのであり、そのような妥当な根拠なしに個人の行動の自由を束縛することは、個人の人権の侵害である以前に、国家権力の内在的制約を逸脱している[24]」。つまり、国家権力が正当に及びうる範囲には、そもそも国家権力が創設された根拠との関係で、一定の内在的な限界があるというのである。

長谷部氏は他方で、「残された問題は、国家が妥当な専門的知識にもとづいて行動し、適切に調整問題を解決し、公共財を提供しているにもかかわらず、なお国家の法令に従わないことが正当化される状況はありえないかである[25]」というふうに問題を立て、これに対して「国家の権威を外在的に制約するものとして、個人の人権が存在するとの主張を行う[26]」ことによって答えようとする。つまり、国家権力の内在的限界いかんという観点からは、いったん国家権力が正当に及びうる範囲内であるとされた事項につき、なお外在的に、国家権力の行使を制約するひとつの根拠として、人権があるとするのである。

従来の学説で、「人権と公共の福祉[27]」や「基本的人権の保障の限界[28]」という標題の下で問題が論じられるときには、人権が保障される領域を画する境界線の外側は全て、国家権力が正当に及びうる範囲である、という発想が暗黙のうちにあった。

それに対して長谷部説は、人権を云々する以前に、そもそも国家権力にはそれが創設された根拠との関係から一定の内在的限界があるのだと説く。これは、受託された権限の行使のみを政府に認める「制限された政府（limited government）」論の系譜に属する議論である。長谷部説は、従来の学説が、論証抜きに国家権力の全能性を前提にし、ただ人権保障ということからくる外在的限界だけを国家権力の制約として認めるかのような議論を行っていたことへの、強力な批判である。

こうして長谷部説によると、「国家権力の限界」論とは、国家権力の行使が、公共の福祉に基づいていないことを理由に内在的に制約されるケースを明らかにする議論であり、「人権」論とは、国家権力の行使が、公共の福祉に基づいているにもかかわらず、なお外在的に制約されるケースを明らかにする議論である。公共の福祉との関係で、国家権力を内在的に制約するのが「国家権力の限界」論であり、外在的に制約するのが「人権」論である。

それに対して、本稿は先に、個人に定礎してその自由の領域を考えるのが「人権」論であり、国家に定礎してその権力の限界を考えるのが「国家権力の限界」論だとした。長谷部説とは区別の観点を異にしているが、本稿のこの段階では、本稿の「人権」論を長谷部説のそれの上に、また本稿の「国家権力の限界」論を長谷部説のそれの上に、重ねて理解することにしたい。そうしたときに、本稿の立場から、長谷部説に対してどのような違和が生じるかを点検し、それらが解消可能かどうかを検討していきたい。

第一に、長谷部氏における「国家権力の限界」論は、国家に受託された権限（公共の福祉）が何であるかに注目し、国家がその権限の範囲を逸脱して行動するのを許さない、というかたちで「国家権力の限界」を画そうとする。別言すればこれは、授権規範との関係で、正当な権力行使の範囲を画そうとする議論である。だが、公共の福祉との関係で内在的に国家権力の行使を制約するのは、授権規範による授権の範囲を逸脱している、というかたちの制約だけなのだろうか。端的に、制限規範によって国家権力の行使が制約される、というかたちの議論は、「国家権力の限界」論のなかにないのだろうか。結論的には、ある。しかしその詳細は、もう少しあとで見ることにする。

第二に、長谷部氏における「人権」論だが、これについては長谷部説をもう少し立ち入って見ておく必要がある。長谷部説によると、「憲法上保障された権利には、『切り札』としての人権と、公共の福祉にもとづく権利の二つの種類のものがある[30]」。「公共の福祉にもとづく権利」とは、「社会の利益を増大させる公共財としての性格を有し、その性格を有するからこそ保障されている権利」であり、「公共財としての憲法上の権利」と呼ばれることもあるが、この権利においては「公共の福祉という概念は、ある憲法上の自由を制約する根拠になる一方で、その自由をより厚く保障する理由にもなる[31]」。

それに対して「『切り札』としての人権」とは、「公共の福祉という根拠にもとづく国家の権威要求をくつがえす『切り札』としての意義」が認められるべき権利である。それが認められるべき根拠は、「自らの人生の価値が、社会公共の利益と完全に融合し、同一化している例外的な人を除いて、多くの人にとって、人生の意味は、各自がそれぞれの人生を自ら構想し、選択し、それを自ら生きることによってはじめて与えられるはずである」という点にあり、それゆえ「少なくとも、一定の事項については、たとえ公共の福祉に反する場合においても、個人の自律的な決定権を人権の行使として保障すべき」だということになる。そして、「個人の人格の根源的な平等性こそが、このような権利の核心」であり、「他人の権利や利益を侵害しているからという『結果』に着目した理由ではなく、自分の選択した生き方や考え方が根本的に誤っているからという理由にもとづいて否定され、干渉されるとき、そうした権利が侵害されている」。「このように、個人の自律にもとづく『切り札』としての権利は、個々人の具体的な行動の自由を直接に保障するよりはむしろ、特定の理由にもとづいて政府が行動すること自体を禁止するものと考えられる(32)」。

以上が長谷部説による二種の「憲法上の権利」論である。

このうち、まず注意しなければならないのは、「公共の福祉にもとづく権利」論のほうが、「国家権力の限界」論であって、「人権」論ではない点である。なぜなら、裁判所が、或る法令が「公共の福祉にもとづく権利」を侵害して違憲であると判断するとき、それはその法令が「国家権力の内在的制約を逸脱して」「かえって社会全体の利益の低下につながると判断している(33)」のであるから。

同時に、この「公共の福祉にもとづく権利」が、「国家権力の限界」論のなかにあって、政治部門（立法部・行政部）の公権力に対しては、制限規範として働いている点にも注目しなければならない。「国家権力の限界」論のなかには授権規範との関係の議論だけでなく制限規範との関係のそれも存在するのではないか、という先に本稿が提示した疑問に対しては、肯定的な解答が長谷部説のこの部分に見出されることになる。このように、公共の福祉のうちのあるものが、憲法上の権利として「議会や政府のその時々の決定ではなく、憲法によって保障され司法権によって擁護される理由」を、長谷部氏はこう説明する。「公共財の中には、……日常的な生活上の必要や利便に答えるべく、時宜に応じて促進され、提供されるべきものと、社会生活のより根底にあり、社会に生きる人々の生き方や考え方の基礎をなすようなものとがある。……そして〔後者〕のような価値や利益については、これを憲法上の価値と認め、その時々の議会多数派による安易な変更を許さず、政治過程から独立した裁判所にその擁護を委ねるという制度上の工夫が、立憲諸国において通常とられている(34)」。

そこで次に本稿が抱く疑問は、「国家権力の限界」論における制限規範は、「公共の福祉にもとづく権利」に限られるのか、それ以外にも存在するのか、である。長谷部氏がこの点に明示的に言及した論文は管見に入らなかったが、本稿としては、この問いに対しては「存在する」と答えておきたい。その典型例が、二1で論じた政教分離の憲法規範である。

さて、以上のように「公共の福祉にもとづく権利」が実は、公共の福祉との関係で内在的な制約を国家権力の行使に課す議論であるとすると、公共の福祉との関係で外在的な制約を国家権力の行使にかける「人権」論は、「『切り札』としての人権」のほうだけである。

その「『切り札』としての人権」について、長谷部氏じしん、こう述べている。「個人が生来、国家成立前の自然状態においても享有していたはずの権利という、人権本来の意義に即して言えば、個人の自律を根拠とする『切り札』としての権利のみを人権と呼ぶのがより適切である(35)」。

だが、その内容が「特定の理由にもとづいて政府が行動すること自体を禁止するもの」だと説かれると、本稿の「人権」論には、にわかには受け入れにくい議論のようにきこえる。それは、個人よりもむしろ国家権力に焦点を当てて、「国家権力が行ってはならないことは何か」という問いに対するひとつの答えとして導かれる、制限規範なのではないか。

本稿のいう「人権」論をここで再確認しておくと、それは、「個人」に定礎し、その個人が、「人間の尊厳」という価値に鑑みて、何をどこまで自由になしうるとされるべきか、という問いに答える議論であった。それゆえ、本稿にとっての「人権」論とは、あくまで「個々人の具体的な行動の自由」の保障範囲を考えるものである。それは、「人間の尊厳」という基本価値からその自由の内容そのものを「積極的に根拠づける」[36]ことを目指すから、無内容な一般的自由がそれゆえに無制約に「公共の福祉」の制約を受けるようなことにはならない。しかし、個人の自由があくまで社会的なものである以上、積極的にその内容を根拠づけられた自由が、社会のなかにおいてどの範囲で保障されるべきかの具体的な線引きは、どうしても、社会の利益との調整を考えないわけにはいかない。積極的に根拠づけられた内実は堅固なものだが、その外枠の境界線を画定する段において、社会的利益との微調整を必要とする。その意味で、本稿のいう「人権」は、絶対的権利ではなく相対的権利である。本稿のいう「人権」論が長谷部説と重なるのは、それが国家権力を外在的に制約する規範である点、すなわち通常なら公共の福祉に則っているゆえをもって正当とされるような国家活動を、なお制約する強い通用力を持つものである点、においてである。

長谷部説の「人権」論と本稿のそれとの、重なりとズレを、更めてまとめよう。まず、長谷部説のほうから状況を眺めると、次のような問いが提起される。公共の福祉との関係で外在的に、国家権力の行使を制約する規範（「人権」論）は、長谷部説が述べるような、「特定の理由にもとづいて政府が行動すること自体を禁止する」制限規範に限られるのだろうか。「個々人の具体的な行動の自由」は、そういうものとして考えられないのだろうか[37]。これに対して「考えられる」と答えるのが本稿の立場である。むしろ既に明らかなように本稿は、「個々人の具体的な行動の自由」のほうを中心に「人権」論を構想している。つぎに、そのような本稿から状況を眺めると、次のような問いが提起される。長谷部説のいう「『切り札』としての人権」の具体的内容は、一言で言うと「個人の人格の根源的な平等性」であり、それは「特定の理由にもとづいて政府が行動すること自体を禁止する」制限規範である。ならば、これを本稿のいう「人権」論——個人に定礎しその自由の領域を考える、という——の一内容として位置づけることはできるのだろうか。それは無理であって、公共の福祉との関係で外在的に、国家権力の行使を制約する議論（長谷部説にいう「人権」論）のうち、本稿のいう「人権」論——主観的権利論——の範疇とは別の、客観的法原則論であると考えるべきなのであろうか(38)。そうだとするとそれは、本稿のいう「国家権力の限界」論のひとつとして位置づけられることになる。これについて結論を先に述べれば、長谷部氏のいう「個人の人格の根源的な平等性」という規範は、本稿のいう「人権」論のなかに入ると考えるべきである。だがこの点の詳しい説明は、三2まで待つことにしよう。

三　憲法一九条に関する「人権」論

1　総　論

以下では、憲法一九条に関する「人権」論を、本稿なりに整理することにしたい。

既述のように、憲法一九条は内面的な精神活動の自由を保障する条項であり、外面的な精神活動の自由は別に憲法二一条によって保障されている。では、外面的な精神活動ではなく、まさに内面的な精神活動の自由、これの憲法一九条による保障が、現実生活のうえで固有の意味を持つのは、どのような問題場面なのだろうか。別言すれば、内面的な精神活動の自由を憲法的に保障するとは、個人の外面的活動のどのような側面に保護を及ぼすことなのだろうか。

この点は従来、思想良心の自由の代表的な侵害状況として、二つの問題場面が認識されてきたと言えよう。ひとつは「内心に有るものを理由とした不利益取扱い」であり、もうひとつは「内心に有るものに反する外部的行為の規制」である。

この二つは、戦後日本の経験のなかから思想良心の自由との関係で問題を提起するものとして学説が掴み出してきた経験的な類型を、本稿なりにまとめたものである。それは理論的には、以下のような全体的な見取り図のなかに位置づけてみることができよう。

公権力が意図的に思想良心の自由を侵害しようとするとき（「意図」型）、それは理念的には次のような二様のかたちをとると考えられる。ひとつは消極的に、特定内容の「内心に有るもの」を、個人の心裡から抹殺しようとするかたち。もうひとつは積極的に、特定内容の「内心に有る（べき）もの」を個々人の心裡に植え付けようとするかたちである。このふたつが同時に行われれば、それは個人の「内心に有るもの」を、或る内容から別の内容へと作り変えることになる。

以上の図式が描かれるのは、公権力が直接に個人の内心に介入する技術を現実に持っている、という想定の下においてであるが、その想定は現実には成立しない。少なくとも従来は、公権力が個人の内心に直接に侵入するのは技術的に不可能だというのが常識的理解であった(39)。そこで、以上の図式における二つのかたちは、それぞれ、「内心に有るもの」への侵害度を一段、弱めたかたちで描き直されることになった。こうである。消極的には、特定内容の「内心に有るもの」を直接に根絶することができないため、代わりにそれを保持する個人に対して不利益を課す。積極的には、特定内容の「内心に有る（べき）もの」じたいを植え付けることができないため、代わりにその「内心に有る（べき）もの」に基づいた「外部的行為」を強制するのである。

ところで本来、公権力が意図的に思想良心の自由を侵害するなど、あってはならないことである。だが公権力が、思想良心の自由の侵害を意図することなく、公共の福祉を目指して正当な統治活動を行う場合（非「意図」型）にも、思想良心の自由との関係で、問題を生じる。この場合にはたしかに、上述の「意図」型の消極的な筋は、強いかたち――特定内容の「内心に有るもの」を個人の心裡から抹殺しようとする――であれ、弱いかたち――特定内容の「内心に有るもの」を保持するがゆえに個人に不利益を課す――であれ、定義上、生じようがない。だが、上述の「意図」型の積極的な筋とは、重なりを見せるのである。

まず、公権力が公共の福祉を実現するために行うあらゆる規制は通常、個々人の「外部的行為の規制（＝強制・禁止）」というかたちをとる。これは、「外部的行為の規制（のうちの強制）」という限りで、「意図」型の積極的な筋の弱いかたちと重なっている。つまりそれは、ここで強制・禁止される外部的行為が、ある特定個人の「内心に有るもの」と激しく衝突することがありうる、ということである。

次に、より一般的に、公権力の行うあらゆる統治活動は、不可避的に、何らかの価値判断に基づいて行われざるをえない。だとするとそれらは、潜在的には、特定内容の「内心に有る（べき）もの」を個人の心裡に植え付ける方向に向けた現実的効果を、もたらさずにはいないと言える。それらはたしかに定義上、思想良心の自由の侵害を意図してなされるのではないのだが、活動のなされる意図ないし動機を括弧に入れて、現実の活動そのものに即して、「意図」型の積極的な筋と、非「意図」型の（したがって正当な）統治活動とを区別するのは、実は存外に困難である。

以上のような見取り図のなかで、憲法一九条に関する「人権」論は、どこまでの統制を公権力の統治活動に対して及ぼすことができるだろうか。詳細はこれから論じるのだが、本稿は次のように考える。

まず、「意図」型の消極的な筋については、「内心に有るものを理由とした不利益取扱い」の絶対的禁止を、「人権」論として主張できる。

難しいのは、「意図」型の積極的な筋のほうである。これは現実的には、思想良心の自由の侵害を目的とするのではないが、不可避的に特定の価値観に基づく、統治活動全般、これにどのように憲法一九条が統制をかけていけるか、という問題になるからである。

第一に、――まず周辺的な点に言及しておくと――、一見、公共の福祉を目指しているように見えても、実は特定の思想信条を狙い打ちにする意図を持って法令が制定されるケースがある。これに対しては、前記の「内心に有るものを理由とした不利益取扱い」の絶対的禁止の要請によって対処できる。[40] 第二に、――こちらがこの場面での「人権」論による対処としては本流になるのだが――、「内心に有るものに反する外部的行為の規制」の禁止を、「人権」論として主張できる。それは後に見るように、その「外部的行為」が「自発的行為」か「外面的行為」かによって法的効果を異にすると考えられる。そして「自発的行為」という類型を立てることによって、正当な統治活動一般のうちむしろ前述の「意図」型の積極的な筋としての性格をより強く持つものを掴み出すことが可能になると思われる。しかし、「人権」論として対処できるのは、今のところそこまでであって、概して言えば、公権力が行う統治活動――不可避的に何らかの価値判断に基づいて行われる――の中から、例えば「一面的なイデオロギー的教化」や「政府言論」といった類型を抽出し、それに対する一定の憲法的制約を明らかにするのは、「国家権力の限界」論の課題だということになろう。

2 「不利益取扱い」型――「自由」か、「平等」か？

まず、第一の問題場面、「内心に有るものを理由とした不利益取扱い」から、考察を始めることにしよう。

この「不利益取扱い」型は、憲法のどの標準的な教科書でも、憲法一九条の規範内容のひとつとして説明されている。しかし、憲法一四条一項は、「すべて国民は、法の下の平等であって、人種、信条、性別、社会的身分又は門地により、政治的、経済的又は社会的関係において、差別されない。」（傍点引用者）と定めており、「不利益取扱い」型はこれにも反していると言える。それでは、この「不利益取扱い」型を、「自由」の問題と「平等」の問題とのいずれと捉えるほうが理論的に妥当なのだろうか。この論点は、この問題類型を、はたして本稿のいう「人権」論として論じるのが適切か、という点に関わる。同時にそれは、二3で積み残した論点、すなわち、「『切り札』としての人権」の内容として長谷部氏が説くところを、本稿のいう「人権」論と「国家権力の限界」論のいずれと見るべきか、という点とも関係する。そこで、以下で立ち入って考察を加えたい。

「自由」の問題領域とは区別される、「平等」に固有の問題領域とはどのようなものか。この問題に早くから取組んできたのは奥平康弘氏である[41]。彼の説くところを出発点として、考察を行おう。

公立中学校において、男子生徒の頭髪を丸刈りに強制する慣行が争われた訴訟事件で、原告・生徒側は、「丸刈り強制を平等条項違反だと主張した。バリカン刈りは男子生徒にのみ命ぜられ、女子生徒はそれから自由であ――これは男女不平等だ、というのである」。しかし奥平氏によると、このような「『平等』主張は真面目な考慮に値しない。なぜか。『比較』そのものが無意義だからである。……バリカン刈りにしろ、それ以外の髪型にしろ、男子生徒と女子生徒とが『等しい』規制を受けたら、問題が解消するかと言うと、その逆で、ただ新しい問題を誘発するだけのことである。ここでは、学校当局がそもそも生徒の髪型をバリカン刈りという特定のものに画一的に強制すること自体が、適法な裁量行使と言えるかどうかということが――女と男の『比較』を越えて――いわば絶対的に問われているのである[42]」。つまり、本件は「平等」ではなく「自由」の問題である。

奥平氏によれば「正当な意味で『平等』が問題になるのは、『比較』ということが実体的な意味をもつ場合、つまりたとえば典型的には、女性の定年制が五五歳なのに男性のそれが六〇歳であるという具合に、定年制に関して女性が男性に比べて別異の取り扱いを受ける『関係』に立っている場合」（傍点著者）[43]である。この場合たしかに、男性被用者と女性被用者とが「等しい」規制を受け、いずれの定年も五五歳とされたとき、さしあたり問題は解消する。丸刈り事例では、丸刈り強制そのことじたいが、「自由」侵害的なものとして問題であったが、この定年制事例では、五五歳定年制そのことが「自由」侵害的だとは言えず、女性が男性に比べて不利益に扱われている点こそが問題である。それゆえ、これは真正の「平等」問題だといえる。

以上の説明を説得的であると本稿は考える。そうすると、そこでの「自由」と「平等」の区別は、本稿のいう「人権」論と「国家権力の限界」論の区別と、どう対応することになるだろうか。「自由」論が、本稿のいう「人権」論――個人が何をどこまで自由になしうるとされるべきかを主題とする――に該るのに異論はないだろう。それに対して「平等」論のほうは、個人に定礎してその自由の領域を考えるというアプローチではなく、他の個人との比較の上にそこでの別異取扱いを問題視するというアプローチをとる。これは主観的権利の侵害ではなくむしろ客観的法原則――平等原則――の違反を問題にするアプローチである。それゆえこれは、本稿のいう「人権」論ではなく「国家権力の限界」論に所属する、とここでは考えておこう。(44)

ところで、一般にあらゆる立法ないし法的措置は、一定の法的要件を具えた者ないしグループに対して、一定の法的効果を付与する、という構成をとる。そこでは、その法的要件を具えた者とそうでない者とが区別されている。つまり、あらゆる立法ないし法的措置において、何らかの区分ないしグループ分けが採用されているといってよい。

いま瞥見した二つの事例においてはいずれも、性別という区分が採用され、男であるか女であるかによって法的効果を違える扱いがなされていた。しかし、一方の事例は「自由」の問題であり、他方は「平等」の問題だとされた。（なお、丸刈り事例では公立中学＝公権力が規制主体である。定年制事例でも、話を単純にするため、雇用主体を公権力であると想定しよう。）

「平等」問題として性「差別」のほかによく取り上げられるのは、人種「差別」の問題である。本稿では、白人が黒人を「差別」する、というかたちで、これを以下の考察において視野に入れることにしたい。そしてまた、思想良心の「自由」侵害ないし信条に基づく「差別」の例としては、歴史的に存在した、共産主義思想の持ち主に対する「自由」制限ないし「差別」、という例を用いることにする。

さて、丸刈り事例において、性別という区分に基づいて、男子生徒のみに丸刈りを強制することの、問題の実体は、「平等」ではなく「自由」にある（もっと具体的に言えば、憲法一三条に基づく容姿・身なり・髪型の自由）。同様に、特定内容の思想良心を保持するか否かという観点からの区分に基づいて、共産主義思想の保持者のみに丸刈りを強制する措置も、「平等」違反の問題ではなく「自由」が制限されるという問題である（もっとも、ここで制限されているのが、容姿の自由なのか思想良心の自由なのかが、次に問題となろう。論旨からすると、容姿の自由だ、ということになりそうではある）。しかし、人種という区分に基づいて、黒人のみに丸刈りを強制するという措置は、どうだろう。たしかに「自由」の問題でもあるかもしれないが、これは同時に、あるいはよりいっそう、「平等」違反の問題であるように感じられないだろうか。

つぎに、定年制事例において、性別という区分に基づいて、女性被用者のみを五五歳で定年とし、男性被用者の定年は六〇歳とすることの、問題の実体は、「平等」にある。同様に、人種という区分に基づいて、黒人被用者のみを五五歳で定年とし、白人被用者の定年は六〇歳とすることの、問題の実体も、「自由」ではなく「平等」にある。では、思想信条という区分に基づいて、共産主義思想の保持者のみを五五歳で定年とし、それ以外の被用者の定年は六〇歳とする措置は、どうだろう。たしかに「平等」の問題でもあるかもしれないが、同時に、あるいはよりいっそう、思想良心の「自由」が侵されていると感じられはしないだろうか。

以上の本稿の疑問に同意せず、この思考の筋道に従うなら、思想信条を理由とした「不利益取扱い」型にも、丸刈り強制事例のような「自由」制限のケースと、定年制事例のような「平等」違反のケースとがある、ということになる。つまり、「人権」論に属するものとそうでないものの二つがあることになる。

定年制事例についての考察を継続しよう。「平等」の問題だ、と認識するのは、問題解決のための途上の、ひとつのステップにすぎず、続いて、そこでの別異取扱いが、憲法的観点から見て、合理的なものであるかどうかが評価されなければならない。男女という性別によって、一方の定年を六〇歳、他方のそれを五五歳とするのは、不合理であると考えられる。では例えばこういう措置はどうだろう。五五歳になった被用者全員に試験を受けさせ、一定水準をクリアした者は更に五年間、被用者の資格を失わないが、その水準に達しなかった者は五五歳を定年として退職させる、という措置である。こういう制度を設ける理由としては、世代交代の必要性や、能力のある高齢者の活用、といったことが掲げられるであろう。この措置を、「平等」違反と断じるのは、困難ではないか。そうだとすると、こういうことになる。この措置は、いったん、「自由」ではなく「平等」との関係で問題を提起するものと受け止められた。だが、その措置において採用された、能力別という区分は、その措置の実施目的との関係で合理的なものだと評価され、したがって憲法上の「平等」違反を構成しない。

いわば入り口の問題として、「自由」か「平等」かの問題がある。そこで「平等」問題だとされたなら、更に続いて、そこでの一定の区分に従った法的な別異取扱いが憲法的観点からみて合理的かどうかが検討されねばならない。そして思考のこの段階において、憲法上なにを合理的と評価すべきかについては、入り口の問題である「自由」か「平等」かの判断基準は、何も教えてくれない。

それでは、一定の区分に従った法的な別異取扱いが憲法上、合理的かどうかは、どういう思考経路を辿って評価されるべきなのであろうか。

あらゆる立法ないし法的制度、法的措置は、一定の区分を採用し、それに基づいて各グループに別々の法的効果を付与することによって成り立っている。そこで問われるのは、当該法的措置ないし法的制度が設けられた目的との関係で、それが採用している区分が合理的なものかどうかであろう。定年制という制度の設置目的は一般に、世代交代を行うことによる組織の活力の維持、といったことである。この制度目的を実現する手段として、定年制が設けられる。その定年制という制度をどう構成するかという段において、若年定年制を採用する場合、どういうグループの人々を若年で定年させるかについて、一定の区分が採用される。その区分が、制度目的との関係で合理的かどうかが問われなければならないのである。

その評価に、憲法的な価値観は、どのように作用するのか。他にもあるかもしれないが、少なくとも次のような仕方で、必ず作用する。それは、その立法ないし法的措置において採用されている区分が、思想信条や人種や性別に基づいている場合、そのことの合理性は疑わしい、というかたちである。何故か。何故なら憲法は、以下のことを絶対的な規範としているからである。第一に、公権力は、例えば共産主義思想を内心に保持していることを理由として、その個人に不利益を課してはならない。第二に、公権力は、例えば黒人あるいは女性であることそのことを理由として、その個人に不利益を課してはならない。

では何故、そのような絶対的な制限規範が公権力に課されるのだろうか。その根拠は、近代的・立憲的な意味の憲法が基礎に置いている「個人の尊厳という窮極的な価値」[45]にある。そこでは、個人をまさしく個人として遇することが、公権力に対する絶対的な要請である。そのことの具体的な意味は、長谷部氏が「『切り札』としての人権」として説くことの具体的中味――「個人の人格の根源的な平等性」――と一致する。すなわち、「自分の選択した生き方や考え方〔、あるいは自分の生来の存在特質〕が根本的に誤っているから〔・劣っているから〕という理由にもとづいて否定され、干渉されるとき、そうした権利が侵害されている」（括弧内は本稿の言葉）のである。[46]

この絶対的な制限規範は、奥平氏の議論における、「自由」か「平等」かという問題次元（個人の利益に対する侵害のありよう）とは別の次元（公権力がその侵害を行う理由）に存在するものである。そしてその内容は、思想良心の自由の内容として説かれるのが常である、前述の第一の規範と、平等についての司法審査基準論で言及される「疑わしい区分（suspect classification）」[47]論と同じ思考基盤に立つ、前述の第二の規範、この二つを合わせたものになっている。「精神的自由の原理的規定としての位置を占める」[48]（傍点引用者）とされる一九条に関する第一の規範と、「個人の尊厳から流出する他の憲法上の権利にとっての包括的原則をも提供している」(49)（同前）とされる一四条に関する第二の規範とが、このように融合するのは偶然ではないと考えるべきであろう。長谷部説の枠組によれば、この規範は、国家権力に一定の権限を受託する授権規範（公共の福祉を内容とする授権規範）との関係で「内在的に」、「国家権力の限界」を画する規範ではなく、国家権力が授権規範との関係では正当に活動しているときにもなお、国家権力を「外在的に」制約する制限規範である。これが「切り札」として機能すると長谷部氏が言うとき、それはこの制限規範が例外を許さない絶対的規範であるという趣旨だと理解される。

では、長谷部氏が「『切り札』としての人権」と名づけるこの絶対的な制限規範は、本稿のいう「人権」論なのだろうか、それとも「国家権力の限界」論なのだろうか。

先に定年制事例の文脈で考案したケースを素材にしよう。思想信条という区分に基づいて、共産主義思想を保持する被用者のみを五五歳で定年とし、それ以外の被用者の定年を六〇歳とする措置がそれである。これは、奥平氏の枠組みだと、「自由」ではなく「平等」の問題である。それはそれでよい。「自由」の制限というかたちではなく、「平等」違反というかたちで、共産主義思想の持ち主は、不利益を課されているわけである。そしてこの措置は、その人に対して、若年定年というかたちでの不利益を課されたくなければ、共産主義という特定の思想を捨てろ、と迫る機能を持つ。これは、個人に定礎し、その個人が自由になしうる領域を考える、という本稿の意味での「人権」論の守備範囲に入る問題状況だと考えられる。そこでは、その具体的個人が持つ、特定内容の思想良心を持つこと・持たないことの自由(50)が、侵害されているからである。かくして、前述の第一の規範、ないし本稿のいう「内心に有るものを理由とする不利益取扱い」型は、「人権」論として論じうる。

長谷部氏の議論と本稿の議論との関係を明らかにするため、更に考察を続けよう。

定年制事例の文脈で考案した、もうひとつのケースはどうか。それは、人種という区分に基づいて、黒人被用者のみを五五歳で定年とし、白人被用者の定年は六〇歳とする措置である。この措置は、すぐ前のケースと同様、「平等」違反というかたちで、黒人に不利益を課しており、そのような不利益を課されたくなければ、黒人であることをやめて白人になれ、と迫る機能を持つ、と机上の議論としては言いうる。しかし、黒人であることをやめろ、ということは、共産主義思想を捨てろ、ということとは違って、個人の自由になしうることではない。そうだとすると、人種という区分が採用されているときには、思想信条という区分が採用されているときと違って、不利益取扱いのもたらす機能に着目することによって前述の第二の規範を「人権」論のなかに位置づける、ということはできない、のだろうか？　だが、思想信条に基づく不利益取扱いの場合には、少なくとも理屈のうえでは、その特定内容の信条を捨てることによって不利益措置を避ける可能性が、その個人の手に残されているのに、人種に基づく不利益取扱いの場合には、もうひたすらその不利益措置を受忍するしか、その個人にとっては手がないわけである。これは、見方によっては、思想信条に基づく不利益措置の場合よりもいっそう強く、個人の「自由」を侵害するものなのではあるまいか。修辞的にはこう言えるのかもしれない。「自由」の制限が極まるところに現出するのは、「自由」が不在で「制限」のみが際立つ状況である、と。

本稿は「人権」論を、個人の自由、ということを中核に考えてきた。具体的個人が現実生活のなかで実践しうる自由の領域はどこまでなのか、という思考である。この思考と、前述の第二の規範とは、たしかに相性が悪い。長谷部氏のいう「『切り札』としての人権」の内容が、「特定の理由にもとづいて政府が行動すること自体を禁止するもの」だとされたとき、即座には呑み込めなかったのも、そのためである。それは、個人に定礎する「自由」論、「権利」論というよりもむしろ、国家を目がけた「原則」論、一般的ルールとしての制限規範であるように思われた。

しかし、前述の第二の規範も、第一の規範と類比して考えるならば、むしろいっそう甚だしい「自由」の侵害であると受け止められるだろうこと、既に述べたとおりである。そして、第一の規範も第二の規範も、長谷部氏の言葉で言えば「個人の人格の根源的な平等性」の絶対的要請、という同じものの別の側面を表現したものなのだから、一方を「人権」論に分類して他方をそうしない、という扱いは適切であるとは思えない。

結局、本稿としては次のように考えることにしたい。「個人の人格の根源的な平等性」の絶対的要請、長谷部氏の言葉を若干モディファイして言えば〈個人の選択した生き方・考え方、あるいは個人の生来の存在特質を、それが根本的に誤っているから・劣っているからという理由に基づいて、否定し干渉することの絶対的禁止〉の要請は、本稿のいう「人権」論に含まれる。但し、それは次の二点で、他の通常の「人権」論とは違った性質を持つ。一。既述のように、本稿のいう「人権」論が、現実生活のなかで具体的個人が実践しうる自由の領域を突き止めようとする思考である限り、基本的にはそれは絶対的な規範としては語りえず、常に社会秩序との調整に服すべきものだと考えられる。それに対して「個人の人格の根源的な平等性」の要請は、絶対的規範であるという特質を持つ。それはこの規範が、一面では「自由」論ないし主観的権利として捉えられる側面を持ちつつも、同時に他面では、客観的法原則として捉えられる側面を持つことに負っている。二。観念的な位置関係として、「個人の人格の根源的な平等性」の絶対的要請は、自由に関する不可避的に相対的な諸々の規範、これらの基底にあるものだと考えられる。「人権」論のなかで、諸々の「自由」論が林立している。その基底に、まず、「思想信条を理由とした不利益取扱いの禁止」という規範が、主観的権利としての性格と客観的法原則としてのそれとを併せ持つかたちで、横たわっている。それと連続しながら、しかし次第にむしろ客観的法原則としての性格を強めたかたちで、「人種等を理由とした不利益取扱いの禁止」という規範が、横たわっている。要は、主観的権利としての「自由」論は、それだけでは立ち行かず、ある種の客観的法原則による基盤を必要とする、ということだと思われる。

本稿のいう「人権」論を、再び奥平氏の議論と関連づけておこう。そこでの「自由」の問題は全て、本稿のいう

「人権」論に入る。それとは別に、「個人の人格の根源的な平等性」の絶対的要請との抵触問題が、本稿のいう「人権」論には含まれる。ふたつは同じく「人権」論の中にあって、問題とする次元を異にする。「自由」論は、「公権力がそういうかたちで私に不利益を課すことが、私の自由の領域を侵害する」と主張する。[51]「個人の人格の根源的な平等性」論は、「公権力がそういう理由で私に不利益を課すことが、私の自由を侵害する」と主張する。このように「人権」論の中に二つの系統があるのだとすると、まず、奥平氏のいう「平等」問題のうち、「個人の人格の根源的な平等性」の絶対的要請との抵触が問題になる事例は、やはり「人権」論に入ることになる。また、「自由」制限のケースが、同時にそれとは別に「個人の人格の根源的な平等性」に反している、ということもありうる道理となる。[52]

先に丸刈り事例の文脈で考案したケースを素材にして、頭の整理をしておこう。まず、思想信条という区分に基づいて、共産主義思想を保持する個人にだけ丸刈りを強制する措置が採られているケースである。ここではまずもって、丸刈りを強制する措置が採られている以上、容姿・身なり・髪型の自由の制限がかならず問題になる。それと同時に、この、「平等」違反ではなく「自由」制限というかたちでの不利益措置は、その人に対して、不利益を課されたくなければ共産主義思想を捨てろ、と迫る機能を持つから、思想良心の自由の侵害ではないかが、「人権」論として考察されなければならない。次に、人種という区分に基づいて、黒人のみに丸刈りを強制する措置のケースである。ここでもまず、その措置が髪型の自由の制限として憲法上、容認しうるものかどうかが検討される。それと同時に、その「自由」制限的措置が〈個人の生来の存在特質が根本的に劣っているからという理由に基づいて〉採られていないかが、「人権」論として検討されねばならない。最後に、実際に訴訟で争われた、性別という区分に基づいて、男子生徒のみに丸刈りを強制する措置であるが、ここでも、髪型の自由の制限としての合憲性という論点と同時に、男性であるという〈生来の存在特質が根本的に劣っているからという理由に基づいて〉その措置が採られたのかどうかという点が、理論的には「人権」論として検討されるべきだということになろう。[53]

3　「不利益取扱い」型、及びそれと結合した「内心調査」制度

以下では、具体的に「内心に有るもの」を理由とした不利益取扱い」の問題場面について、「人権」論としての考察を加えていきたい。既に見たように、この問題場面では、「人権」論とはいえ主観的権利論と客観的法原則論との二つの側面がある（それに対して、本稿三4および5で扱う問題場面では、主観的権利論の側面だけがある）。そして、両者はアプローチを異にしつつも、同じ結論を指示するはずのものである。

公権力が、特定内容の思想良心を持っていることを理由にして、その思想良心の持ち主に対して不利益な取扱いをすることは、明白に憲法一九条に反している。公権力によるそのような不利益取扱い、ないしは国家行為は、正に思想良心の自由の侵害を意図してなされたものである（「意図」型）。不利益措置を受ける個人は機能的には、その措置を受けたくなければ自らの保持する特定内容の信条を捨てろ、と迫られる。そして正にそのことが、ここでの公権力の意図ないし狙いなのである。それゆえ、まず主観的権利論として言えば、そうした国家行為によって不利益に取扱われる全ての諸個人は、憲法上の救済を受けることができると考えられる。また客観的法原則論として言えば、公権力にはそのような意図をもって国家行為を行うこと自体が絶対的に禁止されている。

このような、特定内容の思想良心の保持ゆえの不利益取扱いの前提として、「内心調査」が行われるとき、それに抗する憲法一九条による権利として、「沈黙の自由」——自らの「内心に有るもの」（＝思想良心）を明らかにしないという意味での——が主張される。

「内心調査」とは何か。本稿ではこれを広い意味で理解し、公権力が個人の「内心に有るもの」の開示を求めることを、「内心調査」と呼ぶ。そのとき、「内心調査」制度のありようを、その制度に固有の強制装置を備えているものといないものとに区別できる。すなわち、「内心調査」制度Aは、「内心に有るもの」の開示をしない者および虚偽内容の開示を行う者に対して、およそ開示をしないこと・虚偽内容の開示をすることそのことに対して罰則などの不利益を課す。それに対して、「内心調査」制度Bは、たんに「内心に有るもの」の開示を求めるだけであって、開示をしない者および虚偽内容の開示を行う者に対する制裁手段を備えていない。

「内心調査」制度はふつう、無目的に設置されることはない。本稿が焦点を合わせつつあるのは、「内心調査」制度の設置目的が、特定内容の思想良心を保持する者を探し出し、その者に不利益を課すことにある場合である（制度目的X）。そして、同制度が設置される場合の多くはそれが真の目的ではないか、と疑うのに十分な根拠があるというべきであろう。しかし、本稿のいう広義の「内心調査」制度は、それ以外の目的（制度目的Y）のためにも設置されることがあると考えられる。

制度目的Xのために設置される「内心調査」制度は、AでもBでもありうるが、いま話を単純にするために、制度固有の強制装置を持たない制度Bが、ここで採用されたとしよう（X-B制度）。そしてこれを、X以外の目的（制度目的Y）のために、制度固有の強制装置を持つ制度Aが採用された場合（Y-A制度）と比較してみよう。

Y-A制度においては、制度Aを採用する以上、「内心に有るもの」の内容にかかわらず、およそ開示をしないこと・虚偽内容の開示をすることそのことに対して、罰則などの不利益が課される。それに対してX-B制度においては、制度Aを採用しない以上、そのように「内心調査」制度に内在的なかたちでの不利益は課されない。だが、制度目的Xからくる、「内心調査」制度に外在的なかたちでの不利益を課されることになる。そこでは「内心に有るもの」の内容こそが問題であり、開示をした結果、「内心に有るもの」が特定の内容であることが判明した場合に、それに不利益を課すことを基本とする。そして、開示しない者には、その特定内容の思想良心を保持するとみなして、同様に不利益を課し、偽って特定内容の思想良心を保持しないと申告する者には、その虚偽性が明らかになった時点で、虚偽の申告をしたゆえにではなく正にその特定内容の思想良心を保持することを理由に、やはり同様の不利益を課すのである。

本稿の考えでは、この「内心調査」に対抗するという文脈で主張される「沈黙の自由」は、AであれBであれその「内心調査」制度が制度目的Xと結合する場合に、憲法一九条による絶対的保障を受ける。制度目的Xと結合する「内心調査」制度はAであれBであれ、後述のように、絶対的に違憲無効だと考えられる。

だが、制度目的Xと結合しない「内心調査」制度に対抗して、どこまでの強さで「沈黙の自由」を主張できるかは、ケース・バイ・ケースに考える必要がある。まず、X以外の目的（制度目的Y）のために制度Aが設置される場合、制度Aに内在する強制に抗して主張される「沈黙の自由」は、憲法一九条の問題ではなくむしろ憲法二一条に基づく消極的表現の自由（＝表現しない自由）の問題として理解するほうが適切であることが多いように思われる。次に、X以外の目的（制度目的Y）のために制度Bが設置される場合、そこには少なくとも制度に内在する強制はないから、その限りで「沈黙の自由」という「人権」が侵害されたと言うのは困難であろう。

具体例に即して、以上のことを敷衍しよう。この第一の問題場面に該当する私人間関係での代表的な判例として、いわゆる三菱樹脂事件(54)があるのだが、ここではこの事件をずっと単純化して、公権力と個人との雇用関係の事例として考察しよう。

まず、特定内容の思想良心――例えば共産主義思想――を保持していることを理由に、国がある人を公務員として雇い入れるのを拒否するとしよう。これは、国家公務員法二七条の規定を待つまでもなく、憲法一九条に照らして、違憲・違法である。特定内容の思想良心の保持を理由とした雇い入れ拒否という国家行為は、それがなされる全ての場合について違憲無効である。

ところで、そのときの公務員採用事業を全体として見ると、そこには、①特定内容の思想良心の保持を理由として採用を拒否された者、のほかに、②それ以外（典型的には能力の不十分さ）を理由として採用を拒否された者、および、③採用された者、がいる。一方の主観的権利論として論じるとき、この公務員採用事業において思想良心の自由を侵害されたのは、そのうち、特定内容の思想良心の保持を理由として採用を拒否された者だけである。したがって、違憲無効とされるのは、全体としての公務員採用事業のうち、彼らに対する採用拒否行為の部分だけである。具体的には、彼らを採用拒否する理由が、特定内容の思想良心を保持することに尽きる場合には、彼らを公務員として採用しなければならない。他方の客観的法原則論として論じるとき、特定内容の思想良心の保持者に不利益を課す、という意図に基づく国家行為は、具体的には、事業全体のうち、特定内容の思想良心の保持者を採用拒否する部分に限られるから、やはりその部分だけを無効にすることになろう。

つぎに、特定内容の思想良心を保持するがゆえの雇用拒否、という方針が前提にあるところで、公権力が公務員の採用面接の場で「内心調査」を行うこと——思想良心の内容の申告を就職希望者に対して求め、申告しない者は特定内容の思想良心を保持するものとみなして雇用拒否すること——（上述のX‐B制度）も、違憲・違法である。

この点を、客観的法原則論として論証するのはたやすい。「内心調査」制度を設けるそもそもの理由が、絶対的に禁止されているはずの意図——特定内容の思想良心を保持するがゆえの不利益扱い——に基づいているのだから、その制度は全体として違憲無効である。以下では、主観的権利論として同じ結論に到達する理路を辿ることにしよう。

ここでは、思想良心ゆえの不利益取扱い——本例では雇用拒否——ということを背景にして思想良心の申告を求めるという国家行為が、憲法一九条に照らして違憲であると考えられる。つまり、不利益取扱いという国家行為が行われる時点に到ってはじめて、その不利益取扱い行為が違憲とされるというのではなく、その前段階の、思想良心の申告を求めるという国家行為がすでに違憲だとされる。要するに、最初の、ある人に思想良心の申告を求める国家行為から、最後の、ある人をその思想良心ゆえに不利益に取扱う国家行為までを、ひとつの流れのなかで捉えて、その最初の行為を違憲とするわけである。

　このように考えると、不利益取扱い行為が、その対象となった全ての人に対する関係で違憲無効とされるのと同じ理由から、思想良心の申告を求める国家行為もまた、同じ人々全てに対する関係で違憲無効とされることになる。

　以上の論証で、特定内容の思想良心を保持する者すべてに対する関係で「内心調査」が違憲無効であることは言えた。しかしこれだけだと、「内心調査」制度の残余の部分は有効なものとして維持されることになり、客観的法原則論によって辿り着いた結論と齟齬する。それでは、特定内容いがいの思想良心を保持する者すべてに対する関係では、「内心調査」制度の合憲性はどのように考えられるだろうか。

　「内心調査」のX-B制度に対して、特定内容いがいの思想良心を保持する者がどのような状況に置かれているのかを、まず考えよう。その者は、自らの思想良心の内容を申告しない場合には、特定内容の思想良心を保持するものとみなされて、不利益を課される。しかしその者が、正直に自らの思想良心の内容を申告した場合、特に不利益を課されることはない。虚偽内容の思想良心を申告しても、特定内容でさえなければ、不利益は課されない。但し、申告を拒否すると前述のように不利益を課されるから、その限りで、これらの場合にも申告を促す法的強制力が働いている。つまりこの場合には、正直に思想良心の内容を申告するよう促すような法的強制力は必ずしも働いていないが、申告を拒否したり、偽って特定内容の申告を行ったりすれば、不利益が課される、というかたちでの法的強制力は、間違いなく働いているのである。

　そこで、ひとつの考え方は、申告をしないことそのことに対する罰則というのではなくて（これは第一次的には消極的表現の自由の問題だろう）、申告をしないことが特定内容の思想良心の保持ということと同視されて不利益を課されるという、そのような形での強制に曝されるのは、たとえその人がその特定内容の思想良心を保持していなくても、その人の思想良心の自由ないし「沈黙の自由」を侵害する、というものだ。そう考えると、特定内容の思想良心を保持する者の「人権」と、それ以外の内容の思想良心を保持する者の「人権」とが集積した結果として、「内心調査」制度ぜんたいの違憲無効を導き出すことができよう。

もうひとつの考え方は、こうである。「内心調査」の全体のうち、上述のように、特定内容の思想良心を保持する者に対する部分はすべて、違憲無効である。では、「内心調査」の全体のうち、それ以外の部分――特定内容いがいの思想良心を保持する者に対する部分――だけを有効なものとして残すことに、「内心調査」という法制度としての意味はあるだろうか。この「内心調査」という法制度は、特定内容の思想良心を保持する者を探し出し、その者に正に特定内容の思想良心の保持ゆえに不利益を課すことを目的として設置されたのだから、特定内容の思想良心を保持する者に対する部分とそれ以外の部分とは不可分なのではなかろうか。そうであるなら、特定内容の思想良心を保持する者すべての「人権」から出発し、「内心調査」制度の全体としての不可分的性質を経由することによって、「内心調査」制度ぜんたいの違憲無効を論証することができよう(55)。

別の具体例を挙げる。裁判において証人に証言義務を課し、正当な理由なく証言を拒む場合にその証人に刑罰を科す、という法制度がある（民事訴訟法二〇〇条、刑事訴訟法一六〇条）。この法制度も、個人の「内心に有るもの」の開示を求めているのだから、前に定義した「内心調査」に該当する（Y-A制度）。ではこの法制度は、憲法一九条の保障する「沈黙の自由」を侵害しないだろうか。

一般にこの場合には、憲法一九条に反しないと考えられている。この例を、公務員の採用面接の場における内心調査という、前の設例（X-B制度）と比べたとき、二つの点で違いを指摘できる。第一に、「内心に有るもの」の開示が求められる理由である。この例では、公正な裁判の実現という目的のために、事実に関する証言が必要だということである。それに対して前の例では、特定の思想良心の保持者を探知して、この者に対して不利益扱いを行うことが目的だった。別言すれば、この例は、特定の思想良心の保持ゆえの不利益取扱いの前提としての内心調査ではない、つまりその制度目的はXではない（＝Yである）。第二に、開示が求められる「内心に有るもの」の内容である。この例ではそれは、「必ずしも思想と関連しない単なる知識や事実の知不知」[56]である。それに対して前の例（三菱樹脂事件）ではそれは、在学中に学生運動に参加したかどうかといった、特定の思想を推知せしめるような諸事実であった。

従来の議論においては、特定の「内心調査」ないし「沈黙の自由」の問題状況を憲法一九条の問題として把握すべきか否かの決め手として、いま指摘した二点のうち、第二の点が強調されてきた[57]。本稿もその重要性を認めるが、従来の議論が看過してきた第一の点も、それに劣らず――あるいはそれ以上に――重要であることを主張したい。

特定内容の思想良心を保持しているという理由でその者を不利益に取扱うことは、思想良心の自由の侵害として、公権力に絶対的に禁止されている。そうした制度目的Xに仕えるための「内心調査」制度は、憲法一九条に基づく「沈黙の自由」を根拠に違憲無効とされなければならない。それに対して、X以外の目的（制度目的Y）のために、制度固有の強制力を備えた「内心調査」制度Aが設置される場合、（上述の第二点目の考慮をここで度外視すれば、）それはまずは憲法二一条に基づく「沈黙の自由」、すなわち「表現しない自由」の問題であると把握できる。「表現しない自由」の問題状況は、「表現する自由」のそれとパラレルに描き出すことができる。そこで問われるのは、その人が一定内容のメッセージを発しないことが、どのような現実的な害悪を発生させるのか、ということである。前記の裁判における証言義務に即して言えば、求められた事柄に関する証言を拒むことが、事実に即した裁判の実現を困難にするという害悪を生じさせるがゆえに、証言を促すような法的仕組みを設けることが正当化される。一定内容のメッセージを発すること・発しないことがもたらす社会的害悪のゆえに、その表現行為・沈黙行為を規制する、というのが、表現の自由の（内容規制の）問題である。それは、表現行為・沈黙行為という行為に先立って「内心に有るもの」が、正に内心に有るという理由で、その人に不利益を課す、という思想良心の自由の問題状況とは、区別される。[58][59]

4　「自発的行為の強制」型　思想良心の自由の代表的な侵害状況を構成するものとして認識されてきた第二の問題場面は、「内心に有るものに反する外部的行為の規制」である。

本稿はこの問題場面をさらに、その外部的行為の性質という観点から、「自発的行為の強制」型と「外面的行為の規制」型へと二分する。

まず、いわゆる謝罪広告事件[60]を素材にして、この問題場面についての考察を進めよう。

この事件の事実関係は、次のようなものだった。Mはラジオ・新聞で、Nが汚職をした事実を公表した。ところが民事裁判の第一審・第二審では、Mが虚偽の事実の公表によってNの名誉を毀損したと判断された。そして、民法七二三条にある「名誉ヲ回復スルニ適当ナル処分」として、Mの名で、「放送および記事は真実に相違して居り、貴下の名誉を傷け……ここに陳謝の意を表します」という文面の「謝罪広告」を新聞に掲載することが、裁判所によって命じられた。そこでMは上告し、「現在でも演説の内容は真実であ〔る〕……との確信を持っている……〔M〕の全然意図しない言説を〔M〕の名前で新聞に掲載せしむる如きは、〔M〕の良心の自由を侵害する」と主張した。

Mの内心には、かつての自分の発言が「真実に相違して居り」との認識も、そのことに関する「陳謝の意」も無い。にもかかわらず、それが有るかのような外部的行為を裁判所によって強制されることは、憲法一九条に反しないか。それがこの事件で問題とされたことである。[61]

判断の分かれ目となるものとして理解されてきたひとつのポイントは、憲法一九条のいう「思想及び良心」をどのような内容のものとして捉えるかである。最高裁判決の多数意見は、この論点に立ち入らないまま、「少くともこの種の謝罪広告を新聞紙に掲載すべきことを命ずる原判決は……上告人の有する倫理的な意思、良心の自由を侵害することを要求するものとは解せられない」と判断した。だが個別意見では、この論点を意識した議論がなされている。田中耕太郎裁判官の補足意見のように、これを「宗教上の信仰に限らずひろく世界観や主義や主張を持つこと」であると理解し、「謝罪の意思表示の基礎としての道徳的の反省とか誠実さというものを含まないと解する」ならば（限定説）、「本件は憲法一九条とは無関係」である。それに対して、藤田八郎裁判官の反対意見のように、憲法一九条のいう「思想及び良心」を「事物に関する是非弁別……の判断」にまで及ぶものと理解するならば（広義説）、本件は思想良心の自由との関係で問題を生じる。

本件が「内心に有るものに反する外部的行為の規制」という類型に合致している点に異論はなかろう。そこで従来は、「内心に有るもの」を、限定説と広義説のいずれで捉えるべきかが論点として意識されてきたわけである。しかし本稿の見るところ、それと同時に、強制される「外部的行為」の性質というもうひとつ別の論点[62]が、「内心に有るもの」の広狭という論点と十分に区別されることなく、それと重ね合わさるようにして採用されてきた。

強制される「外部的行為」の性質という論点とは何か。それは、その外部的行為が、行為者によって自発的・自主的に（voluntarily）なされなかったとしても、なお意味があると考えられるかどうか、という問題である。「謝罪広告」が強制執行される事態を、限定説は、「命じられた者がいやいやながら命令に従う場合」として把握し、「謝罪する意思が伴わない謝罪広告といえども、法の世界においては被害者にとって意味がある」と考える（田中耕太郎補足意見）。それに対して、広義説は、「謝罪は法の世界のほかなる宗教上、道徳風俗上若しくは信条上の内心の善悪の判断をまって始めてなされるものであり、そして内心から自己の行為を悪と自覚した場合にのみ価値ある筈のものだ」と考える（垂水克己反対意見）。このいずれを説得的と考えるか。本稿は広義説のほうに説得力が備わっていると思うが、「謝罪広告」掲載という特定の行為に対する本稿の実践的判断をここで強調するつもりはない。

本稿がここで主張するのは、次のような規範命題ないし判断枠組みが、憲法一九条の解釈論として、これまでの議論のなかに潜在しており、かつ広く受け入れられていたと思われる、という点である。こうである。ある種の外部的行為は、行為者の自発性・自主性に基づいていてはじめて、意味があるものと考えられる。そのような外部的行為（「自発的行為」）を強制的に行わせることは、行為者の思想良心の自由を侵害するものとして憲法上許されない。

たしかに、「内心に有るもの」を広く捉えるなら、それに基づく行為の範囲もそれだけ広くなり、結果として憲法一九条の保護を受ける行為の範囲も広がるだろう。そのように、「内心に有るもの」の広狭の範囲をまず考えて、それに対応してそのような「内心に有るもの」に基づく行為の範囲を考える、というアプローチが、ひとつある。だがそれとは別に、その事件類型で強制されている「外部的行為」の性質を憲法一九条の観点から直接に評価する、というアプローチが、もうひとつある。ここで、憲法一九条の観点からセンシティヴであると考えられる「外部的行為」の範囲——したがって憲法一九条の保護により、公権力がその行為を強制できないと考えられる「外部的行為」の範囲——を広く捉えるなら、それに対応する「内心に有るもの」の範囲もそれだけ広くなるとも考えられる。だが、この後者のアプローチは、「内心に有るもの」の範囲いかんという問題と取組むことなく事案の解決を指示すものである。このふたつのアプローチは別物であり、区別されるべきである。(63)

話を次に進めよう。以上のように、強制される「外部的行為」の性質に着目し、それが行為者の自発性に基づくのでないなら意味がないと考えられるような行為（「自発的行為」）である場合には、そうした「自発的行為」の強制は憲法一九条に照らして許されない、という解釈論を採用するとしよう。かつまた、「謝罪広告」の掲載がそのような「自発的行為」に該当すると考えるとしよう。その場合に、思想良心の自由という「人権」論から、どのような法的効果を解釈上導き出せるだろうか。

「謝罪広告」を命じる本件判決は、Mの任意の履行がない場合には強制執行をなし得るものとして、出された。上記の考え方に立つ場合、そのような本件判決は、思想良心の自由を侵害するものであり、違憲である。強制執行の裏付けをもって「謝罪広告」を命じる給付判決がそのような理由で違憲であるのは、たんにMのように「陳謝の意」を全く持たない者に対して出される場合だけ、そうであるのではない。誰に対して出されても――内心に「陳謝の意」を持つ者に対して出されても――違憲であると考えられる。何故なら、「強制」されて行う「謝罪」行為はもはや自発性に基づいているとは言えず、それゆえその「強制」は、内心に「謝罪」の気持ちを持つ者の思想良心の自由をも侵害するからである。それゆえ裁判所は、そのような給付判決を出すことを、憲法によって一切、禁じられていることになる。

では、入江俊郎裁判官の意見が説くように、仮に本件判決が「給付判決ではあるが……その強制執行は許されないもの」、「本件判決は〔M〕の任意の履行をまつ外は、その内容を実現させることのできないもの」だとすると、どうだろう。ここでは、「給付判決の請求と、強制執行の請求とは一応別個の事柄」として区別されている。そして一方で、「謝罪広告」掲載の実現を目指した強制執行がなされるならば、その執行行為は違憲である。だが他方で、強制執行の伴わない、給付判決じたい（あるいは、裁判所が「謝罪広告を掲載しなさい」と述べることじたい）は、憲法一九条との関係では許容されている、と考えるのである。このような考え方に対して、「人権」論からのアプローチによって、給付判決じたいの違憲性をはたして論証することができるだろうか。

本稿は難しいと思う。この場合、給付判決は、「強制」を伴わないある種の政府言論（government speech）[64]であるに止まる。本稿の考えでは、憲法一九条に関する「人権」論のポイントは「強制」の有無にあるから、「強制」を伴わない政府言論にどのように制約をかけることができるかという問題には、「国家権力の限界」論からアプローチしていく必要があろう。ここでは問題指摘に止めるしかない[65]。

5　「外面的行為の規制」型

以上に検討した謝罪広告事件においては、「内心に有るもの」に反して強制される「外部的行為」は、当人の自発性に基づいていなければその行為の本来の趣旨が没却されるという性格のものであった（「自発的行為の強制」型）。だが、「内心に有るものに反する外部的行為の規制（＝強制・禁止）」という問題場面に該当する多くのケースでは、そのような性格の「外部的行為」が強制されているわけではない。そうではなくて、当人の自発性に基づいていなくてもその行為が現実に行われること自体に価値がある、という性格の「外部的行為」が強制・禁止されることのほうが多いだろう。ここでは「自発的行為」ならざるそうした性格の外部的行為を「外面的行為」と呼び、それが公権力によって強制・禁止されることから思想良心の自由の侵害が問題になる状況を「外面的行為の規制」型と呼ぶことにしよう。

憲法一九条に関する日本の著名な判例のなかに、この型に該当するケースはまだない。だが憲法二〇条に関する判例には、いわゆる剣道実技参加拒否事件(66)がある。

この事件の概要は次のようなものであった。或る高等専門学校Pでは、第一学年の必修科目である体育科目の種目として剣道を採用した。生徒Qは「エホバの証人」の信徒であり、その教義に従い、格技である剣道の実技に参加することは自己の宗教的信条と根本的に相いれないとの信念の下に、剣道実技には参加しなかった。代わりにレポート提出などの代替措置をPに求めたが、この申入れは認められず、結局、この体育科目の単位不認定のゆえに、Qは二回連続の原級留置処分を受け、そのことが退学事由に該るとして退学処分を受けたのである。

本件ではQに、剣道実技への参加という「外面的行為」が「規制（＝本件では強制）」されている。ここで剣道実技への参加が「外面的行為」だというのは、「体力の向上及び健康の保持増進に関する指導」（高等学校学習指導要領）という体育科目の教育目的は、生徒本人がいやいや参加する場合にも（つまりその行為が自発的でなく行われる場合にも）、達成されると考えられるからである。また、ここで「規制」というのは、それを行わなければ生徒が最終的には退学処分という不利益措置を受けることを指す。そして、剣道実技の参加という「外面的行為の規制」は、聖書の記述に忠実に従うことを信仰実践とし、かつ格技を行うことが聖書の教えに反すると固く信じる「エホバの証人」の信者にとって、彼の「内心に有るもの」に反していることが、見て取れよう。この事例が、「内心に有るものに反する『外面的行為』の規制」の好例である所以である。

こうした場合、信教の自由論としては、アメリカ憲法学に倣って、次のような考え方が今日では広く受け入れられている。こうである。世俗目的で制定されかつ一般的に適用される規制法規が、或る個人の真摯な信仰と深いレベルで衝突するとき、同規制からその信仰者を免除することが、憲法上の要請である。ただし、免除しないことを正当化する非常に強い公共目的が存在する場合には、この限りではない。また、可能な場合には、免除される者に、当該規制に代替するような負担が課されるべきである。(67)

ほぼ同じ考え方を、信教の自由の領域に限らずに、広く内面的な精神的自由一般について展開する解釈論が、西原氏によってかなり早い時期から、旧西ドイツの憲法学の研究を基盤としつつ説かれている。(68) つまり前記の、一般的な規制措置からの義務免除を、宗教的信条の保持者だけでなく世俗的信条の保持者にも承認していこうとする立場である。(69)

本稿は、この立場に立脚する。この考え方を、思想良心の自由について更めて定式化しよう。公権力が、特定内容の「内心に有るもの」を侵害する意図なしに、一般的な規制措置を行う場合に、それによる「外面的行為の規制（＝強制・禁止）」が或る個人の保持する特定内容の「内心に有るもの」と深いレベルで衝突するとき、同規制からその個人を免除することが憲法上の要請である。ただし、免除しないことを正当化する非常に強い公共目的が存在する場合には、この限りではない。また、可能な場合には、免除される者に、当該規制に代替するような負担が課されるべきである。

この解釈論では、「外面的行為の規制」が、その個人の特定内容の「内心に有るもの」と「深いレベルで衝突する」ことが、義務免除が認められるために必要とされている点に注意しなければならない。あまりに広く義務免除を承認していくと、国家の統治活動じたいが成り立たなくなるからである。剣道実技拒否事件の最高裁判決でも、Qが剣道実技の参加を拒否する理由が、Q「の信仰の核心部分と密接に関連する」ことが認められている。これを、「内心に有るもの」の範囲を限定説と広義説のいずれで捉えるべきかという、先に紹介した論点と関連づけるならば、この問題場面では、限定説の方向で考えていくことが必要だ、ということになろう。この点を具体的事例に適用する仕事は容易ではないが、避けては通れない。

もうひとつ、この「外面的行為の規制」型においては、思想良心の自由を憲法的に保護する効果が、当該個人に対する義務免除（ならびに可能な場合の代替的義務の賦課）に限られ、規制措置が全体としては有効なものとして維持される点が重要である。剣道実技拒否事件に即して言えば、体育科目の種目として剣道が採用されることは全体としては有効であり、ただQ、およびQと同様の信仰内容を持つ者に対してだけ、参加義務の免除と代替的義務の賦課がなされる。この点は、その措置の規制対象となる全ての人の「人権」を侵害するとみなされる結果として、その措置が全体として違憲無効なものと考えられた、三3の「内心調査」のX-AまたはX-B制度や、三4の「自発的行為の強制」型と、大きく異なる点である。

四　公立高校の儀式における国歌斉唱――「人権」論からのアプローチ

1　問題の設定――「人権」論の守備範囲

三で論じた、思想良心の自由に関する「人権」論を、以下では具体的に、公立高等学校の入学式および卒業式の式次第に国歌斉唱を取り込む措置について、適用することにしたい。(70)

なぜ素材として、「高等学校」の入学式および卒業式の場面を選ぶのか。直接的には、一で述べたように、この点に関する西原氏の憲法解釈論に対するオルタナティヴを提示することが本稿の執筆動機だったからであるが、さらに次のような一般的な弁明ができよう。

国旗国歌法の制定が日本社会に及ぼす影響の射程は、学校に限られていない。だが、戦後日本において早くから『「日の丸」・「君が代」を学校に特化させる構造』[71]が形成されてきたことが指摘されている。そして同法の制定は、高校の卒業式で「日の丸」・「君が代」を完全実施すべしとの職務命令を出す県教育委員会と、それに反対する現場の教員の板挟みになって、広島県立世羅高校の校長が自ら命を絶った事件（一九九九年二月）を契機としたものだった。かつまた、同法の制定以後、いちばん人々の注目を集めてきたのが、公立の初等教育・中等教育の現場における問題であることにも、多数の同意が得られよう。そこで、何より公立の学校現場の問題を取り上げようと思うのである。

ところで、三で論じた思想良心の自由論は、主体である個人が一人前の大人であり、すでに特定内容の思想良心を保持している、ということを前提にした、いわば静態的な議論であった。ところが公教育ないし学校教育の場面には、一筋縄ではいかない複雑さがある。まず、そこで教育を受ける主体は、判断能力がいまだ成熟していないとみなされている子どもである。それゆえ、彼らの思想良心の自由を考えるときには、すでに特定内容の思想良心を保持していると想定するのではなく、彼らが自由に思想良心の内容を形成していくために何が要請されるか、というわば動態的な思考が求められる。[72]つぎに、公権力が学校教育を通じて、何を、どのように教えることが憲法上、要請され許容されまた禁止されているか、という、未だ十分な解明がなされていない難問がある。[73]

そこで本稿では、学校現場における問題のうち、いちばん本稿にとって扱いやすい問題を取り上げることにした。小中学校ではなく「高等学校」を扱うのは、高校生の判断能力がかなり大人に近づいていると考えられるからである。また、授業の場面ではなく儀式の場面を扱うのは、「教育」の周辺的な場面であれば、その中核的場面に伴う難しい問題の考慮をかなりの程度、回避できるだろうからである。このように、本稿にとっていちばん扱いやすい素材を選ぶのだとはいえ、なお、学校現場の事情に暗く、教育法の素養も欠くところでなされる本稿の考察には、不十分な点がたくさんあるに違いない。

本題に入ろう。まず、国旗国歌法が制定されて以後の学校現場の問題において、「国家権力の限界」論と区別される「人権」論が力を発揮しうる領域がどこにあるのかを見極める作業を、二で行ったのと同様に、宗教的場面と対比させながら行いたい。

その作業について、二点の断り書きが必要であろう。その一。この作業の目的は、「人権」論の領域を明確にすることにより、その領域内において、国家権力に対して禁止規範を課す強力な憲法上の議論を展開することにある。だが、ひとつには、「人権」論の領域の外側だとされても、本稿では考察の外においた「国家権力の限界」論によって国家権力に対して憲法的統制を及ぼす理論的可能性が、まだ残っている。また、ふたつには、公権力の一定の行為が憲法で禁止されていないからといって、憲法上そうしなければならないことにはならない。民主主義の手続きに訴えてそうするのをやめる道は、常に開かれているはずである。その二。「人権」論も、生徒を主体とする議論と教師を主体とする議論との二つを、別個に検討する必要がある。以下の作業では、生徒を主体に考えるところから始める。

第一に、「日の丸」を国旗とし、「君が代」を国歌と定める、国旗国歌法の制定じたいには、憲法上の問題はないのか。宗教的場面でキリスト教を取り上げてアナロジーを行えば、たとえば十字架のマークを公定シンボルとし、賛美歌のひとつを公定歌と定める法律を国会が定めたとして、それに憲法上の問題はないか、となる。これは、政教分離体制を採用する国では、文句なく憲法違反である。いっぽう、キリスト教の国教制を採用する国では、合憲とされるだろう。世俗的場面に戻って、国旗国歌法の制定はどうか。同法の制定そのことが、個人の精神的自由（「人権」）を何らかのかたちで侵害していると立論するのは困難であろう。この次元の問題に憲法的統制を加えるのは、「人権」論ではなく、「国家権力の限界」論の役目である。

第二に、公立高校の卒業式等で、国旗が壇上に掲げてあるが、敬礼などそれに対する特別なリアクションを生徒に求めることがない場合。また、式の前後に国歌のテープ演奏がＢＧＭとして流れている場合、あるいは、もう一歩すすんで、生徒の入退場などの際に国歌の曲が主催者によって流される場合。このような場合は、憲法上どのように評価されるだろうか。

もう一段階すすんで、式次第のなかに国旗掲揚の部分があり、数分間の間、国旗が掲揚されるに至る状況を生徒は観察するのを余儀なくされるが、敬礼などの特別の行為は要求されない場合。また、式次第に国歌斉唱の部分があるが、それは学校側が行うにすぎず、生徒はそれを聞くことにはなるが、一斉に歌うことは求められない場合。このような場合はどうだろうか。

再び、宗教的場面でのアナロジーを行おう。公立高校の卒業式で、そのプログラムの一部に、壇上に十字架のシンボルを掲げる作業の行われる時間が設けられているが、それに対して生徒に拝礼などの行為を求めることはない。また、主催者側として、テープ演奏なり聖歌隊の歌唱なりという形で賛美歌を聴く部分を式次第に含めているが、生徒はそれを聞くだけで、一緒に歌うことは求められない場合、である。政教分離を採用する国では、これも憲法違反とされる。たしかに生徒に対する「強制」の要素は見出されないが、公権力が宗教的事項に関与する、そのことが政教分離原則に照らして違憲だと考えられるのである。だが、キリスト教の国教制を採用する国では、合憲とされよう。世俗的場面に戻って、国旗・国歌に関する前記の設例でも、そこに生徒個々人に対する「強制」の要素が検出され、したがって「人権」論の領域だとされない限り、それに憲法的制約を加えていくのは「国家権力の限界」論の任務だ、ということになる。公権力ないし学校当局の側が、ある種の「政府言論」を表明しているのは明らかであるが、そのことと、個人の精神的自由に対する具体的侵害があるかどうかという問題とは別である。

第三に、公立高校の卒業式等において、式次第に国旗掲揚の一項目があって、そこで生徒に、敬礼や直立不動といった身体表現が求められる場合。また、式次第に国歌斉唱の一項目があり、そこで生徒に対して起立し斉唱することが求められる場合。この段階に至ると、そこでの学校側による生徒に対する「求め」が、「強制」にわたるものでないかどうかが、「人権」論として問題になると考えられる。

2　対・生徒の関係――「自発的行為の強制」型

そこで、この場面で生徒に対する関係において、憲法一九条に関する「人権」論がどのように適用されるかを論じよう。本稿は、次の法命題を主張する。生徒個々人に対して、「国歌の斉唱」行為を強制することは、その個人の思想良心の自由を侵害する。この法命題の意味内容を明確にし、それを正当化するためには、以下の三点を、論点として取り上げなければならない。ひとつは、強制してはならない「国歌の斉唱」とは、公立高校の卒業式等の場面では、具体的にどの行為を指すのか。ふたつは、ひとつめの論点で確定されたその具体的行為を強制することが、どのように生徒個人の思想良心の自由を侵害すると説明できるのか。みっつは、そこでいう「強制」とは何か、どのようであればそこに「強制」があると言えるのか、である。

まず、ひとつめの論点から。――四1で、第一・第二・第三と三つに場合分けをし、第二の場合と第三の場合との間で線引きを行って、「人権」論として論じうるのは第三の場合に限られる、と論じたのは、この論点に関わっている。なぜ、そこで線を引くのか。具体的にどこで線引きをするかについては、ほんとうはもっと現場の状況に密着した判断が必要であろう。だが、その判断に至った思考の経路は、次のようなものである。問題は、公立高校の卒業式等が、どのような仕方で国旗と国歌を使うとき、それは生徒個人の自由の領域を侵害したことになるのだろうか、という点にある。本稿は、こう答えた。その卒業式等に列席している生徒個人の立場に立ったとき、「あれは主催者側が勝手にやっていることで、私には関係がない」と感じられる次元を越えて、そこで行われていることに自分もコミットさせられている、と感じられる次元に至る、その境界線こそが、「人権」論の始まる一線だ、と。ではそれは、具体的にどこか。式次第に国歌斉唱の一項目が含まれていても、主催者側が演奏ないし斉唱しているだけで、生徒側はそこに座ったまま、ただ聴くのを受忍させられている段階では、まだ、生徒として「君が代」にコミットさせられたとはいえない。しかし、そこで「一同起立」などの号令が主催者によってかけられ、たとえ内心では「君が代」に反対であってもそこでその生徒が起立するとき、それは「君が代」にコミットさせられたと感じるのではないだろうか。起立した後、実際に歌うことをしなくても、そこでの同調圧力に屈した、という実感は確実に存在すると思われる。だからこの文脈では、強制されてはならない「国歌の斉唱」とは、文字通り歌う行為を指すのではなく、号令に呼応して起立する行為を指すと見なければならない(74)。

つぎに、ふたつめの論点。――「君が代」にコミットしたくないと考えている人にとって、号令に応じて国歌斉唱のために起立する行為を強制されることが、「内心に有るものに反する外部的行為の規制（=本件では強制）」型に該当するのは、明らかであろう。そこで次に問題になるのは（いまここでは「規制」が存在することを前提にする）、その行為が「自発的行為」に該るか否か、である。該るとすると、この状況は「自発的行為の強制」型に該当することになり、従って、「国歌の斉唱」行為を強制するのは生徒全員に対して（つまり儀式のなかの国歌斉唱部分の全体が）違憲とされる。該らないとすると、この状況は「外面的行為の規制」型に該当することになり、「君が代」にコミットしたくないと考えている生徒は、その起立行為が自分の保持する特定内容の思想良心と深いレベルで衝突することを明らかにできるならば、原則としてその生徒個人かぎりでそこでの「規制」から免除されるが、儀式のなかの国歌斉唱の部分は全体として有効なものとされる。

では、号令に応じて国歌斉唱のために起立する行為は、「自発的行為」に該るのか否か。これに対する答えは、「国を愛する心を育てる……観点から、国旗を掲揚し国歌を斉唱する」（八七年一二月二四日教育課程審議会答申書）という趣旨を真面目に受け取るすべての人にとって、自明であろう。もちろん「自発的行為」に該当する。「国歌の斉唱」行為は、それを行う個人の自発性に基づいていてはじめて意味がある「自発的行為」である。「君が代」にコミットする気持ちを内心において保持する人が、自主的にそれを表明する行為を行ってはじめて、その行為には本来の価値がある。それは、当人の自発性に基づいていなければ、その行為の本来の趣旨が没却される、そのような性格の行為である。内心では全く反省していないことが明らかな人に、強制してただ外面的にだけ謝罪行為を行わせるのが、無意味であるのと全く同じように、内心では「君が代」に反発していることが明らかな人に、強制力をもって無理に「国歌の斉唱」行為を行わせることは、その行為の本来の趣旨に反しているのである。

そうではなくて、「国歌の斉唱」行為は、当人の自発性に基づいていなくてもとにかくその行為を現実に行わせること自体に価値がある、そのような性格の行為なのだろうか。もしそうだとすると、この行為は、学校の朝礼などで行われる、「気を付け」「前にならえ」「休め」という号令に応じて、定められた身体動作を一斉に行う、そうした行為と、基本的に同類の行為であることになる。そういう行為を通じてどのように、またどんな「国を愛する心」が育つのか、本稿にはわからない。

最後に、みっつめの論点。――どのようであればそこに「強制」が存在すると考えられるべきか。式次第の国歌斉唱のところで、「一同起立」の号令がかけられ、生徒の多数が起立したにもかかわらず、或る生徒は起立せずに着席したままだったとしよう。そのことを理由としてその生徒に対して、学校当局から制裁措置ないし不利益措置が課されることが、その卒業式等で国歌斉唱を挙行することとの前提になっている場合、そこには「強制」が存在すると言える。学校教育という文脈における生徒への制裁措置ないし不利益措置とは、懲戒処分の発動（学校教育法第一一条、同法施行規則第一三条（現行第二六条））、およびその懲戒処分の発動事由とも関連し、かつまた生徒の卒業後の進路にも影響を及ぼしうるところの、成績評価への反映、この二つが中心だと考えられる。そうした「強制」措置の裏づけをもって卒業式等の国歌斉唱が執り行われる場合、そこでは「国歌の斉唱」行為が強制されており、それは列席する生徒すべてとの関係で「自発的行為の強制」型に該当し思想良心の自由を侵害するので、儀式のその部分全体が違憲だと評価される。

反面、卒業式等の場において「国歌の斉唱」行為を主催者側が生徒に向かって求めるにあたって、それに従わなくても前述の「強制」措置を発動することは予定されていなかった、ただ事後的な逸脱行為として、着席したままだった生徒に向かってそうした不利益措置のいずれかが実行された、ということが認定された場合には、その不利益措置が違憲無効とされるが、逸脱的に不利益措置が実行されたということが式における国歌斉唱の部分の違憲を帰結することはない、と言うべきであろう。

では、懲戒権と成績評価権が発動されないことが前提になっているならば、そこに「強制」は存在しない、ということになるのだろうか。

伝統的な法学的思考によれば、そういうことになるだろう。しかし、それで現代的状況が提起する問題に、憲法理論として適切に応えたことになるかどうかは、自ずと別問題である。現実に即応したかたちで「強制」の中味を新たにどのように理論的に構成できるかは、憲法学に提起されている喫緊の課題だと言える。(75)それゆえ本稿でも、伝統的な思考を越えて「強制」を見出すことができないかどうか、更に検討を続けることにしたい。

第一に、西原氏の次のような議論を検討しよう。「全員が起立して斉唱する中で、退席するか、……座ったままでいる……そのような形で『目立つ』ことによって事実上の不利益が予測される場合には、不参加の可能性が保障されているとは評価できない」。具体的には、「学級という集団の中で、国歌斉唱への不参加によって、周囲の子どもから排除され、いじめの対象になる危険があれば、不参加選択は困難になる」。では、学校側はどうすればいいのか。「そうした恐れがある場合、葛藤状況を回避する措置を採る義務は、子どもの信条に対する働きかけを行う学校側に課される。具体的には、国歌を歌うことの様々な含意を説明し、それを拒否する立場も合理的に成り立ち得ることを明らかにするとともに、自分たちと異なる少数者の信条をも尊重する必要があることを、教師が子どもに伝えねばならない」。「それを欠いた場合、強制状態が認定でき、国歌斉唱の挙行自体が人権侵害となる」[76]。

この議論は、「国歌の斉唱」行為を行わなかったことを理由とする事後的な不利益措置を、狭い意味での法的な不利益措置――懲戒処分の執行と成績評価への反映――から、事実上の不利益措置――同級生によるいじめ――にまで拡大し、それを根拠に、「国歌の斉唱」行為に対する「強制」が存在すると見るものである。そして、そこから「強制」の存在を消去するためには、国歌斉唱の挙行に先立って、学校側から生徒に対する働きかけが必要だとする。この議論に現れる三つの要素を時系列に並べると、①学校側からのいじめ防止のための説諭、②国歌斉唱の挙行、③いじめの発生、となる。

この議論のいちばんの難点は、次の点にある。「国歌の斉唱」行為を行わなかったことを理由とするいじめ（③）が許されないのは当然である。学校側に、それを事前に防止する責任（①）と、いじめが発生してしまった場合に事後的にそれを解決する責任があるのは言うまでもない。だが、そのことから、②自体の違憲性を帰結できるものだろうか。たしかに、②が③を織り込んで計画されるという例外的な場合――学校側が、「国歌の斉唱」行為を行わない生徒が必ずいじめの対象となることを知っており、かつそのことを前提にして、国歌斉唱を挙行する場合――には、②自体が違憲だと言えるだろう。だが、そういう場合は稀だと思われる。むしろ多くの場合は、②それ自体の預かり知らぬところで逸脱的に、③が起こるのではないか。先に、事後の法的な不利益措置について、それが国歌斉唱の前提になっている場合と、そうではなくただ逸脱的にのみなされる場合とを区別したが、いじめのケースは、後者に類似することが大多数だろうと思われるのだ。つまり、いじめの発生はあくまでいじめそのものの問題（③）であり、それを根拠にして国歌斉唱の挙行（②）を違憲とすることはできない[77]。したがって、もちろん①が②に先立って行われるのは望ましいことではあるが、①を欠いて行われる②がそれ自体違憲だ、との憲法論にも、同意することはできない。

第二に、このように、「国歌の斉唱」行為を行わなかったことを理由として事後的に課される不利益措置を根拠として、同行為に対する「強制」の要素を見出すアプローチではなく、同行為が行われる正にその時・その場所において、「強制」の要素を見出していく、というアプローチを採ることはできないだろうか。

卒業式等の式次第の一部に国歌斉唱の部分があり、そこに至ると主催者から「一同起立」などの号令がかけられ、大多数の列席者がそれに呼応して立ち上がるなかで、自分だけ着席したままでいる、ということは、現実的に見て、それほどたやすいことではない。この、周囲に合わせて起立するよう促す事実上の同調圧力に着目して、「国歌の斉唱」行為を「強制」する力であると考えることは、十分に可能であると思われる。これに関連して、高校の卒業式等という場面についての特殊性を二点、指摘しておきたい。その一は、主体に関わる。前記の状況で同調圧力に抗するのは、大人にとってもそれなりの困難を伴うが、ここでは大人にかなり近づいているとはいえ高校生が問題になっている点である。その二は、環境に関わる。それは学校社会の特殊性ということである(78)。学校社会における同調圧力には、大人の様々な部分社会の作り出すそれとはまた違う、独特な特徴がある。ヨコの生徒同士の関係における仲間集団圧力と共に、タテの教師との関係における「囚われの聴衆(79)」的な立場からくる圧力が存在している。だから、懲戒権と成績評価権で担保されてさえいなければ、卒業式等への出席は全く自発的なものだ、と言うのは現実的ではない。それは、出席が完全に自発的であるはずの教会礼拝の場で、賛美歌斉唱などのために「一同、起立願います」と呼びかけられるのとは、状況が質的に異なっている(80)。

この憲法論を採用するとして、それでは、学校側はどうすれば、この点での違憲性の誹りを免れることができるのだろうか。

生徒個々人が「国歌の斉唱」行為を行わないことを自由に実践できるかたちで、式次第のなかの国歌斉唱の部分を運営すればよい。一例だが、「一同起立」という号令をかけて列席者全員に起立させる、という運営を削除し、ただ「国歌斉唱」との号令をかけるだけにして列席者に着席のまま歌わせる、という運営であれば、生徒個々人が「国歌の斉唱」行為を行わないこと（ここでは文字通り、歌わないこと）に対する、反対方向での「強制」が存在するとはいえない、と論じてよいと思われる。

この憲法論は、「君が代」斉唱を全体として卒業式から排除したい人には、微温的に見えるかもしれない。しかし、その望みは本来的には民主主義の手続きに則った政治の問題である（あるいは、憲法論としては本稿が射程外とした「国家権力の限界」論の問題）。憲法論の「人権」論として言えるのはこれだけなのだが、ここで言えたことは憲法次元のものとして、通常の民主主義の手続きでも動かすことができない、有無を言わせぬ強い力を持って主張できるはずのものなのである[81]。

3　対・教師の関係――「自発的行為の強制」型

以上は、生徒個々人を主体とした、思想良心の自由の「人権」論であった。次に、公立高校の卒業式等の現場で運営に携わる教師個々人を主体とした「人権」論を行おう。

まずはっきりさせておく必要があるのは、「そもそも教師は、憲法一九条を引き合いに出せるのだろうか[82]」という問題である。本稿に言わせれば、出せるに決まっているのだが、存外にこの自明の理が共通理解になっていないようなので、ここで論じる次第である。

たしかにかつて、いわゆる「国民の教育権」論が盛んだった頃、「教師の職務上の行為」が、あたかもその教師による「学問の自由を中核とする基本的人権の行使」であるかのように誤解された時期があったかもしれない。それは誤解であり、教師は生徒に対して「国家の教育保障権限を行使」しているのだから、それは公権力の行使に外ならないのである。「国民の教育権」論は、国家（より具体的には文部省）が教育内容に対する統制を強めようとする当時の状況に危機感を持ち、それに対して教師の専門的裁量の領域を確保することにより、生徒の学習権を実現するのに奉仕させることを狙っていた。だが、そのことを表現するのに用いられた「教師の教育権」の語が、教師という機関に委託された公の権限ではなく教師個人の権利として理解されたなら、それは間違っていたと言うしかない。[83]

そう、教師の「職務上の行為」は、教師を職業とするその個人の「人権」の行使ではない。だからといって、教師としての職業的義務がその個人に対して課されるとき、それに対するその個人の「人権」主張が抑制されねばならないことには、些かなりともならない。その個人は、教師として行うことを、自分の「人権」行使だとは言えないが、上から「教師として行え」と命じられることに対して、自分の「人権」を楯に拒むことに——それが正当な「人権」主張である限り——何のためらいもいらないはずである。三2で論じたように、「人権」論のうち通常の「自由」論は、「切り札」として強い力を持つとはいえ、最終的には常に社会的な利益との調整を経なければならない相対的な規範であり、それゆえ、他の場面では認められる「人権」主張が、学校現場における教育公務員との関係では、「人権」主張に対立する公共利益の強さのために、認められない、ということがあるかもしれない。だがそれは結果の次元の話であり、「人権」主張を行うことじたいを抑制的に考えようとする思考は、古い特別権力関係論[84]の生き残りのように見えて仕方がないのである。

具体的な問題の検討に入ろう。本稿は、次の法命題を主張する。教育公務員を職業とする個人に対して、「国歌の斉唱」行為を強制することは、その個人の思想良心の自由を侵害する。この法命題の意味内容を明確にし、それを正当化するためには、四2で検討したのと同じ三つの論点を扱うことが必要である。三つを再確認しておこう。第一の論点。強制してはならない「国歌の斉唱」行為とは、公立高校の卒業式等の場面では、具体的にどの行為を指すのか。第二の論点。その具体的な行為を強制することが、どのように思想良心の自由を侵害すると説明できるのか。第三の論点。そこでいう「強制」とは何か、どのようであればそこに「強制」があると言えるのか。

本稿はこのいずれの論点についても、基本的な思考を、生徒と教師とで違える必要を認めない。ただ、両者の立場の違いに応じた調整の必要を認めるだけである。

まず、第一の論点。そこでいう「国歌の斉唱」行為とは何か。具体的な儀式の運用のなかで、そこに列席している、教師を生業とするその個人が、「君が代」にその人個人としてコミットしたことになると感じられる行為、これが、思想良心の自由が保障されることにより強制から免れるべき「国歌の斉唱」行為である。式次第の国歌斉唱のところで、主催者側が「一同起立」などの号令をかける、という運用においては、そこで起立する行為が、それである。

次に、第二の論点。学校儀式において教師が「国歌の斉唱」行為を行うことは、「自発的行為」なのだろうか、それには該らない「外面的行為」なのだろうか。生徒である個人についてでは、それが「自発的行為」であることを既に我々は確認している。教師について、違う結論に到達しなければならない理由はないように思われる。

もちろん、「外面的行為」として「君が代」を歌い演奏することが、教師に対して職務として要請されるケースも存在する。それは例えば、生徒に「君が代」という歌（歌詞とメロディー）を教えるという目的で、音楽教師に対して、「君が代」を歌い演奏し、生徒にその指導を行うことが要請される場合である。教師は、個人として「君が代」にけっしてコミットする行為を行いたくないという信念を持っていても、その信念を傷つけることなく、その職務上の行為に携わることができるはずである。教師がここで、「君が代」を歌い演奏し、それに関する指導を行う行為を、個人として「君が代」にコミットする意思を全く持たずに行っても、それどころか個人として「君が代」に反対する意思を内に持ちながら行っても、その行為の本来の目的は些かなりとも減じることはない。その職務上の行為を職業的に適った仕方で遂行することと、その教師が個人として内心において「君が代」にコミットメントを持つかどうかとは、端的に言って無関係だからである。それでもなお、この場面で教師の個人としての思想良心の自由を主張しようとするなら、「外面的行為の規制」型の論理構造に従った権利主張を行うことになろう。

同じことが、学校儀式の場における、教師による「国歌の斉唱」行為についても言えるだろうか。もし言えるのだとすると、生徒は「自発的行為」として「国歌の斉唱」行為を行うが、式の運営に携わる教職員は「外面的行為」として「国歌の斉唱」行為を行う、という理解に基づいて、学校儀式における国歌斉唱は挙行されていることになる。だが、そういう共通理解が現在の日本社会にあるとはとても思えない。

入学式・卒業式の場面での、教師による「国歌の斉唱」行為は、「自発的行為」であるはずのものであり、そのように遇されなければならない。教師の立場からは、こう考えられる。入学式・卒業式は、新入生を迎え入れ卒業生を送り出す儀式である。そして、新入生・卒業生に対する、教師の個々人としての思い入れ（内心のありよう）を尊重することがなければ、儀式の本来の趣旨じたいが損なわれる。その思い入れと、その儀式において「君が代」を歌う行為との折り合いのつけ方は、教師各人の内心に委ねられる。この儀式の場において、教師にとっては「国歌の斉唱」行為は「外面的行為」である、と主張するなら、儀式の趣旨じたいの理解を変える必要が出てこよう。

また、生徒の立場からは、こう考えられる。卒業式等で生徒が「国歌の斉唱」行為を行うのは「自発的行為」である。では、同じ儀式に列席する教師が「自発的行為」と「外面的行為」のいずれとして「国歌の斉唱」行為を行う場合のほうが、生徒が「自発的行為」として「君が代」を歌うのに資する環境だと言えるだろうか。当然、前者である。以上、教師・生徒いずれの立場から考えても、教師個々人による「国歌の斉唱」行為が「自発的行為」として性格づけられるべきことは明らかである。

最後に、第三の論点。そこでいう「強制」とは何か。何より、狭い意味での法的「強制」に着目しよう。[85] 生徒の場合には、それは学校教育法上の懲戒権と成績評価権の行使であった。教師の場合には、それは地方公務員法上の懲戒権の行使（同法二九条）、および勤務成績の評定（同法四〇条〔当時〕）への反映とその結果としての人事異動、である。ここで注意したいのは、報道などを通じて周知の通り、学校儀式における「君が代」斉唱に反対する教師が、その場での何らかの行為を理由として、現に懲戒処分や人事異動を受けている、ということである。生徒の場合には、事実問題として、法的「強制」があるかどうかが争われるのに対して、教師の場合には、事実として明白に法的「強制」が存在している。しかもその「強制」処分は、逸脱的になされているのではなく、儀式における国歌斉唱の挙行そのものがそうした「強制」措置によって裏付けられているのが現状のようである。その意味で、現時点における学校儀式での国歌斉唱の挙行は、その「強制」の直接のターゲットを、生徒ではなく教師に据えているのだ。

この点について、教育社会学者の広田照幸氏が重要な指摘を行っている。少し長くなるが引用したい。「そもそも、愛国心の涵養という意味で考えると、学校における日の丸の掲揚・君が代の斉唱は、決して効果的なものではない。……現在の日本で、学校現場で日の丸を掲げ、君が代を斉唱することは、敏感な生徒の反発心を生み、多くの生徒をしらけさせるぐらいのことだ。」「国旗・国歌の強制が最も危険であるのは、それを通したイデオロギーの内面化—思想統制という点ではない。そういう意味での思想統制は簡単には実現しない。そうではなくて、具体的な実践場面において、ナショナルなシンボルへの非同調者がチェックされ、処罰や非難の対象として可視化されていくという点にある。『国民であることに無批判な者』と『国民であることに懐疑的あるいは批判的な者』との区別を、身体レベルで可視化し、『従順で無批判な者』かどうかを一人ひとり判別する、『踏み絵』として機能するということである。／（原文改行：）法制化のポイントは、掲揚・斉唱を拒否する教職員を発見し、処分するという点にある。強制に伴って付随的に起きるゴタゴタ＝抵抗者の摘発こそが、実は法制化の最も重要な機能であり、危険な点なのである。(86)」

学校儀式での国歌斉唱の挙行は、その「強制」の直接のターゲットを、生徒ではなく教師に据えている。この点を、憲法学はもっと強く意識すべきである。(87)一方で、「教師が国旗・国歌の指導に反対するのは、多くの場合、自分一人の良心の自由が関わるからではない。子どもたちの基本的人権が侵されるからである」[88]、と言われる。だが本稿の考えからすれば、教師はまず、足元の「自分一人の良心の自由」を守ることにこそ、意を用いるべきである[89]。その点を疎かにして、「子どもの人権を保護する教師の義務[90]」といった、些か英雄的響きを持つ旗印に拠るのは、どこか転倒していると感じられる[91]。

さて、以上の議論を踏まえて、それでは具体的に、公立高校の卒業式等において、教師を生業とする個人は、何を思想良心の自由の下に拒否でき、何を職務上の義務として遂行しなければならないのか、という点についての見取り図を描くことにしよう。

公立高校の卒業式等で、式次第に国歌斉唱の部分があり、そこで「一同起立」などの号令がかけられる場面を想定しよう。そこで起立する行為が、ここで思想良心の自由によって、「強制」されてはならないとされる「国歌の斉唱」行為である。だから、そこで或る教師が起立せず着席したままであったゆえをもって公権力がその人に懲戒処分や人事異動を行うことは一切許されない。その儀式における国歌斉唱の挙行が、そうした法的意味での「強制」を前提にして行われる場合、そこにおける「君が代」斉唱の部分は全体として違憲である。そうではなく、事後的にただ逸脱的にのみそうした法的「強制」措置が行われる場合、その措置が違憲無効である。

一方、ここでの想定では、式次第に国歌斉唱の部分を含めることは、国家＝学校の正当な権限の範囲内の事柄だ、とみなしている。その範囲内で、個々の教師に対して職務上の任務として課される事柄は、「外面的行為」の遂行を求めるものである。したがってそれには法的に従う義務が教師個々人に原則としてあると考えられる（原則として、というのは、「外面的行為の規制」型の論理に従って、思想良心の自由を楯にその義務からの免除を認めうる例外的な場合を除いて、という趣旨である）。例えば、司会者として「国歌斉唱」という号令をかける行為や、「君が代」の曲を流すために音響装置のスイッチを入れる行為などである。これらの任務の不遂行を根拠として教師に懲戒処分を課すのを妨げる力を、思想良心の自由は持っていない。さらにすすんで、或る教師が、合憲的な国歌斉唱の挙行を妨げる行為に及ぶ場合に、それに対して職務執行妨害を理由として行われる処分を妨げる力をも、同自由は持たない。

だが他方で、国家＝学校の正当な範囲の外にある事柄を、職務として上から課された場合、それに服従する義務をその教師は持たない。例えば、自分の担任するクラスの生徒が全員起立するよう指導する旨の職務命令は、生徒個々人の「人権」を侵害せよとの命令に外ならないから、そのような命令に、教師は服従する義務がない。これに従わないことが正当化されるのは服従義務の不在のゆえであって、教師の個人としての思想良心の自由によるのではない(92)。

4　学習指導要領の憲法適合的解釈

一九九九年に国旗国歌法を国会が制定することによって、いったい何が決まったのか。一方には、「日の丸」・「君が代」を国旗・国歌として認めない、という人々がいる。他方で、「日の丸」・「君が代」は国旗・国歌である、という人々がいる。国旗国歌法の制定は、民主主義的手続きに従って（多数決によって）、「日の丸」・「君が代」を国旗・国歌として承認したことを意味する。同法が制定された以上、たとえ個人の内心では「『日の丸』・『君が代』は国旗・国歌にふさわしくない」と思っていても、「日の丸」・「君が代」が国法上、国旗・国歌であることは承認せざるをえなくなった。

一九八九年に学習指導要領が文部省によって改訂・告示され、こう定められた。「入学式や卒業式などにおいては、その意義を踏まえ、国旗を掲揚するとともに、国歌を斉唱するよう指導するものとする。」

ここではこの定めに民主主義的正当性が備わっているものと仮定しよう。これによって、何が決まったのか。一方には、卒業式等で、およそ「日の丸」掲揚・「君が代」斉唱をしたくない、と願う人々がいる。他方には、卒業式等で、是非とも「日の丸」掲揚・「君が代」斉唱を行いたい、と願う人々がいる。民主主義的手続きに従って、卒業八九年の学習指導要領は、卒業式等で「日の丸」掲揚・「君が代」斉唱を行うことを決めた。そうである以上、たとえ個人の内心では「卒業式等で『日の丸』掲揚・『君が代』斉唱は行いたくない」と思っていても、それを行うことに法的根拠があることは認めざるを得ない。だが、個人の「人権」は、民主主義的手続きによっても奪うことができないはずのものだから、卒業式等で「日の丸」掲揚・「君が代」斉唱を挙行するにあたっては、個人の「人権」を侵すものにならないよう注意して、その運営の仕方を計画しなければならない。

本稿が公立高校における卒業式等の運営責任者（校長、ひいては教育委員会、文部省）に求めるのは、じつにこの点——生徒および教職員の思想良心の自由（「人権」）を保護することに留意して、儀式の運営を図ること——に尽きる。つまりそれは、学習指導要領の前掲の部分を、憲法適合的に読もう、ということだ。鍵となるのは、そこにいう、「国旗を掲揚する」および「国歌を斉唱する」という文言を、儀式のなかでどのように具体化するのか、という点である。いずれの行為も「自発的行為」であるべきである以上、それらの文言の具体化を、そこに列席する生徒・教職員の自発性を尊重することを最優先の価値に据えて、図るべきである。

本稿の以上の論述では、「国歌の斉唱」行為に焦点を当てて、「君が代」にコミットしたくない個人の「自由」、という視角から、事態を考察してきた。ここでは反対に、「君が代」にコミットする個人の「自由」、という視角から、同じ事態を描き出すことにしよう。

そもそも、入学式や卒業式で国歌を斉唱するのは、何のためか。既に引用した八七年一二月の教育課程審議会答申書は、「国を愛する心を育てる」ためだという。その、いわゆる愛国心が、他のあらゆる対象に向けられた「愛する心」と同様に、個々人の自発性に基づいていてはじめて意味があるものならば、卒業式等での国歌斉唱は、あくまで「君が代」にコミットする個々人が、正に自発的に「国歌の斉唱」行為を行うのを手助けするような、それに対して友好的な環境を作ることを第一目的として、構想されるべきことになろう。

学校（＝公権力）は、卒業式等「の意義を踏まえ」、「学校生活に有意義な変化や折り目を付け、厳粛で清新な気分を味わい、新しい生活の展開への動機付けとなるよう」（学習指導要領）にとの願いを込めて、ある種の「政府言論」として、儀式のなかに、国のシンボルである「国歌を斉唱する」部分を設ける。そのことが、「君が代」にコミットする諸個人にとっては、友好的な機会の提供となる。これらのことを行うのに、「君が代」にコミットしない諸個人（生徒・教職員）に対して「国歌の斉唱」行為を「強制」する必要は全くない。彼らは、起立しないで、また歌わないで、その斉唱の時間を過ごすが、そのとき、自発的に歌っている人々のなかにいて、自分にとって「国を愛する」ことが何を意味するのか、多少なりとも考えるであろう。自発的に歌う人々も、全員が歌うわけでないという現実のなかにいて、「自発的に」「歌う」ことの意味に思いを巡らさずにはいないだろう。それこそが、「国を愛する心を育てる」ことの実際的意味だと思われる。

逆に、「国歌の斉唱」行為を「自発的行為」ではなく「外面的行為」だとみなして、「君が代」にコミットしない諸個人に「強制」的にその行為を行わせることは、「君が代」にコミットする諸個人が同じ行為を行うことからも、自発性の基盤を奪うことに外ならない。それが、「国を愛する心」の核心を、自ら破壊することでなくて何であろうか。[93]

（1）　法律の正式名称は「国旗及び国歌に関する法律」であり、次のような二つの条文と、附則と二つの別記から成る。「第一条① 国旗は、日章旗とする。／② 日章旗の制式は、別記第一の通りとする。／第二条① 国歌は、君が代とする。／② 君が代の歌詞及び楽曲は、別記第二の通りとする。」

（2）　二〇〇〇年六月三日の朝日新聞の報道には、その年の春の公立校における「君が代」斉唱率が、文部省の調査結果として以下のように示されている（単位は%、括弧内は前年度）。

	卒業式	入学式
小学校	九五・四（九〇・五）	九四・七（八九・二）

中学校　九三・六（八七・一）　九四・〇（八七・二）
高校　九六・二（八三・五）　九八・一（八五・〇）

この報道によると、「日の丸掲揚率は昨春の時点で小、中、高校とも九八–九九％台に達しており、全国平均の数字の上では、その後の法制化による影響は小さかった」が、「君が代」の「斉唱率は、高校の入学式で、大阪市と神戸市がいずれもゼロから一〇〇％に跳ね上がった。ほかにも、三重県が一〇〇％（前年三・二％）、東京都が九九％（同五・九％）、神奈川県が九八・八％（同二六・六％）へと急上昇した」。

（3）日本国憲法一九条はこう規定する。「思想及び良心の自由は、これを侵してはならない。」

（4）国旗国歌法が制定されて以後二〇〇〇年八月下旬までに、本稿がフォローしえた西原氏による論説としては、以下のものがある。西原［1999b］、西原［1999c］〔以上二点はのちに西原［2001a］に所収〕。西原［2000a］。西原［2000b］。西原［2000c］。いわゆる京都「君が代」訴訟の控訴審に一九九五年五月に提出された鑑定意見が西原［1999a］であり、これに若干の加除修正を行ったものが西原［1995b］である〔のちに西原［2001a］に所収〕。
　良心の自由に関する氏の研究論文集として、西原［1995a］。

（5）西原［1999b］、西原［2000a］、をもとにまとめた。

（6）西原［1995b］九五―九六頁。

（7）三5で論じる「外面的行為の規制」型の論理構造をとっている。

（8）人格教育の領域においては、一面的なイデオロギー的教化が禁止されていて、ただ問題提起と思考素材の提供だけが許される、とする西原氏の議論に、一般論としては頷けるのだが、具体的に考え出すと疑問が出てくる。第一に、それなら教科教育の領域では、一面的な教育が許されるのだろうか。そうではなく、やはりこの領域でも、学校の基本的任務は、問題提起と思考素材の提供にあると考えられるのではないか。第二に、では人格教育の領域では、上記の原則が貫徹されているか、また貫徹されることが望ましいと本当に考えられているか。「遅刻をするな」「授業中の私語を慎め」等、躾・マナーの問題。「クラスは仲良く、協力し合って」等、集団生活上のルールの問題。「人を殺すな」「盗むな」等、モラルの問題。これらは学校でも、ある結論に強く方向づける形で教えられるのが望ましいのではないか（この点に関して、「生活指導」に関する学校の無権限を説く、西原［1995a］三一二

—三一三頁、が注目される）。こう考えてくると、西原氏の上記の枠組みは、現実を裁断するには切れ味が悪いように思われる。教科教育と人格教育とで学校に対する規範的な縛りがどのように異なるのかについて、もっときめ細かい議論が必要なのではないだろうか。

（9）本稿の展開する憲法解釈論は、かならずしも裁判所向けのそれになっていない。裁判という制度上の制約を離れて、いわば客観的に考察したものである。

（10）参照、奥平［1993］一五七—一五八頁。

（11）日本国憲法第二〇条はこう規定する。「① 信教の自由は、何人に対してもこれを保障する。いかなる宗教団体も、国から特権を受け、又は政治上の権力を行使してはならない。② 何人も、宗教上の行為、祝典、儀式又は行事に参加することを強制されない。③ 国及びその機関は、宗教教育その他いかなる宗教的活動もしてはならない。」

信教の自由の保障に関わる条項は、このうち二〇条一項前段と二項である。そして政教分離原則に関わるのは、二〇条一項後段と三項、それに八九条前段「公金その他の公の財産は、宗教上の組織若しくは団体の使用、便益若しくは維持のため、……これを支出し、又はその利用に供してはならない。」である。

（12）日比野［1990］一一三頁。

（13）安念［1994］一九二頁。もっとも同論文じたいは、三5の註69のなかで後述のように、信教の自由条項から独自の実体的保障内容を導き出す立場に立っている（一九八—二〇〇頁）。また参照、日比野［1990］一一三頁。

（14）一九条と二一条に対するもうひとつの特別法的規定である二三条はどうか。同条は簡潔にこう定めるのみである。「学問の自由は、これを保障する。」

この学問の自由条項については、そこから「人権」論として一九条と二一条を越える実体的な保障内容を学問の分野において導き出す解釈論は一般には唱えられていない。そうではなく、その歴史的沿革から、この条項の固有の意義を、学問の分野についてだけ特別に、「大学の自治」という制度の憲法的保障を定めた点に求める見解が支配的である。

（15）参照、芦部［2000］一五一頁。

（16）三つの類型の命名は、前田［1988］の言葉づかいに準じている。ほかに参照、芦部［2000］一四三—一四八頁、佐藤幸

〔1992〕一三―一七頁、百地〔1991〕四三―六七頁。

(17) 高柳＝大浜〔1986〕八四―八五頁。

(18) Choper〔1995〕Chapters 2 & 3, をもとにした類型である。本書の書評として、拙稿〔1998〕。

(19) 例えば芦部〔2000〕では、「イギリス型（国教承認型）」について、「これは、国教（国の宗教）を建前とするが、それ以外の宗教に対しても国は広汎な宗教的寛容をもって臨み、実質的に信教の自由（狭義）をほぼ完全に保障する制度を言う」（一四三頁、傍点は引用者）と述べ、また「ドイツ型（政教同格型）」についても、「このように国家は教会の固有の領域には介入しないので、狭義の信教の自由の保障……と相まって、国家の宗教的中立性が維持される」一四四頁、傍点引用者）と述べる。

(20) この点を主題とした論文は、西原〔1992〕〔西原〔1995a〕〔＝西原〔2001a〕〕に第三部第一章として所収〕であるが、この議論は氏の他の諸論文でも随所で展開されている。ほかに同様の議論を展開するものとして管見に入ったのは、棟居〔1998〕一〇三頁、一一八頁〔棟居〔2006〕一一一頁、一二八頁〕。

(21) 二三条の学問の自由条項も、それが文面上は「人権」条項であるにもかかわらず、そこから「人権」保障とは違った「大学の自治」という制度の保障という規範内容が引き出されている。だが、憲法一九条について、それと同列に論じることはできない。何故なら、思想良心の自由条項（一九条）は、精神的自由の保障に関する一般条項であるがゆえに、その規範内容は同条項に対して特別法的な位置にある二〇条と二三条とが妥当する領域、すなわち宗教的主題が問題になる場面と学問が問題となる場面にも、すくなくとも最低保障ラインとして忠実に反映されねばならないが、学問の自由条項（二三条）の規範内容は、さしあたり同条項の妥当する範囲かぎりのことだからである。

(22) 憲法一九条に関する「国家権力の限界」論として西原氏が展開している議論は、「国家の信条的中立性の原理」と「寛容の原理」の二段構えである。まず、「特定内容の道徳的・イデオロギー的な立場を受け容れさせることそれ自体を目的とした働きかけは、国家の信条的中立性という原理の下、国家や学校に対して憲法上禁じられる。また、何らかの価値観を含んだ教育内容を、他の選択肢を排除しながら一面的に提示して、特定の態度を生じさせようとするイデオロギー的教化は、寛容の原理の下、憲法一九条の客観法的意義に反する。」（傍点引用者）西原〔1995b〕一〇二頁〔西原〔2001a〕四四六頁〕。議論の詳細については、西原〔1995b〕九五―一〇一頁〔西原〔2001a〕四三九―四四五頁〕、のほかに参照、西原〔1995a〕〔西原〔2001a〕〕の第二部と第三部第一章。

一で紹介した、学校の教育保障権限に関する議論は、ここでの議論を公立学校の文脈に適用したものである。学校の権限が基本的には人格教育の領域に及ばないのは「国家の信条的中立性の原理」のゆえであり、その領域に関わる場合には「強制」が禁じられるのは「寛容の原理」のゆえである。

さて本稿は、憲法一九条に基づいて「国家権力の限界」論を構築しようとする西原氏の理論的営為を、注目に値するものと考える。しかし第一に、理論的には本文で述べたように、政教分離との関係をどのように考えているのかは説明を要する事柄であって、西原氏の論考からそれが明らかになっているとは本稿には思えない。第二に、実践的には「国家権力の限界」論の具体的な規範内容はいまだ曖昧であり、現実を規範的に評価するに際して、同じ規範を手掛かりにして正反対の結論がたやすく導かれうる、そのような研究段階に止まっていると思われる。本稿が、この方面での理論的試みを多としつつも、現実の国歌斉唱問題を規範的に裁断するに際しては、「人権」論に拠るほうが堅実だと考えるのはそのためである。規範内容が曖昧だというのは、先に引用した定義的命題の一節一節が、具体的場面で何を意味するのか明らかでない、ということである。例えば、或る国家行為が「特定内容の道徳的・イデオロギー的な立場を受け容れさせることそれ自体を目的とした働きかけ」に該るか否か、或る教育内容を「他の選択肢を排除しながら一面的に提示」しているといえるかどうか、といった問題である。こうした一節一節を広い意味で解釈していくと、その内容は政教分離の完全世俗化バージョンと変わらないことになろう。

(23)　長谷部［1994］〔長谷部［2016］六三―八八頁〕。

(24)　長谷部［1994］四八頁、五四頁、五五頁〔長谷部［2016］六九頁、七五頁、七六頁〕。

(25)　長谷部［1994］五五頁〔長谷部［2016］七六頁〕。なおここで「公共財を提供している」とあるのは、前の引用中の「囚人のディレンマ状況を……解決」するための方策としてである。

(26)　長谷部［1994］五六頁〔長谷部［2016］七七頁〕。

(27)　芦部［1999a］九五頁〔芦部［2023］一〇一頁〕。

(28)　佐藤幸［1995］四〇〇頁〔佐藤幸［2020］一四九頁では「基本的人権の憲法的保障の限界」と修正されている〕。

(29)　長谷部説において、この授権規範とは理論上のものであり、憲法テクストとしての授権規範ではない。

（30）長谷部［1994］五九頁〔長谷部［2016］八〇頁〕。
（31）長谷部［1994］五三頁、五九頁〔長谷部［2016］七四頁、八一頁〕。「公共財としての憲法上の権利」の典型例としてマスメディアの報道の自由が挙げられている。
（32）長谷部［1994］五六―五八頁〔長谷部［2016］七七―七九頁〕。
（33）長谷部［1994］五五頁〔長谷部［2016］七六頁〕。
（34）長谷部［1994］五四頁〔長谷部［2016］七五頁〕。
（35）長谷部［1994］五八頁〔長谷部［2016］八〇頁〕。
（36）樋口［1998］一九九頁〔樋口［2021］二〇七頁〕。樋口［1998］一九二―一九五頁〔樋口［2021］一九九―二〇二頁〕が、「権利の二段階画定」と対比させるところの、「権利の一段階画定」のアプローチである。
（37）長谷部［1999］八―九頁、一〇―一二頁は、この疑問に応対している。しかし、依然として問いは解かれないまま残っていると本稿には思われる。本稿は、「各人が本来自由に選択し行動しうる領域に国家が介入したか否か」の問題は、「国家がどのような理由にもとづいて行動しているか」の問題に解消されないと考える。そして、後者と共に前者も、「およそ比較不能な異なる価値観を抱く人々がそれでも共存して社会生活を営もうとする際に、それを可能にする条件としてあらゆる人が認めざるを得ないであろう権利は何かという問い」に対する答えとして出てくるものだと考える。
（38）本稿は先に本文で、政教分離の規範をさしあたり、公共の福祉との関係で内在的に、国家権力の行使を制約する「国家権力の限界」論のなかの、制限規範のひとつだと考えた。しかしそうではなく、公共の福祉との関係で外在的に、国家権力を制約する議論のなかの、制限規範のひとつだと考える理論的可能性もある。この点の考察は他日を期したい。
（39）今日では「最近の心理学・精神医学の発達によって、政府が文字通り個人の内心に踏み込む可能性は現実のものになってきている」。松井［1999］四二七頁〔松井［2022］四〇二頁〕。
（40）後述註55を参照。
（41）奥平［1986］を嚆矢とする。以下の本文では、主に奥平［1993］に拠る。
（42）奥平［1993］一二二―一二三頁。訴訟事件は、熊本地判昭和六〇（一九八五）年一一月一三日行集三六巻一一・一二号一八七五頁。
(43) 奥平［1993］一二四頁。事件はいわゆる日産定年制事件で、最三小判昭和五六（一九八一）年三月二四日民集三五巻二号三〇〇頁。
(44) 「平等」が「権利」なのか「原則」なのか、という論点につき、さしあたり参照、松井［1999］三七四―三七五頁〔松井［2022］三五八―三五九頁〕。
(45) 樋口［1998］一一頁、六九頁〔樋口［2021］一一頁、七三頁〕。
(46) 本稿は、括弧内の言葉を挿入することによって、長谷部説の趣旨を曲げることにはならない、という理解のもとに以下の本文での論述を続ける。だが、この点はあるいは批判されるかもしれない。
(47) 「疑わしい区分」論と「基本的権利」論を二つの軸として平等問題に取組んできたアメリカ判例法と、その日本憲法学による受容の概観を得るのに、さしあたり参照、松井［1999］三七六―八〇頁〔松井［2022］三六一―三六四頁〕。
(48) 浦部［1994］三七四頁。
(49) 樋口［1998］二〇一頁〔樋口［2021］二〇九頁〕。
(50) このような「自由」の捉え方は、しかし内心の自由に特有のものである。この「自由」の実践が必要とする外面的活動の領域は、実にゼロである。
(51) 公権力がどういうかたちで個人の何に不利益を課しているかの掴まえ方は、ひとつとは限らない。例として、ビラ貼り行為（＝表現行為）に対して事後処罰を行うケースを考えよう。いちばん直接的に見れば、それは刑（罰金刑または自由刑）を科すというかたちで、個人の経済的自由または身体的自由に不利益を課すものである。しかし、ビラ貼り行為を行うと処罰されるのだから、そういうかたちで個人の表現の自由に不利益が課されていると見ることもできる。
(52) いわゆる尊属殺重罰規定（刑法旧二〇〇条）の憲法適合性の問題は、その好例である。奥平［1993］一三六―一三八頁、によりながら、簡単に問題の所在だけを確認しておこう。
　最高裁判決（最大判昭和四八（一九七三）年四月四日刑集二七巻三号二六五頁）の多数意見によれば、「刑法二〇〇条の規定をもってすれば、普通殺人に関する一九九条の場合と違って、執行猶予つき判決をくだせない……。こうして『加重の程度が極端』

であり、『差別』は不合理であるという否定的な評価が導き出された……。立法目的には手をつけず（立法裁量を尊重し）、しかしその目的達成の手段選択において均衡を失する誤りをおかした、と言うのである」（傍点著者）。

最高裁多数意見はこれをもって憲法一四条の「平等」に違反するとした。しかし奥平氏によると、最高裁多数意見が検討した問題――「『立法目的達成の手段』が均衡を失していないかどうかという問題」――は、実は平等原則ではなく比例原則の問題である。「比例原則は、誰かと他の誰かの『比較』をこととせず、目的と手段の均衡のありよう、権力の量（＝手段）の正当性にかかわ」る。そうだとすると、この問題は「平等条項において論ぜられるべきではなくて、『残虐な刑罰』を禁止する憲法三六条もしくは適正手続を保障する憲法三一条にかかわるものとして議論さるべきことになる」。つまり、「平等」ではなく「自由」の問題である。

以上の奥平氏の議論に、本稿は同意する。しかし、尊属殺重罰規定の憲法問題が、そうした身体の「自由」の問題に尽きる、と考えるのは正しくない。そこには「自由」の問題と同時に、それとは別に「個人の人格の根源的な平等性」の問題が存在しており、人々はむしろこの点にこそ、この規定の違憲性を知覚していたはずなのである。奥平氏もこう述べている。「最高裁は、『尊属に対する尊重報恩』を『人倫の大本』と押さえ、刑法上特別に保護すること――逆に言えば卑属を特別に重く処罰すること（すでにして、『尊属』『卑属』という呼称自体に強烈な価値判断がこもっているのではあるまいか――）――をもって正当な立法目的としている。が、じつは、憲法論としてはむしろこの点にこそ検討すべき問題の所在がある」（最初二箇所の傍点は著者、最後の傍点は引用者）、と。

刑法二〇〇条は被告人を、被害者との関係で純粋に個人として扱っておらず、旧イエ制度による人の位階づけに基づいた区分により「卑属」として扱っている。そういう理由で特別な不利益を課すのは、被告人の自由の侵害なのである。

(53)　性別に基づく区分に従って蓄積してきた文化を前に、例えば中学校の校則において髪型規制や制服規制が男女で異なる扱いを受けている事実を平等原則違反だとする主張が力を持つのは、現実的にはむつかしい。しかし理論的に、sex-blind ないしgender-blind であることを原則と考えるのが正しいとするなら、それらの規制における性別の区分を正当化するのは容易ではないだろう。あるいは、アメリカ合衆国最高裁判所の判例に倣って、性別に基づく区分は人種に基づく区分ほど、個人主義に敵対する度合いが高くない、と考えるべきなのかもしれないが、この点の考察や、広くアファーマティヴ・アクションなどを含む平等原則一般に関する考察については、本稿としては他日を期すほかない。

(54) 最大判昭和四八（一九七三）年一二月一二日民集二七巻一一号一五三六頁。

(55) 表面的には特定内容の思想信条を攻撃する意図を全く持たないような書き方で、しかし実は正にそれを意図して、法令が制定される場合がありうる。信教の自由の文脈に素材を求めると、例えばこういう事例である。公衆衛生の確保や動物愛護といった公共目的を掲げて制定された、動物屠殺を禁止する立法――その意味で、表向きは中立的な立法――が実は、ある種の動物を生贄に捧げる儀式を教義内容とする特定の宗教団体を狙い撃ちにする意図を持って制定された場合である（Church of the Lukumi Babalu Aye v. City of Hialeah, 508 U.S. 520 (1993), の事例を基礎にして考案した。この事件そのものについて、参照、奥平［1996］）。その「意図」が認識されなければ、その立法は三**5**の「外面的行為の規制」型の枠組みで処理されることになる。しかしその「意図」が認識されたなら、ここでの「不利益取扱い」型の枠組みで裁かれなければならない。

その場合の効果だが、第一に客観的法原則論として考えると、その立法全体がそうした意図に基づいて制定された以上、立法が全体として無効となると考えられる。第二に主観的権利論として考えると、まずその立法は、その特定の宗教団体の信徒全てに対する関係で違憲無効である。次に、当該立法がその信徒いがいの個人に適用される場合だが、本文で「内心調査」制度について述べたのと同様の考え方により、その信徒いがいの個人にだけ当該立法を適用しても制定意図との関係で無意味であるということから、やはりその立法は無効だと考えられる。したがって、主観的権利論として考えても、当該立法は全体として無効である。

(56) 中村［1997］二八四頁〔中村［2012］三一〇頁〕。また参照、浦部［1994］三八三頁。

(57) この第二の論点については、あとで謝罪広告事件について本文で論ずるところでも言及する。

(58) 「内心に有るもの」が「必ずしも思想と関連しない単なる知識や事実の知不知」であっても、それを正に内心に保持していることだけを理由として、その個人に不利益を課す国家行為を行うのは、憲法一九条に反していると考えるべきであろう。参照、浦部［1994］三八三頁。

(59) 以上で論じた、憲法二一条の問題状況と憲法一九条のそれとの区別論は、高橋［1989判批］の解説中の「三」の叙述（一九―二〇頁）を、本稿なりに咀嚼したものである。

(60) 最大判昭和三一（一九五六）年七月四日民集一〇巻七号七八五頁。

(61)　詫びる気持ちがないのに「ごめんなさい」と無理やり言わされるという、この問題状況もしばしば、「沈黙の自由」の問題であると説明される。重要なのは、ここで問題となっている「沈黙の自由」が、「内心に有るものに反する外部的行為」を拒否するという内実のものであるのに対して、三3で論じた「内心調査」との関連で出てくる「沈黙の自由」が、「内心に有るもの」の開示を拒否するという内実のものであり、同じ名前で表現していても、問題の実体は両者で相違していることの自覚である。

(62)　参照、浦部［1994］三八〇頁。〔同書三七九―三八一頁では、「特定の『思想』の強制の禁止」という標題の項目において、「自己の『思想』に反することを理由に法への服従を拒むことができるか」という問題を提起し、一般的には拒むことができないが、「法がなにを要求しているかによって、具体的な場合には、特定の『思想』の強制として本条に違反すると見るべき場合は生じうる」と論じる。そのような場合として二例を挙げており、第一は「法への不服従が自己の人間性の核心部分を否定することとなるような場合」で、その具体例として良心的兵役拒否を挙げる。これは正に「外面的行為の規制」型である。第二は「基本的に個々人の自律的な意思決定・価値判断に委ねられるべきことがらにつき、法が、本人の意思と無関係に、特定の決定・価値判断に沿った行為をなすべきことを要求するような場合」で、その具体例として神社参拝強制と謝罪広告強制を挙げている。これは「自発的行為の強制」型と非常に近い。同書は、第一と第二の場合を明確に区別して異なる侵害類型として論じているわけではないが、このように「自発的行為の強制」型の発想は従来の学説に伏在していたと思われる。〕

(63)　いわゆる南九州税理士会政治献金事件（最三小判平成八（一九九六）年三月一九日民集五〇巻三号六一五頁）も、この「自発的行為の強制」型の事件だと理解される。

これは概要、次のような事件だった。南九州税理士会Sは、税理士法改正運動に要する特別資金とするため、会員から特別会費を徴収し、それを政治資金規正法上の特定の政治団体に配布する旨の決議を行った。Sの会員である税理士Tが、この決議の無効確認を求めて出訴した。

最高裁は、「税理士会が政党など規正法上の政治団体に金員の寄付をすることは、たとい税理士に係る法令の制定改廃に関する政治的要求を実現するためのものであっても、〔税理士〕法四九条二項で定められた税理士会の目的の範囲外の行為であり、右寄付をするために会員から特別会費を徴収する旨の決議は無効である」とした。

その根拠として、こう述べている。「税理士会が……強制加入の団体であり、その会員である税理士に実質的には脱退の自由が保障されていないことからすると、その目的の範囲を判断するに当たっては、会員の思想・信条の自由との関係で、次のような考慮が必要である。……法が税理士会を強制加入の法人としている以上、その構成員である会員には、様々の思想・信条及び主義・主張を有する者が存在することが当然に予定されている。したがって……会員に要請される協力義務にも、おのずから限界がある。……特に、政党など規制法上の政治団体に対して金員の寄付をするかどうかは、選挙における投票の自由と表裏を成すものとして、会員各人が市民としての個人的な政治的思想、見解、判断等に基づいて自主的に決定すべき事柄であるというべきである。」（傍点引用者）

判決の決め手は、本件の政治献金を行うことが税理士会の目的の範囲に入らない、という点にあった。しかし憲法一九条論としては、判決引用部分の最後の文にある通り、政治献金行為は「自発的行為」に該ると考えられる。それゆえこの行為を強制するのは、個人の思想良心の自由を侵害する。

強制加入団体に所属する個人の思想良心の自由に関する類似の事件として、いわゆる群馬司法書士会復興支援拠出金事件（東京高判平成一一（一九九九）年三月一〇日判時一六七七号二二頁）がある。ここでは、阪神大震災の被害を受けた兵庫県司法書士会に復興支援拠出金を送るために、群馬県司法書士会が特別負担金を徴収することの是非が争われた。

政治献金か見舞金かという違いはあるが、およそ寄付（contribution）という行為が、それをなす個人の自発性・自主性に基づいてなされなければ無意味な行為である以上、「強制」は憲法一九条の観点から許されないと解される。本件寄付を、「国が震災被害者救援に予算を使う」ことと同視する見解があるが（西原［2000判批］）、妥当ではない。その国の行為は、「寄付」としてではなく、憲法二五条に基づき国が当然果たすべき任務の遂行としてなされているのである。

団体の活動と、その構成員の思想良心の自由、という論点につき参照、渡辺［1998］、西原［1996］、蟻川［1996］。

（64）　政府言論については、蟻川［1997］、およびそこに引用された諸文献を参照。ガヴァメント・スピーチ論の典型的な問題意識（「政府が……市場の当事者……たるの資格において、その圧倒的な潜勢力を武器に、大規模に言論市場に参入している現状がある。たしかに、みずから市場当事者である政府は、伝統的な意味での検閲官ではない。しかし、伝統的な意味での検閲の防遏のために念入りに作り上げられた諸々の法理論をすり抜けて、却って一層危険な検閲官として、それは振舞いうるのではないか。」同二〇六頁）からは、本文の給付判決のもたらす問題状況は異なっているが、これを「政府言論」のひとつと捉えること自体に異論はないと思われる。

(65) 前掲註63で見た、団体の中の個人をめぐる問題においても、一方に、団体の行う一定の行為が、その団体の「目的の範囲内の行為」か否か、という論点があり、他方に、その行為への協力義務を団体構成員に課すことが、その個人の思想良心の自由を侵害するかどうか、という論点がある。そしてこの二点に関する判断は、必ずしも重なるものではない。構成員に協力義務はないが、なお「目的の範囲内の行為」としてその団体のなしうる行為というものがありうる。参照、渡辺［1997判批］。これは、国家レベルで本稿のいう、「国家権力の限界」論と「人権」論と、パラレルな構造を持つ。

(66) 最二小判平成八（一九九六）年三月八日民集五〇巻三号四六九頁。

(67) Chopter［1995］Chapter 3, をもとに、そこからチョウパー学説の個性的な部分を抜き取って、学説の多数の承認が得られると思われる線にまとめた。

(68) 西原［1995a］〔西原［2001a］〕第一部（初出、一九八六—八七年）。ただ、本文で「内面的な精神的自由一般」と述べたのは、少なくともこの論文との関係では正確ではない。この論文では、「『思想の自由』と『良心の自由』を分離し」（同書二五頁）、「比較的静的に把握できる思想」（同二一頁）と区別された「行為規範として自己の行為に直接関連する『良心の自由』に着目し」（同二五頁）、本文で述べたような法的効果が妥当すべき問題場面を「良心的行為の自由」（七三頁）と呼ぶからである（傍点引用者）。もっとも、最近の論文では西原氏がこの点を強く打ち出していないこともあって、本文では、思想と良心を区別せず両者をまとめて内心作用として捉える通説の線で、記述した。

(69) 安念［1994］は、一般的な規制措置からの免除を、宗教的な信条の保持者に限ろうとする。そしてそこに、信教の自由の、「思想・良心の自由、表現の自由、結社の自由へと解体され」（同一九二頁）ない独自の保障内容を見出す。その根拠は、宗教が一般に「死の恐怖を克服し、緩和し、あるいはこれと和解しようとする体系的・知的な試み」であり「最も根源的に人間的な営み」であることだとする。それゆえ規制措置からの免除を認めないと、その信仰者は「死の恐怖への対処法を奪われる」ことになり、「この点の相違に、信教の自由のもつある種の優越的な地位の根拠がある」（同二〇〇頁）とする。

一般に日本の憲法学では、信教の自由についても政教分離についても、「宗教」の固有の意義・機能に注目せず、信教の自由については憲法一九条と二一条の宗教的側面が保障されているにすぎないと説き、政教分離については「宗教」性に目を瞑る

religion blindness の宗教的中立性論こそがその内容であると説くような行き方が、支配的である。その中にあって、安念氏の解釈論的試みは——その結論への賛否とは別に——注目に値すると考える。

(70)　一で述べたように、本稿は、およそ国旗・国歌一般について、それを「強制」することは、個人の思想良心の自由を侵害する行為として憲法上許されない、という議論を行う。しかし、国旗掲揚・国歌斉唱をなぜ拒否するかというと、個人の内心における理由は、「日の丸」・「君が代」という特定の旗・歌にコミットするのを拒否するからである。以下の論述では、この図式に合わせて、国旗・国歌、あるいは「日の丸」・「君が代」との表記を行う。

なぜ「日の丸」・「君が代」という特定の旗・歌にコミットするのを拒否するのか。思想良心の自由という「人権」論として問題にアプローチする限り、それは個々人の内心の問題——その意味で私的な問題——として位置づけられる。しかしそれは本当は、憲法論としては日本国憲法第一章の天皇制と国民主権の問題と関わり、また政治的には日本の戦後責任の問題と関わる、第一級の公共的問題である。思想良心の自由論として問題を論じることが、この点の看過につながることが断固あってはならない。さしあたり参照、天皇制との関連につき、横田［2000］、戦後責任との関連につき、高橋哲［1999］二三七—二五六頁。

(71)　田中伸［2000］六一頁。

(72)　西原氏はドイツ憲法学の成果を参考にしながら、「良心形成の自由」という定式でこの問題に対する基本的な考え方を提示している。それは、「〔道徳や信条の〕領域において、子どもに学習機会を保障する責任は、第一次的には親に委ねられている」（西原［1995b］八九頁〔西原［2001a］四三四頁〕）とし、子どもの良心形成の自由を親の教育権と組み合わせて「国家からの自由」として構成していこうとする構え方である。詳しくは、西原［1995a］〔西原［2001a］〕第二部を見よ。

(73)　学校教育は正に個々人の「教育を受ける権利」（憲法二六条）に応えるために政府により提供されるものである。だが他面で、「教育とは、『囚われの聴衆』に宛てた government speech に対し、政府が冠した美称である」。蟻川［1994］一二三頁。本文のような問いが立てられる所以である。

(74)　本稿は、起立しないでただそこに座っている行為をもって、その人が「君が代」にコミットしたことになるとは考えない。「退席する自由」は、むしろ積極的に、「君が代」にコミットしないことの表現を行う象徴的表現の一種として、憲法二一条の「人権」論によって論じられるべきケースが多いように思う。

また、いかなる行為を行えば、その当人が「君が代」にコミットしたことになるかは、その当人がどう感じるかをも考慮に入れつつ、最終的には社会的意味づけの次元で決せられるべき事柄だと思われる。

(75)　芦部［1999b］第4論文（初出、一九九一年）は、信教の自由論の文脈で、「強制」の要素を「物理的な意味よりも広い概念として考え」（同書八九頁）るべきことを主張する。

(76)　西原［1995b］九二頁〔西原［2001a］四三七頁〕。西原［1999b］四七頁。西原［2000a］五九頁。

(77)　一で概観したように、西原説によれば、国歌斉唱指導が生徒に対して「強制」されていない、つまり参加の自発性が確保されている、と言うためには、二つの要件が満たされる必要がある。そのひとつが本文で述べた、不参加選択の現実的可能性――具体的にはいじめの防止――ということであり、もうひとつが、親への事前の通知と不参加権の告知である。この後の点は、前掲註72で簡単に言及した、子どもの良心形成の自由に関する議論から発している。

本稿は、この二点とも、思想良心の自由という憲法的観点からする、国歌斉唱指導の場面に限らない学校改革一般に向けての政策的提言としては、傾聴に値するものだと考える。しかしそれと関連づけることによって、国歌斉唱の挙行そのものの違憲性を導き出す解釈論の運びには、強引さを感じる。

ただ同時に――政策的提言として説得力が備わっていることと関わっているのだが――、西原解釈論の構造が、日本社会に特有の、自由に対する危険のありようを踏まえている点を見過ごしてはならない。すなわち、国旗国歌そのものには何の「強制」力も伴っていないにしても、それが一旦、同調圧力の非常に強い環境に投げ込まれると、それを結晶点として、アウトサイダーに対する激しい排除の力が機能しはじめる危険があるのである。参照、浦部［2000］。そうした環境そのものをどう改革していくか、という点が日本社会にとっての大きな課題であること、疑問の余地がない。

(78)　公立学校に宗教的慣行を導入する試みをめぐる判例で、アメリカ合衆国最高裁判所は一貫して、「初等・中等教育の公立学校における微妙な強制的圧力（subtle coercive pressure）から、良心の自由を保護することには、他の場合よりも警戒の度合いを高める（heightened concerns）」姿勢を示している。宗教的正統を強制するために「国家の機構（machinery）を利用する試み」が、あってはならないからである。See, Lee v. Weisman, 505 U.S. 577（1992）, at 592.

なお、公立学校における「強制」を、法的意味のそれに限るべきかどうかという問題について、同判決におけるケネディ法廷意見とスカリア反対意見の対比が、思考のための素材を提供する。

(79)　蟻川［1994］は、「government speech 一般を規律する法理の追究……は不可能であるだけでなく、不必要でさえある」としつつ、「government speech を、それが『囚われの聴衆』に宛てて発せられる場面に限って……統制していく」(一一一頁)ことを試みる。

まず「問題構造」が三者構造として描かれる。すなわち、「政府」と、「government speech の『道具 (medium)』にされつつある者」である「個人Ⅰ」と、「government speech の『受け手 (recipient)』にされる者」である「個人Ⅱ」との三者間に成立する、「政府」が「個人Ⅰ」を道具として利用しつつ「個人Ⅱ」に向けて government speech を発する、という構造である(一一五頁)。例えば教科書検定訴訟においては、教科書執筆者(「個人Ⅰ」)を介して学校生徒(「個人Ⅱ」)に向けた government speech が行われるものとされる。

次に「government speech に対する憲法上の統制の方途」(一一八頁)である。「『政府』と『個人Ⅰ』との間には、明確な強制の要素が検出されることが多いのに対し、『政府』と『個人Ⅱ』との間には、――事実上の強制の有無を別として――右要素が欠如することが多い。憲法上の人権が、従来、強制の契機を俟って発動されたことに鑑みるなら、かかる契機を欠く『政府』『個人Ⅱ』間関係に憲法規範上の統制が作用することは、期待し難い」(一二六頁)。そこで、「個人Ⅰ」に対する「強制の要素」に着目して、彼が「『道具』としての自己供出を断固拒絶することを通して、government speech を……頓挫させる」(一二三頁)ことが、処方箋として提示される。

重要な指摘だというべきであるが、しかし「個人Ⅱ」の置かれた立場の「囚われ」性に着目して、そこに「強制」の要素を見出していく、ないしは「強制」の新たな理論構成を行っていく、という処方箋もあるはずである。

そういう志向が蟻川論文に弱いのは、同論文が《government speech と「囚われの聴衆」によるその受領》という問題を立てながら、そこから次第に「囚われの聴衆」という要素が消えていくのと無関係ではなかろう。例えば、アメリカの判例で、州のモットーを刻んだライセンス・プレートを乗用車に装着するのを義務づけた州法が適用違憲とされた事例が取り上げられている。そこでは、州政府が、乗用車の持ち主(「個人Ⅰ」)を介して、そのプレートを見る全ての人々(「個人Ⅱ」)に、government speech を発していることになる。ここでの「個人Ⅱ」は、「自発的意志によって動機づけられることなく『言論』に触れさせられる限りで、

『囚われの聴衆』にも似た状況に置かれた〈観衆＝Publikum＝公衆〉である」（一一六頁）とされるのだが、それだとgovernment speechの受け手がすべからく「囚われの聴衆」になってしまわないか。同じことは、公立図書館の利用者を「個人Ⅱ」とする場合（一三〇頁）にも言える（もっとも、一二七―一二八頁で論じられているのは、公立学校図書館をめぐる事例であるが、ここでの利用者＝生徒の「囚われ」性は、学校という環境から来ると思われる）。

このように見てくると、同論文の最大の貢献は、government speech論と「囚われの聴衆」論とを組み合わせた点よりもむしろ、government speech一般に対する憲法的統制において「個人Ⅰ」の果たしうる重要な役割に注意を喚起した点にあると思われる。なお、蟻川［1997］は、「個人Ⅰ」の果たしうる役割についての考察を、「専門職の職責の概念」を鍵としながら、いっそう深めている。

また、蟻川［1996］は、別方向からgovernment speech一般に対して憲法的統制を及ぼす可能性を示唆している。上記の二つの論文が、強制加入団体である国家の、「団体言論の対外的契機」に着目した議論であるのに対して、この論文ではむしろその「団体言論の対内的契機」（同論文二〇一頁）に着目し、「たとえ『一般組合費』限りであれ、人は『他者』（引用者注：その人の所属する国家）の政治的言論に対して協力を強制される理由はない」（同二〇三頁）、という議論を行っている。

（80）学校の入学式・卒業式は、儀式への出席じたいが、完全に自発的であると言うのが難しい。他方で、教会礼拝への出席は、儀式への出席が自発的であるうえに、その儀式内で、賛美歌斉唱が求められることが、儀式の趣旨から明らかである。この両者の間に立つのが、自治体主催の成人式などであり、儀式への出席は自発的だが、儀式の趣旨から国歌斉唱が求められることが明らかだとは言えない。

（81）なお、国旗掲揚・国歌斉唱とほぼ同じ状況を学校儀式の現場で作り出すのが、校旗掲揚・校歌斉唱である。本稿は、思想良心の自由に関する「人権」論として論じる限り、両者で扱いを変えねばならない理由を見出さない。

（82）西原［1999b］四九頁、西原［1999c］一三一頁〔西原［2001a］四六〇頁〕。西原［2000a］六〇頁。

（83）引用は、西原［1999b］四九頁〔西原［2001a］四六〇頁〕、から。

（84）特別権力関係論とは、公権力が諸個人を統治する通常の関係である「一般権力関係」とは区別される「特別権力関係」においては、公権力が法律による授権なくして包括的に諸個人の権利を制約でき、またそれら制約に対して司法審査が及ばない、とする戦前のドイツ公法学由来の議論である。公務員、国立大学の学生、受刑者などが、典型例とされた。現在、この議論に則って法解釈論を展開する人はいない。特別権力関係論に関する多少詳しい概観を得るには、参照、芦部［1994］二四六―二七九頁。

（85）　本稿では、教師に対する関係で、「強制」の意味を法的意味のそれから広げることができるかどうか、という問題には、入らない。現実の課題が、法的「強制」を克服する段階にあるからである。だが、基本的には、生徒に対する関係で論じたことがあてはまるのではないかと考えている。

（86）　広田照幸氏が一九九九年九月一日朝日新聞夕刊の「『日の丸・君が代』考」と題されたシリーズに寄せた論考〔のちに広田［2001］三七六―三七九頁に所収〕。

（87）　蟻川［1994］における三者構造の図式において、この場面での教師が「個人Ⅰ」に該る――「政府」が「個人Ⅱ」（＝生徒）に向かって「政府言論」を発するに際しての「道具」としての位置にある――ことに注意すべきである。

（88）　西原［1999c］一三二頁〔西原［2001a］四六一頁〕。

（89）　現実の日本社会は、教師が学校現場で個人としての人権主張を行うことに対して、冷やかな反応をもって対するのが常であり、反面、子どもの利益を前面に出すと、広い支持が得られやすい、という事情があるのかもしれない。そうした雰囲気ないし情緒はそれとして、本文では論理を説いている。

（90）　西原［1999c］一三二頁〔西原［2001a］四六一頁〕。

（91）　西原［2000c］一二頁、は、こう述べる。「生徒の目前における教師の行為である以上、不起立は生徒たちに何らかの影響を及ぼすことを免れない。そして、自発的に立って歌おうとしている生徒に躊躇を覚えさせるような形で教師の不起立が作用すれば、そこには、斉唱強制とは逆の強制が働く危険がある。その意味で、教師個人の思想・良心の自由は、生徒に対する権力的地位を前提とした場合に、不起立の絶対的権利を導き出す根拠として全面的に認められるものではない。」

もちろん、「斉唱強制とは逆の強制」は、教師による不当・違法な権限行使であり、断固として認められない。だが、教師が、個人としての「自分一人の良心の自由」を実践して、列席者がみな起立して歌うなか、ひとり静かに座っていることが、生徒に対する「逆の強制」になるとは到底、考えがたい。もちろんそのささやかな行為でさえ、それが外部的行為である以上、「何らかの影響」を周囲に及ぼすのは避けられないが、それを理由に「人権」主張が認められないのであれば、「人権」保障の企てそのものが不可能事になる。「斉唱強制とは逆の強制」が生じる危険性は、むしろ「子どもの人権を保護する教師の義務」といった、利他的な大義を掲げて行動するときのほうが大きいと思われる。

(92) 現在の公立学校の卒業式等における国歌斉唱が、憲法に反する仕方で運営されていることを明らかにするために、教師を職業とする個々人がとりうる有効な戦術は何か。本稿はこう考える。ひとつは、「自分一人の良心の自由」を根拠とする「国歌の斉唱」行為への不参加である。ふたつは、生徒個人の「人権」の侵害になるゆえに学校の正当な教育権限を逸脱している、そうした事柄の遂行を命じる命令に、服従義務の不在を根拠にして、従わないことである。これらの、いわば消極的な不参加・不服従行為に対して不利益措置が課されるとき、それの違法性・違憲性は「人権」論で論証しやすい。

(93) **四4**は、本稿の観点から、公立高校の卒業式・入学式において国歌斉唱が挙行される目的の、憲法適合的解釈を試みた。西原氏は、氏の議論の観点から、その目的を、「国旗・国歌という既存の制度との対決を通じて、生徒が自ら自分と国家との距離を反省し、自己了解を形成することを助ける狙いだろう。唯一正当化できる国旗・国歌に関連した教育の目的は、押しつけではなく、自己省察のきっかけを提供することにある」(西原［1999b］四八頁〔西原［2001a］四五八頁〕)、とする。しかし、はたして本稿や西原氏が述べるような目的で現実の国歌斉唱が挙行されているかは、大いに疑問である。憲法裁判のひとつの重要な機能は、公権力に一定の統治活動をなぜ行うのかの説明をきちんとさせる点にある。「人権」論を説得的に組み立てれば、その規制根拠を公権力はより詳細に説明せざるをえなくなる。そうなったとき、公権力は、あるいはそれを(公的には)説明できないかもしれないのである。

【下級審段階（最高裁の判断が示される前段階）の考察】

第七章　「国歌の斉唱」行為の強制と教員の内心の自由

一　はじめに

二〇〇四年春、日本全国の公立学校は、一九九九年に国旗国歌法が制定されてから五回目の、卒業式・入学式の時期を迎えた。そのなかで特に世間の注目を集めたのが、東京都である。卒業式で、前（〇三）年一〇月二三日に東京都教育委員会教育長が発した通達に基づく校長の職務命令に従わなかったことを理由に、〇四年の三月三一日と四月六日、都教委は主に都立高校の教職員を対象に、一九一人の懲戒処分（戒告など）と、嘱託教員五人の新年度の契約更新取消を発表した。うち実に一八九人の処分理由が、国歌斉唱時の不起立だった(1)。

この情勢を踏まえ、本稿では主題をひとつに絞る(2)。それは、卒業式等において国歌斉唱時に起立することを教員に命令し、起立しない場合に懲戒処分を行うことが、はたして、またどのように、思想良心の自由を侵害するか、という主題である(3)。

私は旧稿で、解釈論上の論点を次のように整理した。「第一の論点。強制してはならない『国歌の斉唱』行為とは、公立高校の卒業式等の場面では、具体的にどの行為を指すのか。第二の論点。その具体的な行為を強制することが、どのように思想良心の自由を侵害すると説明できるのか。第三の論点。そこでいう『強制』とは何か、どのようであればそこに『強制』があると言えるのか」（拙稿［2001］六六―六七頁、五九頁〔本書二四〇頁、二三三頁〕）。本稿の主題の考察に際してはさしあたり、第一の論点と第三の論点を論じる必要がない。なぜなら、第一の論点に対する答えが、「国歌斉唱。」との発声に応じて起立する行為であることが、ここでは議論の前提になっていると見られるし、また第三の論点に対する答えが、懲戒処分という法的強制を含むのは当然だからだ。ゆえに本稿の中心的課題は、第二の論点の解明となる。

以下では、本稿の主題に対処するのに現在よく用いられている憲法一九条解釈論の型を批判的に検討したうえで、代替的な解釈論の型を提案したい。

二　「外面的行為の規制」型の解釈論

現在、本稿の主題に対処するのに前面に出ているのは、(4) 私が「外面的行為の規制」型と呼ぶ、次のような憲法一九条解釈論の型である。「公権力が、特定内容の『内心に有るもの』を侵害する意図なしに、一般的な規制措置を行う場合に、それによる『外面的行為の規制（＝強制・禁止）』が或る個人の保持する特定内容の『内心に有るもの』と深いレベルで衝突するとき、同規制からその個人を免除することが憲法上の要請である。ただし、免除しないことを正当化する非常に強い公共目的が存在する場合には、この限りではない。また、可能な場合には、免除される者に、当該規制に代替するような負担が課されるべきである」（拙稿［2001］四八頁〔本書二二八頁〕）。この型の解釈論は、直接には憲法二〇条（信教の自由）に関わる剣道実技拒否事件（最二小判平成八（一九九六）年三月八日民集五〇巻三号四六九頁）を契機に、有力化した。

さて、伝統的に憲法一九条解釈論の型として異論なく承認されてきたものに、「不利益取扱い」型がある。すなわち、公権力が、特定内容の『内心に有るもの』を侵害する意図をもって、その特定内容の『内心に有るもの』を保持する個人を、正にそれを内心に保持するゆえをもって、不利益に取扱うことは、絶対的に禁止される（拙稿

［2001］三五頁〔本書二一六頁〕）。

私の理解では、憲法一九条の解釈論において、「外面的行為の規制」型は、「不利益取扱い」型と、車の両輪をなす。公権力が意図的に特定内容の「内心に有るもの」を侵害するのが後者であり（「意図」型）、そうでないのが前者である（非「意図」型）（拙稿［2001］二二―二五頁〔本書二〇三―二〇六頁〕）。これら内面的精神活動の自由の保障に関わる解釈論は、外面的精神活動の自由を保障する憲法二一条の様々な解釈論よりも、より強い自由保障機能を担うべきものである。

三　「外面的行為の規制」型の侵害の有無を裁判所が審査する方法

この「外面的行為の規制」型の主張を裁判所が審査する際には、まず、内心の自由を主張する個人に、当該規制措置が自分の保持する特定内容の「内心に有るもの」と「深いレベルで衝突する」ことを個別具体的に明らかにすることが求められる。ここでの「深いレベルでの衝突」とはいかなるものか。棟居快行氏は剣道実技参加拒否事件を念頭に、そこで内心上の理由から剣道実技という外面的行為を行うことができない学生をこう説明する。「（彼を）怠惰の学生と同視すべきでなく、むしろ身障者のように肉体的理由でか、あるいは心身症のように精神的理由で体が動かない学生と同視すべきであろう[5]」。この第一段目の「衝突」審査で個人の側が個別具体的に自己にとっての深刻な負担を明らかにするのに成功すれば、次に第二段目として裁判所は、公権力側がそれにもかかわらずその個人を当該規制措置から免除すれば実現できない（または可能な場合には代替的義務を課すのでは足りない）ような非常に強い公共目的を持つかどうかの検討に入る（「公益」審査）。棟居氏の議論に即して言えば、足の動かない人に、それでも「走れ」と命令し、走れないことを理由に不利益措置を課すことが正当とされるような強い公共目的である。

このように、「外面的行為の規制」型のパンチ力は、一重にその論理展開の個別具体性にある。最初の「衝突」審査で個別具体的に、当該個人に対してその行為を強制することの理不尽さが十分に感得されるからこそ、第二段目の「公益」審査が厳密に行われるのだ。

四　「君が代」ピアノ伴奏命令事件東京地裁判決の問題点

東京地判平成一五（二〇〇三）年一二月三日判例集未登載〔判時一八四五号一三五頁〕、の判決理由に欠けているのはそこだ。これは、転任してきたばかりの音楽科教員が入学式における国歌斉唱のピアノ伴奏を自らの信条を理由に拒否したところ、職務命令違反を根拠に懲戒処分を受けたことの合憲性が論点となった事件である。判決は、「『君が代』を伴奏することができないという思想・良心を持つ原告に『君が代』のピアノ伴奏を命じることは、この原告の思想・良心に反する行為を行うことを強いるものであるから、憲法一九条に違反するのではないかが問題となる」、と述べる。しかし判決は、憲法一九条論を行うこの部分で、原告の内心に即して個別具体的に「衝突」審査を行うことがない。だからその直後に、「しかし……思想・良心の自由も、公共の福祉の見地から、公務員の職務の公共性に由来する内在的制約を受ける」、と踵を返すことができるのである。そして、当該小学校ではその五年前からずっと入学式等で音楽科教員によるピアノ伴奏が行われてきた、などの一般的な理由を挙げて、本件職務命令は「原告において受忍すべきもので、これが憲法一九条に違反するとまではいえない」と結論した。このように一般的概括的な「公共目的」を指摘するだけで合憲の結論を導く上滑りの議論になりえたのは、議論が個別具体性の次元でなされなかったことの帰結である。

ところで本件で原告側の鑑定証人となった西原博史氏は、本判決の解説においてこう述べている。「制約を受けるのが良心の自由という精神的自由であるため、少なくとも厳格な合理性が問われる必要がある。その場合、手段選択の場面で様々なＬＲＡが考えられるから、本件職務命令の必要性の立証は困難を極めるだろう」、と。だがこれは、「外面的行為の規制」型の解釈論に忠実な論理展開だとは言えない。「外面的行為の規制」型の侵害に対する司法審査は一般に、厳格審査であると理解されている。(6)そして、強制された行為と当該個人の内心との「深いレベルでの衝突」が確認されれば、次に検討されるべきは、義務免除や代替的義務賦課を許さないような強い公共目的の有無であって、ＬＲＡではないはずである。(7)

五　「外面的行為の規制」型の解釈論と、「国歌の斉唱」行為の強制問題との相性？

「外面的行為の規制」型の解釈論のパンチ力は、またその間口の狭さにも由来している。つまり、第一段目の「衝突」審査をクリアするためには、棟居氏の言うような意味での「深いレベルでの衝突」が存在すると認められることが必要であり、そういうケースは自ずと少数であることをこの型の解釈論は予定している。間口が狭いからこそ、厳格審査が正当化されるのである。(8)「国歌の斉唱」行為の強制が様々な個人の「内心に有るもの」と衝突するにしても、その衝突がこの意味での「深いレベル」にあたらないとされる人もかなりいると思われる。(9)そうした人との関係では、この「外面的行為の規制」型の解釈論によれば、「国歌の斉唱」行為の強制は、思想良心の自由を侵害しない。

また、「外面的行為の規制」型の解釈論においては、思想良心の自由を憲法的に保護する効果が、当該個人に対する義務免除（または可能な場合の代替的義務の賦課）に限られ、規制措置が全体としては有効なものとして維持される。

いまの二つの命題に違和感を覚える人が少なくないように私には思われる。つまり、上記の意味での「深いレベル」での衝突がなくともなお、「国歌の斉唱」行為の強制は思想良心の自由を侵害するのではないか、また、「国歌の斉唱」行為の強制は一般的に（誰に対する関係でも）違憲無効なのではないか、という感じ方である。こういう感じ方を、「外面的行為の強制」型の解釈論はうまく表現するものではない。
では、そうした感じ方にもっと適合する解釈論の型を構想することはできないだろうか。

六　「自発的行為の強制」型の解釈論

憲法二〇条の保障する「信教の自由」論に、少し迂回しよう。信教の自由には、①信仰の自由、②宗教的行為の自由、③宗教的結社の自由、の三つが含まれ、①は内面的精神活動の自由を保障する憲法一九条の宗教版であり、②・③は外面的精神活動の自由を保障する憲法二一条の宗教版である、と一般に説明される。ここで考えたいのは、「礼拝行為の自由」をこの体系のどこに位置づけるのがよいか、という問題である。

一般に「礼拝行為の自由」は、②のひとつに含めて説明されるが、そのことの正確な意味には注意を要する。キリスト教を念頭に置いて言うのだが、礼拝行為は、地上の誰かとコミュニケートするために行われるのではない（少なくともそれが主たる機能ではない）。そうではなくそれは、天上の神と内心でコミュニケートするときに、必然的にその人の身体がとる動作である。礼拝行為を②のいう「宗教的行為」に当たるとするのは、第一義的にはそのような意味においてなのであり、礼拝行為が宗教的内容の表現行為であることを主たる理由とするのではないのである。ゆえに「礼拝行為の自由」は、「信仰告白の自由」と並んで、①のなかに含めて考えるべき側面を多く持っている。

礼拝行為は、人の内心の（深いレベルでの）信仰に基づく外部的行為である。そもそもその（内心の）信仰はそれ自体が、人の内心の自発性に基づいて（神に対する義務をその人が自発的に引き受けるという形で）保持される。そして（外部的行為である）礼拝行為は、一面では(a)人の内心の深いレベルでの信仰に基づく行為であるが、他面では(b)その行為自体が人の内心の自発性に基づく行為である。そういう理解を、社会ないし文化が共有している。そのような(a)・(b)両方の意味で、礼拝行為の自由は①信仰の自由（内面的な精神活動の自由）のひとつなのである。今、公権力による礼拝行為の禁止については脇に置き、専ら公権力による礼拝行為の強制に焦点を当てて、それが信仰の自由（特にその(b)の、内心の自発性の側面）の憲法的保障の観点からどのように問題であるかを考察しよう。礼拝行為の強制は、第一に、その信仰を持たない人に対して向けられるとき、内心の自発性に基づかないのにその礼拝行為の遂行を強制することで、その人の内心の自発性を蹂躙する（そのために、その信仰の側から見ても、その人がその真の信仰を保持することをかえって阻害する）。第二に、その信仰を持つ人に対して向けられるとき、内心の自発性に基づいたその礼拝行為の遂行を社会的に不可能にすることで、やはりその人の内心の自発性を毀損する。こうして礼拝行為の強制は、各人の内心の自発性に基づいて行われるときはじめて礼拝行為が持つその本来的意味（＝神に対して自ら心を向けて礼拝する、という意味）を、強制された礼拝行為一般から失わせる、世俗権力の濫用に外ならないのである。

こういう発想を世俗的に応用して、私は旧稿で、憲法一九条解釈論のもうひとつの型として「自発的行為の強制」型を提示した。そこで私は、人間の行為一般を外部的行為と呼び、その大部分は「外面的行為」だが、なかには「自発的行為」と見るべきものもある、と論じた。「自発的行為」とは、「行為者の自発性・自主性に基づいてはじめて、意味がある」（拙稿［2001］四四頁〔本書二二五頁〕）と社会的・文化的にみなされる行為である。それに対して、「外面的行為」とは、「当人の自発性に基づいていなくてもその行為が現実に行われること自体に価値がある」（拙稿［2001］四六頁〔本書二二七頁〕）という性格の行為である。そして「自発的行為の強制」型の解釈論は、自発的行為を公権力が強制的に個人に行わせることは憲法上許されない、と主張する。旧稿では「自発的行為」の具体例として、謝る行為、寄付や献金を行う行為、を挙げた。

卒業式等の儀式の場で「国歌の斉唱」行為の強制が、生徒だけでなく教員に対する関係でも憲法上許されないのは、その行為が「自発的行為」だとみなされるからだと私は考える。国旗国歌法や学習指導要領により、式次第に国歌斉唱の部分を含めることは適法であり、自発的に「国歌の斉唱」行為を行いたい人たちにとっての友好的な環境整備に関わる職務を、教員は遂行せねばならない。司会者として「国歌斉唱。」と号令をかける行為や、（上記定義に照らせば）儀式でピアノ伴奏を行う行為も、「外面的行為」に属する。だが「国歌の斉唱」行為それ自体は、教員にとっても強制の許されない「自発的行為」であろう。

それは私の思い違いで、教員にとってだけは「国歌の斉唱」行為は、強制されてよい「外面的行為」なのであろうか。そうだ、とする根拠はおそらく、教員の「国歌の斉唱」行為は生徒の「国を愛する心」を育てるための「指導」（＝職務）としてなされるからだ、というものだろう。だが第一に、憲法論としては、「自発的行為」とみなされる行為を場面に応じて恣意的に「外面的行為」に分類し直すことは許されないと考えられる。第二に、生徒の立場に立って考えてみよう。儀式の「国歌の斉唱」部分にさしかかったとき、自分を「指導」する立場の教員はこぞって起立するのだが、彼らは皆、強制された「外面的行為」として立っているにすぎない、というのだ。これで生徒に「国歌の斉唱」行為を行う態度が身に付いたとして、それがはたして自発的な「国を愛する心」に裏打ちされるか、非常に疑問である。このやり方では「国に服する身体」の「指導」にしかなるまい（※）。

七　補論：国歌斉唱強制と教員の内心の自由——「日の丸・君が代」予防訴訟・第一審判決（東京地判平成一八（二〇〇六）年九月二一日判時一九五二号四四頁）

［論点］

公立学校の教職員は、卒業式等の式典で国歌斉唱行為等を強制されない自由を、憲法一九条に基づいて有するか。

参照：憲法一九条、高等学校学習指導要領「第四章」「第三」「三」。

［事件の概要］

東京都教育委員会は、二〇〇三年一〇月二三日、都立学校（都立の高等学校及び盲・ろう・養護学校）の各校長に対し、本件通達を発令した。その内容は、都立学校の卒業式・入学式等において、教職員らが国歌斉唱行為（＝国旗に向かって起立し国歌を斉唱すること）を行うべきこと、国歌斉唱はピアノ伴奏等により行うべきこと、教職員が本通達に基づく校長の職務命令に従わない場合には服務上の責任を問われることを教職員に周知すべきこと、を細部にまでわたって指示するものだった。そこで都立学校の教職員は、都教委に対しては、国歌斉唱行為（音楽科担当教員については同行為及びピアノ伴奏行為）の義務の不存在確認と、同義務違反を理由とする処分の差止めを、また都に対しては、本件通達及びそれに基づく各校長の職務命令等による精神的損害を理由とした国家賠償を、請求した。

［判旨］

一部認容（「本件通達及びこれに基づく各校長の職務命令に従う義務」に関する限度で、その不存在確認と処分差止めを認容。国家賠償は請求通り慰謝料各三万円を認容。）。

〔以下の⑴～⑶は、本判決の「事実及び理由」の「第三」「三」の、「⑴」「⑵」「⑸」からそれぞれ引用。〕

⑴　国歌斉唱行為等（「等」はピアノ伴奏行為を含む趣旨）について、「宗教上の信仰に準ずる世界観、主義、主張に基づいて〔国歌斉唱行為等〕を拒否する者が少なからずいる」。彼ら「を含む教職員らに対して、処分をもって上記行為を強制することは、結局、内心の思想に基づいてこのような思想を持っている者に対し不利益を課すに等しい」。

⑵　国歌斉唱行為等の「義務を課すことが、思想・良心の自由に対する制約になるとしても、思想、良心……が外部に対して積極的又は消極的な形で表されることにより、他者の基本的人権を侵害するなど公共の福祉に反する場合には、必要かつ最小限度の制約に服する」。そこで「学習指導要領の国旗・国歌条項、本件通達及びこれに基

づく各校長の職務命令により、原告ら教職員の思想、良心の自由を制約することは公共の福祉による必要かつ最小限の制約として許されるのか否かについて検討する」。

(3)　教職員は、学習指導要領の国旗・国歌条項の趣旨から、「生徒に対して……国旗掲揚、国歌斉唱に関する指導を行う義務を負う」。ゆえに「入学式、卒業式等の式典が円滑に進行するよう努力すべきであり、国旗掲揚、国歌斉唱を積極的に妨害するような行為に及ぶこと、生徒らに対して〔国歌斉唱行為〕の拒否を殊更に煽るような行為に及ぶことなどは、上記義務に照らして許されない」。だが教職員が国歌斉唱行為等を拒否する行為は、これら許されない行為には当たらず「都立学校における教育目標、規律等を害することもなく」、拒否行為により「ある種の不快感」を持つ他者がいてもそれは「他者の権利に対する侵害となることもない」。ゆえに上記拒否行為を「制約することは、必要かつ最小限度の制約を超えるものであり、憲法一九条に違反する」。したがって本件通達に基づく各校長の職務命令には「重大かつ明白な瑕疵がある」から、教職員にはそれに従う義務がない。

[解説]

本判決は、国歌斉唱行為の強制が憲法一九条に違反し許されないという、真っ当な結論を判示した。だがその結論に至る論理には、課題が残っている。

本判決が採用する憲法的な判断枠組みは、評者が「外面的行為の規制」型と呼ぶ憲法一九条解釈論（参照、拙稿[2004]。以下の三点の問題指摘についても同じ）と似るが、その論理に忠実ではない。以下の疑問が提起される。第一に、国歌斉唱行為等を拒否する根拠が「宗教上の信仰に準ずる世界観」等に当たるかどうかを、原告各人について確認する手順を、裁判所は踏むべきではないか。第二に、「宗教上の信仰に準ずる世界観」等に基づかない拒否者に対する強制は、憲法一九条に反するとは言えないのではないか。

第三に、外面的行為の強制が、強制された個人の内心と（「世界観」等の）深いレベルで衝突すると認定されたにもかかわらず、その個人を同強制から免除しないことは、余程の事情がない限り認められないはずである。ことは、外面的な精神活動の自由（憲法二一条）の問題場面のさらに手前の、内面的な精神活動の自由（憲法一九条）の問題だからだ。だが残念ながら、本判決が「必要かつ最小限度の制約」を説く部分は、公権力側にとってのそういうハードルの高さが浮き彫りになる書き方になっていない。

なお、職務命令に対する服従義務（参照、村上［2004］）の不在を言うためには、同命令が当該個人の内心の自由を侵害し憲法一九条違反だと論証すれば十分なはずである。本判決の「重大かつ明白な瑕疵」の説示は、その点とは別の要件だと理解されるべきでない。

［参考文献］

雪竹［2007判批］。土屋［2007判批］。井上禎［2007判批］。澤藤［2006］。渡辺［2006］。村上［2004］。拙稿［2004］。

（1）朝日新聞二〇〇四年四月一日付朝刊第三社会面、同紙〇四年四月七日付朝刊総合面。

（2）拙稿［2001］〔本書Ⅳ部第一章〕において私は既に、憲法一九条の解釈論の一般的枠組みと、それを国歌斉唱問題にどう適用できるかについて、詳しく考察した。本稿はそれを補う関係にある。

（3）西原博史氏は、私のような問題の立て方を、「教師の自由」の理論とか（西原［2001b］四〇頁）、「教師の人権論」とかと呼ぶが（西原［2003b］一一四頁）、ミスリーディングであり、より正確に「教師職にある個人の人権論」とするほうがよい。なぜなら、西原氏が私の立場に帰しがちである、「公務員の職務上の行為が単純に人権行使と位置づけられるかという理論的難点」（西原［2003b］一一〇頁）は、私の立論と無縁だからだ。教師の「職務上の行為」をその人の人権の行使だと見るのとは正反対に、私の立てる問題図式は、教師の「職務上の行為」義務を、当人がはたして個人の自由として拒否できるか、というものである（拙稿［2001］六五―六六頁〔本書二三九―二四〇頁〕）。

西原氏じしんは、（生徒ではなく）教師については、彼らが個人としての思想良心の自由を主張することに警戒的であり、むしろ「子どもの人権を保護する教師の義務」ないし「教師の〈抗命義務〉」に基づく立論を強調する〔西原［2003a］三六―四一頁、六二―七五頁〕。私は、「人権保護義務」とか「抗命義務」とかいった勇ましい言葉遣いには強い違和感を覚えるが、立論そのものは「違法な職務命令に対する服従義務の不在」論として、承認している〔拙稿［2001］七八―七九頁の注（22）・（23）〔本書二六三頁の注（91）・（92）〕及びそれに対応する本文〕。しかしこれは、教師職にある個人の人権の問題ではないので、本稿では取り上げない。

（4）「国歌斉唱強制に対する福岡県弁護士会の警告書」（二〇〇〇年六月二八日付、法学セミナー編集部編［2001］にその抜粋を掲載）。西原氏は生徒の思想良心の自由を論じる際には「外面的行為の規制」型の解釈論を主張するが、儀式の「国歌の斉唱」部分全体の違憲という効果を導き出す等、論理的に一貫しない面がある。拙稿［2001］三―四頁〔本書一九〇―一九一頁〕。

（5）棟居［2001］三二九頁。

（6）芦部［2000］一三五頁の本文に対応する注（13）、は、これが「必要不可欠な公共的利益」のテストであり、通常なら違憲の結論を導く厳格審査基準であるとしつつ、合衆国の判例法理では宗教的自由に関してはこのテストを用いて合憲の結論が出るケースもあることから（その事実に引っ張られて）、「厳格度の高いＬＲＡの基準と解するのが妥当」としてはいる（がなお「厳格度の高い」との限定句を付けてもいる）。

（7）西原［2004判批］九頁。そこに見られる、「付随的規制」だから「厳格な合理性の基準」で審査すべし、という思考は、外面的精神活動の自由についてのものであろう。

（8）この間口の狭さという点は、『思想及び良心』に反することを理由に一般的法義務を拒否する（例えば、およそ世俗の政府は認め難いという固い信念から納税を拒否する）自由……を一般的に承認するならば、おそらく政治社会は成り立たない」佐藤幸［1995］四八八頁〔参照、佐藤幸［2020］二四九頁〕、という危惧に対応している。義務免除が例外的にのみ承認されるからこそ、全体としての規制措置を有効なものとして維持できるのである。

（9）前掲「君が代」ピアノ伴奏命令事件判決は原告の主張を次の三点に整理している。①「君が代」が過去のアジア侵略と密接に結合していること、②「君が代」斉唱をさせるという子どもの人権侵害に加担できないこと、③音楽的に不適切な「君が代」の演奏は音楽的見地からも教育的見地からもできないこと。

②の主筋は、人権論ではなく「職務上の義務の不在」論としては成立する（前掲注（3））。しかし②と③では、「個人の良心」の中味に「教師としての（職業上の）良心」を混入させており、問題である。後者は憲法七六条の「裁判官としての良心」論と同様に、職業上の自律権限との関係で論じられるべきであり、憲法一九条に関わる前者とは区別されるべきである。反対、西原［2001a］四一〇—四一四頁。

①は、一般論として言えば、アメリカ的な理論枠組みでは、たんなる政治的反対であり宗教的信念に準じる深いレベルのものではないとみなされて、「衝突」審査をクリアしない可能性が大きい。宗教的信念であれば拒否理由としてクオリファイするだろう。また、広義の戦争体験を理由とした拒否にも、免除の資格有りとされる見込みがあろう。

※　**六の付記**

本節の第二・第三段落の記述は、初出時には以下のようになっていたが、現時点から見ると明晰さを欠き誤りも含むため、本書本文では修正した。

一般に「礼拝行為の自由」は、②のひとつに含めて説明されるが、適切でない。キリスト教を念頭に置いて言うのだが、礼拝行為は、地上の誰かとコミュニケートするために行われるのではない（少なくともそれが主たる機能ではない）。そうではなくそれは、天上の神と内心でコミュニケートするときに、必然的にその人の身体がとる動作である。だからこれは、「信仰告白の自由」と並んで、①のなかに含めて考えるべきである。

礼拝行為の自由の特徴は、その自発性にある。内心の信仰が本質的であり、二次的にそれに付着して行為の外形が現れる。礼拝行為は、内心の自発性に基づいていてはじめて意味を持つ。そういう理解を、社会ないし文化が共有している。だから、礼拝行為の禁止が内心の自発性そのものの禁圧だとして許されないばかりでなく、礼拝行為の強制もまた許されない。それは、その信仰を持たない人には、自発性に基づかないのに該当〔引用者注：当該、の誤植〕行為を強制される点で自己の自発性の侮蔑的取扱いであるし、その信仰を持つ人にも、自発性に基づくのに当該行為を強制される点でまたそうである。そしてそれは、その礼拝行為一般からその本来的意味（＝自発性）を失わせる、世俗権力の濫用に外ならないのである。

以下、初出時の記述がどのような問題点を含んだかを述べる（その際、本書本文で修正済みの記述を前提とする）。

礼拝行為の自由を、専ら表現の自由の宗教版として把握すると、的を外す。礼拝行為は、「天上の神と内心でコミュニケートするときに、必然的にその人の身体がとる動作である」。内心の深いレベルにある信仰が本質的であり、「二次的にそれに付着して行為の外形が現れる」。礼拝行為の性格をそのように把握した上で、礼拝行為は、その外部的行為そのものが憲法上の（②の）保障に与るのである。この点、初出時の第二段落で、礼拝行為の自由を②に当たると考えるのを「適切でない」と述べたのは言い過ぎだった。

礼拝行為は、それ自体が②の外部的行為の自由の憲法的保障に与る。それだけでなく、①の内面的な信仰の自由の観点からすると、「外面的行為の規制」型の解釈論の下で法的救済に与りうるような、内面の深い信仰、これに基づく行為であると同時に、「自発的行為の強制」型の解釈論の下で法的救済に与るような、自発的行為でもある。それゆえ、（②のみならず）①の憲法的保障の観点からも、礼拝行為の自由に対する制約が許されない理由を論証できる。ただ、その論証を、第四段落の「自発的行為の強制」型の解釈論に関する記述とつなげる目的で行う場合には、礼拝行為の持つ多様な性格のうちその自発的行為としての側面に十分に絞り込んだ上で論じる必要があったのに、初出時の記述ではそれができていなかった。

②の観点からは、特定の礼拝行為を禁止することは、積極的な宗教的行為の自由（＝特定の宗教的行為を行う自由）の侵害として、また特定の礼拝行為を強制することは、消極的な宗教的行為の自由（＝特定の宗教的行為を行わない自由）の侵害として、いずれも違憲となる。①の観点からはどうか。一方で、特定の礼拝行為を公権力が禁止するのは、公権力による特定の信仰内容の意図的な侵害として違憲となる（「意図」型の侵害、ないし「不利益取扱い」型の侵害）。他方で、特定の礼拝行為の強制は、一般には特定の信仰内容の強制として違憲となる（内心の自由論としては、「特定思想の強制」型の侵害）。このように、特定の礼拝行為の禁止と強制がいずれも違憲であることは、礼拝行為が自発的行為であることと無関係に論証可能である。

礼拝行為をその自発的行為としての側面に絞って把握すると、まず、「自発的行為の強制」型の解釈論から、礼拝行為の強制を違憲と言えるが、礼拝行為の禁止については違憲と言えない。この点を筆者が理解するのは拙稿［2016］においてであり、初出時にはそこまで見通せていなかった。次に、なぜ礼拝行為の強制が違憲であるかを論述する際には、読者が暗に②の観点からの違憲論を頭に置く（より具体的には、礼拝行為が行為者の内心の深いレベルの信仰に基づく行為である、という側面に重きを置く）ことを念頭に置きながら、それとははっきり異なるものとして、「自発的行為の強制」型の解釈論の理路を礼拝行為に即して提示することが必要であったが、初出時の記述ではその点に配慮が及んでいなかった。最後に、強制された礼拝行為から失われる「その本来的意味」を、初出時には「（＝自発性）」とだけ記したが、そうではない。内心の自発性に基づいて行われてはじめて礼拝行為が持つ、正に「（神に対する）礼拝」としての本来的意味が、強制により内心の自発性が潰されることで失わされてしまうのである。ここも初出時には記述の射程が十分に先まで及んでいなかった。

第八章 「君が代」ピアノ伴奏命令事件最高裁判決の批判的検討

【二〇〇七年最高裁判決を受けた考察】

一 はじめに

本稿は、「君が代」ピアノ伴奏命令事件最高裁判決（最三小判平成一九（二〇〇七）年二月二七日民集六一巻一号二九一頁）[1]を、思想良心の自由を保障する憲法一九条の解釈論の観点から、批判的に読んでいく試みである。国歌斉唱の強制問題について、憲法一九条の解釈論の観点から考察する論文を、筆者はこれまでにいくつか公表してきた[2]。本稿で前記最高裁判決を読むに際しても、旧稿で明らかにしてきた基本的な考え方を立ち位置とすることになる。だが残念ながら本稿では、その基本的な考え方をそれとして論述する紙数の余裕が全くないので、この点に関しては読者には旧稿の参看をお願いするほかない。

二 本件の事案と判決の概要

法廷意見は、「1」から「4」の四部構成である。「1」で、本件の事案をこう説明している。「本件は、市立小学校の音楽専科の教諭である上告人が、入学式の国歌斉唱の際に『君が代』のピアノ伴奏を行うことを内容とする校長の職務上の命令に従わなかったことを理由に被上告人（引用者注：東京都教育委員会）から戒告処分を受けたため、上記命令は憲法一九条に違反し、上記処分は違法であるなどとして、被上告人に対し、上記処分の取消しを求めている事案である」。なお、本件職務命令に従わなかった理由として上告人は、以下に引用する法廷意見中に本稿筆者が(a)・(b)・(c)と記号を付す三点を挙げている。法廷意見は、続く「2」で、本件の事実関係の概要を述べる。そして「3」で、上告理由のうち「本件職務命令の憲法一九条違反をいう部分について」論じ、同条に違反しないとの結論に至る。最後に「4」で、その他の上告理由は実質的に見て民訴法上の上告理由に当たらないとし、上告棄却の判決を行っている。法廷意見は那須弘平・上田豊三・堀籠幸男・田原睦夫の四裁判官によるもので、那須裁判官は補足意見を書いた。藤田宙靖裁判官は反対意見を書いた。

三　法廷意見の論理

法廷意見の中心をなす「3」の部分は、「(1)」から「(4)」の四部構成である。「(1)」と「(2)」で、本件職務命令が上告人の思想良心の自由を侵害しないことを述べ、「(3)」で、本件職務命令がそれ自体として不合理でないことを述べ、「(4)」が結論部分となっている。以下では「(1)」と「(2)」については全文を引用し、「(3)」と「(4)」については重要部分を引用しつつその概要を見よう。

「(1)　上告人は、(a)『君が代』が過去の日本のアジア侵略と結び付いており、これを公然と歌ったり、伴奏することはできない、また、(b)子どもに「君が代」がアジア侵略で果たしてきた役割等の正確な歴史的事実を教えず、子どもの思想及び良心の自由を実質的に保障する措置を執らないまま『君が代』を歌わせるという人権侵害に加担することはできないなどの思想及び良心を有すると主張するところ、このような考えは、「君が代」が過去の我が国において果たした役割に係わる上告人自身の歴史観ないし世界観及びこれに由来する社会生活上の信念等ということができる。しかしながら、学校の儀式的行事において『君が代』のピアノ伴奏をすべきでないとして本件入学式の国歌斉唱の際のピアノ伴奏を拒否することは、上告人にとっては、上記の歴史観ないし世界観に基づく一つの選択ではあろうが、一般的には、これと不可分に結び付くものということはできず、上告人に対して本件入学式の国歌斉唱の際にピアノ伴奏を求めることを内容とする本件職務命令が、直ちに上告人の有する上記の歴史観ないし世界観それ自体を否定するものと認めることはできないというべきである。」(a)(b)の記号は引用者が付けた。）

「(2)　他方において、本件職務命令当時、公立小学校における入学式や卒業式において、国歌斉唱として『君が代』が斉唱されることが広く行われていたことは周知の事実であり、客観的に見て、入学式の国歌斉唱の際に『君が代』のピアノ伴奏をするという行為自体は、音楽専科の教諭等にとって通常想定され期待されるものであって、上記伴奏を行う教諭等が特定の思想を有するということを外部に表明する行為であると評価することは困難なものであり、特に、職務上の命令に従ってこのような行為が行われる場合には、上記のように評価することは一層困難であるといわざるを得ない。

本件職務命令は、上記のように、公立小学校における儀式的行事において広く行われ、A小学校でも従前から入学式等において行われていた国歌斉唱に際し、音楽専科の教諭にそのピアノ伴奏を命ずるものであって、(p)上告人に対して、特定の思想を持つことを強制したり、あるいはこれを禁止したりするものではなく、(q)特定の思想の有無について告白することを強要するものでもなく、(r)児童に対して一方的な思想や理念を教え込むことを強制するものとみることもできない。」(p)(q)(r)の記号は引用者が付けた。）

「(3)」では、憲法一五条二項を引いて「地方公務員も、地方公共団体の住民全体の奉仕者としての地位を有する」と述べ、「こうした地位の特殊性及び職務の公共性にかんがみ」、服務の根本基準を定める地方公務員法三〇条と、職務命令への服従義務を定める同法三二条の規定があるとしたうえで、「上告人は、A小学校の音楽専科の教諭であって、法令等や職務上の命令に従わなければならない立場にあり、校長から同校の学校行事である入学式に関して本件職務命令を受けたものである」、と述べる。そして、学校教育法一八条二号、小学校学習指導要領の第四章第二D(1)と同章第三の三の規定を引いたうえで、「入学式等において音楽専科の教諭によるピアノ伴奏で国歌斉唱を行うことは、これらの規定の趣旨にかなうものであり、A小学校では従来から入学式等において音楽専科の教諭によるピアノ伴奏で『君が代』の斉唱が行われてきたことに照らしても、本件職務命令は、その目的及び内容において不合理であるということはできない」、とする。

「(4)」では、冒頭で、「以上の諸点にかんがみると、本件職務命令は、上告人の思想及び良心の自由を侵すものとして憲法一九条に反するとはいえないと解するのが相当である」、と結論する。そのあと改行して、「なお、上告人は、(c)雅楽を基本にしながらドイツ和声を付けているという音楽的に不適切な『君が代』を平均律のピアノという不適切な方法で演奏することは音楽家としても教育者としてもできないという思想及び良心を有するとも主張するが、以上に説示したところによれば、上告人がこのような考えを有することから本件職務命令が憲法一九条に反することとなるといえないことも明らかである」（(c)の記号は引用者が付けた。）、と述べる。さらに改行して、「以上は、当裁判所大法廷判決……の趣旨に徴して明らかである」、と述べ、謝罪広告事件判決、猿払事件判決、旭川学テ事件判決、岩教組学テ事件判決、の四つを引用している。(3)

四　法廷意見の「(1)」の検討

憲法一九条論の観点から法廷意見を読んでいく作業に入ろう。

第一に、上告人は職務命令に従うことができない理由として、(a)・(b)・(c)の三つの内容の思想良心を挙げる。そして法廷意見は「(1)」で(a)と(b)を一まとめにしたうえで憲法一九条論の対象とし、「(4)」で立ち入った説明なく(c)も憲法一九条論の枠組みで処理している。だが憲法論としては、(a)・(b)・(c)を全て憲法一九条論として扱うことができるかに疑問があるし、少なくとも同じ解釈論の型で処理するのは正しくない。(a)は、個人としての内心を語っている。それに対して、(b)は、教育公務員としての内心を語っており、ピアノ伴奏の拒否行為は「違法な職務命令に対する服従義務の不在」論という法的構成に馴染む。また、(c)は、音楽専門職としての内心を語っており、「本件職務命令は専門職に固有の自律的判断権限の侵害である」という法的構成に馴染む。(b)や(c)を憲法一九条論として扱うことには、説明を要する。

第二に、法廷意見は「(1)」の第一文で、上告人の思想良心の内容を『君が代』が過去の我が国において果たした役割に係わる上告人自身の歴史観ないし世界観及びこれに由来する社会生活上の信念等」と捉える。この内容把握には前段の「歴史観ないし世界観」と後段の「社会生活上の信念等」との二つの要素が含まれている。続く「(1)」の第二文で、ピアノ伴奏行為の拒否行為は、「上告人にとっては」ともかく「一般的には」、「上記の歴史観ないし世界観」「と不可分に結び付くもの」ではない、と判断した。ゆえに、ピアノ伴奏行為を命じる本件職務命令は、「直ちに」は、「上記の歴史観ないし世界観それ自体を否定するもの」ではない、と判断した。

ここで気になるのは、法廷意見のいう「上記の歴史観ないし世界観」が、第一文における上告人の思想良心の内容把握における前段しか受けておらず、後段をこっそり落としているのではないか、という点である。上告人の(a)の主張に立ち戻ると、『君が代』が過去の日本のアジア侵略と結び付いて」いる点が前段の「歴史観ないし世界観」に当たり、「これを公然と歌ったり、伴奏することはできない」点が後段の「社会生活上の信念等」に当たると考えられる。そして、後段までが「上記の歴史観ないし世界観」に含まれるのだとすると、ピアノ伴奏行為を命じる本件職務命令は「上記の歴史観ないし世界観それ自体を否定するもの」であるし、その拒否行為は「上記の歴史観ないし世界観」「と不可分に結び付くもの」であるのは明らかである。ゆえに、法廷意見は後段を切り捨てたうえで憲法一九条論を論じていると理解されるのだが、そういう姿勢ははたして妥当か。

この点、剣道実技参加拒否事件の最高裁判決（最二小判平成八（一九九六）年三月八日民集五〇巻三号四六九頁）[4]は、別

様の姿勢を示していた。そこでは、「剣道実技の履修」が被上告人にとって「自己の信仰上の教義に反する行動」であると判断され、そのような「剣道実技への参加を拒否する理由」は、「被上告人の信仰の核心部分と密接に関連する真しなもの」だと判断されていた。つまりそこでは、「信仰の核心部分」ないし「信仰上の教義」の中味に、剣道実技行為を行ってはならないという、具体的な行為に関する「社会生活上の信念等」まで含めて理解されていたのである。

第三に、法廷意見がこのように、「社会生活上の信念等」を切り捨てた「歴史観ないし世界観」のみを対象に憲法一九条論を論じているとして、それでは法廷意見の立場によると、「一般的には」ということであれ、どのような行為を命じるのであれば「上記の歴史観ないし世界観それ自体を否定するもの」だとされ、従ってその拒否行為が「上記の歴史観ないし世界観」「と不可分に結び付くもの」であると判断されることになるのだろうか（念のため、ここで「上記の歴史観ないし世界観」とは、「『君が代』が過去の日本のアジア侵略と結び付いて」いるという「歴史観ないし世界観」である）。この点が明確にならないと、法廷意見の判断枠組み自体が明確にならないのだが、「(1)」の論述からだけでは、その点は不明確に止まる。

なおここで法廷意見が、およそ一般的に外部的行為の強制が人の「歴史観ないし世界観それ自体を否定するもの」と把握されることはありえない、との立場を採用していない点は強調されてよいだろう。法廷意見は、ピアノ伴奏の拒否行為と「歴史観ないし世界観」とが「不可分に結び付く」ことを、「上告人にとっては」認めつつも「一般的には」否認している。そうだとすると法廷意見は、「一般的に」も何らかの形で、拒否行為（という形での外部的行為）と「歴史観ないし世界観」とが「不可分に結び付く」ことがありうるとの理解に立つものと解される。そしてそういう結び付きが認められる場合には、拒否行為の対象である外部的行為の強制が、「上告人の有する上記の歴史観ないし世界観それ自体を否定するもの」に当たることになろう。

五　法廷意見の「⑵」の検討

第四に、法廷意見は「⑵」の第一段落で、①入学式でのピアノ伴奏行為が、「音楽専科の教諭等にとって通常想定され期待される」こと、②さらに本件では同行為が「職務上の命令に従って」のものだったこと、の二点を根拠として、同行為は「客観的に見て」、伴奏者が「特定の思想を有するということを外部に表明する行為」であるとは評価されない、と判断した。この部分の解読が課題となるが、そのためにも先に進んでおく。

「⑵」の第二段落で法廷意見は、本件職務命令が、(p)(q)(r)のいずれにも当たらないとする。従来の教科書的説明では憲法一九条の規範内容について、第一に、公権力が特定の思想良心を保持することを理由として個人を不利益に取扱うことの禁止（「不利益取扱い」型）、第二に、公権力が個人に対していかなる思想良心を有しているかを告白するよう求めることの禁止（沈黙の自由の保障）、第三に、公権力が特定の思想良心を強制・勧奨することの禁止、という三本柱を立てるのが常であった。「⑵」の第二段落はこれに対応して、(p)と(q)は、第一段落でピアノ伴奏行為が伴奏者にとって特定思想の表明行為であるとは評価されないとした流れを受けて、上告人について、この第三と第二に当たらないとし、また(r)は、上告人の(b)の主張を受けて、今度は児童について、同じくこの第三に当たらないとしている。杓子定規で機械的な当てはめであり、(q)には不正確な当てはめである疑いがあり、また児童についての(r)には本来なら独立した説明が必要である。いずれにせよ、思想良心の自由に即した考察を締め括る役割を担うのがこの段落だと解される。

「⑵」の第一段落の解読という前記第四の課題に戻る。まず、ここでの分析作業の実際に即して見ると、法廷意見は、①と②という、本件の具体的ないし「客観的」な文脈に即して本件ピアノ伴奏行為を評価すると、伴奏者が「特定の思想を有するということを外部に表明する行為」ではない、としている（ここで「特定の思想」とは、文脈上、「『君が代』が過去の日本のアジア侵略と結び付いて」いるという上告人の「歴史観」等を否定する内容のものである。以下同じ）。何故こうした分析作業を行ったか。それは、ピアノ伴奏行為という行為そのものが、押すに押されぬ表現行為だからだと思われる（ピアノ演奏行為を禁止する刑罰規定が制定されれば、「表現の自由」を侵害しないかが間違いなく問題とされる）。一般にピアノ伴奏行為は、行為そのものとしては「表明する行為」であるから、本件の「客観的」な文脈に即した検討を行い、前記の結論に到達した、と理解される。

次に、「客観的」の対義語は「主観的」である。そこで、誰にとっての主観を法廷意見が念頭に置いていたかという問いが、検討に値する。候補として上告人と公権力（ないし被上告人）の二つが考えられる。この点は、以下の二つの読み方のどちらが法廷意見の真意か、という問題とも関係してくる。すなわち、「客観的に見て」ピアノ伴奏行為が特定思想の表明行為だと評価されない、ということは、主観的には特定思想の表明行為であるが、とも読みうる（読み方A）。だが逆に、主観的には特定思想の表明行為でないものが、客観的に見てもやはりそうでない、とも読みうる（読み方B）。読み方Aでは上告人の主観を、読み方Bでは公権力の主観を、それぞれ法廷意見が念頭に置いたと考えることになる。法廷意見そのものとしては、どちらであるのか決め手に欠けるが、那須補足意見はその「1」の第二段落で、読み方Aに従った叙述を行う。

いずれにせよここでは、「客観的に見て」伴奏者が「特定の思想を有するということを外部に表明する行為」であると評価される場合には、その行為の強制が思想良心の自由の侵害にあたることが前提されている（さもないと検討する意味がない）。

第五に、「(2)」の第一段落は「他方において」から始まるので、この段落の論述が前の段落である「(1)」の論述とどういう関係にあるのかが問題となる（「(2)」の第二段落は、既述のように、締め括りの論述であると理解される）。この点は、「(1)」が、上告人の「歴史観ないし世界観」という内心の側から出発して、それがピアノ伴奏の拒否行為とは「不可分に結び付くもの」ではないとの判断を行ったのに対して、「(2)」の第一段落は、ピアノ伴奏行為の側から出発して、それが特定思想の表明行為だとはいえないとの判断を行ったのだと解される。

さて、（「いずれにせよ」で始まる）前々段落で述べた点は、未解明のまま残っている前記第三の課題に、一定の示唆を与える。つまり、法廷意見は、少なくとも「客観的に見て……特定の思想を有するということを外部に表明する行為」（ここで「特定の思想」とは、文脈上、「『君が代』が過去の日本のアジア侵略と結び付いて」いるという上告人の「歴史観」等を否定する内容のもの）を公権力が上告人に対して命じる場合には、「上記の歴史観ないし世界観それ自体を否定するもの」だと評価し、従ってその拒否行為を「上記の歴史観ないし世界観」「と不可分に結び付くもの」だと評価する、と理解されるのである。

だが、もしも憲法一九条違反となるのが、そのような特定思想の表明行為の強制という場合に限られるのだとしたら――前記第二の論点に再び戻るが――、法廷意見の「歴史観ないし世界観」――より広く「思想及び良心」一般――の理解はあまりに皮相ではないか。法廷意見は「歴史観ないし世界観」を、一定の内容を書き記した命題としてだけ理解し、その内容を表明する行為――言葉によってであれ、藤田反対意見が言及する「踏み絵」のような象徴的表現行為によってであれ――だけを、「歴史観ないし世界観」と「不可分に結び付く」行為であると理解していることになるからだ。だが、「歴史観ないし世界観」はただの命題に還元されるものではなく、当人の様々な生活場面において、一定の行為をなせ（あるいはなすな）と要求してくる、動態的な働きをするものである。それゆえ「歴史観ないし世界観」は、たんに表明行為とのみ「不可分に結び付く」のではなく、もっと様々な行為と「不可分に結び付く」可能性のあるものだと把握されるべきである。別言すると、「歴史観ないし世界観」にはやはり「社会生活上の信念等」も含めて理解されなければならない。繰り返しになるが、剣道事件の最高裁判決はそういう理解に立っていた。ピアノ事件の法廷意見が折角、「歴史観ないし世界観」――「思想及び良心」一般――と外部的行為との連関を承認しても、当の「歴史観ないし世界観」の理解が皮相だと、その連関の承認がほとんど現実的意義を持ち得ないことになる。

六　個別具体的な「衝突」審査の必要性——「外面的行為の規制」型の解釈論

「歴史観ないし世界観」を「社会生活上の信念等」まで含むものとして理解し、それがたんに表明行為のみならずもっと様々な外部的行為と「不可分に結び付く」可能性を承認することは、「一般的には」(法廷意見の「(1)」)という次元で憲法的考察を済ませないことを意味する。内心のありようも、また内心と外部的行為のつながり方も、人によって様々だから、裁判所としては「一般的」な虚空に視線を彷徨わせて終わらずに、ちゃんと一人ひとりの訴訟当事者を正視して、当該事件に即してその内心の「葛藤や精神的苦痛」(那須補足意見の「1」)に目を凝らすことが求められる。それは丁度、身体の痛みを訴える患者に対して、医師が「一般的には痛まないはずだ」の一言で診察を終えずに、ちゃんと触診・聴診その他の方法で個別具体的に患者の身体を診察するのと同様である(司法制度改革審議会意見書によると、裁判官を含む法曹は「社会生活上の医師」の役割を果たすべき存在である)。そして内心の深いレベルでの衝突が認められる場合には、余程の公共的理由がない限り、当該規制からその個人を免除せねばならない。これが、アメリカ・ドイツの裁判実務と学説で支持され、筆者が「外面的行為の規制」型と呼ぶところの憲法一九条解釈論の考え方であり、前記の剣道事件最高裁判決はこの解釈論の先例として読みうる。

なおこの解釈論は、「『思想及び良心』に反することを理由に一般的法義務を拒否する……自由……を一般的に承認するならば、おそらく政治社会は成り立たない(5)」といった危惧に対する十分な予防策を内在させている。すなわち、内心の深いレベルでの衝突ありと認められるためには、〈信仰に匹敵するような、世界観・人生観など個人の人格の核心をなすもの〉と衝突していることが必要とされるから、この「衝突」審査をパスするのは並大抵のことではない。残念ながら、一般的には本件のような「歴史観ないし世界観」との衝突は、前記「世界観・人生観など」との衝突と比べると、十分に深いレベルでのものでないとされよう。筆者は、特に内面的な精神活動の自由についてては、〈間口を狭くして、そこをくぐり抜けたものには強力な保護を与える〉という行き方が適切だと考える。ゆえに、「外面的行為の規制」型の解釈論の間口を広げて、これを通常の利益衡量論や比例原則の適用へと解消する行き方には、賛成できない。(6)

那須補足意見は、その「1」で、「本件職務命令は、上告人に対し上述の意味で心理的な矛盾・葛藤を生じさせる点で、同人が有する思想良心の自由との間に一定の緊張関係を惹起させ」る、と正当に指摘している。だが残念ながら、憲法一九条の保護に値するほど十分に深いレベルでの衝突が内心において生じているかの検討は行わず仕舞いだった。この「衝突」審査をパスしたうえで「公益」審査を行うのであれば、那須意見の「2」以降や法廷意見の「3」「(3)」のように、職務命令を出す側の「一般的な」都合の論述に終始することはないはずである。

七　藤田反対意見——市民的不服従論

藤田反対意見は、「本件における真の問題は、……入学式においてピアノ伴奏をすることは、自らの信条に照らし上告人にとって極めて苦痛なことであり、それにもかかわらずこれを強制することが許されるかどうかという点にこそある」、と述べる。そして「上告人の『思想及び良心』とはどのような内容のものであるのかについて、更に詳細な検討を加える必要がある」として、破棄差戻しの判決を行うべきだとする。以上の枠組みは、個別具体的な次元での問題把握を志向する点において「外面的行為の規制」型の解釈論と共通する。だが議論そのものは、「外面的行為の規制」型の解釈論と異質のものを含む。

それは何より、上告人の内心として、「『君が代』に対する評価に関し国民の中に大きな分かれが現に存在する以上、公的儀式においてその斉唱を強制することについては、そのこと自体に対して強く反対するという考え方」こそが重要であり、そういう内心は憲法的保護を受けるのではないか、と論じる点である。これは、公的領域における不正義には従えないとする、「公」を志向する市民としての内心であり、一種の市民的不服従論であると理解できる。もちろんこれを基礎づけるのに憲法一九条を引き合いに出すことは可能であろう。だがこれに対して憲法一九条論の「外面的行為の規制」型の解釈論では、「私」的な内心の保護に眼目がある。例えば剣道事件では、剣道実技の履修が一般に強制されていることには特に反対でないが、自分は内心上の理由からどうしても剣道実技に参加できないから、実技履修に代替する履修措置を受ける、という形をとる。市民的不服従においては、自分が「私」的に代替的負担を甘受し、「公」の社会全体では変わらずその強制がまかり通っている、ということでは、当人は満足しないのが普通だと思われる。藤田反対意見の議論を、独立した型の解釈論として育ててゆくことが重要であろう。

八　おわりに――「自発的行為の強制」型と「不利益取扱い」型の解釈論

「外面的行為の規制」型の解釈論と同じく、〈間口を狭くして、そこをくぐり抜けたものには強力な保護を与える〉という行き方をとりつつ、これとは別の憲法一九条の解釈論として、「自発的行為の強制」型の解釈論があると筆者は考えている。この解釈論によると、東京都が二〇〇三年の一〇・二三通達に基づいて、学校儀式における国歌斉唱時の不起立を理由として行った教員への大量処分は、すべて違憲だと評価される。

一〇・二三通達では、国歌斉唱をピアノ伴奏等により行うものとしている。「ピアノ伴奏」という国歌斉唱の方法にまで立ち入って通達が指定しているということは、国歌斉唱の実施について音楽専科教員の専門的裁量を認めない趣旨だと理解される。だとすると、必ず音楽専科教員がピアノ伴奏を行わねばならぬ理由はない。それなのに、信条上の理由からピアノ伴奏を拒否したその同じ教員に対して、繰り返しピアノ伴奏を命じる職務命令を出すことは、憲法一九条論としては、「不利益取扱い」型の解釈論によって違憲であると論じうる。

（1）本判決を扱う論稿として、渡辺［2007］、小泉［2007］、森［2007調解］、棟居［2007判批］、門田［2007判批］、早瀬［2007判批］、西原［2007］、多田［2007判批］、坂田［2007判批］。

（2）拙稿［2005］、拙稿［2004］、拙稿［2001］。

（3）憲法一九条に関するのは謝罪広告事件判決だけである。各先例についてどう「趣旨に徴して明らか」なのかを説明する責任を、本判決は（正確には、本判決も）果たしていない。本稿は、本判決がどのように各先例の「趣旨に徴し」たかをあえて忖度しない。

（4）神戸市立工業高等専門学校の学生（被上告人）は、「聖書に固く従うという信仰を持つキリスト教信者である『エホバの証人』であるが、「その教義に従い、格技である剣道の実技に参加することは自己の宗教的信条と根本的に相いれないとの信念の下に」、「体育担当教員らに対し、宗教上の理由で剣道実技に参加することができないことを説明し、レポート提出等の代替措置を認めて欲しい旨申し入れたが」拒否され、剣道実技に参加しなかったため、原級留置処分に続き退学処分を受けた（括弧内は最高裁判決からの引用）。この学生が前記各処分の取消しを請求し、その請求を認容したのが本件最高裁判決である。

（5）佐藤幸［1995］四八八頁。

（6）戸波［2005］。門田［2007判批］。小泉［2007］。

【二〇〇七年判決と二〇一一年判決の間の時期の考察】

第九章　日本国憲法解釈論としての遵法義務論——君が代訴訟を素材にして

一　はじめに——本稿の課題と構成

憲法解釈は「その基本的性格においてすぐれて実践的な価値判断作用である」が、それにもかかわらず、「正しい解釈」という意味での「客観性」を、「なんらかの形で……もちうる」(1)。本稿は、憲法解釈の「正しさ」という問題領域に、遵法義務論という視角から接近する試みである。

法哲学（ないし法理学）の世界において、遵法義務の問題ないし悪法の問題——「悪法もまた法であるか、また悪法を含んで法一般に対する包括的服従責務つまり遵法責務は存在するか、存在するとしてその根拠は何か」(2)——は、重要論点のひとつとして扱われている。それに対して憲法学の世界では、憲法九九条が定める憲法尊重擁護義務——遵法義務とはその言葉の響きにおいて似ているがその内容において全く異なる概念——についてはよく論じられるものの(3)、遵法義務についてはほとんど論じられることがない。

本稿は、日本国憲法の解釈論として遵法義務について論じることを課題とする(4)。この課題遂行を通じて、第一に、憲法学に対しては次のような問題提起を行う。すなわち、これまで憲法学は、遵法義務の問題について論じてこなかったものの、この問題を憲法解釈論として論じることができるし、また憲法解釈論としての遵法義務論を意識化することが、よりよき憲法秩序に向けた人々の憲法実践を促進するのではないか。第二に、法哲学に対しては次のような問題提起を行う、というよりむしろご教示を乞う。本稿の実定憲法解釈論としての遵法義務論は、主として憲法的思考によって問題にアプローチするものにすぎず、残念ながら筆者の勉強不足と時間的制約から、これまでの法哲学上の研究成果を十分に踏まえることができていない。この点につき、筆者自身、再挑戦の機会を持ちたいと考えているが、法哲学研究者からのご教示をいただければ、たいへんありがたい。同時に――不遜ながら――、実定（憲）法の世界から出発した本稿のような遵法義務論に対して、法哲学が接続あるいは批判を試みることは、法哲学の世界から出発する従来の遵法義務論――管見によれば、ともすれば抽象的次元の議論に終始してその具体的帰結が曖昧になりがちだった――が[(5)]、実定法の世界へと着地するのに資するのではないか。その意味での触媒に本稿がなることができれば幸いである。

本稿の構成は次のようである。まず、憲法解釈論としての遵法義務論という課題について、いくつかの予備的考察を行う（二）。そのうえで、この問題を具体的事案の文脈で論じていく。そのための素材を、便宜上、「君が代訴訟」に求める[(6)]。前提作業として、「君が代訴訟」を、校長の職務命令に始まり最高裁判決で一つのサイクルが終わる、一連の過程としてモデル化する（三）。そこで、職務命令に対する教員の不服従行為に照準を合わせ、まず職務命令が出された場面（四・五）、続いて訴訟過程を経て最終的に最高裁判決で職務命令が合憲だと判断された場面（六・七）、さらにその後に別の事例として同様の対立状況が生じた場面（八）、のそれぞれに即して、職務命令（及び最高裁判決）に対する教員の遵法義務の有無を検討する。最後に、以上の具体的事案に即した考察で論じ残した、憲法の基礎理論の次元での論点について論じる（九・一〇）。

二　〈憲法解釈論としての遵法義務論〉に関する予備的考察

本稿の課題は、憲法解釈論として遵法義務論を論じることである。そこにいう「憲法解釈論」と「遵法義務」という言葉の意味について述べておく。

まず「憲法解釈論」だが、あらゆる法の解釈と同様にそれは「純粋に理論的な認識作用ではなく、その基本的性格においてすぐれて実践的な価値判断作用である」(7)。もちろん遵法義務に関する憲法解釈論は、事柄の性質上、個別の事案に憲法条文を解釈適用して適切な法的解決を指し示すという通常の（狭義の）憲法解釈論とは異なる。だがそれは、我々の憲法秩序において生じる遵法義務を、どう理解することが憲法的なものの考え方としていっそう筋が通るか、あるいはまた、どう理解するほうが憲法秩序をよりよきものへと導くことに機能的につながるか、といった問いに対して、日本国憲法の解釈共同体の一員（ないし法実践の参加者）の立場から答える、ひとつの実践的提言であり、その意味での広義の憲法解釈論なのである。

次に「遵法義務」だが、次のような理解の下で考察を進めることにする。すなわち、法の効力には実効性と妥当性という二つの次元がある。ある法規範が法秩序の有する公権力的な強制機構によって個人を現実に拘束するとき、その法は実効性を持つ。ある法規範が法秩序の有する「正しさ」の観点から個人を規範的に拘束するとき、その法は妥当性を持つ(8)。そして、ある法に対する遵法義務の有無の問いは、その法の妥当性の有無の問いと同じである(9)。

法の妥当性の有無の問いに答えるには、その前提として〈何をもって「正しい」とするのか〉を明らかにしておく必要がある。憲法解釈論としての遵法義務論は、この「正しさ」の基準を、日本国憲法に求める。すると常識的には次のようになろう。すなわち、憲法に適合する法（合憲な法）は妥当性を持ち、個人はこの法に対する遵法義務を持つ。それに対して、憲法に適合しない法（違憲な法）は妥当性を持たず、個人はこの法に対する遵法義務を持たない。この点をもう少し立体的・構造的に述べると、次のようになる。すなわち、日本国憲法に基づく〈全体としての法秩序〉（主として、憲法から立法権を授権された国会が憲法の定める手続に従って制定した法律と、それに下位する諸規範、これらが織りなして現出する実定法秩序）に対しては遵法義務が存在するが、憲法に違反する個々の法規範に対しては遵法義務が存在しない。本稿ではこのようなものの見方を、「憲法学者がとる常識的アプローチ」と呼ぼう。

ここで遵法義務の有無は、憲法についてではなく、憲法に下位する諸々の法規範（法律、命令、処分、等々）について問われる（九で再論する）。

ところで憲法九八条によれば、違憲な法は無効である。ゆえに、「悪法」＝違憲な法、は、公権的に違憲であると認定されれば基本的には無効とされ、そもそも法ではなくなり、遵法義務の有無を論じる前段階でけりがつく。したがって、遵法義務の有無が現実的に問題になるのは、〈現に実効性を持っているが、それが違憲であるとの議論が当事者から提起されている法〉、という意味での「疑法（doubtful law）」についてだ、ということになる。[10]

三　プロセスとしての「君が代訴訟」

理論的検討の対象を明確にするために、まず、「君が代訴訟」が辿る事実経過の一つの典型例を、[11]モデル化して示すことにしよう。

ある都立高校で、校長が同高校の全教員に宛てて、卒業式における「国歌斉唱」時に起立を命じる職務命令を出した（以下「本職務命令」という）。ある教員は本職務命令を違憲だと判断し、[12]本命令に対する不服従実践を行った（つまり「国歌斉唱」時に起立しなかった）。それに対して都教育委員会は、本命令に対する不服従を理由に懲戒処分を行った（懲戒事由等について定める地方公務員法二九条一項、上司の職務命令に従う義務について定める同法三二条）。そこで教員は都教委を相手どって、本職務命令の違憲性を根拠に、当該懲戒処分の取消訴訟を提起した。第一審、第二審を経て、訴訟は最高裁判所に到達する。最高裁は、本職務命令の合憲性を判断したうえで、当該事件について、懲戒処分を取消すか維持するかすることになる（ピアノ伴奏拒否については最三小判平成一九年（二〇〇七）年二月二七日民集六一巻一号二九一頁があり、四対一で懲戒処分を合憲としたが、不起立についてはまだ（二〇一〇年一月現在）最高裁判決がない）。

以上の経過を第一ラウンドとして捉えるとすると、第二ラウンド以降はこう展開する。すなわち、最高裁判決後に、新たにある都立高校長が同高校の全教員に宛てて同旨の職務命令を出す（以下「職務命令二」という）。ある教員はこの職務命令二を違憲だと判断し、当該命令に対する不服従実践を行う。以下、第一ラウンドと同様の経過が繰り返されることになる。

四　本職務命令に対する遵法義務の有無

前述した「憲法学者がとる常識的アプローチ」を「君が代訴訟」の文脈に合わせて具体化すると、次のようになる。すなわち、校長による本職務命令には、一応の（prima facie）服従義務がある（参照、校長の権限を規定する、学校教育法（平成一九年六月二七日法律第九六号改正後）三七条四項、四九条、六二条）。だがその職務命令の内容が違憲である場合には、実のところその命令は違法であり、教員には服従義務がない、と。本職務命令は、先述した「疑法」の定義（現に実効性を持っているが、それが違憲であるとの議論が当事者から提起されている法）に合致する。問題は、この意味での「疑法」に対して、遵法義務が存在すると考えるべきかどうかである。

「疑法」はその定義からして、当事者には違憲だと考えられている。先述した「憲法学者がとる常識的アプローチ」によると、憲法に適合する大多数の法（「合憲な法」）に対しては遵法義務があるが、憲法に違反する少数の法（「違憲な法」）に対しては遵法義務がない。当事者によれば、本職務命令は正にこの「違憲な法」だから、本職務命令に対する遵法義務はない、と当事者としては主張したいところだ。だが他方で、「疑法」はやはりその定義からして、現に実効性を持つ法である。では「違憲な法」は、どうすれば実効性を失うのだろうか。

法の実効性の次元で、日本国憲法の定める仕組みを観察しよう。公権力の立法機関・行政機関が新たに法・命令などの実定法規範を発するとき、それらは実効性を備えたものとして発せられる。建前上、担当機関はその法規範が合憲であると判断したうえで、その法規範を発したのだとされる。しかし憲法は、立法・行政機関によるそのような判断に一〇〇％の信頼を置くことができないと考え、司法審査制を設けた。裁判所は、個人による訴訟の提起を受けて、当該法規範の憲法適合性を審査し、違憲だと判断したときには当該法規範を無効とするのである。つまり、法の実効性の次元で、〈「合憲な法」は有効だが「違憲な法」は無効であるという法秩序〉を現実化するためには、司法審査制が鍵となっている。そしてこの制度は、基本的には当該法の拘束を現実に及ぼされた個人が訴訟を提起しない限り、裁判所が司法審査を行わない仕組みである。

そうだとすると、「疑法」に対して遵法義務が存在する、と考えることは、個人による憲法訴訟の提起を抑制する実践的効果を持つことになる。そのことは、司法審査制の不活発化をもたらし、〈「違憲な法」は無効であるという法秩序〉の現実化を妨げる実践的効果につながる。「違憲な法」が実効性を現実に持っているケースでは、むしろ市民による訴訟提起が積極的に望まれる。ゆえに筆者は、「疑法」に対する遵法義務は、その法の合憲性を疑わしいと考えている当該当事者には存在しないと考える。

五　本職務命令に対する遵法義務がないことの意味

本職務命令に対する遵法義務は、本命令を違憲だと考える教員には存在しない。しかし、だからこの教員は何をしてもよい、ということにはならない。

本職務命令に対する遵法義務を持たないこの教員は、それゆえに何をなしうるか。あくまで実効的な法秩序の枠内で、合法的な行為のなかから行為選択を行うのが本道である。(13) 本職務命令は「疑法」であるが、それゆえに（「疑法」の定義からして）実効性を持つ。ゆえに本命令に対する不服従実践に対しては、懲戒処分が及ぼされてくる。ではこの懲戒処分に対して不服従実践を行う、実効的な法秩序の枠内での真っ当な方法は何か。その一つはこの懲戒処分の拘束を法的に免れるべく、本職務命令の違憲性を理由とする処分取消訴訟を提起することである。一方、本職務命令に対する遵法義務がないからといって、例えば卒業式に対する妨害行為を行うことが、法の妥当性の観点から容認されることにはならないし、そうした行為に対しては、実効的な法秩序が制裁を加えてくるだろう(例、刑法二三四条の威力業務妨害罪)。

六　最高裁の合憲判決と遵法義務——誰が「正しさ」を判断するか

懲戒処分の取消訴訟は、控訴・上告を経て、最高裁判決で基本的には確定する。最高裁が本職務命令を違憲だと判断して懲戒処分を取消せば、この教員には望ましい結果となる。この場合には、当該「疑法」は、「悪法」(=違憲な法)であると公権的に認定されることで無効とされ、そもそも法でなくなる。しかし、最高裁が本職務命令を合憲だと判断し処分取消請求を棄却した場合には、実効性の次元ではこの教員は懲戒処分を甘受するしかない。ではこの場合、最高裁による合憲判決は、妥当性の次元でも懲戒処分(とその背後にある本職務命令)に対する遵法義務を、この教員に生じさせるのだろうか。

この点、最高裁が判決理由で示した、本職務命令が合憲である所以の説明論理が説得的で、この教員がその論理に説得されたという場合には、本職務命令はもはやこの教員にとって「疑法」でなくなり「正法」(=合憲な法)となったから、遵法義務も生じると言える。では、最高裁の判決理由を読んでもこの教員には本職務命令がやはり違憲だとしか思えない、という場合はどうか。——これは、判決理由が説得力を欠くがゆえに、最高裁の合憲判決によっても依然としてこの教員にとって本職務命令が「疑法」に止まる場合に他ならない。

結論から述べれば、この場合には最高裁判決によって本職務命令の実効性が貫徹することをもって法秩序としては満足してよく、遵法義務までが生じると考える必要はない。

最高裁判決は、本職務命令の（懲戒処分を経由した）実効性を免れるための法的手続の最終審である（憲法八一条）。ゆえに最高裁判決が合憲だと言えば、本職務命令の実効性は最終的に貫徹する。だが、そのことと、最高裁の判断が「正しい」かどうかとは、別問題である。最高裁判決が合憲だと言ったという事実性からは、本職務命令の妥当性が生まれることはない。その妥当性は、最高裁判決による合憲論の「正しさ」からのみ生まれる。

その「正しさ」であるが、憲法解釈論としての遵法義務論は、法の妥当性の淵源となる「正しさ」の基準を憲法に求めた。ところがこれまでの論述で既に明らかなように、「君が代訴訟」のような「疑法」をめぐる憲法訴訟（訴訟にならない「疑法」をめぐる対立状況一般でも事態は同様である）では、訴訟の両当事者は、憲法を「正しさ」の基準とすることについては一致しつつも、その憲法の意味内容が何であるかについて対立する。両当事者は、同じ日本国憲法を基準としつつ、その憲法の「正しい」解釈が何であるかについて対立するのである(14)（都教委は、「正しい」憲法解釈によれば本職務命令は合憲だと主張し、教員は、「正しい」憲法解釈によれば本職務命令は違憲だと主張する）。

最高裁の合憲判決の意義について、「憲法学者がとる常識的アプローチ」に即して言い直すとこうなる。法の実効性にとっては、ある「疑法」が「合憲な法」であり従って有効なのか、それとも「違憲な法」であり従って無効なのかを決定するのは、最高裁がその「疑法」を合憲だと言ったか違憲だと言ったかという事実性である。だが法の妥当性にとっては、ある「疑法」が「合憲な法」でありその名宛人に遵法義務を生じさせるのか、それとも「違憲な法」でありその名宛人に遵法義務を生じさせないのかを決定するのは、その「疑法」を合憲（あるいは違憲）だと説明する論理の説得力である。別言すれば、最高裁判決が説示した合憲（あるいは違憲）論の、憲法解釈論としての説得力である。

ではその説得力を判定するのは誰か。別言すると、「正しい」憲法解釈が何であるかを判定するのは誰なのか。憲法理解（前述した、広義の憲法解釈論）としては、こう考えられる。すなわち、ミクロの次元では、それはその「疑法」に違憲の疑いを提起した当事者自身である。当事者自身が、その「疑法」との関係で「正しい」憲法解釈が何であるのか、言い換えると、その「疑法」に対する遵法義務が有るか無いか、についての最終的判断権者である。一方、マクロの次元では、日本国憲法の解釈共同体[15]における公共圏が、その「疑法」との関係で何が「正しい」憲法解釈であるかに関する羅針盤の役割を演じる。つまり、この遵法義務論の文脈において、憲法解釈の「正しさ」の判断権者は主観的に理解すべきであるが、憲法解釈の「正しさ」自体は全面的に主観的なものではなく、公共圏が「正しさ」に関するある種の客観的な指針を提示する、と。

後者のマクロの次元について、日本国憲法の解釈共同体における公共圏とは、どんな場か[16]。それは憲法解釈論が交わされる場であり、様々な解釈論の説得力が競われる場である。そこでは討議・熟議がたえず続けられ、ある時点での公の決定によって終了させられることがない。この場の主題は憲法解釈論だから、そこで主として発言するのは法律家となろうが、公共圏である以上、憲法解釈共同体の構成員全ては、発言者としても聴衆としてもこの場にアクセスできる。最高裁の判決理由の示した憲法解釈論も、この公共圏によって積極的に、または消極的に、評価される。但し、このようにこの公共圏は憲法の「正しい」意味に関する尺度を提供し、「正しさ」にある種の客観性を与えるが、その「正しさ」を公に決めるわけではない。むしろ、この公共圏での議論を参照することで、「疑法」の当事者を含むあらゆる人々は、この「疑法」が合憲か違憲かの自分なりの視点を獲得する。その集積が、所与の時点の日本社会全体における、当該「疑法」の妥当性の強さないし弱さだと考えられる。

前者のミクロの次元で、憲法解釈の「正しさ」の判断権者を主観的に理解したことの帰結として、ある内容の「疑法」に対する遵法義務は、人によって存在したりしなかったりすることになる[17]。だが、憲法に基づく〈全体としての法秩序〉に対する遵法義務の意識が確立している限り、個別の「疑法」に対する遵法義務を持たない人がいることは、憲法体制にとって大きな問題ではなく、むしろ積極的な意義すら持ちうると考えられる。マクロの視点から別言すると、ある「疑法」に対する遵法義務は、有るか無いか（all or nothing）の問題ではなく、量的問題ないし程度問題である[18]。

七　最高裁の合憲判決から遵法義務が生じないことの意味

「君が代訴訟」の現場に戻ろう。いま問題としているのは、本職務命令が、最高裁判決によって「悪法」（＝無効）にも「正法」にも変わることなく、最高裁の合憲判決によっても依然として「疑法」に止まる場合である。そこに「正しさ」を見出すことができない以上、当事者たる教員にはやはり依然として、本職務命令に対する遵法義務はない、と本稿は考えた。しかし法の実効性の次元では、最高裁判決によって本職務命令は貫徹する。この教員には、本職務命令の実効性次元での効力を免れるための法的手段が、もはや何も残っていない。ゆえに事実として懲戒処分を受忍することを余儀なくされる。こうした「疑法」の執行の受忍は、「正しさ」を欠く純粋に事実次元のもので、理不尽に他人に殴られてその痛みを受忍するのと質的には同じである[19]。

本職務命令が最高裁の合憲判決によっても「疑法」に止まるのは何故か。それは、判決理由の示した憲法解釈論が説得力を欠いたからである。この場合に、何らかの理由をつけて当該「疑法」に対する遵法義務を認め、当事者に対して、その執行を受忍する義務が「正しさ」の観点からあるのだと説くのか。それとも、説得力を欠く合憲判決の執行は実のところ裸の暴力と同じだと説いて、裁判官に対して、理由を尽くす道義的責任があることの自覚を促すのか。これがここでの問題であり、筆者は後者の選択を行うのが適切だと考える。神の目から見たとき当該「疑法」が本当は「悪法」である場合はむろん、神の目からは当該「疑法」が本当は「正法」であるがただ最高裁の説明が不十分だった、という場合も含めて、そう考える。日本の裁判例の現状を評価するに、憲法論が質的に劣悪だったり量的に希少だったりする例が少なくない[20]。だが本稿の考え方によると、正に遵法義務の有無に関わってくるという点で、裁判所による憲法の解釈論にはそれに下位する諸々の法形式の解釈論にはない、固有の重みがある。[21] そして裁判官には、憲法解釈論については法律等々の解釈論よりもいっそう念入りに、説得力を備えた判決理由を書く責任があるのである。[22]「君が代訴訟」の文脈では、最高裁の合憲判決には、その判決理由の説得力を通して、本職務命令の妥当性を基礎づけたり、強化したりすることが期待される。

本稿の遵法義務論は、裁判官に対して前記のような意識・行動の変容を促すだけでなく、市民一般に対しても次のような意識・行動の変容を促す。すなわちそれは、最高裁が合憲（または違憲）判決を出したという事実性もさることながら、その憲法解釈論の説明論理にもっと注意を払い、その説得性を判断すべし、と促すのである。それは市民に対して、〈裁判官が説明責任を果たすまでその結論の「正しさ」を認めるな、しかし裁判官が理を説けばそれを受け入れよ〉、と促す。裁判官に説明責任を求める姿勢は、裁判官が理を説けばそれに自らが説得されうるという姿勢とセットではじめて首尾一貫したものになる。市民一般にそうした意識・行動が根づけば、そのことがさらに裁判官に対して前記のような意識・行動の変容を促すことにつながるだろう。

八　第二ラウンド以降

本稿は、第一ラウンドで最高裁が合憲判決を出した当該事件の当事者たる教員についても、同判決によって本職務命令に対する遵法義務は生じない、と考えた。ならば当然、第二ラウンドで、職務命令二の名宛人たる教員がこの職務命令二を違憲だと考えるなら、その教員にはこの職務命令二に対する遵法義務はない。

裁判所には、第二ラウンドの訴訟提起を、先例の最高裁判決の合憲論の説得力が十分でないことの現れだと謙虚に受け止め、説明の不十分なところを補うとか、新たに合憲論を基礎づけ直すとか、場合によっては合憲論の間違いを認めて違憲論に転じることが、求められる。

九　「立憲的意味の憲法」と遵法義務

さて日本国憲法は、「立憲的（ないし近代的）意味の憲法」、すなわち「国家権力を制限して国民の権利・自由を守ることを目的とする憲法」であるが[23]、これを基礎づける理論として重要なのがロック流の社会契約論である。この社会契約論の論理の中に、本稿の遵法義務論を位置づけよう。

この社会契約論によれば、自然状態にあった諸個人は、自らの自然権をよりよく保全するために、まず、相互に合意して社会契約を締結して、〈「国民」というまとまり〉＝「社会」を構成し、次に、その「国民」（＝「社会」）が、憲法を制定して、「国家」（の統治機構）を形成しそこに公権力を信託する。ここでは第一に、憲法は、それを通して「社会」（＝「国民」、延いては諸個人）が「国家」に対して一定の目的のために公権力を授けると同時にその公権力の行使を制約する規範である。ゆえに憲法は、「国家」を名宛人とする法規範である。したがって「国家」（＝公権力担当機関）は、憲法に制約されるという意味での憲法尊重擁護義務（憲法九九条）を負う。一方、憲法を作った「社会」（＝「国民」、延いては諸個人）は、「国家」に憲法を守らせる責務を負うのであって、憲法に対する遵法義務は負わない。諸個人が遵法義務を負うのは、憲法の授権と制約に基づいて「国家」が制定する法律およびその諸下位規範に対してである。

第二に、憲法の授権と制約、といま述べたが、授権と制約のそれぞれについて注意が必要である。一、憲法の授権はあくまで一定の国家設立目的のためのものであること。その目的とは、諸個人の自然権のよりよき保全であり、日本国憲法の用語を使うと、「公共の福祉」の実現である。二、憲法の制約の主たるものは、「国家」を名宛人とする憲法典に自然権保護の趣旨を書き込んだという意味を持つ、「憲法上の権利」を侵害してはならぬ、というものであること。

第三に、社会契約論はさらにこう展開する。すなわち、「国家」（＝公権力担当機関）が憲法の授権と制約を逸脱して系統的に恣意的な統治を行うときには、諸個人はそれに従う義務を負わず、むしろ抵抗権・革命権を行使して新たに正当な政府を樹立し直すことができる、と。ここでは抵抗権・革命権が発動される際の判断基準が、実定法でないもの（例えば自然法）にあるのではなく、正に実定憲法である点に注意したい。そしてこの意味での抵抗権・革命権を語りうるためには、憲法に基づく法秩序が、実効的な法システムとしては自律的に回るのだとしても、法の妥当性ないし（憲法に基づく）「正しさ」の次元ではその判断権がどうしても諸個人に留保されている必要がある。(24)

一〇　「立憲的意味の憲法」に対するコミットメント

本稿は、「憲法学者のとる常識的アプローチ」に肉付けするかたちで、憲法解釈論としての遵法義務論を展開してきた。ではこのアプローチ自体は、どのように規範的・実践的に根拠づけることができるだろうか。

その根拠は、〈日本国憲法に正当性を認め、この憲法にコミットする〉という実践的立場に求めることができる。自らのコミットするこの憲法に基づくからこそ「合憲な法」には遵法義務を承認する反面、それに反する「違憲な法」には遵法義務を認める理由がないのである。ここでのポイントは、第一に、一つのコミットメントが同時に、憲法に基づく〈全体としての法秩序〉に対する遵法義務の存在と、少数の〈違憲な法〉に対する遵法義務の不存在との両方を、基礎づける点である。第二に、この憲法にコミットしない人を、本稿の遵法義務論はその射程の外に置くという点である。現実に日本国憲法に基づく〈全体としての法秩序〉が実効性を持っていることを否定する人はいないだろう。だがこの憲法にコミットするかどうかは個人ごとの実践的選択の問題である。そして、まずこの憲法にコミットしないと、憲法解釈論としての遵法義務論を論じ始めることができないのである。

コミットメントが個人の実践的な価値選択の問題だとして、では日本国憲法――及び社会契約論によって基礎づけられる「立憲的意味の憲法」一般――はコミットするに値するだろうか。この点については第一に、事実として、日本の戦後憲法学は、一九四六年制定の日本国憲法が、日本史上初めて本格的に「立憲的意味の憲法」を採用することで旧体制の過ちを克服することを初心とした点を、価値的に積極評価し自らの立脚点としてきた[25]。第二に、理論的には、**九**で社会契約論について述べた「第二」の点に注意を向けたい。この憲法に基づいて公権力が制定・適用・執行する法は、「公共の福祉」の実現のためのものであり、かつ「憲法上の権利」を侵害しない内容のものである。公権力が制定・適用・執行する法がたしかにそういう「正しい」内容を持つように、この憲法は憲法構造を仕組んでいる。孤島のロビンソン・クルーソーでなく共同社会の一員として生活するなら、そういう内容の法に対してならば遵法義務を認めてよい、と少なくとも抽象的原則の次元では、誰もが承認するのではないか[26]。そうだとすれば、それはこの憲法にコミットする理由となるだろう[27]。

（1）山内［1984］一二〇頁、一二二頁。関連して、山内［1994］も参照。

（2）横濱［2009］五五頁。

（3）例えば最近の、阪口［2008］、結城［2008］。**九**の「第二」の論述も参照。

（4）遵法義務の問題について筆者が考えるきっかけとなったのは、二〇〇八年一一月下旬に開催された日本法哲学会学術大会のB-2ワークショップ「遵法義務論の問題地平」の開催責任者である瀧川裕英氏から、「遵法義務の現代的事例として君が代訴訟を検討すること」という課題で報告を依頼されたことである。同ワークショップの概要は、瀧川［2009］を参照。

（5）田中成［1994］二九〇—二九六頁は、「わが国などのように立憲民主制と司法審査制をとっている政治・法体制のもとで生じうる悪法論」（同書二八九頁）について検討を行う（田中成［2011］一五二—一六三頁、一五六頁）。憲法解釈論の土俵に肉薄した場で、だがあくまで法哲学的に、遵法義務について考察するものである。

（6）「君が代訴訟」に素材をとったのは、本稿の起源となった学会報告（注4を参照）の依頼がそれに言及することを求めたからである。本稿の趣旨は（この点につき注12の限定を参照）、必要な修正を施せば刑事・行政・民事のあらゆる憲法事例に応用可能なはずである。

（7）　山内［1984］一二〇頁。

（8）　田中成［1994］六六頁〔田中成［2011］八九—九〇頁〕が、法の規範的妥当性と事実的実効性に関する「一般的な見解」だとするものを踏まえつつ、筆者なりの定義を行った。

（9）　そうかどうかは一個の論点であるが（参照、森際［1983］二七八—二八一頁）、本稿は、そうなるように法の「妥当性」の定義を行った。

（10）　那須［2009］は、遵法責務論の実践的意義を回復するための方法として、悪法論の再生よりむしろ疑法論の活性化を重視する。

（11）　別様の「君が代訴訟」の形態として、例えばいわゆる「日の丸・君が代」予防訴訟は、東京都教育委員会に対して、国歌斉唱行為の義務の不存在確認と、同義務違反を理由とする処分の事前差止めを請求し、また都に対しては、二〇〇三年一〇月二三日の都教委通達とそれに基づく校長の職務命令等による精神的損害を理由とした国家賠償を請求しており、東京地判平成一八（二〇〇六）年九月二一日判時一九五二号四四頁、はそれらの請求を認容した（二〇一〇年一月現在控訴中）。

（12）　教員に向けられた本職務命令が違憲だと主張される理由には、大別して以下の二つの場合がある。すなわち、①教員自身の「憲法上の権利」（憲法一九条の保障する思想良心の自由）を侵害するから違憲だと主張される場合と、②教員自身の「憲法上の権利」は侵害しないが、その命令に従って行う教員の行為が生徒の「憲法上の権利」（同じく思想良心の自由）を侵害することになるから、本職務命令は違憲・違法だと主張される場合との二つである。本稿では、遵法義務の有無が問題となる典型事例は①の場合だと考え、考察を専らこの場合に限定する。②の場合には、遵法義務の有無は、まずは本職務命令に従う教員の行為による「憲法上の権利」侵害を主張する生徒を主体にして、典型事例の図式において考察されるべきだと思う。②の場合に教員について生ずる遵法義務の有無の問題は、生徒を主体にして構成し直された①の典型事例の図式においてその生徒の遵法義務の有無の問題をどう考えるかを明確化したあとの応用問題として解かれねばなるまい。

（13）　その理由は、第一に、違法行為には実効的な法秩序が法の実効性を及ぼしてくるからである。第二に、当事者は、憲法に基づく〈全体としての法秩序〉の妥当性は承認している、というのがここでの前提であり、そうだとすると、この「疑法」の妥当性を否認しても、その他の法規範の妥当性は承認しているからである。

（14）　野坂［2004］が、憲法解釈という営為に関する理論的検討の、ひとつの学問的到達点を示す。

（15）　ここで「日本国憲法の解釈共同体」を定義すると、〈日本国憲法にコミットする人々の集合〉である。それは、日本国憲法の通用する人的・領域的範囲内にある市民全ての集合、とほぼ同じだと考えてよい。〔この点に関するその後の筆者の簡単な考察として、拙稿［2020］五九頁注10を参照。〕

「解釈共同体」概念は本来、文学テクストであれ法テクストであれ、そのテクストの「解釈の過程が『解釈共同体』によって制約され、いわば一定のコンテクストにはめ込まれている」（野坂［1985］一三三頁）と見るうえでの概念装置であるが、本稿ではこの概念を、そういう文脈からは離れて、前記の定義のようにもっと緩い意味内容で用いる。そして（その定義にも規定されて）本稿では、第一に、解釈共同体そのものではなくむしろその公共圏が、第二に、解釈過程を制約するのではなくむしろ「正しい」解釈内容の指針を与える働きをする、という図式を提示している。

（16）　いわゆる二回路制デモクラシー論は、国家の次元における代議制デモクラシーと、市民社会の次元における討議デモクラシーとの二つの回路が有機的に関連した全体をもって、一国の民主主義の全体像とする議論である。篠原［2004］第三章・第五章。本稿では、民主主義に関する議論としてのこの二回路制デモクラシー論の図式を、裁判機関による違憲審査制を持つ国における立憲主義に関する議論の場へと輸入するかたちで、一国の立憲主義の全体像を描いてみた。すなわち、国家の次元における裁判コンスティトゥーショナリズム（違憲審査制）が、何が憲法の実効的な意味内容かをその時々に確定するが、市民社会の次元における熟議コンスティトゥーショナリズム（公共圏における討議・熟議）が、何が憲法の「正しい」意味内容かを判断し、この二つの回路が有機的に関連した全体をもって、一国の立憲主義の全体とするようなヴィジョンである。

樋口［1992］二八―二九頁は、憲法科学が認識の対象とする憲法現象を、「制定憲法」（＝制憲者意思）、「実効的憲法」（＝各時期の公権力担当機関による憲法運用・実例）、そして「憲法意識」（＝憲法に関する公権力担当機関以外の各主体の意識（学説を含む））、の三つに分類する（但し各用語の定義は筆者のもので、樋口説の若干の意訳を含んでいる〔この点に関するその後の筆者の考察として、拙稿［2017a］二七九―二八六頁を参照。〕）。前記の裁判コンスティトゥーショナリズムと熟議コンスティトゥーショナリズムはそれぞれ、広義の憲法解釈論が「実効的憲法」と「憲法意識」とを規範的観点から再構成したものだと位置づけることができる。

(17)　最高裁の合憲論理を説得力なしとする当事者の判断の方がむしろ「公共圏」から見て誤りだという場合もありうる。だがその場合も、「お前には本当は遵法義務があるのだ」という結論を当人に押し付ける公の権限を持つ他人は存在しない。遵法義務に関する最終的判断権が当人に委ねられる所以である。なお**九**の「第三」の論述も参照。

(18)　この点はミクロの視点についても言える。当人は、外部的ポーズとしては合憲判決に全面的に反対でも、「正しさ」の備える客観性ゆえに、内心では同判決に幾分の説得力を見出す場合がありうる。このとき遵法義務は(「全く」ではなく)「ほとんど・あまり(等々)」無い。

(19)　学会ワークショップではフロアから井上達夫氏によって、実体法(ないし判決)とその執行とを区別し、前者に対して遵法義務がない場合にも後者に対しては遵法義務があると考えうる、とのご指摘を頂戴した。だが筆者はこう考える。法を執行する機構は、「合憲な法」の執行のために存在する。「違憲な法」を執行するためにこの機構が発動されるのは、やはり違憲な、権力の濫用である。ゆえに最高裁の合憲判決に対する遵法義務がない場合、同判決の執行に対する遵法義務もない、と(この点、横濱[2009]六〇頁、七八—七九頁、は、「悪法」に対する遵法義務を承認し、ゆえにその執行に対する遵法義務をも承認しつつあえてその「悪法」に背くのが市民的不服従だとする)。なお、執行官についても「違憲な法」の執行命令に対する遵法義務の有無が問題となりうる点につき、注12を参照。

(20)　判決理由のなかには、先例の説示を引用符もなくただ書き写すだけのもの、「先例の趣旨に徴して明らか」と述べて先例を列挙するがどう「明らか」なのかの説明を全く欠くもの、がある。正に憲法問題が提起された事件なのに、専ら法律次元の解釈論で問題を処理して憲法論を数行で済ますものもある。

学説は、不十分な憲法論しか行わない判例に接したとき、その判例の真意を言い当てることに熱中しがちである。それはそれで重要だが、同時に裁判所の説明責任を厳しく問うこともしないと、憲法論が不十分であるような判例の現状を容認することにならないだろうか。

以上は形式的観点からすでに説明不十分な判決理由の話だが、本稿は実質的観点からも判決理由が説明を十分に尽くすことを求めている。例えば、説得力に欠ける説明を長々と書き連ねる類の判決理由は、形式的観点からは「説明した」と言えるとしても、不合格である。

（21）　注24を参照。

（22）　愛敬［2009］の第五節「裁判官の良心・立憲主義・個人の尊厳」（同論文一八五―一八九頁〔愛敬［2012］二四六―二五〇頁に加除修正の上で再録〕）は――論文全体の主題との関係ではやや座りが悪いものの――、裁判官の責任に関する興味深い考察を行う。

（23）　芦部［2007］〔芦部［2023］〕五頁。

（24）　諸個人に判断権が留保されるのは、憲法の「正しい」意味内容が何であるかについてである。諸個人は、〈自己の政策判断に反する政策判断に基づく法律〉に対して遵法義務を負うし、〈自己の法律解釈に反する法律解釈に基づく判決〉に対しても遵法義務を負う。つまり「正しい」政策判断、「正しい」法律解釈、などの次元では、自己の遵法義務に対応する最終的判断権を、公権力担当機関に預けている。だが「正しい」憲法解釈についてはそうでなく、当人の観点から「違憲な法」には遵法義務がない。

（25）　戦後を代表する憲法学者が、「立憲的意味の憲法」こそが「憲法学の対象とする憲法」だと断言する（芦部［2007］〔芦部［2023］〕五頁）のは、その象徴的な表現である（裏から言えば、「立憲的意味の憲法」でない憲法は、憲法学の研究対象とならない！）。

（26）　以上の議論は基本的に、Barnett［2004］Part I, の「憲法的正当性」の考え方に負う。同書は、〈被治者の同意を現実に調達していない憲法が、にも関わらず正当だと言えるのはどんな内容のものである場合か〉と問い、こう答える。法の制定・適用・執行を規律する憲法が、〈その法の制定・適用・執行に現実の同意を与えない人に対してその法が課されても「正しい」（just）ような内容〉をその法が備えることを確保する構造になっていれば、その憲法は正当（legitimate）である。そして、その憲法に従って制定・適用・執行される法は、「正しい」内容を備えているとの推定を受けるという意味で正当であり、その法に遵うべき一応の義務が人に生じる――何らかの仕方でその法の「不正」が確立されない限り（id., p.48）、と。

　本稿はそこから一歩進んで、そういう内容の憲法に対してであれば個人はコミットするだろうという実践的契機を加える。そして（憲法の正当性ないし法の正当性ではなく）憲法に対するこのコミットメントに遵法義務を由来させることで、遵法義務の有無に関する判断権を個人に確保した。

（27）　本稿の議論全体は、基本的には「立憲的意味の憲法」についてだけ当てはまる。「立憲的意味の憲法」でない憲法（例えば明治憲法）については、憲法そのものに対する遵法義務（！）から正当化を始める必要が出てきうる。

【二〇一一年最高裁判決を受けた考察】

第一〇章　起立斉唱命令事件最高裁判決の批判的検討

一　事実の概要

およそ二週間の内に最高裁の全ての小法廷は（Ⅰ最二小判平成二三（二〇一一）年五月三〇日民集六五巻四号一七八〇頁、Ⅱ最一小判平成二三（二〇一一）年六月六日民集六五巻四号一八五五頁、及びⅢ最三小判平成二三（二〇一一）年六月一四日民集六五巻四号二一四八頁）、ほぼ同文の法廷意見により、起立斉唱命令事件に関して合憲の判断を示した（Ⅰ判決は四対〇、Ⅱ判決は四対一、Ⅲ判決は四対一。Ⅰ判決には各一名の裁判官による補足意見が三つ、Ⅱ判決には一名の裁判官による補足意見が一つと反対意見が一つ、Ⅲ判決には各一名の裁判官による補足意見が三つと反対意見が一つ、付いている）。本稿は、Ⅰ判決（以下「本判決」という）を直接の検討対象とするものの、Ⅰ～Ⅲの全判決（以下「本判決等」という）を視野に入れた考察を行う。

本件Ⅰ事件のX（原告・控訴人＝被控訴人・上告人）をはじめとする上告人ら――本件Ⅰ事件では都立高等学校の教諭一名、Ⅱ事件では都立高等学校の教諭一二名と学校司書一名、Ⅲ事件では都内の市立中学校の教諭三名――は、各公立学校の「卒業式等の式典における国歌斉唱の際に国旗に向かって起立し国歌を斉唱すること（以下「起立斉唱行為」という。）」を命ずる旨の校長の職務命令に従わず、前記国歌斉唱の際に起立しなかった。

Ⅰ事件・Ⅱ事件では、上告人らは、定年退職又は定年前の勧奨退職に先立ち申し込んだ非常勤の嘱託員等の採用選考において、東京都教育委員会（以下「都教委」という）から、前記不起立行為が職務命令違反等に当たることを理由に不合格とされたため、上告人らを不合格としたことは違法だと主張して、東京都に対して国家賠償法一条一項に基づく損害賠償等を求めた（I事件では、前記不合格が行政処分であるとした上でその取消しまたは無効確認と前記採用の義務付けをも求めたが、第一審・原審ともに、いずれの訴えも不適法だとした）。Ⅲ事件では、上告人らは、都教委から、前記不起立行為が職務命令違反等に当たることを理由に、事情聴取をされ、戒告処分を受け、服務事故再発防止研修を受講させられ、また東京都人事委員会から、前記戒告処分の取消しを求める審査請求を棄却する旨の裁決を受けたため、東京都に対し、前記戒告処分及び裁決の各取消し並びに国家賠償法一条一項に基づく損害賠償を求めた。

本件I事件の第一審（東京地判平成二一（二〇〇九）年一月一九日判時二〇五六号一四八頁）・原審（東京高判平成二一（二〇〇九）年一〇月一五日判時二〇六三号一四七頁）はいずれも、本件職務命令は憲法一九条に違反しないとした。その上で、第一審は、前記採用選考を不合格としたことに裁量権の逸脱・濫用を認めて損害賠償請求を一部認容したが、原審は、裁量権の逸脱・濫用を認めず上告人の請求を棄却すべきものとした。

二　上告審

【要点】

① 起立斉唱行為を教（職）員に対して命じる職務命令が一九条に違反するかどうかは、前記職務命令を拒否する教（職）員個人の、「日の丸」や「君が代」が戦前の軍国主義等との関係で一定の役割を果たしたとする歴史観ないし世界観との関係で、問題となる。

② 国家行為が個人に対して、特定の思想を持つことを強制したり、これに反する思想を持つことを禁止したりする場合と、特定の思想の有無について告白することを強要する場合には、その国家行為は、個人の内心の自由を直接的に制約する。

③　起立斉唱行為は、式典における慣例上の儀礼的な所作であり、特定思想の表明行為でなく、特定の歴史観ないし世界観を否定することと不可分に結び付く行為ではないので、前記職務命令は、特定の思想を持つことを強制したり、これに反する思想を持つことを禁止したりするものでなく、ゆえに個人の内心の自由を直接に制約しない。

④　起立斉唱行為は、国旗及び国歌に対する敬意の表明の要素を含む行為であり、前記職務命令を拒否する教（職）員個人の歴史観ないし世界観に由来する行動（敬意の表明の拒否）と異なる外部的行為だから、前記職務命令は、個人の内心の自由を間接的に制約する。

⑤　職務命令による外部的行動の制限が個人の内心の自由を間接的に制約する場合にその制約が憲法上許されるか否かは、職務命令の目的及び内容並びに前記制約の態様等を総合的に較量して、その職務命令に前記制約を許容しうる程度の必要性及び合理性が認められるか否かという観点から判断されるところ、前記職務命令は憲法上許される。

【判旨】

（法廷意見の理由「第1」「3」から、段落二つのみを省略して全文を引用。引用者は、適宜に見出しを付け、重要箇所に傍点を付け、キーワードを太字にしたほか、記号(a)(b)・(p)(q)・(m)(n)を挿入した。また《要点○》で要点との対応関係を記した。）

上告棄却。

「3(1)〔**本件で問題となるXの内心とその憲法的把握**〕Xは、卒業式における国歌斉唱の際の起立斉唱行為を拒否する理由について、日本の侵略戦争の歴史を学ぶ在日朝鮮人、在日中国人の生徒に対し、「日の丸」や「君が代」を卒業式に組み入れて強制することは、教師としての良心が許さないという考えを有している旨主張する。このような考えは、「日の丸」や「君が代」が戦前の軍国主義等との関係で一定の役割を果たしたとする**X自身の歴**

史観ないし世界観から生ずる**社会生活上ないし教育上の信念等**ということができる。《要点①》

〔内心の自由に対する直接的制約に当たるかどうか〕　しかしながら、本件職務命令当時、公立高等学校における卒業式等の式典において、国旗としての「日の丸」の掲揚及び国歌としての「君が代」の斉唱が広く行われていたことは周知の事実であって、学校の儀式的行事である卒業式等の式典における国歌斉唱の際の起立斉唱行為は、一般的、客観的に見て、(a)これらの式典における慣例上の儀礼的な所作としての**性質**を有するものであり、かつ、(b)そのような所作として**外部から**も**認識**されるものというべきである。(a)したがって、上記の起立斉唱**行為**は、**その性質**の点から見て、Xの有する**歴史観ないし世界観**を否定することと不可分に結び付くものとはいえず、Xに対して上記の起立斉唱行為を求める本件職務命令は、上記の**歴史観ないし世界観**それ自体を否定するものということはできない。(b)また、上記の起立斉唱行為は、**その外部からの認識**という点から見ても、特定の思想又はこれに反する思想の表明として外部から認識されるものと評価することは困難であり、職務上の命令に従ってこのような行為が行われる場合には、上記のように評価することは一層困難であるといえるのであって、本件職務命令は、(p)特定の思想を持つことを強制したり、これに反する思想を持つことを禁止したりするものではなく、(q)特定の思想の有無について告白することを強要するものということもできない。そうすると、本件職務命令は、これらの観点において、個人の思想及び良心の自由を直ちに制約するものと認めることはできないというべきである。《要点①～③》

(2)　**〔内心の自由に対する間接的制約に当たるかどうか〕**　もっとも、上記の起立斉唱行為は、教員が日常担当する教科等や日常従事する事務の内容それ自体には含まれないものであって、一般的、客観的に見ても、国旗及び国歌に対する敬意の表明の要素を含む行為であるということができる。そうすると、自らの**歴史観ないし世界観**との関係で否定的な評価の対象となる「日の丸」や「君が代」に対して敬意を表明することには応じ難いと考える者が、これらに対する敬意の表明の要素を含む行為を求められることは、その行為が個人の**歴史観ないし世界観**に反する特定の思想の表明に係る行為そのものではないとはいえ、個人の**歴史観ないし世界観に由来する行動**（敬意の表明の拒否）と異なる外部的行為（敬意の表明の要素を含む行為）を求められることとなり、その限りにおいて、その者の思想及び良心の自由についての**間接的な制約**となる面があることは否定し難い。《要点①④》

……

(1)

〔**内心の自由に対する間接的制約が憲法上許されるかどうかを判断する枠組み**〕そこで、このような間接的な制約について検討するに、個人の**歴史観ないし世界観**には多種多様なものがあり得るのであり、それが内心にとどまらず、**それに由来する**行動の実行又は拒否という**外部的行動**として現れ、当該外部的行動が社会一般の規範等と抵触する場面において**制限を受ける**ことがあるところ、その制限が**必要かつ合理的**なものである場合には、その制限を介して生ずる上記の間接的な制約も許容され得るものというべきである。そして、職務命令においてある行為を求められることが、個人の歴史観ないし世界観に由来する行動と異なる外部的行為を求められることとなり、その限りにおいて、当該職務命令が個人の思想及び良心の自由についての間接的な制約となる面があると判断される場合にも、(m)職務命令の目的及び内容には種々のものが想定され、また、上記の制限を介して生ずる(n)制約の態様等も、職務命令の対象となる行為の内容及び性質並びにこれが個人の内心に及ぼす影響その他の諸事情に応じて様々であるといえる。したがって、このような間接的な制約が許容されるか否かは、(m)職務命令の目的及び内容並びに(n)上記の制限を介して生ずる制約の態様等を**総合的に較量**して、当該職務命令に上記の制約を許容し得る程度の**必要性及び合理性**が認められるか否かという観点から判断するのが相当である。《要点⑤》

(3)　〔**間接的制約が憲法上許されるかの判断枠組みに即した当てはめ判断**〕

〔**本件職務命令はXの内心の自由に対する間接的制約に当たる**〕これを本件についてみるに、本件職務命令に係る起立斉唱行為は、前記のとおり、**Xの歴史観ないし世界観**との関係で否定的な評価の対象となるものに対する敬意の表明の要素を含むものであることから、そのような敬意の表明には応じ難いと考えるXにとって、その**歴史観ないし世界観に由来する行動**（敬意の表明の拒否）と異なる外部的行為となるものである。この点に照らすと、本件職務命令は、一般的、客観的な見地からは式典における慣例上の儀礼的な所作とされる行為を求めるものであり、それが結果として上記の要素との関係においてその**歴史観ないし世界観に由来する行動**との相違を生じさせることとなるという点で、その限りでXの思想及び良心の自由についての間接的な制約となる面があるものということができる。《要点④》

〔m〕**職務命令の目的及び内容の検討**〕他方、学校の卒業式や入学式等という教育上の特に重要な節目となる儀式的行事においては、生徒等への配慮を含め、教育上の行事にふさわしい秩序を確保して式典の円滑な進行を図ることが必要であるといえる。法令等においても、**学校教育法**は、高等学校教育の目標として国家の現状と伝統についての正しい理解と国際協調の精神の涵養を掲げ（同法四二条一号、三六条一号、一八条二号）、同法四三条及び学校教育法施行規則五七条の二の規定に基づき高等学校教育の内容及び方法に関する全国的な大綱的基準として定められた**高等学校学習指導要領**も、学校の儀式的行事の意義を踏まえて**国旗国歌条項**を定めているところであり、また、**国旗及び国歌に関する法律**は、従来の慣習を法文化して、国旗は日章旗（「日の丸」）とし、国歌は「君が代」とする旨を定めている。そして、住民全体の奉仕者として法令等及び上司の職務上の命令に従って職務を遂行すべきこととされる地方公務員の地位の性質及びその職務の公共性（憲法一五条二項、地方公務員法三〇条、三二条）に鑑み、**公立高等学校の教諭**である上告人は、法令等及び職務上の命令に従わなければならない立場にあるところ、地方公務員法に基づき、高等学校学習指導要領に沿った式典の実施の指針を示した本件通達を踏まえて、その勤務する当該学校の校長から学校行事である卒業式に関して本件職務命令を受けたものである。これらの点に照らすと、**本件職務命令**は、公立高等学校の教諭であるXに対して当該学校の卒業式という式典における慣例上の儀礼的な所作として国歌斉唱の際の起立斉唱行為を求めることを**内容とするもの**であって、高等学校教育の目標や卒業式等の儀式的行事の意義、在り方等を定めた関係法令等の諸規定の趣旨に沿い、かつ、地方公務員の地位の性質及びその職務の公共性を踏まえた上で、生徒等への配慮を含め、教育上の行事にふさわしい秩序の確保とともに当該式典の円滑な進行を**図るもの**であるということができる。

〔**前記当てはめ判断の結論**〕以上の諸事情を踏まえると、本件職務命令については、前記のように外部的行動の制限を介してXの思想及び良心の自由についての間接的な制約となる面はあるものの、(m)職務命令の目的及び内容並びに(n)上記の制限を介して生ずる制約の態様等を総合的に較量すれば、上記の制約を許容し得る程度の**必要性及び合理性**が認められるものというべきである。《要点⑤》

(4)〔**本件職務命令に関する憲法論の結論**〕以上の諸点に鑑みると、本件職務命令は、Xの思想及び良心の自由を侵すものとして憲法一九条に違反するとはいえないと解するのが相当である。

……(2)」

【判旨を確認するための問い】

1．本件判決は、起立斉唱行為を命じる本件職務命令に従わない理由となる上告人の考えを、一九条論においてどのように把握したか。本件判決は、上告人の考えのうちのどの部分を、一九条が保護する「思想及び良心」であると考えているか（→要点①、解説1(ア)）。

2．本件判決は、どのような場合に内心の自由に対する直接的制約があると考えているか。本件判決は、どのような推論を経て、本件職務命令が内心の自由に対する直接的制約に当たらないと判断したか（→要点②③、解説1(イ)）。

3．本件判決は、どのような場合に内心の自由に対する間接的制約があると論じたか。その制約は、「直接的」制約がどのようなものであるのに対して「間接的」であると説明されているか（→解説2(ア)）。

4．本判決は、内心の自由に対する間接的制約の合憲性をどのような判断枠組みに従って判断すべきだと述べているか（→要点⑤、解説2(イ)）。

5．本判決は、どのような推論を経て、本件職務命令は内心の自由に対する間接的制約に当たるが憲法上許容されると判断したか（→要点④⑤、解説2）。

三　解　説

1　「内心の自由に対する直接的制約」論の読解・検討

(ア)　一九条が保護する内心（「思想及び良心」）　本判決「3(1)」の第一段落を読もう。Xが起立斉唱行為を拒否する理由は、「日本の侵略戦争の歴史を学ぶ在日朝鮮人、在日中国人の生徒に対し、『日の丸』や『君が代』を卒業式に組み入れて強制することは、教師としての良心が許さないという考え」に基づくが、最高裁によるとこの「考え」は、「社会生活上ないし教育上の信念等」である。Xはまた、「『日の丸』や『君が代』が戦前の軍国主義等との関係で一定の役割を果たした」という内容の「歴史観ないし世界観」を持つ。そして前記「社会生活上ないし教育上の信念等」は、この「歴史観ないし世界観」「から生ずる」ものだと最高裁は捉えている。学説は一九条論において一般に、人の内心をその深さの観点から、信仰に準じる世界観・価値観・主義・思想などいちばん深いレベルにある内心A、道徳的反省や是非善悪の弁別判断など中間レベルにある内心B、事実の知不知などもっとも浅いレベルにある内心C、の三つに大別する枠組みを共有しているが、本判決等の言う「歴史観ないし世界観」は内心Aに、「社会生活上ないし教育上の信念等」は内心Bに、相当すると解される。

以上の論旨について、第一に、Xが起立斉唱行為を拒否する理由は何か。本件では、その直接的な理由は「社会生活上ないし教育上の信念等」にあるが、その「信念等」は「歴史観ないし世界観」から「生ずる」ものだから、そのようにして「歴史観ないし世界観」はXが起立斉唱行為を拒否する間接的な（大本の）理由となっている。一方、Ⅱ判決・Ⅲ判決では、その直接的な理由が「歴史観ないし世界観及びこれに由来する社会生活上ないし教育上の信念等」（傍点引用者）とされている。この後段は、（本判決で「から生ずる」と記述されている部分が、Ⅱ・Ⅲ判決では「に由来する」と記述されているものの）実質的に本件Xの拒否理由と同じものだが、それと並列して前段の「歴史観ないし世界観」も直接的な拒否理由となっている。なぜ本判決だけは「歴史観ないし世界観」を直接的な拒否理由としていないのかは不明である。

第二に、最高裁は一九条が保護する「思想及び良心」をどのような内心であると捉えているか。続く直接的制約に関する叙述部分と間接的制約に関する叙述部分を読むことで、その答えが判明する（【判旨】の太字部分に注目せよ）。そこには、「歴史観ないし世界観」の語は頻出するが、「社会生活上ないし教育上の信念等」の語は全く出てこない。最高裁は、一九条が保護する内心として、前者のみを考えている。

第三に、本件の上告人の拒否理由たる「考え」が、専ら「教師としての良心」であり個人としての良心ではなかった点が問題となる（Ⅱ判決は上告人一三名の拒否理由を六点に整理するが、そのうちの三点が「教育者としての考え」である）。七六条三項に関する「裁判官の良心」論でも論じられる点だが、個人としての主観的良心と、専門職としての職務上の客観的良心とは、性格を異にする。公務員たる教員の職務上の良心は、子どもの教育を受ける権利（二六条）に応えるために憲法上の保障に与る、職務権限行使の際の教育専門職としての裁量的判断の自律性（教員の「教育の自由」）の中に位置づくものだが、この「教育の自由」は個人権としての自由権とは性格が違うものである。だが最高裁は、少なくとも本判決では、上告人の教員としての「教育上の信念等」は、彼の個人としての「歴史観または世界観」に由来しているとの理解の下、後者（のみ）に対する一九条の保護のありようを検討するという姿勢をとっている。

(イ)　内心の自由に対する直接的制約とは何か

本判決「(1)」の第二段落に進もう。最高裁はまず、本件職務命令の対象となる行為（以下「対象行為」という）である起立斉唱行為について、「一般的、客観的に見て」、(a)行為の性質と、(b)行為が外部からどう認識されるか、という二つの観点いずれからも、「式典における慣例上の儀礼的な所作」であるとする。その上で、まず(a)の観点からは、本件職務命令が「歴史観ないし世界観それ自体を否定するもの」であれば憲法上由々しき事態であることを示唆しつつ、そうではない、何故ならば、対象行為たる起立斉唱行為が「歴史観ないし世界観を否定することと不可分に結び付く」行為でないからだ、とする。また(b)の観点からは、対象行為たる起立斉唱行為が「特定の思想又はこれに反する思想の表明」行為であれば憲法上由々しき事態であることを示唆しつつ、そうでないから、本件職務命令は、(p)「特定の思想を持つことを強制したり、これに反する思想を持つことを禁止したりするもの」と、(q)「特定の思想の有無について告白することを強要するもの」のいずれでもないとする。以上より、本件職務命令は個人の内心の自由を「直ちに制約」しない、つまり内心の自由に対する直接的制約に当たらないと結論する。[3]

以上の論旨について、第一に、内心の自由に対する直接的制約とはどんな場合のことか。判旨の文脈上、もっとも抽象的レベルで最高裁の頭にあるのが(p)と(q)である。従来の学説の多くは、内心の自由に関する制約類型として、内心に基づく不利益取扱い、内心の告白の強制、特定思想の強制、の三つを挙げ、一九条がこれらの国家行為を絶対的に禁止すると説いたが、最高裁の言う(p)（文脈上その前段と後段で一体である）は、特定思想の強制という制約類型を、また(q)は、内心の告白の強制という制約類型を、言うものと解される。もう一段本件に近いレベルで最高裁が問題とするのは、まず(b)の観点からは、国家行為が「特定思想……の表明」行為の強制に当たるかどうかである。次に(a)の当たれば(p)や(q)に該当し、従って内心の自由に対する直接的制約に当たると最高裁は考えるようである。次に(a)の観点からは、国家行為が「歴史観ないし世界観それ自体を否定するもの」、より具体的には「歴史観ないし世界観を否定することと不可分に結び付く」行為の強制、に当たるかどうかである。当たれば(p)に該当すると解される。

以上の、内心の自由に対する直接的制約とはどんな場合のことかについての論旨を、よりよく理解するために、三点に分けてその批判的吟味を行おう。

第一に、(a)の観点から最高裁が問題とする国家行為に関する前記記述（＝「歴史観ないし世界観それ自体を否定するもの」、より具体的には「歴史観ないし世界観を否定することと不可分に結び付く」行為の強制）には、確かにそれはひどいことだと感じられはするものの、それが具体的にはどんな国家行為なのか曖昧で漠然としている、という問題がある。ただ、最高裁が(b)の観点から問題とする、「特定思想……の表明」行為の強制という国家行為が、最高裁の頭では、(a)の観点から問題とする国家行為に該当することは、判旨の文脈上明らかである。本件に即して敷衍するとそれは、どんな国家行為か。それは、Xが「『日の丸』や『君が代』が戦前の軍国主義等との関係で一定の役割を果たしたとする」思想を持つから、その「特定の思想」に「反する思想」を表明する行為の強制という国家行為である。

そうした、内心Aに当たるような内容を表明する表現行為の強制こそが、一九条が禁止する、特定思想の強制という制約類型であり、これに当たりさえしなければ、内心の自由に対する直接的制約は存在しない、という最高裁の理解が、一九条論として真っ当かどうかが、第二の、かつ核心的な問題である。〈確かにひどいことだと感じられるものの、それが具体的にどんな国家行為なのか、曖昧で不明である〉という難点は、実は学説上の、特定思想の強制という制約類型それ自体が持っている解釈論的な弱点である。最高裁はその中身を、内容的には明確だが現実的には無意味に等しいものに具体化することで、一九条の直接的制約の射程をひどく狭くし、その制約の有無の検討を、限りなくただのアリバイ作りに近い作業に貶めてしまった観がある。今、現実的に無意味に等しいと述べたのは、一つには、特定思想内容の表現行為の強制は、既に二一条の下でよほどのことがない限り違憲とされるし、二つには、そんな珍奇な強制を国家が必要とする正当な状況を想定することが現実的に甚だ困難だからだ。第三に、最高裁は、「特定思想……の表明」行為の強制を、(q)にも当たると解するようである。だが学説上の内心の告白強制という制約類型は本来、人の内心を公権力が強制的に告白させることであり、本件のように人の内心に反する内容を強制的に「告白」表明させることではない。二つの異なる制約類型を最高裁は残念ながら区別できていないのかもしれない。

以上をもって、第一の、内心の自由に対する直接的制約とはどんな場合のことかについての論旨の検討を終える。第二に、国家行為（本件職務命令）が内心の自由に対する直接的制約に当たるかどうかを、どうやって判断するのか。最高裁は次のようにして判断している。最初に行うことは、その国家行為（本件職務命令）が個人に対して強制する行為（対象行為、具体的には起立斉唱行為）が、(a)行為の性質と(b)行為が外部からどう認識されるかの二つの観点から、どのような性格の行為であると評価されるかを明らかにすることである。その上で最高裁は、最終的には、かく評価された対象行為を強制することが、(p)特定思想を持つことの強制（あるいは、その特定思想に反する思想を持つことの禁止）という侵害類型、又は(q)特定思想を持つか否かの告白行為の強制という侵害類型、のいずれかに当たるかどうかを判断する。ただその際に最高裁は、本事案にもう一段即したレベルにおいて、かく評価された対象行為が、Xの有する特定思想を否定することと不可分に結び付く行為かどうか、あるいは、かく評価された対象行為を強制することが、特定思想の表明行為を強制することに当たるかどうか、を判断している。この、本事案にもう一段即したレベルにおける判断は——上記「第一」において批判的吟味を行ったところで解明したことを踏まえれば——、実質的には後者の、特定思想の表明行為に当たるかどうかの判断に帰していたと解される。

なお第三に、最高裁は、国家行為が内心の直接的制約に当たる場合にはどうなるのか（学説が説くように絶対的に違憲となるのか、そうではなくて厳格審査に付されるのか、等々）、何も述べていない。

2 「内心の自由に対する間接的制約」論の読解・検討

㈀ 内心の自由に対する間接的制約とは何か

本判決「3⑵」に進んでその第一段落を読もう。第一に、その第一文において最高裁は、対象行為たる起立斉唱行為について、再び「一般的、客観的に見て」、「国旗及び国歌に対する敬意の表明の要素を含む行為」であるとした。ここでは(a)(b)の二つの観点から検討する叙述はないが（但しⅢ判決にはある）、直接的制約論と共通する「一般的、客観的に見て」の語句にその検討は含意されていると見うる。直接的制約論を行ったときの議論の進め方と同様、ここでも最高裁は最初に、対象行為がどのような性格の行為であると評価されるかを明らかにしている。続くその第二文において、第二に、最高裁は、「そうすると」、そういう行為を命じる命令は「その者」（＝「自らの歴史観ないし世界観との関係で否定的な評価の対象となる『日の丸』や『君が代』に対して敬意を表明することには応じ難いと考える者」＝Xのような者）の内心の自由に対する「間接的な制約となる面がある」、と判断している。何故か。第三に、その理由を最高裁はこう説明する。命令対象であるそういう行為は、「個人の歴史観ないし世界観に反する特定の思想の表明に係る行為そのもの」ではないからその命令は直接的制約でないが、「個人の歴史観ないし世界観に由来する行動（敬意の表明の拒否）と異なる外部的行為（敬意の表明の要素を含む行為）」だからその命令は間接的制約なのだ、と。

以上の論旨によれば、内心の自由に対する間接的制約とはどんな場合のことか。今「第三に」として指摘したように、最高裁は、この段落で提示する「間接的な」制約がどのような直接的な制約を念頭に置いたときのものであるのかについて、「個人の歴史観ないし世界観に反する特定の思想の表明に係る行為そのもの」の強制こそがその直接的な制約である、と文脈上はっきり述べている点を、読み取らねばならない。それと比べるとき、起立斉唱行為を命令することは、「個人の歴史観ないし世界観に由来する行動（敬意の表明の拒否）と異なる外部的行為（敬意の表明の要素を含む行為）」を命令することになるからそこに「間接的な」制約を見出すと述べている。制約のこの「間接」性の特徴が、念頭におかれた直接的な制約の特徴と比べて一体どのように「間接的」であるのか、そのことを、命令の対象行為である起立斉唱行為がこの段落の最初で、「国旗及び国歌に対する敬意の表明の要素を含む行為」であると性格づけられたことと関係づけながら、読み取らねばならないのだと考えられる。すると、次のように読解される。

特定思想の表明行為を強制する国家行為は、直接的制約に当たる。起立斉唱行為の強制は、これに当たらない。だが起立斉唱行為は、特定思想（＝「歴史観、世界観」）との関係で否定的評価の対象となる物事（＝「日の丸」と「君が代」）に対する「敬意の表明の要素を含む行為」であるから、この行為の強制は間接的制約に当たる。換言すると、起立斉唱行為は、第一に、特定思想そのものではなく、特定思想との関係で否定的評価の対象となる物事に対する敬意の念を、第二に、表明する行為（＝表現行為）そのものではなく、表明する要素を含む行為（その本体は「式典における慣例上の儀礼的な所作」であり表現行為ではない）である。その意味で、ある命令が間接的制約とされるのは、命令対象である行為が、いわば〈二重に薄められた「特定思想の表明行為」〉だと把握される場合であると理解される。ここでも最高裁の基本思考は、学説上の特定思想の強制という制約類型にある。

なおこの点、学説には、本判決等における直接的制約と間接的制約の区別を、本判決の調査官解説中にあるそれらしき下り――「職務命令による一定の外部的行動の制限が、それ自体としては内心の自由を制約する目的はなく、個人の思想とは関係のない事柄を目的とするもの(4)」――をも参照しつつ、制約目的によるものと説明するものが少なくない(5)。つまり、外部的行為に対する制約が、「内心の自由を制約する目的」で行われる場合が内心の自由に対する直接的制約、その目的を持たず「個人の思想とは関係のない事柄を目的」として行われる場合が内心の自由に対する間接的制約だ、というのである。確かに本判決の補足意見にも複数、それらしき趣旨を述べるものが存在する(6)。だが、本判決等の補足意見にはそれと異なる趣旨を述べるものもまた複数存在し(7)、そうした補足意見も本判決等の補足意見を名乗っている点に注意せねばならない。何よりも、本判決のテクストそのものからそうした趣旨を読み取ることがむつかしい[8]。それゆえ、学説による本判決等の前記説明は、〈読み取る〉というよりテクストの外から一定の趣旨をテクスト内に〈読み込む〉営みになっているように思われる。

　本判決の「3(2)」第一段落のテクストに即した読解は、既に本項目(ア)の最初の三つの段落で示した。それよりやや広く視野を取り、本判決の「3(1)」と「3(2)」の両方のテクストを見ると、第一に、本判決は、「3(1)」で何が直接的制約であるかを述べた後、それとの関係で「間接的」であるとされる制約について「3(2)」で論じた。従って、「3(1)」における制約の直接性に対して「3(2)」で述べられる制約がどのように「間接的」なものであるかを、読み手としては読み取ろうとしなければならない。その場合の制約の直接性とは、1(イ)で述べたように、学説上の(p)特定思想の強制という侵害類型と(q)内心の告白強制という侵害類型であり、そこに、内心に基づく不利益処遇という侵害類型は挙げられていなかった。直接的制約が主に内心に基づく不利益処遇という侵害類型を指すのであれば、その制約は「個人の思想……を目的とする」ものであり、それに対する「間接的」な制約を、「個人の思想とは関係のない事柄を目的」とするものだ、と把握しやすいが、この侵害類型は、「3(1)」では挙げられていないのである。第二に、本判決は、「3(1)」の直接的制約についても「3(2)」の間接的制約についても、それに当たるかどうかの判断を、まずもって本件職務命令の対象行為が「一般的、客観的に見て」どのような性格の行為であると評価されるかを明らかにすることから開始している。そうであれば、「3(1)」における対象行為の定式内容については直接的制約に当たらないとされたのだが、その際に物差しとされた直接的制約に当たる侵害類型との関係で、「3(2)」における同じ対象行為の別様の定式内容が、どのように「間接的」制約に当たると考えられるかを、読み手として解読しようとすべきではないか。テクストに即して読もうとするなら、本判決のテクストを読む方法として、そのように考えられる。

(イ)　内心の自由に対する間接的制約が憲法上許されるかどうかの判断

本判決「3(2)」の第三段落に進もう（【判旨】本文では第二段落を省略）[(9)]。この段落の主題は、内心の自由に対する間接的制約が存在するとき、その制約が憲法上許されるかどうかをどのようにして判断すべきかである。その第一文で最高裁いわく、「個人の歴史観ないし世界観……に由来する……外部的行動」に対する「制限が必要かつ合理的なものである場合には、その制限を介して生ずる上記の間接的な制約も許容され得る」。第二文・第三文で最高裁は、より具体的に、職務命令が個人の内心の自由に対する間接的制約となる場合について、「このような間接的な制約が許容されるか否かは、(m)職務命令の目的及び内容並びに(n)上記の制限を介して生ずる制約の態様等を総合的に較量して、当該職務命令に上記の制約を許容し得る程度の必要性及び合理性が認められるか否かという観点から判断する」と述べた。つまり、(m)「職務命令の目的及び内容」と(n)「制約の態様」等を「総合的に較量」して、当該職務命令の「必要性と合理性」の有無を判断すべし、とした。

そして、続く「3(3)」で、この憲法的判断枠組みに従った当てはめ判断を行っている。もっとも、その第一段落は、あらためて本件職務命令が内心の自由に対する間接的制約に当たることを確認する。ここの叙述は、「3(2)」第一段落の叙述（本件職務命令そのものではなく、やや一般的に「これら〔「日の丸」や「君が代」〕に対する敬意の表明の要素を含む行為を求められること」について論じている）の、ほぼ繰返しである。次の第二段落が、当てはめ判断の肝である。だが、判断枠組みとしては(m)並びに(n)を「総合的に較量」するべしとしたものの、実際に行った当てはめ判断においては、専ら(m)「職務命令の目的及び内容」の、特に「目的」に関わる検討だけしか行わず、この点について、「本件職務命令は、……高等学校教育の目標や卒業式等の儀式的行事の意義、在り方等を定めた関係法令等の諸規定の趣旨に沿い、かつ、地方公務員の地位の性質及びその職務の公共性を踏まえた上で、生徒等への配慮を含め、教育上の行事にふさわしい秩序の確保とともに当該式典の円滑な進行を図るものである」との判断に到達した。そして結論の第三段落で、本件各職務命令には内心の自由に対する間接的制約を許容し得る程度の必要性及び合理性が認められると判断した。

以上の論旨によれば、内心の自由は、それが間接的に制約されることに対してどれほど強い憲法的保護を受けるのだろうか。この点、本判決「3(2)」の第三段落の前記第一文がきわめて示唆的である。いわく、「外部的行動」に対する「制限が必要かつ合理的なもの」あれば、その行動制限に伴う内心の自由に対する間接的制約は憲法上許される、と。ここには、内心の自由に固有の特別の憲法的保護は何もない。何故ならば、そもそも憲法上の権利に当たらない外部的行動であっても、それに対する制限が必要かつ合理的なものでなければならないのは、憲法上当然だからである（不必要・不合理な制限は、一三条の「公共の福祉」に反する）。果せるかな、最高裁は、同段落の前記第三文でより具体的に本件に即した憲法的判断枠組みを提示した後、本判決「3(3)」で、この判断枠組みに従った当てはめ判断を行うのだが、そこではただ、憲法上の権利でない一般的行為の自由に対する制約の「必要性及び合理性」を審査するのと同じ調子で、規制する側に一応の理由があるかどうかを緩く審査するにとどまっている。前記第三文の具体的な判断枠組みでは、「当該職務命令に上記の制約（＝内心の自由の間接的制約）を許容し得る程度の必要性及び合理性が認められるか」を判断すべしと述べてはいたものの、最高裁にとっての「上記の制約を許容し得る程度」とは、正にその程度のものに過ぎないのである。

3　本判決等による内心の自由論の更なる考察

(ア)　「個人の歴史観ないし世界観に由来する外部的行動」の保護？

本判決「3(2)」第一段落と「3(3)」第一段落は、起立斉唱行為を命じる本件職務命令がXの内心の自由に対する間接的制約になる理由を、起立斉唱行為が「個人の歴史観ないし世界観に由来する行動（敬意の表明の拒否）と異なる外部的行為（敬意の表明の要素を含む行為）」になる点に求めていた。ここではまだしも「個人の歴史観ないし世界観に由来する行動」の後に括弧書きで「（敬意の表明の拒否）」と記されているが、それが、内心の自由に対する間接的制約の合憲性判断枠組みを提示する「3⑵」第三段落の叙述では、括弧書きの限定の外れた「個人の歴史観ないし世界観……に由来する……外部的行動」などという書きぶりになっている。だがこの点は、内心の自由の保障に関する基本思考に悖っている。その理由は次の通りである。

第一に、外面的精神活動の自由が人の精神活動の現れである外部的行動の自由であるのに対して、内心の自由（内面的精神活動の自由）は、基本的にはあくまで、人の内面における精神活動の自由である。無論、現実生活において内心の自由の侵害が問題となるときには、人の内心は隠れたままでなく必ずその人の何らかの外部的行動を通じて明るみに出ており、それに対する何らかの国家行為が問題として取り上げられる。ゆえに内心の自由の侵害が問題となる現実の大多数の事案では、人の何らかの外部的行動が関係している。ただ、たとえ人の外部的行動に焦点が当たっていても、その事案を内心の自由の問題として把握するのは、そこでの課題が外部的行動そのものの保護ではなく内心の保護にある場合であり、結果として外部的行動が保護されるとしてもその眼目があくまで内心の保護にある場合である。つまり内心の自由は人の内心を守るのであり、外部的行動それ自体を守るのではない。内心の自由の憲法解釈論は、その理路を明らかにするものでなければならない。本判決等は、「行動」ではなく（「歴史観ないし世界観」その他何らかの）内心との関係で、それ「と異なる外部的行為」の強制として、内心の自由に対する間接的制約を説明すべきであった。

第二に、内心の自由（内面的な精神活動の自由）は、「優越的地位」に立つとされる表現の自由（外面的な精神活動の自由）よりもさらに根底的な価値を守るものである。ゆえに内心の自由の侵害が問題となる事案では、表現の自由の侵害が問題となる事案におけるよりもさらに強く自由擁護的な憲法解釈論を構築した上でそれに即した合憲性判断を行うのでなければならない。そのためには、内心の自由の憲法解釈論は、〈狭い間口をくぐり抜けたものにだけ強力な保護を与える〉という議論構造を持たねばならない。表現の自由に関する憲法解釈論が既に、それが優越的地位にふさわしく強力に自由擁護的であるために、あらゆる外部的行動ではなくただ「表現行為」に該当する外部的行動のみを表現の自由の問題として把握するという議論の構造を持つ。それに対して、もし本判決等が、「敬意の表明の拒否」に限らない「個人の歴史観ないし世界観に由来する行動」一般を内心の自由の問題として捉えるのだとすると、人の大多数の外部的行動はその「歴史観ないし世界観に由来する」とたやすく説明可能だから、そうした有象無象の諸問題を一旦は内心の自由の問題として扱い、その都度の利益較量によって事案解決を図ることになる。そうすると、内心の自由の全般的な保障水準が下がる――憲法上の権利でない一般的行為の自由の保障水準にまで！――成り行きになるのは必至である。

(イ)　内心の「心理的葛藤」　ところでⅢ判決のみは、本件職務命令が上告人らの内心の自由に対する間接的制約になる理由を、それにより「個人の歴史観ないし世界観に由来する行動（敬意の表明の拒否）と異なる外部的行動（敬意の表明の要素を含む行為）を求められることとなり、それが心理的葛藤を生じさせ、ひいては個人の歴史観ないし世界観に影響を及ぼす」、と「心理的葛藤」に言及する説明を行っている（既に四年前の「君が代」ピアノ伴奏命令事件判決の補足意見の中で「心理的な矛盾・葛藤」に言及した那須弘平裁判官の影響だろう）。

三１(イ)では、従来の学説の多くが、内心の自由に関する制約類型を三つ挙げていることを述べたが、最近の学説はこれらに加えて四つ目の制約類型として、内心に反する外部的行為の強制という制約類型を挙げるようになっている(10)。これは、良心的兵役拒否制度や信仰の自由の保障に関するアメリカ・（旧西）ドイツの憲法学から輸入したものである。そして本来そこで追求されるのは、前記強制が特定の人の内心にもたらす「心理的葛藤」の深刻さに鑑み特別にその人をその強制から免除することでその人の内心を保護することであって、内心に基づく行動を保護することは付随的な事柄である。この「外面的行為の規制」型の解釈論は、次のような規範である。〈一般的な法的規制が諸個人に対して行う外面的行為の強制・禁止が、ある個人の保持する深いレベルの内心と衝突するとき（「衝突」審査）、同規制からその個人を免除することが憲法上の要請である。但し、免除しないことを正当化する非常に強い公共目的が存在する場合には（「公益」審査）、免除が要請されない。また、免除が要請される場合には可能な限り、被免除者に対して当該規制に代替する負担が課されるべきである〉。ここでの「深いレベルの内心」の原型は宗教的信仰にあり、ゆえに世俗的次元でも内心Aがこれに当たる。この判断枠組みの特徴は、「深いレベルの内心と衝突する」というふうに間口を絞り、「衝突」審査においてその〈狭き門〉をくぐり抜けたものにだけ、原則として「同規制からその個人を免除する」という強力な保護を与える点にある。「公益」審査において例外的に免除要請が否定されることは、現実にはまずない、と理論上想定されている。このように、ここでは文字通り「絶対」的な保護は要請されないが、それでも非常に強力な保護が要請される。また、〈狭き門〉に間口を絞ることで、「当該思想等の保有者の主観的判断……に基づいて、社会的に必要とされる多くの行為が思想及び良心の自由を侵害するものとして制限を受け……ることになりかねない」（Ⅱ判決の金築誠志裁判官補足意見）、との危惧に対処している。

この「外面的行為の規制」型の解釈論に沿った考え方を、剣道実技参加拒否事件に関する最二小判平成八（一九九六）年三月八日民集五〇巻三号四六九頁は、二〇条の内面的な信仰の自由が関わる事案において、行政裁量統制論の中で展開した。また、Ⅱ判決の宮川光治裁判官反対意見は、基本的にこの解釈論に基づく議論を展開している。だが、Ⅲ判決法廷意見と、Ⅰ判決の竹内行夫・須藤正彦、Ⅲ判決の那須・大谷剛彦の各裁判官による四つの補足意見は、「心理的葛藤」・「精神的な痛み」等々の内心上の事象に言及するにもかかわらず、強制される外部的行為の性格等の「一般的、客観的」な把握に終始して、各訴訟当事者の個別具体的な内心の「衝突」審査へと進む気配を全く見せない。いわんや本判決等のその他の法廷意見と個別意見においては言うまでもない。つまり本判決等は、内心に反する外部的行為の強制という制約類型を論じるようでいて、一向に「外面的行為の規制」型の解釈論には向かわないのである。本判決等による内心の自由に対する間接的制約論は、内心の自由論の名にふさわしい解釈論になりえていない。

(ウ)「式典における慣例上の儀礼的な所作」と「敬意の表明の要素を含む行為」

起立斉唱行為がどんな行為であるかを一般的、客観的に把握することから、本当に本判決等が言うように、内心の自由にとっての脅威を見出すことができないだろうか。

起立斉唱行為について本判決は、「3(1)」第二段落の、内心の自由に対する直接的制約を論じる箇所では、一般的、客観的に見て、「式典における慣例上の儀礼的な所作」であるとしたが、「3(2)」第一段落の、内心の自由に対する間接的制約を論じる箇所では、一般的、客観的に見て、「国旗及び国歌に対する敬意の表明の要素を含む行為」であるとした。起立斉唱行為を二つの別々の内容において把握したわけだが、ではこの二つの内容相互の関係はどうなっているのだろうか。この点について本判決等は、前者を主に据えて後者を従に添えるような文章の全体構成であることは否定しがたいものの、残念ながら何も説明していない（なお参照、本判決「3(3)」第一段落第二文）。

そこで考えるに、様々な式典においてその式次第の一つとされている国歌斉唱の際の起立斉唱行為が、「式典における慣例上の儀礼的な所作」であることは間違いない。だがそれは、慣例上そうすることになっているだけで特段の意味を持たない所作なのではなく、正に「国旗及び国歌に対する敬意の表明」という意味を持つ所作である。[11] そして、そういう意味を持つことは、「式典における慣例上の儀礼的な所作」としての起立斉唱行為の、本質的性格を構成している。[12] ゆえに、起立斉唱行為がどんな行為であるかを規定するときに、ただ「式典における慣例上の儀礼的な所作」とだけ述べて済ますのは不適切であり、「国旗及び国歌に対する敬意の表明」の意味を内在させた「式典における慣例上の儀礼的な所作」である、と把握しなければならない。そこで内心の自由の観点から焦点を当てるべきは、「敬意の表明」の意味を内在させた（儀礼的）行為が持つ、内心の自発性との不即不離・切断不可能な関係性という性格である。

ところで一九条の保障対象となるべき「思想及び良心」には、静態的に人の内心を捉えて深いものから浅いものまで拾い上げた内心A〜Cだけでなく、人の内面における自主性・自発性という動態的な精神作用も含まれる。つまり一九条は、実体的な内心A〜Cとは別に、過程的な内心であるところの自主性・自発性という精神作用をも、保護する。そのための「自発的行為の強制」型の解釈論は、次のような規範内容のものである。〈公権力が強制的に個人に自発的行為を行わせることは憲法上絶対に許されない〉。人の外部的行動一般の大部分は、前記の「外面的行為の規制」型で取り上げた「外面的行為」であるが、ごく少数は「自発的行為」である。自発的行為とは、行為者の自発性・自主性に基づいてはじめて、意味があると社会的・文化的にみなされる行為である。それに対して外面的行為とは、当人の自発性に基づいていなくてもその行為が現実に行われること自体に意味があるという性格の行為である。何が自発的行為に当たるかは、その定義にあるように最終的には社会的意味づけの次元で（いわば「一般的、客観的に」）決せられ、当人がそうだと主張すればそうなるのではない。自発的行為に当たる行為類型はごく限られており、こうしてこの解釈論の発動場面が〈狭き門〉で限られるが、これをくぐり抜ければ、強制が文字通り絶対的に排除されるという強力な保護が与えられる。本判決等より前に最高裁判例で問題とされた行為で自発的行為に当たると考えられるのは、当人の内心の反省に基づいて自発的に行ってはじめて意味がある謝罪行為（謝る・詫びる行為）、当人の内心の志に基づいて自発的に行ってはじめて意味がある献金行為（寄付を行う行為）、のわずか二類型にすぎない。

そして、当人の内心の敬意に基づいて自主的・自発的に行ってはじめて意味がある、国旗及び国歌に対する「敬意の表明」[13]の意味を内在させた「慣例上の儀礼的な所作」（＝起立斉唱行為）も、この自発的行為に当たると考えられる。起立斉唱行為は「敬意の表明」の意味を内在させた行為＝〈敬う〉行為であり、行為者が内心の自発性に基づいて行うときにだけその行為の本来的意味（＝「敬意の表明」としての意味、〈敬う〉行為としての意味）を持つと社会的・文化的にみなされる行為（＝「儀礼的な所作」）である。ところが強制は人の内心の自発性を毀損するから、〈敬う〉行為としての「慣例上の儀礼的な所作」は、強制された途端に、内心に敬意を持たない人のみならず持つ人にとっても、もはやその人の内心の自発性に裏打ちされた真正の〈敬う〉行為ではなくなってしまう。ゆえに本件職務命令は、強制により起立斉唱行為から〈敬う〉行為という本質的性格を剝奪するのだが、それにもかかわらず強制された起立斉唱行為は、依然として〈敬う〉行為であるかのごとく現に社会的に通用しており[14]、またむしろそのような通用の仕方を見越した上で本件職務命令は出されている。諸個人の内心の自発性を尊重してそれを憲法上保護すべく自発的行為の強制を違憲とする、そのような憲法上の保護を欠く社会では、このように、実は誰の内心の敬意にも基づかない偽物の敬意がその場の表面を支配する事態を許してしまう。そういう社会は、公権力が一定の方向に国民の考え方を統合しようとする統治活動に対して、きわめて脆弱なものとなる。憲法による内心の自由の保障が、実体的内心のみならず過程的内心である内心の自発性をも、その保障対象に据えることは、そうした事態の到来に対する防壁を、人権論として用意する働きをする。本件職務命令は、この「自発的行為の強制」型の一九条解釈論により、Xの内心の自発性を侵害するものとして違憲と判断されるべきであった。本判決等は「敬意」を、過程的な内心の観点には思い至らず専ら実体的な内心の観点からのみ把握し、「歴史観ないし世界観」（内心A）に「由来」するもののそこから幾重にも遠く隔たった内心Bとして捉えるようだが、内心の自由の観点からは的を外している。

4　先例及び後続判例

謝罪広告命令事件に関する最大判昭和三一（一九五六）年七月四日民集一〇巻七号七八五頁は、裁判所の判決が命ずる「謝罪広告」について、①「その内容」によっては「これを強制することが……良心の自由を不当に制限する」場合がありうるが、②「単に事態の真相を告白し陳謝の意を表明するに止まる程度のもの」は強制してよい、とした上で、本件広告は後者に当たる、とした（一三対二による合憲判断）。①②で鍵となるのは広告の表現内容であり、それが穏当なものである限り、判決による謝罪広告の強制は憲法上許される。すると、ここでは内心の自由の問題が、強制される表現内容が穏当なものかどうかという、表現内容上の「程度」問題に還元されている。①は、一定内容の謝罪広告を強制することが内心の自由を侵害する可能性を認めている。これは、一定の表現内容を持つ表現行為の強制が、内心の自由の侵害に当たる、という考え方である。これは正に本判決等が立脚する考え方である。最高裁は既にこの時点で、内心の自由に対する制約を、表現行為の強制として捉えていた。

「君が代」ピアノ伴奏命令事件に関する最三小判平成一九（二〇〇七）年二月二七日民集六一巻一号二九一頁では、市立小学校の音楽専科の教諭が、入学式の国歌斉唱の際に「君が代」のピアノ伴奏を行うよう命じる校長の職務命令に従わなかったことを理由に都教委から戒告処分を受けたため、本件職務命令の一九条違反を理由に本件戒告処分の取消しを求めた。最高裁は四対一で合憲と判断した。この判決は、本判決等による内心の自由に対する直接的制約論とほぼ同じ憲法論により、ピアノ伴奏命令が内心の自由に対する制約に当たらないとした。この判決は、本判決等と違って、内心の自由に対する間接的制約論を論じなかった。同じ第三小法廷によるⅢ判決はその理由が、ピアノ伴奏行為が「敬意の表明としての要素の希薄な行為」である点にあったことを示唆している（なお参照、Ⅲ判決の那須・大谷各裁判官の補足意見、田原睦夫裁判官の反対意見、Ⅰ判決の千葉裁判官の補足意見）。

「君が代」ピアノ伴奏命令事件判決及び本判決等は、上告理由のうちピアノ伴奏行為又は（ないし及び）起立斉唱行為を命じる職務命令の憲法一九条違反をいう部分についてだけ判断を示した。上告受理申立て理由には、Ⅰ事件・Ⅱ事件では、その職務命令違反を理由としてされた、定年等による退職後の再任用職員等の採用候補者選考における不合格等の適法性に関するもの、「君が代」ピアノ伴奏命令事件・Ⅲ事件では、当該職務命令違反を理由とする懲戒処分の適法性に関するもの、を含んでいたが、それらに対して最高裁は、不受理決定を行い、これらの論点に関する判断を示さなかった。その判断は、本判決等の後の別の裁判において示されることになった。

まず、ピアノ伴奏行為又は（ないし及び）起立斉唱行為を命じる職務命令違反を理由とする懲戒処分の適法性については、本判決等のおよそ半年後に、Ⅱ判決と同じ第一小法廷が、不起立等懲戒処分事件に関する同日の二つの判決（最一小判平成二四（二〇一二）年一月一六日判時二一四七号一二七頁①事件・②事件）を下した。この裁判では、多数の公立学校の教職員が、起立斉唱行為または国歌のピアノ伴奏行為を命じる職務命令に従わなかったことを理由にされた懲戒処分の取消しと国家賠償法一条に基づく損害賠償を求めた。最高裁は、職務命令については本判決等を先例に引いて簡単に合憲とした上で（四対一）、懲戒処分について行政法上の違法性の有無を検討し、前者の判決が、戒告処分一六七つ全てを適法、減給処分一つを違法とし、後者の判決が、二つの停職処分のうち一つを適法、もう一つを違法と判断した（反対意見一つは全処分を違法と判断）。両判決が、「懲戒において戒告を超えてより重い減給以上の処分を選択することについては、本件事案の性質等を踏まえた慎重な考慮が必要となる」と述べて、「減給以上の処分」について「慎重な考慮」審査を行う判断枠組みを示したことは、その限りで積極的評価に値する。そして、その判断枠組みを導く重要な要因の一つは、起立斉唱行為を命じる職務命令が内心の自由に対する間接的制約に当たるとの憲法判断にある、という趣旨の判例批評が少なくない[15]。だがこの両判決テクストを子細に読むと、残念ながらそうは言えない。「減給以上の処分」の適法性について「慎重な考慮」審査を行う判断枠組みを導いたのは専ら行政法論だったのであり、その推論過程において憲法論が特段の働きをしたと読むことはむつかしい（本書第Ⅱ部第二章の一5〔八七―八八頁〕を参照）。

次に、起立斉唱行為を命じる職務命令違反を理由としてされた、定年等による退職後の再任用職員等の採用候補者選考における不合格等の適法性については、不起立等懲戒処分事件判決からおよそ六年半後に、不起立等再任用職員等採用候補者選考等不合格事件に関する最一小判平成三〇（二〇一八）年七月一九日判時二三九六号五五頁が出された。この裁判では、東京都立高等学校の教職員であった上告人らが、彼らについての上記の不合格等が都教委の採用選考における裁量権の逸脱濫用に当たり違法であるなどとして国家賠償法一条一項による損害賠償を求めた。最高裁は、職務命令が合憲であることを所与とした上で（この憲法上の争点については一切論じていない）、本件不合格等について行政法上の違法性の有無を検討し、都教委の裁量の範囲内であり違法性なしと判断した。この判断に到達するのには何より、再任用制度等の趣旨を、退職職員を「任期を定めて新たに採用するもの」（傍点引用者）と捉えた点が効いている。要するに本件不合格等を、職務命令違反に対する制裁とは見ずに、職務命令違反の事実を勘案して新規の利益付与措置を行わないとした判断だと捉えたわけである。

なお、不起立等懲戒処分事件判決が下された数週間後には、同じ第一小法廷による、いわゆる「日の丸・君が代」予防訴訟に関する最一小判平成二四（二〇一二）年二月九日民集六六巻二号一八三頁が出た。この判決は、平成一六（二〇〇四）年改正後の行政事件訴訟法の下で、起立斉唱行為及びピアノ伴奏行為を命じる職務命令に従わないことを理由とする懲戒処分の差止めを求める訴えに対して、免職処分以外の戒告、減給又は停職の各処分の差止めを求める訴えについては「重大な損害を生ずるおそれ」（同法三七条の四第一項）の要件を満たし適法であると判断した（免職処分については、前記理由により当該処分がされた実例がない点に鑑み、当該処分がされる蓋然性を欠き、その差止めを求める訴えは不適法だと判断した）。また、上記職務命令に基づく公的義務（＝起立斉唱義務及びピアノ伴奏義務）の不存在の確認を求める訴えに対して、行政処分以外の処遇上の不利益の予防を目的とする公法上の法律関係に関する確認の訴えとしては確認の利益を肯定でき、そのような趣旨における公法上の当事者訴訟として適法であると判断した。以上の二点に関する行政事件訴訟法解釈において、この判決は先例としての意義を持つと評されている。(16) 一方、最高裁は本案の判断としては――職務命令について「君が代」ピアノ伴奏命令事件判決及び本判決等を先例に引いて簡単に行った合憲判断を前提にして――、いずれの請求についても請求の理由なしと判断した。

5　補論：本判決等の直接的制約論と「君が代」ピアノ伴奏命令事件判決のそれとの比較

(ア)　小序――二〇〇七年判決から本判決（等）へ

本判決（等）のテクストは、「君が代」ピアノ伴奏命令事件に関する二〇〇七年の最高裁判決（以下「二〇〇七年判決」という）のテクストをかなり忠実に踏襲しながらそれを組替えて整序した形になっている。（本判決等の代表として）本判決に即して具体的に言うと、本判決の「3(1)」における直接的制約に関する議論は、二〇〇七年判決の「3」の「(1)」・「(2)」の議論に大いに依拠しているし、本判決の「3(3)」第二段落における、間接的制約論の中の正当化に関する議論は、二〇〇七年判決の「3(3)」の議論と基本的趣旨を同じくしている。

両者の関係について、管見の限りでは、「本判決等は、基本的にはピアノ伴奏事件最判の判断枠組みを踏まえた上で、〔本件職務命令について〕思想及び良心の自由を直接的に制約するものとはいえないとしつつ、……間接的な制約としての制約該当性を肯定し、ピアノ伴奏事件最判の判断枠組みを更に推し進めて、明示的に制約許容性に踏み込んだ判断……を示した」（〔　〕内は引用者）、というように、本判決（等）が新たに間接的制約論へと展開した点にアクセントを置いた論評が多い。[17] それに対して以下の本稿においては、本判決がその直接的制約論において、可能な限り二〇〇七年判決のテクストを踏襲しつつも、どのようにそれを修正したかを確かめることにしたい。[18] 本判決（等）の書き手の基本的意図は、二〇〇七年判決の論理の趣旨を踏襲しながら、曖昧さを含んだその論旨を明晰化して洗練させることによって、その後の裁判に対する先例としての内容を明確なものにする点にあったと思われるからである。

二〇〇七年判決における「3」の「(1)」は一段落構成（その段落は二文構成である）、「(2)」は二段落構成（第一段落・

第二段落いずれも一文構成）であり（本書第Ⅳ部第八章の三〔二八一―二八二頁〕を参照）、全部で段落が三つある。議論の流れとして、「⑴」は、上告人の「歴史観ないし世界観」という内心の側から出発して、それがピアノ伴奏の拒否行為と「不可分に結び付くもの」ではないとの判断を行い、当該事案の職務命令が一九条違反でないと述べる手前まで議論を持って行った。その後、「⑵」の第一段落は、今度はピアノ伴奏行為の側から出発して、それが特定思想の表明行為だとはいえないとの判断を行い、別の角度から再度、当該事案の職務命令が一九条違反でないと述べる手前まで議論を持って行った。その上でその第二段落で、一九条違反となる代表的な侵害類型のどれにも、当該事案の職務命令が当たらない、と述べていた。

これに対して本判決の「３⑴」は二段落構成であり、二で判旨を引用するときに付した見出しで明らかにしたように、第一段落（二文構成）が、本件で問題となる内心の内容の憲法的把握（内心の自由の保護範囲）についての記述であり、第二段落（四文構成）が、本件職務命令が内心の自由に対する（直接的）制約に当たるかどうかについての記述である。

そこで以下では、二〇〇七年判決の「３」の「⑴・「⑵」の四文の各記述が、本判決「３⑴」の二つの段落の各記述へと、どのように引き取られたかを、丁寧に確認しよう（なお、両判決の事案の相違に応じて、内心の内容が両判決の当事者で違っていたり、命令の対象行為が二〇〇七年判決のピアノ伴奏行為と本判決の起立斉唱行為というふうに違っていたりするが、そうした違いに細かく言及することはしない）。

(イ)　二〇〇七年判決「３⑴」の行方　まず、二〇〇七年判決の「３⑴」の第一文だが、これはそのまま本判決「３⑴」の第一段落（二文構成）に引き取られた。ただ、本判決「３⑴」の第一段落では、長文である二〇〇七年判決の「３⑴」の第一文を、その中間の区切り（「上告人は～と主張するところ」）で一度閉じて（「Ｘは～旨主張する。」）、新たに第二文を起こす（「このような考えは～」）構成にしている。

次に、二〇〇七年判決の「３⑴」の第二文は、次のような文である。

「しかしながら、学校の儀式的行事において『君が代』のピアノ伴奏をすべきでないとして本件入学式の国歌斉唱の際のピアノ伴奏を拒否することは、上告人にとっては、上記の歴史観ないし世界観に基づく一つの選択ではあろうが、一般的には、これと不可分に結び付くものということはできず、上告人に対して本件入学式の国歌斉唱の際にピアノ伴奏を求めることを内容とする本件職務命令が、直ちに上告人の有する上記の歴史観ないし世界観それ自体を否定するものと認めることはできないというべきである。」

この文は、いくつかの修正を経た上で、基本的には本判決「３⑴」第二段落の第二文に引き取られている。箇条書き方式で見ていこう。

一つ。冒頭の「しかしながら」は、本判決「３⑴」第二段落の第一文の冒頭に引き取られている。

二つ。「学校の儀式的行事において『君が代』のピアノ伴奏をすべきでないとして本件入学式の国歌斉唱の際のピアノ伴奏を拒否することは」、という一節は、言い換えると「命令の対象行為を拒否することは」という意味合いであるが、本判決「３⑴」第二段落の第二文では、そうではなくて「命令の対象行為は」という意味合いの一節（＝「上記の起立斉唱行為は」）に修正された。

三つ。続く「上告人にとっては、上記の歴史観ないし世界観に基づく一つの選択ではあろうが」、という一節は、すぐ前に「二つ」の所で指摘した修正——その主語が、二〇〇七年判決では「命令の対象行為を拒否することは」の意味だったのが本判決では「命令の対象行為は」の意味に修正されたこと——によって不要となったため、削除された。

四つ。続く「一般的には、これ（＝「上記の歴史観ないし世界観」）と不可分に結び付くものということはできず」（「　」内は引用者）、という一節は、やはり「二つ」の所で指摘した修正——その主語が、二〇〇七年判決では「命令の対象行為を拒否することは」の意味だったのが本判決では「命令の対象行為は」の意味に修正されたこと——に応じて、「Xの有する歴史観ないし世界観を否定することと不可分に結び付くものとはいえず」（傍点は引用者）、と修正された（ただ、その一節が担っていた意味内容は、必要な修正を施した上で、本判決に引き取られている）。そして、「一般的には」という部分は、本判決のこの一節からは削除された。それに代えて、本判決では、その主部と述部の間に新しい一節——「その性質の点から見て」という一節——が挿入されている。

五つ。二〇〇七年判決の「3(1)」の第二文の残された部分（「上告人に対して本件入学式の国歌斉唱の際にピアノ伴奏を求めることを内容とする本件職務命令が、直ちに上告人の有する上記の歴史観ないし世界観それ自体を否定するものと認めることはできないというべきである。」）は、「直ちに」という副詞が本判決「3(1)」第二段落の第四文に移された点を除いて、ほぼそのまま本判決「3(1)」第二段落の第二文の残された部分（「Xに対して上記の起立斉唱行為を求める本件職務命令は、上記の歴史観ないし世界観それ自体を否定するものということはできない」）に引き取られている。[19]

(ウ)　二〇〇七年判決「3(2)」の第一段落の行方

二〇〇七年判決の「3(2)」の第一段落は、次のような一文である。

「他方において、本件職務命令当時、公立小学校における入学式や卒業式において、国歌斉唱として『君が代』が斉唱されることが広く行われていたことは周知の事実であり、客観的に見て、入学式の国歌斉唱の際に『君が代』のピアノ伴奏をするという行為自体は、音楽専科の教諭等にとって通常想定され期待されるものであって、上記伴奏を行う教諭等が特定の思想を有するということを外部に表明する行為であると評価することは困難なものであり、特に、職務上の命令に従ってこのような行為が行われる場合には、上記のように評価することは一層困難であるといわざるを得ない。」

この文は、いくつかの修正を経た上で、基本的には本判決「3(1)」第二段落の第一文と第三文に引き取られている。再び箇条書き方式で見ていこう。

一つ。冒頭の「他方において」は、本判決では（前後の接続関係でこの語を用いる必要がなくなったため）なくなった。

二つ。続く「本件職務命令当時、公立小学校における入学式や卒業式において、国歌斉唱として『君が代』が斉唱されることが広く行われていたことは周知の事実であり」、という一節は、本判決「3(1)」第二段落の第一文に、事案の相違に応じた修正を加えた上で、そのまま引き取られた（「本件職務命令当時、公立高等学校における卒業式等の式典において、国旗としての「日の丸」の掲揚及び国歌としての「君が代」の斉唱が広く行われていたことは周知の事実であって」）。

三つ。続く「客観的に見て、入学式の国歌斉唱の際に『君が代』のピアノ伴奏をするという行為自体は、音楽専科の教諭等にとって通常想定され期待されるものであって」、という一節は、基本的には、本判決「3(1)」第二段落の第一文の、今述べた一節に続く一節（「学校の儀式的行事である卒業式等の式典における国歌斉唱の際の起立斉唱行為は、一般的、客観的に見て、これらの式典における慣例上の儀礼的な所作としての性質を有するものであり」）に、引き取られた。そして、「客観的に見て」という部分は、本判決のこの一節からは削除された。二〇〇七年判決テクストにおいて、「3(1)」第二文の「一般的には」と「3(2)」第一段落のこの「客観的に見て」という二つの副詞的語句は、それぞれの文脈に固有の、別個の意味を担っていたはずだが、本判決テクストでは今引用した一節中にもあるように「一般的、客観的に見て」というふうに一本化された（ゆえに、そこでは「一般的」・「客観的」の語それぞれがいかなる固有の意味を持つかと問う意義がもはや喪失させられた）。その代わり、三1(イ)で述べたように、本判決では新たに、(a)行為の性質と、(b)行為が外部からどう認識されるか、という二つの観点を提示している。[20] そして二〇〇七年判決において、前記に引用した一節の、「客観的に見て」に続く部分は、「入学式の国歌斉唱の際に『君が代』のピアノ伴奏をするという行為自体は」（傍点引用者）、と「自体」という語を付けているので、(a)・(b)の二つの観点のうち(a)のほうを意味としては担うと解される。そこで、本判決「3(1)」第二段落の第一文の上記一節（つまり、「～性質を有するものであり」というところまでであり、そこから先に行かない）が、それに対応する部分になると解される。そして、本判決テクスト中それに続く一節（「かつ、そのような所作として外部からも認識されるものというべきである」）は、二〇〇七年判決テクストにはそれに対応する部分のない新設の一節だと解される（より正確には、「四つ」で始まる次の段落で検討対象とする一節の趣旨を受けて新設した一節であり、二〇〇七年判決テクストのその一節はテクストそれ自体としては本判決テクストの別のところに引き取られたものの、その一節の担った意味内容は重複的に、本判決テクストのこの新設の一節にも引き取られたのだと解される）。

四つ。続く「上記伴奏を行う教諭等が特定の思想を有するということを外部に表明する行為であると評価することは困難なものであり、特に、職務上の命令に従ってこのような行為が行われる場合には、上記のように評価することは一層困難であるといわざるを得ない」、という一節は、本判決「3(1)」第二段落の第三文（「上記の起立斉唱行為は、その外部からの認識という点から見ても、特定の思想又はこれに反する思想の表明として外部から認識されるものと評価することは困難であり、職務上の命令に従ってこのような行為が行われる場合には、上記のように評価することは一層困難であるといえるのであって」）に、この記述が上記の(a)・(b)の二つの観点のうち(b)のほうに関するものであることを明確にする一節（「その外部からの認識という点から見ても」）を挿入した上で、引き取られている。

(エ)　二〇〇七年判決「3(2)」の第二段落の行方

二〇〇七年判決の「3(2)」の第二段落は、次のような一文である。

「本件職務命令は、上記のように、公立小学校における儀式的行事において広く行われ、A小学校でも従前から入学式等において行われていた国歌斉唱に際し、音楽専科の教諭にそのピアノ伴奏を命ずるものであって、上告人に対して、(p)特定の思想を持つことを強制したり、あるいはこれを禁止したりするものではなく、(q)特定の思想の有無について告白することを強要するものでもなく、(r)児童に対して一方的な思想や理念を教え込むことを強制するものとみることもできない」（(p)(q)(r)の記号は引用者）。

この文は、その前半が本判決テクストには引き取られないで削除され、その後半が基本的には本判決「3(1)」第二段落の第三文の最終部分に引き取られた。ここでも箇条書き方式で見ていこう。

一つ。二〇〇七年判決のテクスト上、この段落（ないしこの文）は、前の段落（一文）が一般的次元の議論だったのに対して、「本件職務命令」という具体的次元の議論になっている。議論の次元における二〇〇七年判決テクスト上のそのような推移を、本判決テクストは、この文を引き取る際に、受け継いでいる。

二つ。前半の「本件職務命令は、上記のように、公立小学校における儀式的行事において広く行われ、A小学校でも従前から入学式等において行われていた国歌斉唱に際し、音楽専科の教諭にそのピアノ伴奏を命ずるものであって」、という一節は、今述べたように「本件職務命令」を主語とすることで、それまでの一般的次元から当該事案における具体的次元へと、議論の次元を移している。その主語（「本件職務命令は」）に続く記述中、「公立小学校における儀式的行事において広く行われ……ていた国歌斉唱」という部分は、そこに「上記のように」とあるように、二〇〇七年判決「3(2)」第一段落中の「公立小学校における入学式や卒業式において、国歌斉唱として『君が代』が斉唱されることが広く行われていた」の部分を、繰り返す記述となっている。その文脈の中に「本件職務命令」を置いて、その説明を行う（「本件職務命令は……A小学校でも従前から入学式等において行われていた国歌斉唱に際し、音楽専科の教諭にそのピアノ伴奏を命ずるもの」）のがこの一節なのだが、そこは本判決の記述を進める上で不要と判断されて、この一節を本判決は引き取らなかった。

三つ。後半の「上告人に対して、(p)特定の思想を持つことを強制したり、あるいはこれを禁止したりするものではなく、(q)特定の思想の有無について告白することを強要するものでもなく、(r)児童に対して一方的な思想や理念を教え込むことを強制するものとみることもできない」、という一節は、基本的には、本判決「3(1)」第二段落の第三文の、前記(ウ)の「四つ」から始まる段落で引いた部分に続く部分（「本件職務命令は、(p)特定の思想を持つことを強制したり、これに反する思想を持つことを禁止したりするものではなく、(q)特定の思想の有無について告白することを強要するものということもできない」）に、引き取られた。その際、まず、「上告人に対して」という部分を落としている。これは単純に不要と判断されたからだと思われる。次に、一九条に関する(p)・(q)・(r)の三つの侵害類型の、(r)の部分を落としている。これは元々、(r)の侵害類型について、それは「児童」に対する内心の自由の侵害であって「上告人」の内心の自由の侵害ではない、という理論的難点があったため、本判決ではこの部分を引き取らなかったのだと思われる。最後に、(p)の定式が修正されている。これは、本判決の定式のほうが明晰だという判断によるのであって、述べようとした趣旨に違いはないと思われる。

(オ)　**本判決の直接的制約論の特徴——二〇〇七年判決のそれからの修正のありようを踏まえて**　本判決の「3(1)」はこのように、その第二段落の第三文までで、二〇〇七年判決が「3」の「(1)」・「(2)」で論じた憲法論のほとんどを引き取った[21]。そして本判決は、その第三文に続く第四文（「そうすると、本件職務命令は、これらの観点において、個人の思想及び良心の自由を直ちに制約するものと認めることはできないというべきである」）を、「3(1)」の締め括りの文とし、そこに、二〇〇七年判決「3(1)」第二文にあった「直ちに」の語を入れ込んだ[22]。それは無論、以上の議論が、その後の「3」の「(2)」・「(3)」で展開する「間接的な制約」論に対する意味での、「直ちに制約」の議論であることを明らかにするためである。

こうして、本判決「3(1)」の直接的制約論は、二〇〇七年判決の「3」の「(1)」・「(2)」の憲法論を基本的には全て踏襲した上で、それを組み替えたものであると理解される。どのように踏襲し、どのように組み替えたかという観点から、本判決「3(1)」の一九条論の特徴を、ここでも箇条書き方式で見よう。

一つ（この指摘は、既に(ア)で述べたことの繰り返しである）。二〇〇七年判決は、「3(1)」で内心の側から出発して当該職務命令が一九条違反でないという趣旨の判断に到達した後、あらためて「3(2)」で別の角度から、今度は命令対象行為の側から出発して、（当該職務命令が違憲でないという）同じ趣旨を確認し直す、というような、二方向から同じ対象についての憲法論を論じるような構成だった。それに対して本判決「3(1)」は、第一段落で内心に関する憲法的把握（内心論ないし保護領域論）のみを行った後、新たに第二段落を起こして、そこで命令対象行為に関する憲法的評価（制約論）を論じる、という、一つの憲法論を内心論から制約論へと順序立てて前に進めるような構成になっている。

二つ。その第二段落の制約論だが、二〇〇七年判決では、当該職務命令が違憲でないという同じ判断（の一歩手前）に到達するのに、「3(1)」第二文では「ピアノ伴奏を拒否すること」（＝命令対象行為を拒否すること）に対する憲法的評価を行った上でそうしたのに対して、「3(2)」第一段落では「ピアノ伴奏をするという行為」（＝命令対象行為）に対する憲法的評価を行った上でそうしていた。つまり、何を憲法的評価の対象とするかについて、揺らぎがあった。これを、本判決「3(1)」では、命令対象行為（＝「起立斉唱行為」）を憲法的評価の対象とすることに、一元化した。書き手の意図としては、それは議論の進行を明晰化するためだったと解される[23]。

三つ。二〇〇七年判決では、「3(1)」で当該事案の職務命令が、「一般的」観点から「直ちに……歴史観ないし世界観それ自体を否定」に当たらないと判断した後、あらためて「3(2)」第一段落で、「客観的」観点からも職務命令に従って行われる対象行為が「特定の思想を有するということを外部に表明する行為」に当たらない、といわば二段構えで判断した後、それらの判断を受けて「3(2)」第二段落で、本件職務命令が(p)・(q)（・(r)）のいずれにも当たらないと判断していた。それに対して本判決は「3(1)」第二段落（の制約論）において、二〇〇七年判決における「一般的」と「客観的」の二つの観点を「一般的、客観的に見て」という言い方で一つにまとめた上で、「直ちに制約」に当たるか、イコール、(p)・(q)のいずれかに当たるか、の判断を一段構えで行うのだが、その際に、(a)

行為の性質と、(b)行為が外部からどう認識されるか、という新たな二つの観点から検討を行っている。

四つ。そのとき、二〇〇七年判決の「一般的」の観点が本判決の(a)の観点に、また二〇〇七年判決の「客観的」の観点が本判決の(b)の観点に、概ね対応していると言えそうである。というのは、本判決「3(1)」第二段落の第二文は、(a)の観点から命令対象行為（＝起立斉唱行為）の憲法的評価を行うものだが、これは二〇〇七年判決「3(1)」第二文の「一般的」観点からの検討を行う一節を(イ)で見たように、憲法的評価の対象を〈命令対象行為を拒否すること〉から〈命令対象行為そのもの〉へと修正の上で）引き取ったものであり、また、本判決「3(1)」第二段落の第三文は、(b)の観点から命令対象行為の憲法的評価を行うものだが、これは二〇〇七年判決「3(2)」第一段落の「客観的」観点からの検討を行う一節（(ウ)の「四つ」の記述で引用した一節）を引き取ったものだからである。

五つ。本判決「3(1)」第二段落は、かつての二つの観点を「一般的、客観的に見て」と一本化した上で、(a)・(b)という二つの新たな観点から「直ちに制約」に当たるかの判断を行うのだが、その判断の仕方ないし論じ方に、大きな工夫がある。すなわち、本判決「3(1)」第二段落は、その第二文で、(a)の観点から命令対象行為（＝起立斉唱行為）の憲法的評価を行い、その第三文で、(b)の観点から命令対象行為の憲法的評価を行う、その前に、その第一文を置いているのである。この第一文は、「当時（の）周知の事実」を踏まえた上で、命令対象行為（「学校の儀式的行事である卒業式等の式典における国歌斉唱の際の起立斉唱行為」）が、(a)・(b)両方の観点から見て（「一般的、客観的に見て」、及び、「～としての性質を有するものであり、かつ、～として外部からも認識される」）、どのような行為であるか（「これらの式典における慣例上の儀礼的な所作」）を、端的に述べるものである。命令対象行為に対するそのような端的な判断をまず提示した後、それに続けてスムーズに、命令対象行為が、(a)の観点から一九条が禁止する行為類型に当たらない、と第二文で判断し、(b)の観点からも一九条が禁止する行為類型に当たると評価できない、と第三文で判断するのである。

六つ。そうすると、本判決「3(1)」第二段落のこの第一文において、命令対象行為をどのような行為であると定式化するかは、その後の第二文・第三文の議論の進行を左右する、きわめて重要な意義を持つ。その第一文における定式化を、裁判所はどのように行うのか。[24] この点は、本判決「3(1)」第二段落のこの第一文がスムーズに第二文・第三文へと進行する仕方から推して、(a)の観点と(b)の観点の両方の観点から考えて（例えば(a)の観点から出発しつつ(b)の観点からの点検・補強を行うなどの仕方で）[25]、そのどちらからもその定式の通りであると言える、そのような定式を提示するというのが、本判決の姿勢だと考えられる。その際に、一方では、当該事案において問題となる「歴史観ないし世界観」の内容を考慮する。また他方では、対象行為を命令することが、直接的制約に当たる制約類型として最高裁が念頭に置くところの、「〔当該〕歴史観ないし世界観を否定することと不可分に結び付くもの（＝行為）」（〔　〕内は引用者、以下同じ）の強制という制約類型、又は「特定の思想（＝当該「歴史観ないし世界観」）……に反する思想の表明〔行為〕」の強制という制約類型に当たり、従って(p)特定思想の強制・禁止という侵害類型や(q)内心の告白強制という侵害類型に当たることになるかどうかを考慮する。その上で、対象行為を命令することが「直ちに制約」に当たらないと最高裁が判断する場合には、正に本判決「3(1)」第二段落が行ったように、第一文において上記の制約類型の定式内容とは無縁の内容で命令対象行為の定式化を行い、それに続く文章（第二文・第三文）で、そのように定式化される対象行為を命令することがなぜ、どのように内心に自由に対する直接的な制約に該当しないのかの説明を行う。すなわち、確かに(a)の観点からも(b)の観点からも対象行為を命令することは「直ちに制約」に当たらないという趣旨の説明を綴る。それに対して、対象行為を命令することが「直ちに制約」に当たると最高裁が判断する場合には、第一文（に相当する文）において上記の制約類型の定式内容と関わる言葉を入れた内容で命令対象行為の定式化を行い、それに続く文章では、そのように定式化される対象行為を命令することがなぜ、どのように内心の自由に対する直接的な制約に該当するかの説明を行うものと推測される（これは、本件職務命令が

「間接的な制約」に当たると論じた、本判決「3(2)」第一段落における議論の進め方からの推測である)。

(カ)　小　結

二〇〇七年判決に対しては、「3」の「(1)」・「(2)」・「(3)」相互の論理的関係がどのようになっているのかがきわめて曖昧である、という趣旨の論評が多かった。[26] それに対して本判決(等)は、二〇〇七年判決の「3」の「(1)」・「(2)」を直接的制約論に取り込んだ上で、その直接的制約論を、(オ)で述べたような六つの特徴を持つ議論として整序し、これを「君が代」ピアノ伴奏命令事件や起立斉唱命令事件のような事案における先例法理として、後の裁判に対して提示したのだと解される。この直接的制約論の議論の特徴はまた、本判決(等)の間接的制約論の議論における制約該当性の部分に対しては、その議論を組み立てるにあたっての範型──「間接」に対するところの「直接」に関する議論──としての役割を果たしたと解される。さらに本判決(等)は──本稿では(ア)で指摘するにとどまるものの──、二〇〇七年判決の「3(3)」を、間接的制約論の中の正当化に関する議論に取り込んでいる。[27] 本判決(等)の後は、「君が代」ピアノ伴奏命令事件判決の先例性は、それ自体としてではなく本判決(等)を介してのものになると解されるため、この補論での検討は、そういう点からも何がしかの意義を有すると考えられる。

(1)　本文で引用を省略した本判決「3(2)」の第二段落を、以下に全文引用する。この趣旨の記述は、Ⅰ～Ⅲの諸判決の中では本判決にのみ現れており、その他の判決には存在しない。その理由は、他の判決における上告人がその趣旨の主張を行わなかったからだと解される。ちなみに最三小判平成二三（二〇一一）年六月二一日判時二一二三号三五頁には同趣旨の記述がある（「第一」「三(2)」の第二段落）。

「なお、上告人は、個人の歴史観ないし世界観との関係に加えて、学校の卒業式のような式典において一律の行動を強制されるべきではないという信条それ自体との関係でも個人の思想及び良心の自由が侵される旨主張するが、そのような信条との関係における制約の有無が問題となり得るとしても、それは、上記のような外部的行為が求められる場面においては、個人の歴史観ないし世界観との関係における間接的な制約の有無に包摂される事柄というべきであって、これとは別途の検討を要するものとは解されない。」

本判決がここで取り上げた上告人の主張は、「君が代」ピアノ伴奏命令事件に関する二〇〇七年の最高裁判決における藤田宙靖裁判官反対意見が提示した見解と同趣旨のものである（本書第Ⅳ部第八章を参照）。

（2）本文で引用を省略した本判決「3⑷」の第二段落では、先例を四つ示して、以上の判示はそれらの「趣旨に徴して明らかというべきである」、と述べる。四つの先例は、謝罪広告命令事件に関する最大判昭和三一（一九五六）年七月四日民集一〇巻七号七八五頁、猿払事件に関する最大判昭和四九（一九七四）年一一月六日刑集二八巻九号三九三頁、旭川学力テスト事件に関する最大判昭和五一（一九七六）年五月二一日刑集三〇巻五号六一五頁、岩手県教員組合学力テスト事件に関する最大判昭和五一（一九七六）年五月二一日刑集三〇巻五号一一七八頁、であり、「君が代」ピアノ伴奏命令事件に関する二〇〇七年の最高裁判決が引いた四つの先例と同じである。

（3）本判決におけるここまでの議論は、「君が代」ピアノ伴奏命令事件に関する二〇〇七年の最高裁判決の議論とたいへんよく似ているが同じでない。両者の比較を5で行う。

（4）岩井=菊池［2014調解］四七八頁。なお本文で「それらしき下り」と述べたのは、本文で引用した部分に続く記述が、「であっても、個人の歴史観ないし世界観において否定的な評価の対象となるものに対する敬意の表明の要素を含むものと一般的、客観的な見地からも認められる事例においては」、となっており、本文引用部分の「〜目的はなく、〜目的とするもの〔＝制限〕」一般が、内心の自由に対する間接的制約に当たるとしているわけでないと読めるからである。

（5）例えば、御幸［2014判批］一二九―一三〇頁、御幸［2020判批］一三二―一三三頁、江藤［2013］二〇四頁、木下［2019］二四〇頁、小泉［2022］一五三―一五四頁。

（6）本判決の、竹内行夫裁判官の補足意見「2」の第一・第二段落、須藤正彦裁判官の補足意見「1⑶」第一段落。

（7）本判決の、千葉勝美裁判官の補足意見「1」、Ⅱ判決の金築誠志裁判官の補足意見。

（8）御幸［2014判批］もその点を認めている（同一二九―一三〇頁、一三七頁注24）。

（9）**【判旨】**の本文で省略した、「3⑵」の第二段落の記述は、本文のその省略部分に対応する注で全文を引用した。その解読を行おう。問われるのは、「学校の卒業式のような式典において一律の行動を強制されるべきではないという信条それ自体との関係……における制約の有無が問題となり得るとしても、それは、上記のような外部的行為が求められる場面においては、個人の歴史観ないし世界観との関係における間接的な制約の有無に包摂される事柄というべき」だ、ということの趣旨である。

「問題となり得る」と述べているので、「～という信条それ自体との関係」において内心の自由の「制約の有無」が必ず問題となる、としているわけではない。1(ア)で「第二」として指摘したように、本判決は、「上記のような外部的行為が求められる場面において」、直接的制約についても間接的制約についても、あくまで「歴史観ないし世界観」との関係でのみ、内心の自由の問題を考えていると解される。ゆえに、内心の自由の問題としては、「信条それ自体との関係……における制約の有無」の問題は、「歴史観ないし世界観」に対する制約の問題と何らかの関連をつける必要がある（その意味で、「歴史観ないし世界観」との関係「に加えて」上記内容の「信条それ自体」との関係を検討すべしという上告人の主張は、斥けられていると解される）。ただ、直接的制約との関係では制約なしと判断されることは、二〇〇七年判決で藤田裁判官が反対意見になったことから明らかである。そうすると、もしも制約ありとされるとすれば、その制約は間接的制約であることになる。——以上のような趣旨だと解される。

(10)　以下の本文では、内心に反する外部的行為の強制という制約類型についての一九条解釈論として「外面的行為の規制」型の解釈論を想定する。ただ、近年の学説には、本稿がすぐ前の(ア)で批判したタイプの解釈論——およそ内心に基づくと言いうる外部的行為に対する制約を全て一九条の問題とみなして、比例原則によるその都度の利益衡量によって合憲か違憲かの判断を行う解釈論——を、この制約類型についての一九条解釈論とするものが少なくない。これは、本判決等の提示した内心の自由に対する間接的制約論を、より自由保護的な形で今後の憲法実践に生かそうとする動機によると思われる。だが、このタイプの解釈論は、(ア)で批判したように、内心の自由の保障に関する基本思考に悖るという理論的難点を否定できないと思われる。

(11)　三2(ア)で分析したように、本判決が起立斉唱行為を「国旗及び国歌に対する敬意の表明の要素を含む行為」であると述べたときの「要素を含む」という一節の趣旨は、同行為が「敬意の表明」の意味を持つことは間違いないものの、同行為の主たる性格はあくまで「儀礼上の所作」であって「表明……行為」（=表現行為）そのものではない、ということを表わす点にあったと解される。ゆえに、本文で「という意味を持つ」と述べたのと同じ趣旨を、本判決は「の要素を含む」と書き表したものと解される。

(12)　起立斉唱行為が「国旗及び国歌に対する敬意の表明」という意味を持つことは、本判決等も認めている。そしてそのような意味を持つことは、起立斉唱行為の本質的性格を構成する、と本文では述べたのだが、もしそうではないのだとすると、起立斉唱行為は、普通はそのような意味を持ってはいるものの、そのような意味を消去しても差し支えない行為であり、そのような意味を消去されたものとしての起立斉唱行為を行うというのでも、式典の進行上は特に差し支えない、ということになる。そうなのだろうか。

国旗及び国歌に対する敬意の表明としての意味を全く内在させない行為としての起立斉唱行為とはつまり、「前にならえ。」や「休め。」という号令に応じて参列者が一斉に所定の身体的姿勢を物理的にとるのと同じく、「国歌斉唱。」の号令に応じて、その式典にふさわしい秩序の確保と円滑な進行を図るために、参列者が一斉に物理的にとる所定の身体的姿勢と発声であり、それに尽きる。起立斉唱行為がそのような性格のものとして成り立つのなら、そのときの国旗及び国歌の側は、国を象徴する意味を何ら持たないただの布切れと音声であろう。このような、予め国旗及び国歌に対する敬意の表明としての意味を全く内在させない性格の起立斉唱行為なるものは、我々の日常社会における式典には存在しないものだと思われる。

そうだとすると、式典において起立斉唱行為が「国旗及び国歌に対する敬意の表明」という意味を持つことは、この行為の本質的性格を構成していると理解される。

(13)　本判決等は、起立斉唱行為が「国旗及び国歌に対する敬意の表明の要素を含む行為」であると述べた。敬意が「国旗及び国歌」に対するものだとしており、その通りだと思うが、一方で、「国旗及び国歌」に対する敬意の先には、自分の「国」に対する敬意があるのであり、こちらのほうが本質的だと考えられる。そうだとすると（Ⅰ判決における竹内行夫裁判官の補足意見「3」第二段落の記述との関係で、本事案からはやや脱線するが）、自国の「国旗及び国歌」に対するのと、他国のそれに対するのとでは、敬意の中味に違いがあるように思われる。すなわち、後者における敬意の中味は、他国に対する尊重であるのに対して、前者におけるそれは、自国へのコミットメントであると思われる。他方で、本判決等ないし戦後日本の文脈では、「国旗及び国歌」に対する敬意の手前には、日の丸及び君が代に対する敬意がある。「国」とその手前にある「国旗及び国歌」に対する敬意は有するものの、日の丸及び君が代が法律上「国旗及び国歌」とされたからといって日の丸及び君が代に対する敬意をどうしても抱くことができない、そのような内心を持つ人に、法律上の規定を盾にして、〈敬う〉行為を強制することが憲法上許されるか、というのが本事案の問題だった。

（14）以下に謝罪行為について述べることは、謝罪行為と同じく自発的行為である起立斉唱行為について、文脈上必要な変更を加えて同様に当てはまる。

謝罪行為は、行為者が内心の謝罪心に基づき自発的に行って初めて、謝罪としての本来的意味を持つ性格の行為である。強制により行わされる謝罪行為は、その人が自発的に行うのではないから、謝罪としての本来的意味を失う。強制された謝罪行為がその人の自発性に裏打ちされた真正の謝罪行為でないことは、その強制の文脈を知る誰もがわかっていることである。それにもかかわらず、強制により謝罪行為を行わされたその人は、それを行わされた後は、その強制の文脈を形作った当該社会において、強制によってのことであれとにもかくにも謝罪行為を行ったものとして扱われる。真正の謝罪は自発的行為でしかありえないにもかかわらず、強制された謝罪行為がなお持つものとされる（あるいは現に持つ）「謝罪」的意味とは何か。それは偽物の謝罪というほかないものである。

強制された謝罪行為は（当該行為が外面的行為ではなく自発的行為であるため）、行為者に屈辱感を与えずにはいない。このこともまた、誰もが知ることである。謝罪行為を強制する側は、そのことを承知の上で強制している。その屈辱感を見て見ない振りをして、あるいはその屈辱感が大したことでないような顔をして。そして、強制された謝罪行為がその行為者に屈辱感を与えることとそのことを誰もが知っていることは、強制された謝罪行為が「謝罪」的意味を持つものとして通用することと、深く関わっていると思われる。

（15）例えば、青井［2013判批］、青井［2013］四九四―五〇二頁、渡辺［2019］二九二頁、大河内［2019判批］一四―一五頁、木下［2019］二四三頁。一方、本稿同様、そうした読み方に批判的なものとして、森口［2013］、堀口［2018］。

（16）岩井=須賀［2015調解］一三九頁。

（17）岩井=菊池［2014調解］四七六―四七七頁。同趣旨、渡辺［2019］一七五頁。

（18）この点の先行研究は、江藤［2013判批］二一九―二二〇頁、二四四頁、安藤［2015］一一―一五頁、渡辺［2019］一七四―一七五頁。

（19）移された過程で、「直ちに」という語の担う意味も変わったと思われる。すなわち、二〇〇七年判決「3(1)」の第二文では、〈まだ「3(2)」の検討を経ない段階では確たることは言えないが〉、というほどの意味だったのに対して、本判決「3(1)」第二段落の第四文では、「3」の「(2)」・「(3)」で論じる「間接的な制約」と対になるところの「直ちに〔＝直接的な〕制約」（〔　〕内は引用者）であるという意味を持つと思われる。

(20)　安藤［2015］一四頁は、本判決「3(1)」第二段落第一文の「一般的、客観的に見て」を、(a)行為の性質にのみ係り、(b)外部からの認識には係らないものと読んでいる。確かにこの文の構造としてはそのようにも読めるが、(a)・(b)両方に係るものとして読むのが書き手の意図に沿うと思われる。なおこの点、Ⅲ判決の「3(1)ウ」第一段落を見ると、「一般的、客観的に見て」が(b)にも係ることが明確である。

(21)　二〇〇七年判決「3」の「(1)」（一段落構成）・「(2)」（二段落構成）の記述が本判決「3(1)」（二段落構成）にどのように引き取られたかを全体として見ると、こうである。

二〇〇七年判決「3(1)」（二段落構成）の第一文をA、第二文をB、「3(2)」第一段落（一文構成）の前半（(ウ)の「二つ」と「三つ」でそれぞれ引いた一節を合体させた一節。すなわち、「本件職務命令当時～通常想定され期待されるものであって」）をC、その後半をD、第二段落（一文構成）をE、とする。

これらは本判決「3(1)」（二段落構成）に、A（第一段落）、C（第二段落第一文）、B（第二段落第二文）、D（第二段落第三文前半、すなわち、「～一層困難であるといえるのであって」）、E（第二段落第三文後半）、の順で引き取られた。

要するに、ABCDEが、ACBDEの順へと修正された（Bが後ろに移動して、CとDの間に割って入った）のである。

(22)　本判決「3(1)」第二段落の第四文に対応する部分を二〇〇七年判決の中に探せば、それは「3(4)」の第一段落（一文構成）に見出すことができる（「以上の諸点にかんがみると、本件職務命令は、上告人の思想及び良心の自由を侵すものとして憲法一九条に反するとはいえないと解するのが相当である」）。

(23)　江藤［2013判批］二一九—二二〇頁は、この変化に「重要な違い」・「実質的〔な〕修正」を見出している。確かに理論的観点からそういう側面を指摘できるものの、書き手の意図は、それを狙ってのことだったのではなく、二〇〇七年判決と同じ趣旨を別様の書き方で表現するというものだったように思われる。

(24)　実際問題としてその定式の仕方に関するアイデアを最高裁の裁判官がどこから仕入れるかという点については、まず、「「慣例上の儀礼的所作」という性格づけは、それまでの下級審でもなされてきたもの」であると指摘されている（渡辺［2019］一七五頁脚注17)。また、間接的な制約の文脈で提示された、「国旗及び国歌に対する敬意の表明の要素を含む行為」という定式における「敬意の表明」というポイントは、「神奈川こころの自由裁判」（同事件に関する上告審は、最三小決平成二三（二〇一一）年六月二二日LEX／DB二五四七二四五七）の弁護団による「主張の重要な点」だった（古川［2013］一〇頁、大和田［2013］二六頁）。

(25) 括弧内の記述で例示した「仕方」は、本判決「3(1)」第二段落のこの第一文のもととなった、二〇〇七年判決「3(2)」第一段落中の、「客観的に見て、入学式の国歌斉唱の際に『君が代』のピアノ伴奏をするという行為自体は、音楽専科の教諭等にとって通常想定され期待されるものであって」、という一節が、どのような考慮の仕方の結果としてこういう一節になったと考えられるかの、その仕方である。当該事案では、命令対象行為がピアノ伴奏行為であった。だが、ビアノ演奏行為の(a)行為の性質を問うならば、それは紛れもなく表現行為である。すると、ピアノ伴奏命令は表現行為の強制に当たる、という話になりかねない。しかしそれは当該事案の把握として適切なものではない。そうでなく、命令対象行為を、音楽専科の教諭が「入学式の国歌斉唱の際に『君が代』のピアノ伴奏をするという行為」であると捉えると、それは(a)行為の性質上も、表現行為ではなく「音楽専科の教諭等にとって通常想定され期待されるもの」であると言える。この後者の議論を補強すべく、二〇〇七年判決はその後さらに、「職務上の命令に従ってこのような行為が行われる場合」には尚更そうである、という一節を加えて、命令対象行為に対する(b)外部からの認識という観点を取り込んだ。このような考慮の結果、たんに「ピアノ伴奏行為」とはせずに上記のような限定句を付した主語と、それに対応する上記のような当該行為の性格付けを行う一節が、出来上がったのだと考えられる。

(26) 例えば、二〇〇七年判決の「3(1)」について、渡辺［2019］一一五―一一六頁、「3(2)」について、同一二〇―一二二頁、「3(3)」について、同一二三―一二四頁。高橋［2011］二八―三〇頁は、判旨の「不明確」さを指摘しつつ、最終的に「『総合判断』の諸要素を個別に述べたまでである」との理解に行き着いている（同二九頁）。なお、高橋［2012］二六―二七頁は、二〇〇七年判決のわかりにくさの原因について、内心の自由の「絶対保障の立場からは、制限があると認めれば違憲とすべきではないかということになるから」、「『権利の制限』の存在を認定してその正当化を検討するという構成は、採りづらく感ずる」ということだったのかもしれないと推測している。

(27) ということは、本判決（等）の示した先例法理によれば、二〇〇七年判決の「3(3)」の部分は――「3」の「(1)」・「(2)」で

（直接的）制約なしとの判断に続く記述であり、かつ、間接的制約に該当するとの特段の記述がないことから――、傍論である、と捉えられることになると思われる。

補章　書評　渡辺康行『「内心の自由」の法理』（二〇一九年、岩波書店）

一　はじめに

渡辺康行『「内心の自由」の法理』（二〇一九年、岩波書店）は、書名に関わる著者のこれまでの作品（初出は一九九七年～二〇一八年）をまとめた論文集である。本書の本体は三部構成であり、各部の最初にその部の概要が記されている。本体を前後にはさむ序章・終章が本書をまとめる時点での書き下ろしであり、章によってはその最後に追記という形で必要に応じて初出以降の情報補充がされているほか、収録各論文にも加除修正が見られる。書名にいう「内心の自由」は広い意味で用いられており、より具体的には、思想・良心の自由と信教の自由・政教分離の領域に関する研究である。著者の論文はその一つひとつが高い水準の研究であり、それらが一書にまとめられたのはまことに喜ばしい。

本稿では、まず、本書の内容紹介を、概略にとどまるものの基本的には各章次元で行う（↓二）。その後、本書への論評については、本書全体ではなくその一部に対象を絞った上で（↓三）、行うこととする（↓四）。

二　本書の概要

第一部「ドイツにおける信教の自由と国家の宗教的中立性の『緊張関係』――文化的多様性を背景とした事例から」は三章構成であり、日本と違って政教分離原則を憲法上採用していないドイツにおける、二つの異なる事案類型の「イスラームのスカーフ事件」を検討する。

第一の事案類型は、公立の初等・中等教育機関の教員に関するものである（第一章・第二章、初出二〇〇四年）。具体的には、授業中もイスラームのスカーフを着用する意向を示した、公立の基礎・基幹学校の教員志願者を、そのことを理由として採用拒否することが、信教の自由（ドイツ連邦共和国基本法四条一項）の侵害にならないか、などが論点となった。ドイツでは、厳格な政教分離を採用するフランスと異なり、公教育においてイスラームのスカーフを着用することは、生徒についていては一般に許容されていたため、教員について、スカーフ着用禁止の憲法適合性が全国的に問われたのである。本書はまず、連邦憲法裁判所二〇〇三年九月二四日判決（スカーフ第一判決）が出る前の時点で対照的な結論に至った諸判決を主に紹介し、学説の状況にも簡単に言及した後、結論を分ける諸要因の候補として、社会における宗教的多様性の増大をいかに評価するか、教師の法的地位をどう捉えるか、教師のスカーフ着用が生徒に与える影響をどう評価するか、先例の磔刑像判決との整合性をどう説明するか、などを挙げて、それぞれについて対立する見方を紹介する。続いて、スカーフ第一判決の検討を行う。本判決いわく、スカーフ着用を理由とする教員志願者の不採用は、その者の信教の自由に対する制約に当たる。その制約を実質的に正当化しうる対抗的な憲法上の法益として、同判決は、国家の宗教的・世界観的中立性（基本法四条一項等）や、生徒の消極的信教の自由等を挙げる。だが同判決は、実質的正当化ではなく形式的正当化の土俵において、原告の教員志願者を勝たせた。すなわち、複数の憲法上の法益の緊張関係を解決するのは州の民主的な立法者の責務であるが、本件州法にはその制定法の基礎が不十分なので、本件採用拒否は正当化されない、としたのである。本書は、本判決に対するメディアや政治部門（各政党や各州）の様々な反響を叙述する。さらに、本判決を受けてその後本件がいかなる解決を見たかを述べる。本件州は翌年四月、学校の中立性を危うくするような宗教的表明を教員に対して禁止する規定を立法した。そして同年六月、本判決の差戻審たる連邦行政裁判所の判決は、この規定をもって十分な法的基礎だとして(形式的正当化)、原告を負かせたのである(実質的正当化)。なお、連邦憲法裁判所が初めて、実質的正当化の土俵においてこの種の州法規定の憲法適合性を審査したのは、二〇一五年一月二七日決定(スカーフ第二判決)においてであり、本書は第二章追記でこれを紹介している。第一の事案類型に関する本書の検討は、基本的にはドイツ法研究に徹している。

第二の事案類型は、私企業のデパートの店員に関するものである(第三章、初出二〇〇四年)。具体的には、今後は勤務時間中もイスラームのスカーフを着用する旨の意向を示した店員を、そのことを理由として解雇したことが、信教の自由の侵害にならないか、などが論点となった。本書は、原告たる店員を負かせた第二審の州労働裁判所の判決と、同判決を破棄した連邦労働裁判所の判決(これに対する憲法異議を、連邦憲法裁判所二〇〇三年七月三〇日決定は、不受理とした)とを比較検討する。そして、両判決はともに、本件解約告知が解雇制限法上の無効事由たる「社会的に不当」な場合に当たるかを判断しており、被用者の信教の自由と経営者の自由とが衡量されている点で共通するが、デパート側が経営上の障害を十分説得的に説明したかどうかの判断により、結論が分かれたのだと分析する。本書は、この第二の事案類型については、ドイツ法研究の知見を手掛かりにして日本法の解釈論上の検討へと進んでいる。すなわち、民間企業への採用と解雇とに場面を分けて、被用(候補)者の信教の自由保障がいかに確保されるか——いわゆる憲法上の権利の私人間効力に関する一つの問題場面——の考察を、判例・学説を素材として行っている。

第二部と第三部は、専ら日本法の研究である。

第二部「現代日本における『思想・良心の自由』——『君が代』訴訟と『団体と個人』をめぐる事例から」は、六章構成である(補論が三つ付いており、公表作品数は九つ)。第一章から第四章は、「君が代」訴訟に関する研究である(初出二〇〇六年〜一七年)。一九九九年の国旗国歌法制定後、公立学校の現場では教職員に対して卒業式・入学式の国歌斉唱時に起立斉唱するよう命じる職務命令が出されるようになり、それに従わない教職員に対して懲戒処分を行う例が多発した。そこでこうした事態は教職員の内心の自由（憲法一九条）を侵害すると主張する多数の訴訟が提起された。この未知の論点にいかなる憲法論によってどう答えるべきかについて、最高裁は、二〇〇七年のピアノ伴奏命令事件判決、二〇一一年の起立斉唱命令事件諸判決（＝同年五月三〇日、六月六日、六月一四日、の三判決）、二〇一二年の不起立等懲戒処分事件諸判決（＝同年一月一六日の二判決）、で一応の回答を示した。著者はこの進展と伴走しながら、それぞれの時点において、二〇〇七年判決以前の下級審判例と学説の状況の分析、二〇〇七年判決の分析、同判決後の下級審判例の動向の分析と同判決を踏まえてその後の訴訟をどう闘いうるかの提言、二〇一一年・二〇一二年の諸判決の分析、二〇一二年諸判決以降の下級審判例の動向の分析などを行った。分析方法の特色は、未だドイツ法研究として観察・紹介されるにとどまっていた防御権に関する三段階審査の枠組みを、むしろ実践的に分析道具として活用した点にある。本書にはそれらの作品が収められており、不起立等再任用職員等採用候補者選考不合格等事件に関する二〇一八年最高裁判決について追記している。第五章・第六章（初出一九九七年・九八年・二〇一〇年）は、国家と個人の間に介在する中間団体における多数決の決定が、団体構成員たる個人の内心の自由をはたして、またどのように侵害するかという問題についての、最高裁の主要な諸判例を踏まえた分析・考察である。

第三部「現代日本における信教の自由と政教分離——その保障の諸相」は、七章構成である（補論が一つ付いており、公表作品数は八つ）。第一章・第二章（初出二〇一二年・一八年）は、判例を主な素材として、信教の自由（憲法二〇条）と内心の自由を総合的に検討・考察する。まず、二つの自由は同質的なはずなのに、それぞれの解釈論が必ずしもそうなっていなかったこと、ただ両者の解釈論を子細に見ればその趣旨の同質性を確認しうること、また両者の解釈論の近年の展開には接近傾向が認められることを、三段階審査の枠組みを分析道具としながら明らかにする。

次に、不利益処分に関する行政裁量審査に際して憲法上の権利がどのような役割を果たしうるかを、信教の自由と内心の自由それぞれに関する代表的判例の読み直しを通じて、考察する。第三章（初出二〇一五年）は、ムスリム監視捜査事件に関する二〇一四年の東京地裁判決に主に即して、警察の公安当局によるムスリムの個人情報の収集・保管・利用の適法性について、信教の自由・平等原則・プライバシー・法律の留保などの憲法的観点から検討する研究である。（なお、同事件は二〇一六年の最高裁決定により確定）。第四章から第七章は政教分離原則（憲法二〇条・八九条）に関する研究である。第四章（初出二〇一三年）は、判例法理の内在的分析から、政教分離規定適合性審査には、国家と宗教の「かかわり合い」の審査と、「かかわり合い」が「相当とされる限度を超える」かの審査という二段階が存在することを読み取り、この二段階審査のそれぞれの段階においてどのような審査がされているかを諸判例に即して跡付ける。津地鎮祭事件判決以来の目的効果基準や、二〇一〇年の空知太神社事件判決の総合判断手法は、基本的にはこの第二段階の審査に関するものだと整理される。本章は、従来は無自覚的に行われてきたと見られる第一段階の審査を、今後は自覚的に行うべきことを提言している。第五章（初出二〇〇五年・〇七年）は、小泉首相（当時）の靖国神社参拝訴訟に関して、執筆時の二〇〇五年までに出た六つの地裁判決を比較検討する研究と、この問題に対する判断を示した二〇〇六年の最高裁判決を分析する研究である。第六章（初出二〇一五年）は、国または地方自治体を代表する地位にある公務員（国の首相や自治体の長）が宗教的性格のある行事に参列するという事案類型に関して、政教分離規定適合性に関する考察を行う。ここでは、第四章で提示した二段階審査の枠組みを分析道具としながら、自治体の長についてのこの事案類型に関する二つの先例（著者は、第五章で扱った事案は首相についてのこの事案類型に当たるが、同章で既に論じたとしている）を検討した上で白山ひめ神社訴訟（地裁判決・高裁判決と二〇一一年の最高裁判決）を主な分析対象とする。最後に第七章（初出二〇一三年）は、政教分離原則と信教の自由の緊張関係とその調整方法という問題について、津地鎮祭事件判決が傍論で提示した三つの事案類型それぞれについて学説の議論を整理し、主に同判決以降の主要な最高裁判例――剣道実技参加拒否事件判決と空知太神社と富平神社に関する諸判決――を検討の上、この問題に関する理論的考察を行っている。

三　本書の「君が代」訴訟論――論評対象の限定

本稿は論評の対象を、本書の全体の中から「君が代」訴訟に関する部分に限定する（第二部第一章～第四章、第三部第一章・第二章）。本書所収の諸論文はこの訴訟の進行に正に伴走しながら執筆された。そこで、以下の諸点について本書の叙述を確かめた上で、論評を試みる。第一に、最高裁の判断が未だ示されていない時点で、著者はこの問題――公立学校の教職員に対して、卒業式・入学式における国歌斉唱の際にピアノ伴奏行為または起立斉唱行為を命ずる旨の校長の職務命令は、憲法一九条に違反し、ゆえに、その職務命令に従わなかったことを理由とする教育委員会による懲戒処分は、違法ではないか――にどのような憲法一九条論を提示していたか。第二に、二〇〇七年最高裁判決を著者はどのように評価したか。また著者は、本判決のピアノ伴奏命令についての憲法判断を前提としながら、未だ最高裁の判断が示されていない起立斉唱命令の合憲性について、どのような憲法論を行うことを提唱したか。第三に、二〇一一年・二〇一二年の諸判決を著者はどのように評価したか。また著者は、その後なおも続く不起立等懲戒処分事案や不起立等再任用職員等採用候補者選考不合格等事案を、どのような姿勢でフォローしたか。

まず、第一の点（第二部第一章）。――既述のように本書は、ドイツ連邦憲法裁判所が法令の合憲性審査を行うに際して、保護領域該当性・制約の有無・正当化可能性という三段階に分節化して検討を行う手法を、分析枠組みとしている。前記した校長の職務命令が教職員の内心の自由を侵害しないかという事案類型について、本書は次のように分析する。まず、歌えないとか伴奏できないという考えが内心の自由の保護領域に入るのは無論であるが、それだけでなく、思想・良心に基づく外部的行為もその保護領域に入るのであり、本事案類型において、前記考えに基づいてなされた、職務命令に従わないという受動的な外部的行為は、それに当たるのだとしている。次に、内心の自由に対する制約類型として学説は伝統的に、特定思想の強制・禁止、内心を理由とする不利益処遇、内心の開示強制（＝沈黙の自由の侵害）、といった三類型などを挙げてきたが、本事案類型についてはむしろそれらとは別の、思想・良心に基づく行為に対する制約という制約類型に当たると構成すべきだとする。最後に、そのような制約は正当化されないとする。そのことを基礎づけるのは、教員の「個人としての」内心の自由であり、「教師の抗命義務」ないし職責ではないとする。制約の正当化判断をどのような仕方で行うべきかに関しては、この時点では今後の課題だとしている。

次に、第二の点（第二部第二・三章）。――ピアノ伴奏命令を合憲と判断した二〇〇七年最高裁判決について、著者は次のように読解している。同判決はまず、ピアノ伴奏拒否が「一般的には」憲法一九条の保護領域に入らないと述べた。続いて同判決は、本件職務命令が教師の内心の自由に対する制約に「客観的に見て」当たらないと述べた。最後に同判決は、職務命令自体も「不合理でない」ということで、その前に論じた、制約がないという点を、別の側面から補強しようとした、と。著者はこの判決を、大筋、次のように批判する。何よりも、本件について、保護領域に入らず制約にも当たらないと判断するのがおかしい。内心の自由論において、「一般的には」・「客観的に見て」という論法は説得力を欠くのであり、保護領域該当性の判断に当たっては、那須弘平裁判官の補足意見が説くように、上告人自身にとってどうかという個別性こそが肝心である。また制約の有無の判断に当たって、本件職務命令が「特定の思想（を有するということ）について告白することを強要する」（沈黙の自由の侵害）という制約類型に当たるかどうかを専ら検討するのは、藤田宙靖裁判官の反対意見が説くように、的外れである。上告人は、自らの思想を（強制されずとも）自分で明らかにしている。本件職務命令によるピアノ伴奏行為の強制が、那須補足意見の言う「心理的な矛盾・葛藤」を上告人の内心において生じさせる点こそが、本件の真の問題である。それなのに本判決は、本件職務命令が、思想・良心に反する外部的行為の強制という制約類型に当たるかどうかという肝心の問いに、何ら答えていない。

ピアノ伴奏命令を合憲とした二〇〇七年最高裁判決の後、同判決を前提としながら今度は、未だ最高裁の判断が示されていない起立斉唱命令の合憲性を検討する下級審判決が続く。著者は、検討対象とした複数の下級審判決がいずれも、起立斉唱命令について、制約がないという〇七年判決の説示を受け継いだ後にそれとは別の制約類型を提示してこれには当たるとし、その上でその制約も正当化されるから合憲だ、と判断している点に注目する。複数の下級審判決がここで、従来から主に表現の自由論で論じられてきた直接的制約と間接的制約の区別論を導入したことに、著者は、〇七年最高裁判決の調査官解説の影響を見て取っている。著者は下級審諸判決におけるこのような憲法論上の展開を、〇七年最高裁判決が等閑視した原告の内心の個別性を憲法一九条論の中に受け止め直すものとして積極的に評価する一方で、その制約の正当化審査を事案の性質に相応しい高い審査密度で行うべきだったと批判する。その上で、第二部第一章の時点では今後のものとした課題に取組んで、制約の正当化に関するあるべき憲法論を提示する。まず判断枠組みとして、（法令でなく）職務命令の合憲性審査においても目的手段審査を行うべきことを確認する。そして、目的審査について、藤田裁判官の反対意見を参照しつつ、職務命令の目的にも究極的目的・中間目的・具体的目的という段階的な構造があると述べる。手段審査については、目的を達成する手段に必要性・合理性があるかどうかを比較較量により判断するという判例法理をベースにしつつ、内心の自由という最重要の憲法上の権利に対する、内心の核心部分を否定するのと同等の作用を及ぼすという強度の制約態様の事案である、という二点から、高い密度での審査が求められるのだとする。その上で、起立斉唱命令の事案類型に対しての、比例原則の思考を基礎においた当てはめ判断を、行って見せている。職務命令の中間目的は、入学式等における国歌斉唱の指導であり（学習指導要領）、具体的目的は、「卒業式等の進行における秩序・規律」と、「（組織決定を遂行するための）校長の指揮権の確保」である。これらの目的が仮に正当だとしても、それを達成するために、全ての教職員に対して一律に起立斉唱を命ずる必要性は認められず、原告らに対する職務命令は憲法一九条違反だと判断している。

最後に、第三の点（第二部第四章、第三部第一章・第二章）。――まず、起立斉唱命令を合憲と判断した一一年最高裁諸判決を、著者は、〇七年最高裁判決以降の下級審判決の動向に照らして評価する。それら下級審判決の主流は、第二部第三章で著者が検討対象としたものとは異なり、起立斉唱命令についても憲法一九条に関する制約はないとだけ論じて済ます論理を採用していた。それゆえ、一一年最高裁諸判決が、起立斉唱命令の事案について、〇七年判決と同様に直接的制約を否定したものの、間接的制約（著者はこれを、思想・良心に反する外部的行為の強制という制約類型であると見ている）を認めたこと、そして間接的制約がある場合の正当化審査の判断枠組みを提示したことに、著者は大きな意義を見出している。一方、その判断枠組みは、最高裁判例法理の一般的枠組みである比較較量論にほかならないから、これを目的手段審査に再編し、比例原則の思考に基礎を置く審査を行うことが判例にとっての課題となる、と述べ、合憲という結論は批判している。次に、不起立等懲戒処分に関する一二年最高裁諸判決も、著者は、〇七年最高裁判決以降の下級審判決の動向に照らして評価する。〇七年最高裁判決も一一年最高裁諸判決も、職務命令を合憲と判断しただけで、職務命令違反を理由とする懲戒処分や再任用職員等採用候補者選考不合格等の不利益措置の適法性については判断していない。〇七年最高裁判決以降の下級審判決の支配的傾向は――例外はあるものの――、懲戒権者や再雇用権者の広い裁量を認めて、再任用職員等採用候補者選考不合格等の不利益措置や停職などの重い懲戒処分までも適法と判断するものだった。それゆえ、一二年最高裁諸判決が、職務命令違反に対する懲戒処分の厳罰化に歯止めをかけたことを、著者は積極的に評価している。同諸判決は、戒告を超えてより重い減給以上の処分を選択する場合には「慎重な考慮」を要するとし、戒告処分一六七つと停職処分一つを適法とする一方で、減給処分一つと停職処分一つを違法と判断した。そして著者の読解によれば、同諸判決が重い処分に関する行政裁量審査の密度を高めた要因の一つは、一一年諸判決が内心の自由に対する間接的制約を認めたことにある。

一二年最高裁諸判決以降の下級審判決は、同最高裁諸判決の判断枠組みの下で、職務命令の合憲性を前提としつつ、職務命令違反に対する懲戒処分や再任用職員等採用候補者選考不合格等の適法性を中心に置いた判示を行った。それらの中で著者が、最も原告側の主張を汲んで理論的発展可能性を持つと高く評価するのが、二〇一五年五月二八日の東京高裁判決（須藤典明裁判長）である。同判決は、不起立を理由に〇六年に三月の停職処分を受けた後（同処分を一二年最高裁判決は適法と判断した）、新たな不起立を理由に〇七年に教員が受けた六月の停職処分について、原判決を覆して違法と判断して取消した。それだけでなく、重い懲戒処分の取消請求を認容した下級審判決でもさらに国家賠償請求まで認容するものは少数である中にあって、国家賠償請求も認めた（なおその後、同判決に対する都側の上告と上告受理申立てを、二〇一六年五月に最高裁は棄却・不受理とした）。同判決は、一二年最高裁諸判決の櫻井龍子裁判官の補足意見が取消訴訟における違法性を検討する文脈で述べていた、加重処分により「自らの信条に忠実であればあるほど心理的に追い込まれ、上記の不利益の増大を受忍するか、自らの信条を捨てるかの選択を迫られる状態に置かれる」という趣旨を、国賠訴訟における違法性を検討する文脈に移して論じた上で、「そのような事態は……憲法が保障している個人としての思想及び良心の自由に対する実質的な侵害につながる」、と明確な憲法論で受け止めた点に意義がある。また同判決はその論理を免職処分の脅威が迫る場面で展開することで、その論理が遡って三月の停職処分まで違法とすることに直結させない注意を払っている、と著者は読み解く。一方で本書は、同判決のさらに後の最一小判平成三〇（二〇一八）年七月一九日判時二三九六号五五頁が、起立斉唱命令違反を理由とした再任用職員等採用候補者選考不合格等に関して、任命権者の裁量の逸脱・濫用を認めなかった事実にまで論及し、「懲戒処分に一定の歯止めをかけた平成二四（引用者注：二〇一二）年の最高裁判決とは、姿勢が異なるものとなった」、と評している。

四　本書の「君が代」訴訟論に対する若干の論評

以下では本書の「君が代」訴訟論に対して大きく二点の論評を行う。

第一点目は、本書の憲法一九条論に関して。――本書は基本的に、ピアノ伴奏命令や起立斉唱命令を、思想・良心に基づく行為に対する制約という類型として把握するのが、憲法一九条適合性を吟味するのに最も適している、と理解している。これに関して、いくつかの論点を提示できる。

第一に、本書は、思想・良心に基づく行為が保護領域に入り、それが職務命令により制約される、と把握する。だがそうでなく、職務命令による外部的行為の制限が、保護領域に入るところの内心（＝思想・良心）に対する制約になる、と把握する方が、内心の自由論にふさわしい構成なのではないか。これは何よりも、内心の自由の憲法的保障がいかなる憲法的価値を護るものなのかという理論的見地に関わる。表現の自由（外面的な精神活動の自由）保障は、表現行為という外部的行為を保護するものだが、内心の自由（内面的な精神活動の自由）保障は、あくまで内心を保護するものであり、内心を保護する結果として一定の行為が保護されることがあるとしても、行為の保護そのことが企図されるのではないと考えられる。人の内心とその外部的行為との間には密接な関連があるという洞察は、保護領域の構成ではなく制約の構成において受け止めるべきであろう。なお、本書の前記把握は、本書が内心の自由と信教の自由――内面的な信仰の自由だけでなく、外面的な宗教的行為の自由・宗教的結社の自由までを含む――を対比的に考察するときに（第三部第一章）、前者の保護領域を、基本的には後者のそれとパラレルに捉えている——後者は積極的行為も保護領域に入るが前者は消極的行為に限られるという違いを認めるものの——点と通じている。けれども理論的には、内心の自由の保護領域は、信教の自由一般ではなくて内面的な信仰の自由のみの保護領域とパラレルに捉えられるべきだと考えられる[1]。

第二に、思想・良心に基づく行為に対する制約の正当化をどのような憲法論により行うかに関する。著者は、〇七年最高裁判決以降の時点で、比例原則の思考を基礎においた目的手段審査によりそれを行うことを提唱している（第二部第三章）。同判決以前には、それを「義務免除論」で行うことに共感を示していたが（第二部第一章、九九—一〇〇頁）、一二年最高裁諸判決以後の時点では、判例に受け入れられる見込みがないことを主たる理由として、そのことに消極的姿勢を示している（第三部第一章、二八〇—二八二頁）。本書のいう「義務免除論」は、評者のいう「外面的行為の規制」型の憲法一九条解釈論に相当するものであり、次のような規範である。〈一般的な法的規制が諸個人に対して行う外面的行為の強制・禁止が、ある個人の保持する深いレベルの内心と衝突するとき（「衝突」審査）、同規制からその個人を免除することが憲法上の要請である。但し、免除しないことを正当化する非常に強い公共目的が存在する場合には（「公益」審査）、免除が要請されない。また、免除が要請される場合には可能な限り、被免除者に対して当該規制に代替する負担が課されるべきである[2]〉。ここで問いたいのは、思想・良心に基づく行為に対する制約の正当化を吟味する内心の自由論として、本書の推す比例原則論と、本書の斥けた「義務免除論」との、どちらが理論的にふさわしいと考えられるかである。憲法論としては一般に、優越的地位に立つと位置づけられる精神的自由の保障論については、〈狭い間口をくぐり抜けたものにだけ強力な保護を与える〉という議論構造を持つことが望ましい。「義務免除論」においては、「深いレベルの内心」との衝突が認められるものに限って、「公益」審査に入る。一方、本書の推す比例原則論において、「思想・良心に基づく行為」は、「思想・良心」に限定をかけない限り、ありとあらゆる行為類型をカバーすることになる。それら全てが保護領域に入るとしてひとまず内心の自由論の土俵に上がり、それほど「深いレベル」でない内心に基づく行為の制約であってもその正当化が可能かどうかに関して厳格な審査に付され、対抗する公益がさほど重要なものでなければ利益衡量の結果として救済を得る、という論理となる。このような論理に対しては、「当該思想等の保有者の主観的判断……に基づいて、社会的に必要とされる多くの行為が思想及び良心の自由を侵害するものとして制限を受け……ることになりかねない」（二一年最高裁判決の金築誠志裁判官補足意見）、との批判を免れえまい。この批判に向き合うならば、保護領域論に戻って、「思想・良心に基づく行為」に十分な限定をかける必要が出てこよう。そしてその「思想・良心」を、本書が論じるように「心理的な矛盾・葛藤」の次元で捉えるのであれば、本書の推す比例原則論は、自ずと「義務免除論」へと変容するのではないかと思われる。

関連して、第三に、それでは「義務免除論」の憲法一九条解釈論で、起立斉唱命令事件の原告ははたして救済されるのか。評者は当初から、比較法的には標準的なこの解釈論によっては、内心の「深いレベル」という間口の狭さがハードルとなって、停職処分にまで至ったごく少数の原告を除く大多数の原告は、救済されるのが難しいと考えてきた。だが同時に、この事件には確かに憲法一九条に関わる重大な問題が存在しており、その問題を真っ当に掬い上げるような、「義務免除論」とは別の憲法一九条解釈論を構成することが求められている、と考えてきた(3)。本稿ではここまでの指摘にとどめたい。

第二点目は、本書の判例への向き合い方に関して。――憲法学説は憲法判例とどのように対話するのがよいかという問題意識から、以下の論点を提示できる。

第一に、学説は自らの憲法論を構築・展開するにあたって、その議論が「判例には受け入れられにくい」（二〇〇頁）かどうかをどれほど考慮に入れるべきか、という点である。一例だが、今見たように、本書が「義務免除論」を斥けた主な理由は、この点の考慮によっていた。けれども、この点の考慮が行き過ぎると、学説は判例を追認するだけの存在に過ぎなくなってしまう。判例をベースに、望ましい方向に向けた憲法論上の提言を学説が行っても、不起立等再任用職員等採用候補者選考不合格等事件に関する一八年最高裁判決のようにその提言を判例が拒否すれば、少なくともそれ以降は、その提言が依拠した判例上の基盤は失われるので、もはやその憲法論上の提言を行い続ける意味はなくなるのだろうか。そうではなかろう。そもそも学説の営みは、憲法的な価値と考え方に従った提言を、裁判所に向けては、判例の枠組みを尊重しながらそれにできるだけ合わせた形で行う、ということだと思われる。そして立憲主義の考え方によれば、公権力担当機関である裁判所が作る判例は、本来、憲法的な価値と考え方に縛られて形成されるべきものであり、憲法的な価値と考え方そのものが専ら判例（をはじめとする公権力担当機関による憲法実例）によって形成されるのではない。そうだとすると学説は、第一段目として、判例の枠組みからひとまず独立して、憲法的な価値と考え方に従った憲法論を構築・展開し、その後に第二段目として、裁判所に向けては、判例の枠組みにできるだけ沿った形で――必要に応じてその枠組みの批判をも行いながら――その第一段目の憲法論を論じ直す、という二段構えの姿勢をとるべきだと考えられる(4)。学説が第一段目の憲法論を確保することは、国民に向けてそれを論じることを通じて国民の憲法意識・憲法感覚を豊かにするという面でも、大きな意義を持つだろう(5)。

第二に、学説は判例の憲法論をどのような姿勢で読み取るべきか、という点である。評者の考えをまず言えば、ここでも二段構えの姿勢が求められる。第一段目は、判例のテクストそれ自体に即して、書き手の述べようとした内容をできるだけ正確に読み取ることである。しかし、ある判例は、その後の類似事件の裁判事案に対しては、先例という規範となる。そして第一段目の読解で読み取った内容が憲法的な価値と考え方に照らして不十分な内容の規範だと評価される場合には、第一段目の読解による内容をより憲法的な価値と考え方に沿った内容のものに読み替えた上でその内容を、その先例の内容として提示することができる。これが、その判例についての第二段目の読解である。重要なことは、性格の異なるこの二つの読解があることを自覚して、それぞれの読解作業に携わることである。[6] 以上のような見地から本書の判例読解を点検すると、第二段目の読解内容が第一段目の読解内容として提示されている（あるいは両者が混交している）のではないか、と思われるものが存在する。その例について以下で検討しよう。不起立等懲戒処分事件に関する一二年最高裁諸判決が、重い処分に関する行政裁量審査の密度を高めた要因に、処分が重いことと並んで、「不起立行為等の動機、原因」があるという本書の第一段目の読解に、評者は同意する。その記述を同判決から引用すると、こうである。その「動機、原因は、当該教職員の歴史観ないし世界観等に由来する『君が代』や『日の丸』に対する否定的評価等のゆえに、本件職務命令により求められる行為と自らの歴史観ないし世界観等に由来する外部的行動とが相違することであり、個人の歴史観ないし世界観等に起因するものである」、と。本書はこれを憲法一九条論だと読んでいるが、そうだろうか。確かにこの記述は、一一年最高裁諸判決における憲法論を下敷きにしている。だがこの記述は、まず、「憲法」にも「思想及び良心の自由」にもその「制約」にもおよそ言及していない。また、先例が起立斉唱命令について内心の自由に対する間接的制約を認めた根拠であるところの、起立斉唱行為が「敬意の表明の要素を含む行為である」という肝心のポイントを、記述していない。さらに同判決は、先例が憲法一九条に関する間接的制約の存在を認めた起立斉唱行為と、認めなかったピアノ伴奏行為を、一緒くたにして、前記のように論じている[7]（本書二九三頁は、以上三点の批判のうち第三点目に対する反論を述べてはいる）。このような雑な記述、大事なことを大事に書かない記述、を憲法論であると読むことは――行政裁量審査に際して憲法上の権利論が果たす役割を育てていこうとする本書の方向性に、評者は大いに共感するものの――、判例の第一段目の読解としては正当でないと評者には思われる。

五　おわりに

対象書物をひたすら褒めるのでは書評にならないので、**四**では、本書との対話の中から諸論点を掘り起こすことに努めた。本稿を結ぶにあたっては、本書に収められた著者の作品群から評者がこれまで多大な学恩を受けてきたことを述べておきたい。まず、論評対象とした「君が代」訴訟論について言えば、多数の下級審判決の分厚い読解の上に、下級審判決の動向に照らして最高裁判決を評価したり、最高裁判決が下級審判決に及ぼした影響を観察したり、また下級審判決から最高裁判決への影響を摘示したり、といった著者ならではの研究成果から多くを教わった。また本書全体について言えば、とりわけ第二部第一章や第三部第七章の論考に初出時に接したとき、主題に関する学説・判例の全体的ありようがクリアかつ詳細に整理して記述されているさまに、「なるほど、このようになっているのか。」とただただ感心するのみであった。本書に対するそうした評者の感嘆の念は、**二**・**三**の要約的叙述の中にも自ずと表れているに違いない。そのことを述べて擱筆する。

※　付記：**四**の「第二点目」の論評に対するリプライを、渡辺［2022］六頁の注25・27において頂いている。

（1）　拙稿［2018a］一〇六頁。
（2）　拙稿［2018b］四七頁〔本書一〇章三三〇―三三一頁〕。なお参照、拙稿［2016］一八五頁注16〔本書第Ⅰ部第一章五五―五六頁注(59)〕。
（3）　拙稿［2004］四三―四四頁「5」〔本書第Ⅳ部第七章二六九―二七〇頁〕。
（4）　拙稿［2011］四〇七―四〇八頁「3(1)」。
（5）　拙稿［2017b］七五頁「10」。
（6）　拙稿［2020］五九頁注9。
（7）　拙稿［2013］三三六―三三八頁〔本書第Ⅱ部第二章八七―八八頁〕。

佐々木　弘通（ささき　ひろみち）
東北大学大学院法学研究科教授
1988年　東京大学法学部卒業
1997年　東京大学大学院法学政治学研究科博士課程修了。博士(法学)
1998年　成城大学法学部専任講師。同助教授、教授を経て、
2009年より現職。

主　著『近代アメリカの公共圏と市民　デモクラシーの政治文化史』
（共著、東京大学出版会・2017)、『代表制民主主義を再考する
　選挙をめぐる三つの問い』（共著、ナカニシヤ出版・2017)、
『現代社会と憲法学』（共編著、弘文堂・2015）ほか。

「内心の自由」の憲法論　　憲法研究叢書

2025(令和７)年４月15日　初　版１刷発行

著　者　佐々木 弘 通
発行者　鯉 渕　友 南
発行所　株式会社　弘 文 堂　101-0062 東京都千代田区神田駿河台１の７
TEL 03(3294)4801　振 替 00120-6-53909
https://www.koubundou.co.jp
装　幀　大 森　裕 二
印　刷　港北メディアサービス
製　本　牧 製 本 印 刷

ISBN978-4-335-30340-1

事 項 索 引

は

ひ

ふ

ほ

み

む

め

も

ゆ

り

れ

ろ

判 例 索 引

●最高裁判所

昭和27～49年

最大判昭和27（1952）年２月20日民集６巻２号122頁……118, 170
最大決昭和27（1952）年４月２日民集６巻４号387頁……24
最大判昭和27（1952）年８月６日刑集６巻８号974頁……15, 184
最三小判昭和30（1955）年11月22日民集９巻12号1793頁……24
最大判昭和31（1956）年７月４日民集10巻７号785頁……15, 38, 66, 94, 255, 334, 350
最一小判昭和41（1966）年４月21日裁判集民事83号269頁……41
最大決昭和44（1969）年11月26日刑集23巻11号1490頁……184
最大判昭和48（1973）年４月４日刑集27巻３号265頁……253
最大判昭和48（1973）年12月12日民集27巻11号1536頁……25, 66, 97, 106, 108, 111, 255
最大判昭和49（1974）年11月６日刑集28巻９号393頁……350

昭和50～63年

最三小判昭和50（1975）年11月28日民集29巻10号1698頁……43, 126
最大判昭和51（1976）年５月21日刑集30巻５号615頁……350
最大判昭和51（1976）年５月21日刑集30巻５号1178頁……350
最三小判昭和52（1977）年12月13日民集31巻７号1037頁……101
最三小判昭和52（1977）年12月20日民集31巻７号1101頁……84
最三小判昭和56（1981）年３月24日民集35巻２号300頁……253
最二小判昭和63（1988）年２月５日労働判例512号12頁……104
最二小判昭和63（1988）年７月15日判時1287号65頁……27, 113

平成元～９年

最一小判平成２（1990）年１月18日民集44巻１号１頁……84
最三小判平成２（1990）年３月６日判時1357号144頁……41, 96
最二小判平成２（1990）年９月28日刑集44巻６号463頁……110, 116
最二小判平成３（1991）年２月22日判時1393号145頁……41, 96
最大判平成７（1995）年２月22日刑集49巻２号１頁……184
最一小判平成７（1995）年２月23日民集49巻２号393頁……96
最三小判平成７（1995）年９月５日判時1546号115頁……106
最二小判平成８（1996）年３月８日民集50巻３号469頁……31, 87, 153, 258, 266, 284, 331
最三小判平成８（1996）年３月19日民集50巻３号615頁……42, 122, 173, 256

平成10～19年

最三小判平成12（2000）年２月29日民集54巻２号582頁……142
最一小判平成14（2002）年４月25日判時1785号31頁……44, 128
最大判平成16（2004）年１月14日民集58巻１号１頁……122
最一小判平成16（2004）年７月15日 LEX／DB28092064……41, 95
最大判平成17（2005）年９月14日民集59巻７号2087頁……171
最一小判平成18（2006）年７月13日判時1946号41頁……172
最三小判平成19（2007）年２月27日民集61巻１号291頁……34, 46, 68, 280, 296, 335

平成20～令和6年

最一小判平成22（2010）年10月21日判例集未登載・学習院法務研究3号140頁……95
最二小判平成23（2011）年5月30日民集65巻4号1780頁……45, 67, 69, 312
最一小判平成23（2011）年6月6日民集65巻4号1855頁……46, 67, 69, 92, 312
最三小判平成23（2011）年6月14日民集65巻4号2148頁……46, 67, 69, 312
最三小判平成23（2011）年6月21日判時2123号35頁……349
最三小決平成23（2011）年6月22日 LEX／DB25472457……355
最一小判平成24（2012）年1月16日判時2147号127頁……49, 83, 92, 336
最一小判平成24（2012）年1月16日判時2147号139頁……49, 83, 336
最一小判平成24（2012）年2月9日民集66巻2号183頁……131, 337
最大判平成27（2015）年12月16日民集69巻8号2586頁……142
最一小判平成30（2018）年7月19日判時2396号55頁……90, 337, 366
最大判令和6（2024）年7月3日裁判所時報1843号1頁……152

●高等裁判所

東京高判昭和24（1949）年12月5日高等裁判所民事判例集2巻3号325頁……118
東京高判昭和43（1968）年6月12日判時523号19頁……99
東京高判昭和57（1982）年5月19日判時1041号25頁……113
大阪高判平成3（1991）年9月24日労働関係民事裁判例集42巻5号752頁……107
福岡高判平成4（1992）年4月24日判時1421号3頁……123
東京高判平成11（1999）年3月10日判時1677号22頁……129, 257
東京高判平成21（2009）年10月15日判時2063号147頁……313
東京高判平成27（2015）年12月10日判例地方自治440号75頁……90

●地方裁判所

神戸地判昭和59（1984）年5月18日労働関係民事裁判例集35巻3・4号301頁……107
熊本地判昭和60（1985）年11月13日行集36巻11・12号1875頁……252
東京地判平成15（2003）年12月3日判時1845号135頁……268
東京地判平成18（2006）年9月21日判時1952号44頁……272, 307
東京地判平成21（2009）年1月19日判時2056号148頁……313
東京地判平成27（2015）年5月25日判例地方自治440号61頁……90

●アメリカ判例

Employment Division,Department of Human Resources of Oregon v. Smith, 494 U.S. 872（1990）……55
Lee v. Weisman, 505 U.S. 577（1992）……260
Church of the Lukumi Babalu Aye v. City of Hialeah, 508 U.S. 520（1993）……255

文献一覧

ここでは、筆者が本書の研究を進めるうえで実際に参照した諸文献を、【教科書・注釈書・演習書等】、【著書・論文等】、【史料（及びその解説）、辞典・事典等】、【英文献】、【主な判例についての判例評釈等】、という5つの項目に分けて一覧にする。基本的には本書で引用した文献の一覧であるが、ただ【著書・論文等】の項目には、本書で引用できなかったものの内心の自由の研究を行う上で重要である諸文献も、今後この分野の研究を行う読者のためにリストアップしている。なお、【主な判例についての判例評釈等】の項目におけるリストアップの方針と記載方法については、同項目の冒頭で述べる。

【教科書・注釈書・演習書等】

青井未帆［2024］「思想・良心の自由」青井未帆＝山本龍彦『憲法Ⅰ　人権〔第2版〕』有斐閣74-78頁

青柳幸一［2015］『憲法』尚学社

赤坂正浩［2011］『憲法講義（人権）』信山社

淺野博宣［2022］「人身の自由」毛利透＝小泉良幸＝淺野博宣＝松本哲治『憲法Ⅱ　人権〔第3版〕』有斐閣320-355頁

芦部信喜［1994］『憲法学Ⅱ　人権総論』有斐閣

〃　［1999a］『憲法〔新版補訂版〕』岩波書店→本書の最新版が芦部［2023］

〃　［2000］『憲法学Ⅲ　人権各論(1)〔増補版〕』有斐閣

〃　（高橋和之補訂）［2007］『憲法〔第4版〕』岩波書店→本書の最新版が芦部［2023］

〃　（高橋和之補訂）［2023］『憲法〔第8版〕』岩波書店

安藤高行［2001］「思想・良心の自由」安藤高行編『憲法Ⅱ　基本的人権』法律文化社85-100頁

石埼学［2013］「ピアノの前の40秒間◆思想・良心の自由」石埼学＝笹沼弘志＝押久保倫夫編『リアル憲法学〔第2版〕』法律文化社50-58頁

石村修［1996］『基本論点　憲法〔新版〕』法学書院

市川正人［2022］『基本講義　憲法〔第2版〕』新世社

伊藤正己［1995］『憲法〔第3版〕』弘文堂

井上典之［2008］『憲法判例に聞く――ロースクール・憲法講義』日本評論社

岩間昭道［2011］『憲法綱要』尚学社

鵜飼信成［2022］『憲法』岩波書店（本書の底本の初版は1956年刊）

内野正幸［2005］『憲法解釈の論点〔第4版〕』日本評論社

浦部法穂［1994］「第19条〔思想および良心の自由〕」樋口陽一＝佐藤幸治＝中村睦男＝浦

部法穂『憲法Ⅰ〔前文・第1条～第20条〕』青林書院374-385頁
〃　[2016]『憲法学教室〔第3版〕』日本評論社
大石眞［2021］『憲法概論Ⅱ　基本権保障』有斐閣
大沢秀介［2003］『憲法入門〔第3版〕』成文堂
奥平康弘［1993］『憲法Ⅲ　憲法が保障する権利』有斐閣

粕谷友介［2000］『憲法』Sophia University Press
木下智史［2017］「精神活動の自由総論・思想及び良心の自由」木下智史＝伊藤建『基本憲法Ⅰ　基本的人権』日本評論社96-110頁
〃　［2019］「第19条（思想及び良心の自由）」木下智史＝只野雅人編『新・コンメンタール　憲法〔第2版〕』日本評論社198-207頁
君塚正臣［2023］『憲法――日本国憲法解釈のために』成文堂
木村草太［2017］『憲法の急所――権利論を組み立てる〔第2版〕』羽鳥書店
〃　［2024］『憲法』東京大学出版会
久保田きぬ子［1963］「思想・良心・学問の自由」清宮四郎＝佐藤功編『憲法講座　第2巻』有斐閣106-127頁
小泉良幸［2022］「思想・良心の自由」毛利透＝小泉良幸＝淺野博宣＝松本哲治『憲法Ⅱ　人権〔第3版〕』有斐閣137-160頁
小嶋和司［1987］『憲法概説』良書普及会
小島慎司［2022］「思想・良心の自由」宍戸常寿＝曽我部真裕編『判例プラクティス憲法〔第3版〕』信山社89-103頁
小林直樹［1980］『憲法講義・上〔新版〕』東京大学出版会
駒村圭吾［2013］『憲法訴訟の現代的転回――憲法的論証を求めて』日本評論社
〃　［2017］「第19条【思想及び良心の自由】」長谷部恭男編『注釈日本国憲法(2)　国民の権利及び義務(1)　§§10～24』有斐閣262-298頁
小山剛［2013a］「思想および良心の自由(1)」法学セミナー705号43-49頁
〃　［2013b］「思想および良心の自由(2)」法学セミナー706号41-46頁
〃　［2016］『「憲法上の権利」の作法〔第3版〕』尚学社
近藤敦［2020］『人権法〔第2版〕』日本評論社

阪本昌成［1993］『憲法理論Ⅱ』成文堂
〃　［2011］『憲法2　基本権クラシック〔第4版〕』有信堂
笹川紀勝［1979］「精神的自由」大須賀明＝戸松秀典＝笹川紀勝＝浦部法穂＝藤井俊夫＝平松毅＝横田耕一『憲法講義2　基本的人権』有斐閣73-149頁
佐々木くみ［2021］「思想・良心の自由」新井誠＝曽我部真裕＝佐々木くみ＝横大道聡

『憲法Ⅱ　人権〔第2版〕』日本評論社81-92頁
佐々木惣一［1952］『改訂　日本國憲法論』有斐閣
佐々木弘通［2009］「信教の自由・政教分離」辻村みよ子編著『基本憲法』悠々社108-123頁
佐藤功［1983］『ポケット註釈全書　憲法・上〔新版〕』有斐閣
〃　［1996］『日本国憲法概説〔全訂第5版〕』学陽書房
佐藤幸治［1981］『憲法』青林書院→本書の最新版が佐藤幸［2020］
〃　［1990］『憲法〔新版〕』青林書院→本書の最新版が佐藤幸［2020］
〃　［1994］「第13条〔個人の尊重・幸福追求権〕」樋口陽一＝佐藤幸治＝中村睦男＝浦部法穂『憲法Ⅰ〔前文・第1条～第20条〕』青林書院245-308頁
〃　［1995］『憲法〔第3版〕』青林書院→本書の最新版が佐藤幸［2020］
〃　［2020］『日本国憲法論〔第2版〕』成文堂
宍戸常寿［2023］「思想良心の自由・信教の自由」警察学論集76巻2号103-135頁
渋谷秀樹［2017］『憲法〔第3版〕』有斐閣
〃　［2022］「思想・良心の自由」渋谷秀樹＝赤坂正浩『憲法1　人権〔第8版〕』有斐閣133-143頁
初宿正典［2010］『憲法2　基本権〔第3版〕』成文堂

高橋和之［2012］「人身の自由および刑事手続上の諸権利」野中俊彦＝中村睦男＝高橋和之＝高見勝利『憲法Ⅰ〔第5版〕』有斐閣405-453頁
〃　［2024］『立憲主義と日本国憲法〔第6版〕』有斐閣
高橋義人［2016］「精神的自由権」川岸令和＝遠藤美奈＝君塚正臣＝藤井樹也＝高橋義人『憲法〔第4版〕』青林書院109-183頁
高柳信一＝大浜啓吉［1986］「第20条　信教の自由」有倉遼吉＝小林孝輔編『基本法コンメンタール〔第3版〕憲法』日本評論社81-86頁
種谷春洋［1978］「思想・良心の自由」芦部信喜編『憲法Ⅱ　人権(1)』有斐閣254-305頁
塚田哲之「精神的自由」［2022］本秀紀編『憲法講義〔第3版〕』日本評論社352-439頁
辻村みよ子［2021a］『憲法〔第7版〕』日本評論社
土屋英雄［2006］「第19条　思想および良心の自由」小林孝輔＝芹沢斉編『基本法コンメンタール憲法〔第5版〕』日本評論社121-132頁
戸波江二［1998］『憲法〔新版〕』ぎょうせい
戸松秀典［2015］『憲法』弘文堂

長尾一紘［2011］『日本国憲法〔全訂第4版〕』世界思想社
長岡徹［2018］「精神活動の自由」永田秀樹＝倉持孝司＝長岡徹＝村田尚紀＝倉田原志

『講義・憲法学』法律文化社111-166頁
中島宏［2019］「精神的自由1　思想および良心の自由・信教の自由」只野雅人＝松田浩編『現代憲法入門』法律文化社215-234頁
中村睦男［1997］「精神的自由権」野中俊彦＝中村睦男＝高橋和之＝高見勝利『憲法Ⅰ〔新版〕』有斐閣279-359頁→本書の最新版が中村［2012］
〃　［2012］「精神的自由権」野中俊彦＝中村睦男＝高橋和之＝高見勝利『憲法Ⅰ〔第5版〕』有斐閣305-404頁
西原博史［2008］「思想良心の自由」杉原泰雄編『新版　体系憲法事典』青林書院470-475頁
糠塚康江［2012］「思想良心の自由と信教の自由」糠塚康江＝吉田仁美『エスプリ・ド憲法』ナカニシヤ出版57-66頁
根森健［2008］「思想・良心の自由」大石眞＝石川健治編『新・法律学の争点シリーズ3　憲法の争点』有斐閣108-109頁

橋本公宣［1988］『日本国憲法〔改訂版〕』有斐閣
長谷川憲［2017］「心の中は誰にも支配されない」大津浩＝大藤紀子＝高佐智美＝長谷川憲『新憲法四重奏〔第2版〕』有信堂高文社37-53頁
長谷部恭男［2022］『憲法〔第8版〕』サイエンス社
針生誠吉［1989］『日本憲法科学（全）』敬文堂
樋口陽一［1985］「参政権」山内敏弘＝阿部照哉＝江橋崇＝中村睦男＝浦部法穂＝樋口陽一『現代憲法講座・下』日本評論社273-323頁
〃　［1992］『比較憲法〔全訂第3版〕』青林書院
〃　［1998］『憲法〔改訂版〕』創文社→本書の最新版が樋口［2021］
〃　［2021］『憲法〔第4版〕』勁草書房
藤井俊夫［2008］『憲法と人権Ⅱ』成文堂
法学協会編［1953］『註解日本國憲法　上巻』有斐閣

松井茂記［1999］『日本国憲法』有斐閣→本書の最新版が松井［2022］
〃　［2010］『LAW IN CONTEXT 憲法　法律問題を読み解く35の事例』有斐閣
〃　［2022］『日本国憲法〔第4版〕』有斐閣
松本和彦［2023］「三段階審査の手法」渡辺康行＝宍戸常寿＝松本和彦＝工藤達朗『憲法Ⅰ　基本権〔第2版〕』日本評論社59-82頁
美濃部達吉（宮澤俊義補訂）［1952］『日本國憲法原論』有斐閣
宮沢俊義［1959］『憲法Ⅱ』有斐閣→本書の最新版が宮沢［1974］
〃　［1974］『憲法Ⅱ〔新版〕』有斐閣（奥付によれば、1971年新版初版は1974年の新

版再版時に改訂された由である）
〃　（芦部信喜補訂）［1978］『全訂日本国憲法』日本評論社
御幸聖樹［2018］「思想・良心の自由」木下昌彦編集代表『精読憲法判例［人権編］』弘文堂111-136頁
棟居快行［1998］『憲法フィールドノート〔第２版〕』日本評論社→本書の最新版が棟居［2006］
〃　［2006］『憲法フィールドノート〔第３版〕』日本評論社

安西文雄［2024］「思想・良心の自由および信教の自由」安西文雄＝巻美矢紀＝宍戸常寿『憲法学読本〔第４版〕』有斐閣123-144頁
山崎英壽［2018］『憲法要諦』文化書房博文社
山元一［2019］『グローバル化時代の日本国憲法』放送大学教育振興会

渡辺康行［2023］「思想・良心の自由」渡辺康行＝宍戸常寿＝松本和彦＝工藤達朗『憲法Ⅰ　基本権〔第２版〕』日本評論社165-179頁

【著書・論文等】

愛敬浩二［2009］「『憲法と民法』問題の憲法学的考察」名古屋大学法政論集230号169-201頁
〃　［2012］『立憲主義の復権と憲法理論』日本評論社
青井未帆［2013］「適用上違憲と処分違憲に関する一考察――起立斉唱命令違反を理由とする懲戒処分の『合憲性』を主な素材に」高橋和之先生古稀記念『現代立憲主義の諸相　上』有斐閣481-505頁
青野篤［2017］「謝罪の強制と合衆国憲法修正１条――判例法理の検討を中心に」大分大学経済論集69巻１・２号1-31頁
青柳幸一［2014］「思想・良心の表出としての消極的外部行為と司法審査」同『憲法学のアポリア』尚学社395-423頁（初出2008年）
芦部信喜［1999b］『宗教・人権・憲法学』有斐閣
蟻川恒正［1994］「思想の自由」樋口陽一編『講座・憲法学　第３巻　権利の保障⑴』日本評論社105-136頁
〃　［1996］「思想の自由と団体紀律」ジュリスト1089号199-204頁
〃　［1997］「国家と文化」『岩波講座・現代の法１　現代国家と法』岩波書店191-224頁
〃　［1999］「自己決定権」高橋和之＝大石眞編『憲法の争点〔第３版〕』有斐閣74-77頁

〃　[2004]「署名と主体」樋口陽一＝森英樹＝高見勝利＝辻村みよ子編『国家と自由――憲法学の可能性』日本評論社107-120頁
〃　[2014a]「不起立訴訟最高裁判決で書く」法学教室403号114-122頁
〃　[2014b]「行為『強制』事案の起案(1)」法学教室404号100-105頁
〃　[2014c]「行為『強制』事案の起案(2)」法学教室405号115-120頁
〃　[2015a]「行為『強制』事案の起案(3)」法学教室412号135-140頁
〃　[2015b]「行為『強制』事案の起案(4)」法学教室413号108-113頁
〃　[2016]『尊厳と身分――憲法的思惟と「日本」という問題』岩波書店
安藤高行　[2010]「思想・良心の自由関係判例――君が代訴訟」同『人権判例の新展開』法律文化社166-203頁（初出2009年）
〃　[2015]「君が代訴訟平成23～24年最高裁判決――起立・君が代斉唱の職務命令と懲戒処分」同『憲法と自治体争訟』法律文化社1-36頁（初出2013年）
安念潤司　[1994]「信教の自由」樋口陽一編『講座・憲法学　第3巻　権利の保障(1)』日本評論社189-217頁
幾代通　[1957]「名誉毀損につき謝罪広告を命ずる判決」我妻先生還暦記念『損害賠償責任の研究　上』有斐閣403-422頁
石川健治　[1997]「承認と自己拘束」『岩波講座・現代の法1　現代国家と法』岩波書店31-64頁
〃　[2012]「憲法解釈学における『議論の蓄積志向』――『憲法上の権利』への招待」樋口陽一＝森英樹＝高見勝利＝辻村みよ子＝長谷部恭男編『国家と自由・再論』日本評論社15-34頁
石崎誠也　[2007]「日の丸・君が代訴訟東京地裁平成18年9月20日判決の分析――行政法の視点から」法律時報979号67-71頁
市川須美子　[2007]「教師の思想・良心の自由と教育の自由――東京地裁国歌斉唱義務不存在確認訴訟判決の教育法的分析」法律時報979号72-76頁
〃　[2008]「教師の日の丸・君が代拒否の教育の自由からの立論」法律時報999号72-77頁
〃　[2010]「最高裁学テ判決と『日の丸・君が代』強制」獨協法学81号308-283頁〔(1)-(26)頁〕
伊藤良弘　[1983]「参政権」杉原泰雄編『憲法学の基礎概念Ⅱ』勁草書房79-95頁
井上和治　[2020]「刑事免責」法学教室483号20-24頁
岩井信　[2023]「『処分』違憲審査――憲法事実としての事案類型」渡辺康行編『憲法訴訟の実務と学説』日本評論社142-156頁
岩村正彦＝碓井光明＝江橋崇＝落合誠一＝鎌田薫＝来生新＝小早川光郎＝菅野和夫＝高橋和之＝田中成明＝中山信弘＝西田典之＝最上敏樹編　[1998]『岩波講座・現代の

法14　自己決定権と法』岩波書店
上田宏和［2018］『「自己決定権」の構造』成文堂
内野正幸［2012］「国歌起立斉唱命令訴訟・コメント」国際人権23号99頁
浦田一郎［1983］「選挙権論をめぐって——奥平康弘氏の批判に対する反論」法学セミナー343号74-75頁
浦部法穂［1988］「イールズ事件（レッドパージ）」ジュリスト900号（法律事件百選）50-51頁
〃　［2000］「国旗・国歌法」法学教室232号22-25頁
榎透［2010］「『君が代』ピアノ伴奏拒否事件にみる思想・良心の自由と教育の自由」専修大学社会科学年報44号69-87頁
大橋正春＝鬼丸かおる＝渡辺康行＝嘉多山宗＝巻美矢紀［2023］「［インタビュー］大橋正春・鬼丸かおる元最高裁判事に聞く」渡辺康行編『憲法訴訟の実務と学説』日本評論社312-367頁
大和田章雄［2013］「『神奈川こころの自由裁判』の歴史と運動論について」こころの自由裁判をすすめる会編『日の丸・君が代強制反対——「神奈川こころの自由裁判」の軌跡』ブイツーソリューション21-26頁
小川佳樹［2001］「自己負罪拒否特権の形成過程」早稲田法学77巻１号121-161頁
奥平康弘［1983a］「選挙権は『基本的人権』か——選挙権論をめぐって（その１）」法学セミナー340号8-11頁
〃　［1983b］「選挙権の法的性質——選挙権論をめぐって（その２）」法学セミナー341号8-11頁
〃　［1985］「参政権論——最近の学界の動向から」ジュリスト増刊総合特集・選挙6-12頁
〃　［1986］「『基本的人権』における『差別』と『基本的人権』の『制限』——『法の下の平等』を考える」名大法政論集109号245-265頁
〃　［1996］「『宗教の自由』の復権か？——アメリカ憲法の最近の動向」時の法令156号41-51頁
〃　［2006］『治安維持法小史』岩波書店（原著は1977年に筑摩書房から刊行）
奥野恒久［2012］「教育と思想・良心の自由——『君が代』訴訟最高裁判決を手がかりに」龍谷法学163号127-153頁
〃　［2018］「思想・良心の自由をめぐる今日的課題」龍谷政策学論集７巻１・２号151-162頁
尾山宏［2007］「教育基本法『改正』と日の丸・君が代強制反対訴訟の意義」法律時報979号77-81頁

学校に対する君が代斉唱、日の丸掲揚の強制を憂慮する会編［2016］『学校に思想・良心の自由を——君が代不起立、運動・歴史・思想』影書房
勝野正章［2011］「『日の丸・君が代』最高裁判決で問われる学校観」世界820号20-24頁
加藤文也［2012］「国歌斉唱義務不存在確認等請求訴訟（予防訴訟）—最高裁判決の内容とその問題点について」労働法律旬報1768号22-25頁
金井光生［2012a］「国旗国歌職務命令訴訟最高裁判決——最高裁平成23年5月30日判決ほか」法学教室377号49-56頁
〃　［2012b］「国旗国歌職務命令訴訟最高裁判決判例評釈（裏）：憲法哲学への勧誘——Fukushimaより〈愛〉を込めて」行政社会論集（福島大学）24巻4号9-57頁
〃　［2022］「『君が代』起立斉唱拒否事件判決に見る多数者の論理と面従腹背の倫理」憲法研究10号115-128頁
鴨良弼［1985］『刑事訴訟法の基本理念』九州大学出版会
萱野一樹＝河原井純子＝根津公子［2024］『プロブレムQ＆A 「日の丸・君が代」強制って何？——国旗国歌と思想・良心の自由を考える』緑風出版
川岸令和［2024］『表現の自由の苦難』日本評論社
木下智史［2019］「思想及び良心の自由をめぐる実践と理論の課題——国歌斉唱強制事件を素材として」毛利透＝木下智史＝小山剛＝棟居快行『憲法訴訟の実践と理論（判例時報2408号臨時増刊）』判例時報社223-247頁
小泉良幸［2007］「思想・良心に基づく外部的行為の自由の保障のあり方——最三小判平成19年2月27日（判時1962号3頁）を素材として」法学セミナー634号50-53頁
小久保智淳［2020］「『認知過程の自由』研究序説——神経科学と憲法学」法学政治学論究126号375-410頁
〃　［2023］「神経法学の体系——神経科学技術の憲法的統制に向けて」法学政治学論究139号133-176頁
こころの自由裁判をすすめる会編［2013］『日の丸・君が代強制反対——「神奈川こころの自由裁判」の軌跡』ブイツーソリューション
小島慎司［2009］「『教育の自由』」安西文雄＝青井未帆＝淺野博宣＝岩切紀史＝木村草太＝小島慎司＝齊藤愛＝佐々木弘通＝宍戸常寿＝林知更＝巻美矢紀＝南野森『憲法学の現代的論点〔第2版〕』有斐閣421-438頁
〃　［2013］「選挙権権利説の意義——プープル主権論の迫力」論究ジュリスト5号49-56頁
駒村圭吾［2014］「国家・教師・生徒——国旗国歌起立斉唱事件『意見書』補遺」法学研究87巻2号47-85頁
〃　［2016］「人格的自律権構想を振り返る——憲法とその外部」公法研究78号1-24

頁

斎藤一久［2004］「国旗・国歌の強制」日本教育法学会編『教育基本法改正批判（法律時報増刊）』日本評論社44-47頁
〃　［2023］「君が代不起立訴訟における歴史的・根源的問いをめぐって」水島朝穂先生古稀記念『自由と平和の構想力――憲法学からの直言』日本評論社60-76頁
阪口正二郎［2008］「憲法尊重擁護の義務」大石眞＝石川健治編『憲法の争点』有斐閣32-33頁
笹川紀勝［1977］「思想・良心の自由」法律時報594号41-48頁
〃　［2007］「良心の自由の原理的事例的研究」法律論叢79巻2・3号227-262頁
〃　［2012］「思想・良心の自由に関する判例の分析」法律論叢84巻2・3合併号295-329頁
佐々木くみ［2010］「『思想の自由』を真面目にうけとること」ジュリスト1400号75-82頁
佐々木弘通［1998］「学界展望：Jesse H. Choper, Securing Religious Liberty: Principles for Judicial Interpretation of the Religion Clauses（Chicago University press, 1995, xiii ＋198pp.）」国家学会雑誌111巻5・6号567-570頁
〃　［2001］→本書第6章の初出拙稿
〃　［2004］→本書第7章の初出拙稿
〃　［2005］「思想良心の自由と国歌斉唱」自由人権協会編『憲法の現在』信山社287-322頁
〃　［2011］「憲法学説は政教分離判例とどう対話するか」辻村みよ子＝長谷部恭男編『憲法理論の再創造』日本評論社395-411頁
〃　［2013］→本書第2章の初出拙稿
〃　［2016］→本書第3章の初出拙稿
〃　［2017a］「〈国民が担う立憲主義〉に関する考察」糠塚康江編『代表制民主主義を再考する』ナカニシヤ出版275-300頁
〃　［2017b］「国民が担う立憲主義」法律時報1116号70-75頁
〃　［2018a］「内面的精神活動の自由」宍戸常寿＝林知更編『総点検　日本国憲法の70年』岩波書店102-116頁
〃　［2018b］→本書第10章の初出拙稿
〃　［2020］「グローバリゼーションと向き合う日本の憲法学」法律時報1150号57-64頁
笹田栄司［2008］「〔基調報告〕裁判員制度と憲法的思考」ジュリスト1363号79-87頁
笹田栄司＝ダニエル・フット＝長谷部恭男＝大沢秀介＝川岸令和＝宍戸常寿［2008］「〔座談会〕」ジュリスト1363号88-111頁

笹沼弘志［2014］『臨床憲法学』日本評論社
佐藤幸治［1992］「現代国家と宗教団体」佐藤幸治＝木下毅編『現代国家と宗教団体——紛争処理の比較法的検討』岩波書店1-50頁
〃［2002］「憲法学において『自己決定権』をいうことの意味」同『日本国憲法と「法の支配」』有斐閣125-151頁（初出1990年）
〃［2023］『現代立憲主義と人権の意義』有斐閣
澤藤統一郎［2006］『「日の丸・君が代」を強制してはならない』岩波書店
〃［2012］「『日の丸・君が代』訴訟の現状とこれからの課題」法と民主主義465号18-21頁
篠原一［2004］『市民の政治学——討議デモクラシーとは何か』岩波書店
渋谷秀樹［2009］「『日の丸・君が代』強制についての憲法判断のあり方——学校儀式における教師の場合」立教法務研究２号1-44頁
清水晴生［2010］「良心の自由の法理」白鷗法学36号248-180頁〔(59)-(127)頁〕

高作正博［2020］「公務員の任用に際しての『意向確認』と思想・良心の自由」関西大学法学論集70巻１号105-140頁
高乗智之［2008］「思想・良心の自由と公務員の人権——いわゆる君が代訴訟を中心に」駒澤大学大学院公法学研究34号1-32頁
高橋和之［2011］「憲法判断の方法との関連でみた近時の最高裁判決の新動向」法律時報編集部編『国公法事件上告審と最高裁判所（法律時報増刊）』日本評論社24-38頁
〃［2012］「憲法判断の思考プロセス——総合判断の手法と分節判断の手法」法曹時報64巻５号1-53頁
高橋哲哉［1999］『戦後責任論』講談社
高見勝利［2004］『芦部憲法学を読む——統治機構論』有斐閣
滝井繁男［2009］『最高裁判所は変わったか——一裁判官の自己検証』岩波書店
瀧川裕英［2009］「遵法義務論の問題地平」日本法哲学会編『法と経済——制度と思考法をめぐる対話』有斐閣130-131頁
竹中勲［2013］「憲法19条適合性の判断枠組み・違憲審査基準——国旗国歌起立斉唱事件を中心的検討素材として」同志社法学364号1-34頁
田中成明［1994］『法理学講義』有斐閣→本書の改訂・新公刊版が田中［2011］
〃［2011］『現代法理学』有斐閣
田中伸尚［2000］『日の丸・君が代の戦後史』岩波書店
〃［2012］『ルポ　良心と義務——「日の丸・君が代」に抗う人びと』岩波書店
玉蟲由樹［2022］「個人の尊厳と自己決定権」愛敬浩二編『講座・立憲主義と憲法学　第

2巻　人権Ⅰ』信山社39-72頁
千葉勝美［2017］『違憲審査——その焦点の定め方』有斐閣
千葉勝美＝上田健介＝片桐直人＝木下昌彦＝堀口悟郎［2019］「〔座談会〕千葉勝美・元最高裁判事との対話」法律時報1141号96-115頁
塚田哲之［2012］「日の丸・君が代強制問題の現在」労働法律旬報1768号6-17頁
辻雄一郎［2014］「思想良心の自由——最近の最高裁判決を中心に」憲法問題25号7-19頁
辻村みよ子［1987］「選挙権の『権利性』と『公務性』——『選挙権論争』をめぐって」法律時報723号71-74頁→辻村［1989］に第1部第2章として所収
〃　［1989］『「権利」としての選挙権』勁草書房
〃　［1990］「選挙権論の『原点』と『争点』・再論——野中教授の批判に応えて」法律時報767号82-86頁→辻村［1994］として共著書に所収
〃　［1994］「選挙権論の『原点』と『争点』・再論——野中教授の批判に応えて」杉原泰雄＝樋口陽一編著『論争憲法学』日本評論社239-251頁
〃　［2002］『市民主権の可能性』有信堂
〃　［2021b］『辻村みよ子著作集　第3巻　国民主権と選挙権——「市民主権」への展望』信山社
土屋英雄［2002］『自由と忠誠——「靖国」「日の丸・君が代」そして「星条旗」』尚学社
〃　［2007a］「これまでの判例法理と適合する判決——『意見書』執筆者の若干の断想」法学セミナー625号49-53頁
〃　［2007b］『「日の丸・君が代裁判」と思想・良心の自由——意見書・証言録』現代人文社
〃　［2008］『思想の自由と信教の自由——憲法解釈および判例法理〔増補版〕』尚学社
〃　［2011a］「『国旗・国歌』は『強制可能な公的利益』か」法律時報1038号1-3頁
〃　［2011b］「思想・良心等に基づく拒否事件の類型別の判断枠組(上)——『国旗・国歌』強制事件の判断枠組の類型的特性」筑波法政51号1-28頁
〃　［2012］「思想・良心等に基づく拒否事件の類型別の判断枠組(下)——『国旗・国歌』強制事件の判断枠組の類型的特性」筑波法政52号5-35頁
土井真一［2008］「人格的自律権論に関する覚書」佐藤幸治先生古稀記念論文集『国民主権と法の支配　下巻』成文堂155-178頁
〃　［2009］「佐藤幸治教授の人格的自律権論」法律時報1014号61-67頁
時本義昭［2012］「選挙権の法的性質——二元説批判と権限説への回帰」大石眞先生還暦記念『憲法改革の理念と展開　下巻』信山社293-323頁
徳永達哉［2016］「憲法と同調圧力」熊本法学136号1-70頁
戸波江二［2005］「『君が代』ピアノ伴奏拒否に対する戒告処分をめぐる憲法上の問題点」

早稲田法学80巻3号105-157頁
戸波江二＝兼子仁＝苅谷剛彦＝横田光平［2007］「〔座談会〕戦後教育制度の変遷――戦後教育の軌跡と現況、将来の課題」ジュリスト1337号2-31頁
戸松秀典［2009］「憲法訴訟の理論」公法研究71号43-64頁
〃　［2017］「憲法判例と判例憲法――憲法秩序を形成する判例の意義」学習院法務研究11号1-25頁
戸松秀典＝今井功［2013］「はしがき」戸松秀典＝今井功編『論点体系　判例憲法1～裁判に憲法を活かすために～』第一法規(1)-(2)頁

永井憲一［2011］「〔インタビュー〕君が代訴訟には主権者教育論を」季刊教育法170号11-13頁
中谷実［2015］「君が代斉唱をめぐる司法消極主義と積極主義――外部的行為の強制と教員の思想・良心の自由」同『日本における司法消極主義と積極主義　I――憲法訴訟の軌跡と展望』勁草書房343-492頁（初出2013-2014年＋書下ろし）
長峯信彦［2007a］「教師の国旗敬礼拒否・忠誠宣誓拒否(1)――1970年代のアメリカの判例から」愛知大学法学部法経論集173号306-283頁〔(1)-(24)頁〕
〃　［2007b］「教師の国旗敬礼拒否・忠誠宣誓拒否(2)――1970年代のアメリカの判例から」愛知大学法学部法経論集175号278-253頁〔(25)-(50)頁〕
〃　［2008］「教師の国旗敬礼拒否・忠誠宣誓拒否（3・完）――1970年代のアメリカの判例から」愛知大学法学部法経論集179号306-206頁〔(51)-(151)頁〕
中山茂樹［2008］「生命・自由・自己決定権」大石眞＝石川健治編『憲法の争点』有斐閣94-97頁
〃　［2020］「生命、自由及び幸福追求に対する権利に関する一考察」同志社法学414号679-714頁
那須耕介［2009］「遵法責務論への道」日本法哲学会編『法と経済――制度と思考法をめぐる対話』有斐閣190-197頁→那須［2020］に第4章として所収
〃　［2020］『法の支配と遵法責務』勁草書房
成嶋隆［2007］「『日の丸・君が代』訴訟第一審判決の憲法学的検討」法律時報979号62-66頁
〃　［2008］「『日の丸・君が代』訴訟における思想・良心の自由と教育の自由」法律時報999号78-83頁
〃　［2012］「『日の丸・君が代』裁判が問うもの――法学の立場から」歴史学研究890号38-43頁
西原博史［1992］「良心の自由と国家の信条的中立性」高柳信一先生古稀記念論集『現代憲法の諸相』専修大学出版局3-47頁→西原［1995a］に第3部第1章として所収

〃　[1995a]『良心の自由——基本的人権としての良心的自律可能性の保障』成文堂→本書の増補版が西原［2001a］
〃　[1995b]「『君が代』斉唱の強制と思想・良心の自由」早稲田社会科学研究51号77-105頁→西原［2001a］に第4部第1章として所収
〃　[1996]「公益法人による政治献金と思想の自由——最3小判平成8・3・19」ジュリスト1099号99-104頁
〃　[1999a]「資料43・西原博史鑑定書・『君が代』と憲法19条」「君が代」訴訟をすすめる会編『資料「君が代」訴訟』緑風出版502-521頁
〃　[1999b]「国旗・国歌法」ジュリスト1166号44-50頁
〃　[1999c]「学校における国旗・国歌指導と思想・良心の自由」季刊人間と教育24号127-133頁
〃　[2000a]「『国旗・国歌法』と思想・良心の自由」法学セミナー541号57-60頁
〃　[2000b]「国旗・国歌から見えてきた思想良心の自由」世界676号134-141頁
〃　[2000c]「不服従を讃える道——国旗・国歌の儀式的利用と教師」法律時報894号1-3頁
〃　[2001a]『良心の自由〔増補版〕』成文堂
〃　[2001b]「『君が代』裁判と憲法」法学セミナー562号38-41頁
〃　[2003a]『学校が「愛国心」を教えるとき——基本的人権からみた国旗・国歌と教育基本法改正』日本評論社
〃　[2003b]「愛国主義教育体制における『教師の自由』と教育内容の中立性」日本教育法学会年報32号105-114頁
〃　[2007]「『君が代』伴奏拒否訴訟最高裁判決批判——『子どもの心の自由』を中心に」世界765号137-145頁
〃　[2010]「〔基調報告〕思想・良心の自由を今、考える」ジュリスト1395号110-121頁
〃　[2011a]「『君が代』不起立訴訟最高裁判決をどう見るか——良心の自由の『間接的制約』と『必要性・合理性』をめぐって」世界821号112-123頁
〃　[2011b]「君が代訴訟の最高裁判決をめぐって」季刊教育法170号14-20頁
〃　[2012]「最高裁『君が代』処分違法判決をどうみるか——良心の自由論によって得られたものと失われたもの」世界830号108-115頁
〃　[2013a]「人権としての思想・良心の自由と『間接的制約』実質——森口論文へのコメント」Law & Practice 7号189-194頁
〃　[2013b]「君が代訴訟再訪：比較人権法・国際人権法の視点を加えて」国際人権24号3-9頁
〃　[2017]「思想・良心の自由——侵害された個人の痛みに敏感な解釈論に向け

て」『法曹実務にとっての近代立憲主義（判例時報2344号臨時増刊）』判例時報社25-46頁

西原博史＝小島慎司＝長谷部恭男＝大沢秀介＝川岸令和＝宍戸常寿［2010］「〔座談会〕」ジュリスト1395号122-136頁

西村裕一［2014］「まなざしの憲法学」木村草太＝西村裕一『憲法学再入門』有斐閣138-163頁

野坂泰司［1985］「テクスト・解釈・客観性――O. フィスの議論に即して」芦部信喜先生還暦記念『憲法訴訟と人権の理論』有斐閣117-141頁

〃　［1992］「公教育の宗教的中立性と信教の自由――神戸高専事件に即して」立教法学37号1-33頁

〃　［2004］「憲法解釈の理論と課題」公法研究66号1-31頁

〃　［2019］『憲法基本判例を読み直す〔第2版〕』有斐閣

野中俊彦［1990］「選挙権論・再考」雄川一郎先生献呈論集『行政法の諸問題　上』有斐閣301-328頁→野中［2001］に第1部第Ⅱ論文として所収

〃　［1991］「選挙権の法的性格」法学教室134号33-37頁→野中［1994］として共著書に所収

〃　［1994］「選挙権の法的性格」佐藤幸治＝中村睦男＝野中俊彦『ファンダメンタル憲法』有斐閣136-145頁

〃　［2001］『選挙法の研究』信山社

長谷川正安［1976］『思想の自由』岩波書店

〃　［1984］「選挙権論をめぐって――奥平康弘教授の批判に応える」法学セミナー348号22-28頁

長谷部恭男［1994］「国家権力の限界と人権」樋口陽一編『講座・憲法学　第3巻　権利の保障⑴』日本評論社43-74頁→長谷部［2016］に第Ⅱ部第5章として所収

〃　［1999］『憲法学のフロンティア』岩波書店

〃　［2016］『憲法の理性〔増補新装版〕』東京大学出版会

林知更［2013］「思想の自由・良心の自由」南野森編『憲法学の世界』日本評論社191-204頁

樋口陽一［2012］「価値問題を調整する智慧」法学セミナー687号4-8頁

日野「君が代」処分対策委員会＝日野「君が代」ピアノ伴奏強要事件弁護団編［2008］『日野「君が代」ピアノ伴奏強要事件全資料』日本評論社

日野田浩行［2008］「選挙権・被選挙権の性質」大石眞＝石川健治編『憲法の争点』有斐閣182-183頁

日比野勤［1990］「憲法における宗教の概念――アメリカ合衆国における議論を素材とし

て」公法研究52号112-125頁
広田照幸［2001］『教育言説の歴史社会学』名古屋大学出版会
福岡陽子［2005］『音楽は心で奏でたい――「君が代」伴奏拒否の波紋』岩波書店
藤田宙靖［2016］『裁判と法律学――『最高裁回想録』補遺』有斐閣
古川武志［2013］「思想良心の自由〜われわれは何を解明し何が足りなかったか」こころの自由裁判をすすめる会編『日の丸・君が代強制反対――「神奈川こころの自由裁判」の軌跡』ブイツーソリューション9-11頁
堀尾輝久［2006］『教育に強制はなじまない――君が代斉唱予防裁判における法廷証言』大月書店
〃　［2011］「〔インタビュー〕君が代訴訟最高裁判決と大阪府『教育基本条例』をどう見るか」季刊教育法170号4-10頁
堀尾輝久＝右崎正博＝山田敬男［2000］『「日の丸・君が代」と「内心の自由」』新日本出版社
堀口悟郎［2014］「人格と虚像――君が代起立斉唱事件判決を読み直す」慶應法学30号37-69頁
〃　［2018］「行政裁量と人権――君が代懲戒処分事件判決における人権論の領分」法学研究91巻1号479-506頁
〃　［2019］「『君が代判例』が継承した憲法理論」法律時報1137号70-75頁
〃　［2022］「教師の良心――憲法学と教育法学の距離」毛利透編『講座・立憲主義と憲法学　第3巻　人権Ⅱ』信山社37-75頁

前田聡［2012］「『思想・良心の自由』と最高裁判所・覚書」筑波法政52号71-87頁
前田光夫［1988］「国家と宗教」芦部信喜編『憲法の基本問題』有斐閣206-211頁
巻美矢紀［2013］「起立斉唱訴訟における問題の本質⑴――公教育における公権力の内在的限界」千葉大学法学論集28巻1・2号574-552頁〔(93)-(115)頁〕
水口洋介［2012］「国旗・国歌起立斉唱命令事件最高裁判決について」国際人権23号95-98頁
宮原均［2023］『思想の絶対的自由と外部的行為への制約――合衆国最高裁判所の判例法理の傾向』八千代出版
棟居快行［1996］「自己決定権概念の再検討」受験新報539号28-31頁
〃　［2001］『憲法学再論』信山社
〃　［2007］「『君が代』斉唱・伴奏と教師の思想の自由」自由人権協会編『市民的自由の広がり――JCLU人権と60年』新評論66-85頁→棟居［2012］に第22章として所収
〃　［2012］『憲法学の可能性』信山社

村上博［2004］「職務命令と服従義務」芝池義一＝小早川光郎＝宇賀克也編『行政法の争点〔第3版〕』有斐閣174-175頁

百地章［1991］『憲法と政教分離』成文堂

〃　［2007］「思想・良心の自由と国旗・国歌問題」日本法学73巻2号89-116頁

森際康友［1983］「遵法義務——悪法論再考」長尾龍一＝田中成明編『現代法哲学1　法理論』東京大学出版会269-303頁

森口千弘［2013］「平成24年1月16日判決における『思想・良心の自由』の意義」Law & Practice 7号179-188頁

〃　［2023］『内心の自由——アメリカの二元的保護枠組みの考察と分析から』日本評論社

森脇敦史［2011］「象徴的言論——象徴への態度が示すもの」駒村圭吾＝鈴木秀美編著『表現の自由　Ⅰ——状況へ』尚学社221-241頁

門田孝［2008］「思想・良心に反する行為の強制の合憲性——『君が代』ピアノ伴奏拒否事件を考える視点」国際人権19号100-103頁

山内敏弘［1984］「戦後における憲法解釈の方法」杉原泰雄編『講座・憲法学の基礎3　憲法学の方法』勁草書房71-130頁

〃　［1994］「『批判的峻別論』論争」杉原泰雄＝樋口陽一編『論争憲法学』日本評論社332-344頁（初出1988年）

山口智［2015］『信仰と法規制——アメリカ法の議論から』神戸市外国語大学外国学研究所

〃　［2017］「19条に残るもの」浦部法穂先生古稀記念『憲法理論とその展開』信山社393-415頁

山崎友也［2019］「現代における『自己決定権』の存在意義」山崎友也『憲法の最高法規性と基本権』信山社123-137頁（初出2016年）

山田隆司［2012］『記者ときどき学者の憲法論』日本評論社

山本健人［2024］「憲法上の自己決定権に関する覚書」立教法学111号313-333頁

結城洋一郎［2008］「憲法尊重擁護義務」杉原泰雄編『新版　体系憲法事典』青林書院805-809頁

雪竹奈緒［2007］「『日の丸・君が代』予防訴訟について」法学セミナー625号46-48頁

〃　［2012］「東京『君が代』訴訟——懲戒権逸脱・濫用に関する判断〔2012年1月16日最高裁第1小法廷判決〕」労働法律旬報1768号18-21頁

横田耕一［2000］「『日の丸』『君が代』と『天皇制』」法学セミナー541号61-64頁

横濱竜也［2009］「法と道徳——遵法責務問題を手掛かりにして」井上達夫編『現代法哲学講義』信山社54-81頁

吉峯啓晴［2008］「君が代ピアノ伴奏拒否訴訟――最高裁第3小法廷2007（平成19）年2月27日判決」国際人権19号95-99頁
米沢広一［2016］『憲法と教育15講〔第4版〕』北樹出版

若松良樹［2003］「人権の哲学的基礎」ジュリスト1244号6-12頁
渡辺康行［1998］「団体の中の個人――団体の紀律と個人の自律」法学教室212号33-38頁→渡辺［2019］に第2部第5章として所収
〃　［2006］「『思想・良心の自由』と『国家の信条的中立性』(1)」法政研究73巻1号1-44頁→渡辺［2019］に第2部第1章として所収
〃　［2007］「公教育における『君が代』と教師の『思想・良心の自由』――ピアノ伴奏拒否事件と予防訴訟を素材として」ジュリスト1337号32-39頁→渡辺［2019］に第2部第2章として所収
〃　［2017a］「『日の丸・君が代訴訟』を振り返る」長谷部恭男編『論究憲法』有斐閣279-299頁→渡辺［2019］に第2部第4章として所収
〃　［2017b］「『君が代訴訟』の現段階」憲法研究創刊1号89-102頁→渡辺［2019］に第2部第4章〔補論〕として所収
〃　［2019］『「内心の自由」の法理』岩波書店
〃　［2022］『憲法裁判の法理』岩波書店

【史料（及びその解説）、辞典・事典等】
清水伸編［1962］『逐条日本国憲法審議録　第2巻』有斐閣
高柳賢三＝大友一郎＝田中英夫編［1972a］『日本国憲法制定の過程――連合国総司令部側の記録による――Ⅰ原文と翻訳』有斐閣
高柳賢三＝大友一郎＝田中英夫編［1972b］『日本国憲法制定の過程――連合国総司令部側の記録による――Ⅱ解説』有斐閣
田中英夫編集代表［1993］『BASIC 英米法辞典』東京大学出版会
日本基督教協議会文書事業部＝キリスト教大事典編集委員会企画・編集［1968］『キリスト教大事典　改訂新版』教文館（1977年誤字等の訂正）
法学セミナー編集部編［2001］「国歌斉唱強制に対する福岡県弁護士会の警告書」法学セミナー562号47-48頁

【英文献】
Barnett, Randy E.［2004］Restoring the Lost Constitution: The Presumption of Liberty, Princeton: Princeton U.P.
Choper, Jesse H.［1995］Securing Religious Liberty: Principles for Judicial Interpretation of

the Religion Clauses, Chicago: Chicago U.P.

【主な判例についての判例評釈等】

本項目における一覧作成の方針と記載方法は、以下の通りである。

◎　本項目では、「君が代」ピアノ伴奏命令事件、起立斉唱命令事件、不起立等懲戒処分事件、「日の丸・君が代」予防訴訟、不起立等再任用職員等採用候補者選考不合格等事件、のそれぞれに関する最高裁判例について、筆者の参照した諸文献を、《調査官解説》と《判例評釈等》に分けて一覧にする。

ほかに、第Ⅳ部に第6章・第7章として収録した旧稿で引用した判例評釈等を、対象判例（最高裁のものに限らない）を示した後に記載する。

◎　最高裁判所の裁判例について担当調査官の執筆する「調査官解説」については、著者名、[公表年＋調解]、と記載の後、その作品の掲載誌情報とその掲載頁数のみを記す。

◎「判例評釈（ないし判例解説）」というカテゴリーの作品において、一般に採るものとされる形式――事案の概要、判旨紹介、解説、の三部構成――が存在する。

一方で、この形式を踏んで書かれた作品は、著者名、[公表年＋判批]、と記載の後、その作品の標題を省略し、ただその作品の掲載誌情報とその掲載頁数のみを記す。

他方で、この形式を踏んでいない作品は、内容上は専ら一つの判例を取り上げてその検討を行うものであっても、【著書・論文等】の項目に著者名、[公表年]、標題、掲載誌情報、掲載頁数、を記した後、あらためて本項目では、著者名、[公表年]、のみを記載する。但し掲載誌が当該著者の単独著書である場合には、【著書・論文等】の項目には、著者名、[公表年]、に続いてその単独著書名のみを記載し、本項目では、著者名、[公表年]、と記載の後、当該作品の標題を省略し、当該作品の掲載頁数を記す。

◎　対象判例を素材とした問題演習・解説は、法律雑誌等に掲載のものと、演習書の性格を持つ共著に掲載のものについては、判例評釈の形式を踏んだ作品と同じ仕方で記載する（つまり、著者名、[公表年＋判批]、と記載の後、その作品の標題を省略し、ただその作品の掲載誌情報とその掲載頁数のみを記す）。一方、演習書の性格を持つ単著に掲載のものについては、【教科書・注釈書・演習書等】の項目に、著者名、[公表年]、に続いてその単独著書名のみを記載し、本項目では、著者名、[公表年]、と記載の後、当該作品の標題を省略し、当該作品の掲載頁数を記す。

◎　【著書・論文等】の項目に挙げた文献で、当該判例と特に関係が深いと思われるもの（例えば、裁判所に提出された意見書をもとにした論文、当該判例に対する論評、等々）は、判例評釈には当たらないものも、本項目に、著者名、[公表年]、及び場合によっては関係する記述の頁数、を記す。

＝最二小判昭和63（1988）年7月15日判時1287号65頁〔麹町中学内申書事件〕

《判例評釈等》
・高橋和之［1989判批］昭和63年度重要判例解説18-20頁

＝**最三小判平成８（1996）年３月19日**民集50巻３号615頁〔**南九州税理士会事件**〕
《判例評釈等》
・西原博史［1996］
・渡辺康行［1997判批］平成８年度重要判例解説13-14頁→渡辺［2019］に第２部第５章〔補論〕として所収

＝**東京高判平成11（1999）年３月10日**判時1677号22頁〔最一小判平成14（2002）年４月25日判時1785号31頁の控訴審〕〔**群馬司法書士会事件**〕
《判例評釈等》
・西原博史［2000判批］判例セレクト'99法学教室234号別冊付録６頁

＝**東京地判平成15（2003）年12月３日**判時1845号135頁〔最三小判平成19（2007）年２月27日民集61巻１号291頁の第一審〕〔**「君が代」ピアノ伴奏命令事件**〕
《判例評釈等》
・西原博史［2004判批］受験新報2004年２月号8-9頁

＝**東京地判平成18（2006）年９月21日**判時1952号44頁〔最一小判平成24（2012）年２月９日民集66巻２号183頁の第一審〕〔**「日の丸・君が代」予防訴訟**〕
《判例評釈等》
・石崎誠也［2007］
・市川須美子［2007］
・井上禎男［2007判批］法学セミナー625号107頁
・尾山宏［2007］
・澤藤統一郎［2006］
・土屋英雄［2007a］
・　〃　［2007b］
・成嶋隆［2007］
・早瀬勝明［2007判批］山形大学法政論叢39号47-74頁
・堀尾輝久［2006］
・雪竹奈緒［2007］

＝**最三小判平成19（2007）年２月27日**民集61巻１号291頁〔**「君が代」ピアノ伴奏命令事**

件〕
《調査官解説》
・森英明［2010調解］『最高裁判所判例解説民事篇平成19年度（上）』法曹会139-168頁
・　〃　［2007調解］ジュリスト1344号83-85頁

《判例評釈等》
・青野篤［2008判批］法政研究（九州大学）75巻1号117-131頁
・青柳幸一［2014］
・淺野博宣［2008判批］平成19年度重要判例解説12-13頁
・蟻川恒正［2011判批］法学セミナー675号59-65頁
・安藤高行［2010］
・井上典之［2008］77-87頁
・榎透［2010］
・木村草太［2008判批］自治研究1018号137-154頁
・小泉良幸［2007］
・斎藤一久［2010判批］大沢秀介＝葛西まゆこ＝大林啓吾編『憲法.com』成文堂119-133頁
・坂田仰［2007判批］月刊高校教育40巻9号76-81頁
・笹川紀勝［2012］
・笹沼弘志［2014］118-125頁
・多田一路［2007判批］法学セミナー630号112頁
・戸波江二［2005］
・西原博史［2007］
・早瀬勝明［2007判批］山形大学紀要（社会科学）38巻1号55-65頁
・日野「君が代」処分対策委員会＝日野「君が代」ピアノ伴奏強要事件弁護団編［2008］
・福岡陽子［2005］
・藤田宙靖［2016］261-263頁、277-280頁
・松井茂記［2010］357-366頁
・棟居快行［2007判批］棟居快行＝赤坂正浩＝松井茂記＝笹田栄司＝常本照樹＝市川正人『基本的人権の事件簿〔第3版〕』有斐閣188-200頁
・　〃　［2024判批］棟居快行＝松井茂記＝赤坂正浩＝笹田栄司＝常本照樹＝市川正人『基本的人権の事件簿〔第7版〕』有斐閣202-211頁（棟居［2007判批］とは別の論考）
・門田孝［2007判批］速報判例解説 vol.1　33-36頁
・　〃　［2008］

・安西文雄［2007判批］判例評論586号8-11頁（判例時報1981号170-173頁）
・結城洋一郎［2012判批］石村修＝浦田一郎＝芹沢斉編『時代を刻んだ憲法判例』尚学社 369-381頁
・横田守弘［2008判批］季刊教育法158号80-85頁
・吉峯啓晴［2008判批］法と民主主義433号28-30頁
・　〃　［2008］
・渡辺康行［2008a 判批］法律のひろば61巻1号60-69頁→渡辺［2019］に第2部第2章〔補論〕として所収
・　〃　［2008b 判批］判例セレクト2007法学教室330号別冊付録5頁

＝**Ⅰ．最二小判平成23（2011）年5月30日**民集65巻4号1780頁、**Ⅱ．最一小判平成23（2011）年6月6日**民集65巻4号1855頁、**Ⅲ．最三小判平成23（2011）年6月14日**民集65巻4号2148頁〔**起立斉唱命令事件**〕

《調査官解説》

・岩井伸晃＝菊池章［2014調解］『最高裁判所判例解説民事篇平成23年度（下）』法曹会 465-492頁、493-509頁、525-543頁

《判例評釈等》

・青井未帆［2011判批 a］法学教室373号156-157頁
・　〃　［2011判批 b］法学教室374号156-157頁
・青野篤［2011判批］大分大学経済論集63巻4号169-192頁
・蟻川恒正［2014a］・［2014b］・［2014c］・［2015a］・［2015b］
・　〃　［2016］173-184頁
・　〃　［2019判批］憲法判例百選Ⅰ〔第7版〕82-84頁
・内野正幸［2012］
・江藤祥平［2013判批］法学協会雑誌130巻6号195-247頁
・榎透［2014判批］榎透＝永山茂樹＝三宅裕一郎『判例ナビゲーション憲法』日本評論社 44-45頁
・大島佳代子［2011判批］季刊教育法170号21-29頁
・勝野正章［2011］
・金井光生［2012a］
・　〃　［2012b］
・木村草太［2017］105-133頁
・倉田原志［2012判批］新・判例解説 Watch【2012年4月】（速報判例解説 vol.10）13-16頁

・駒村圭吾［2013］143-156頁
・竹内俊子［2012判批］国際人権23号127-128頁
・竹中勲［2013］
・千葉勝美［2017］123-137頁
・土本武司［2012判批］判例評論636号12-15頁（判例時報2133号158-161頁）
・土屋英雄［2011a］
・　〃　［2011b］・［2012］
・戸波江二［2012判批］平成23年度重要判例解説18-19頁
・永井憲一［2011］
・成嶋隆［2012］
・西原博史［2011a］
・　〃　［2011b］
・花見忠［2012判批］ジュリスト1444号124-127頁
・堀尾輝久［2011］
・巻美矢紀［2013］
・水口洋介［2012］
・御幸聖樹［2014判批］法学論叢175巻２号119-138頁
・　〃　［2020］横大道聡編著『憲法判例の射程〔第２版〕』弘文堂128-138頁
・山田隆司［2012］157-166頁
・渡辺康行［2012判批］判例セレクト2011［Ⅰ］法学教室377号別冊付録10頁

＝**Ⅰ．最一小判平成24（2012）年１月16日**判時2147号127頁①事件、**Ⅱ．最一小判平成24（2012）年１月16日**判時2147号127頁②事件〔**不起立等懲戒処分事件**〕

《調査官解説（匿名コメント）》

・匿名コメント［2012調解］判例時報2147号128-132頁

《判例評釈等》

・青井未帆［2013判批］平成24年度重要判例解説20-21頁
・北村和生［2012判批］新・判例解説 Watch【2012年10月】（速報判例解説 vol.11）49-52頁
・木村草太［2013判批］判例セレクト2012［Ⅰ］法学教室389号別冊付録７頁
・澤藤統一郎［2012］
・下井康史［2023判批］地方自治判例百選〔第５版〕122-123頁
・戸田五郎［2012判批］新・判例解説 Watch【2012年10月】（速報判例解説 vol.11）319-322頁

・西原博史［2012］
・堀口悟郎［2022判批］法学教室501号65-72頁
・三宅裕一郎［2014判批］榎透＝永山茂樹＝三宅裕一郎『判例ナビゲーション憲法』日本評論社46-47頁
・森口千弘［2013］
・雪竹奈緒［2012判批］法と民主主義466号72-73頁
・　〃　［2012］

＝**最一小判平成24（2012）年２月９日民集66巻2号183頁〔「日の丸・君が代」予防訴訟〕**
《調査官解説》

・岩井伸晃＝須賀康太郎［2015調解］『最高裁判所判例解説民事篇平成24年度（上）』法曹会107-149頁

《判例評釈等》

・石崎誠也［2013判批］新・判例解説 Watch【2013年４月】（速報判例解説 vol.12）41-44頁
・市川須美子［2010］
・岡田正則［2013判批］判例セレクト2012［Ⅱ］法学教室390号別冊付録９頁
・加藤文也［2012］
・渋谷秀樹［2009］
・橋本博之［2013判批］平成24年度重要判例解説51-52頁
・湊二郎［2022判批］行政判例百選Ⅱ〔第８版〕412-413頁

＝**最一小判平成30（2018）年７月19日判時2396号55頁〔不起立等再任用職員等採用候補者選考不合格等事件〕**
《調査官解説（匿名コメント）》

・匿名コメント［2019調解］判例時報2396号55-57頁

《判例評釈等》

・岩本浩史［2019判批］新・判例解説 Watch【2019年４月】（速報判例解説 vol.24）47-50頁
・大河内美紀［2019判批］新・判例解説 Watch【2019年４月】（速報判例解説 vol.24）13-16頁
・海道俊明［2019判批］民商法雑誌155巻２号350-356頁
・高橋正人［2019判批］平成30年度重要判例解説42-43頁

・人見剛［2018判批］法学セミナー766号125頁
・深澤龍一郎［2018判批］法学教室458号141頁
・堀口悟郎［2018判批］法学セミナー765号120頁
・森口千弘［2018判批］季刊教育法199号106-113頁
・横田守弘［2019判批］平成30年度重要判例解説16-17頁

初出一覧

第Ⅰ部

第一章　「第19条〔思想および良心の自由〕」芹沢斉＝市川正人＝阪口正二郎編『新基本法コンメンタール　憲法』（日本評論社、2011）145-159頁

第Ⅱ部

第二章　「第19条〔思想及び良心の自由〕」戸松秀典＝今井功編著『論点体系　判例憲法１～裁判に憲法を活かすために～』（第一法規、2013）318-376頁

第Ⅲ部

第三章　「憲法上の『内心の自発性』論と『自己決定権』論」角松生史＝山本顯治＝小田中直樹編『現代国家と市民社会の構造転換と法　学際的アプローチ』（日本評論社、2016）179-202頁

第四章　「棄権の自由に関する一考察」法学77巻６号（2014）46-68頁

第五章　「内心の自由の輪郭素描の試み――人の生活空間における内心の憲法的保護」角松生史＝山本顯治＝小田中直樹＝窪田亜矢編『縮小社会における法的空間　ケアと包摂』（日本評論社、2022）131-150頁

第Ⅳ部

第六章　「『人権』論・思想良心の自由・国歌斉唱」成城法学66号（2001）1-79頁

第七章（１～６）「『国歌の斉唱』行為の強制と教員の内心の自由」法学セミナー595号（2004）42-45頁

第七章（７補論）「国歌斉唱強制と教員の内心の自由――『日の丸・君が代』予防訴訟」（東京地判平成18（2006）年９月21日・判批）判例セレクト2006法学教室318号別冊付録（2007）５頁

第八章　「『君が代』ピアノ伴奏拒否事件最高裁判決と憲法第一九条論」自由と正義58巻12号（2007）80-89頁

第九章　「日本国憲法の解釈論としての遵法義務論・ノート」山内敏弘先生古稀記念論文集『立憲平和主義と憲法理論』（法律文化社、2010）220-236頁

第一〇章　「起立斉唱命令事件」棟居快行＝工藤達朗＝小山剛編『判例トレーニング憲法』（信山社、2018）39-50頁

補章　「書評：渡辺康行『「内心の自由」の法理』（岩波書店、2019年）」憲法研究８号（2021）183-195頁